TŌKYŌ CHAOS

ANNE RAMBACH

TŌKYŌ CHAOS

CALMANN-LÉVY

ISBN : 2-266-10823-9

1

Junko se sentait nue sans son flingue. Elle n'arrêtait pas de changer de position sur son siège. Rien n'y faisait : le creux s'accrochait à son flanc gauche, à l'endroit où d'habitude était collé son Eagle. Elle ne s'en était pas séparée depuis des années, mais, cette fois, elle avait dû le ranger dans son armoire à Washington, cédant devant l'impossibilité d'obtenir un permis de port d'arme pour Tōkyō. L'hôtesse de l'air avait repéré son agitation. Elle observa cette grande femme qui arborait conjointement des traits japonais et une brusquerie typiquement américaine. La passagère ne cessait de passer la main sur sa nuque rasée et dans ses cheveux courts. L'hôtesse finit par lui demander si elle avait besoin de quelque chose : un oreiller ? Une aspirine ? Junko refusa. Il restait moins d'une heure avant l'arrivée à l'aéroport de Narita. Son voisin, l'homme d'affaires, s'était endormi. La plupart des passagers avaient fait de même. Junko, elle, ne pouvait pas fermer l'œil. Le vol lui paraissait excessivement long, et c'est avec soulagement qu'elle entendit l'hôtesse annoncer la retransmission du journal de NHK sur l'écran de la cabine. Elle attrapa son casque et le posa sur ses oreilles.

À l'instant où elle vit le visage du présentateur, elle comprit que quelque chose de grave s'était passé.

Elle pensa à un tremblement de terre, mais elle se trompait :

« Un attentat a eu lieu, il y a une heure, à l'entrée ouest de la station de Shinjuku, énonça-t-il gravement. Selon les informations qui nous sont parvenues, une bombe aurait explosé dans la foule qui rejoignait le métro à la sortie des bureaux. Dans la panique qui a suivi, plusieurs personnes auraient été grièvement blessées. Un bilan non officiel fait état de trois personnes décédées et de nombreux blessés. Kaori Matsumoto se trouve sur place. »

Les images qui suivirent étaient des images de chaos. Des ambulances en nombre garées dans tous les coins, des ambulanciers, des pompiers et des médecins courant dans tous les sens, des policiers tentant de rétablir l'ordre et présentant eux-mêmes tous les signes de l'agitation, des blessés ensanglantés gisant par terre ou emportés sur des brancards, des flaques de sang, un sol jonché d'affaires abandonnées — sacs à main, mallettes, éventails, canettes, chaussures, vêtements, journaux. Dans les magasins de hi-fi du quartier, les employés distribuaient verres d'eau et mouchoirs à des personnes choquées, les yeux hagards. La journaliste essayait de faire le point :

« Il était 18 heures sur Shinjuku dori. Comme tous les jours, les abords de la station étaient noirs de monde. Une bombe a explosé tout près de l'entrée du métro, provoquant une immense panique dans la foule. Les plus chanceux se sont enfuis en courant dans la rue. Mais beaucoup ont tenté de se réfugier dans la station, tandis que d'autres essayaient d'en sortir. Dans la bousculade, plusieurs personnes auraient perdu connaissance et été piétinées. Les blessés sont nombreux. Le bilan actuel se monterait à quatre morts et des dizaines de blessés, selon les informations que nous avons pu recueillir auprès des médecins. L'ensemble des personnes touchées est évacué sur les hôpitaux avoisinants. Le trafic est interrompu sur les lignes Toei Shinjuku et Marunouchi. En revanche, la circulation des trains reprend progressivement, ce qui devrait permettre de décongestionner le quartier. Ce sont en effet plusieurs centaines de milliers de personnes qui errent depuis une heure aux alentours de la gare, privées de tout moyen de rejoindre leur domicile.

« À l'heure actuelle, la police essaye de cerner le lieu de l'attentat. Mais cette opération est rendue difficile par la foule et le désordre régnant. Une partie des blessés attend son évacuation dans les boutiques, notamment chez *Mitsukoshi* et dans les locaux des studios Alta, transformés pour l'occasion en avant-poste médical. Il est recommandé à la population de ne pas assaillir d'appels téléphoniques les hôpitaux ou le 110, qui ont le plus grand besoin de leurs lignes. Les familles des personnes blessées seront contactées.

« Pour l'instant, aucune explication n'est donnée au sujet de l'attentat, qui n'a pas été revendiqué. On pense évidemment au dernier attentat perpétré dans le métro par la secte Aum Shinrikyo. La secte pourrait avoir renoncé au gaz sarin pour opérer avec de nouveaux moyens. Mais si cette hypothèse est envisagée par la police, rien n'indique qu'elle soit la bonne. »

La NHK rediffusa les dernières apparitions du gourou de la secte, Shoko Asahara, puis ce fut le père de Junko qui apparut, traversant des nuées de journalistes, sur les lieux de l'attentat. Il avait les traits tendus. En arrière-plan, on apercevait cet étrange spectacle : sur l'écran géant des studios Alta, en direct, les images de la rue et de l'attentat, surplombant ceux qui le vivaient. Une image en abyme où la réalité se dédoublait et où la confusion se rejouait, agrandie. Mais l'écran changea brusquement de couleur : une jeune femme apparut, en costume de mariée, pour vanter les mérites d'un appareil photo. Son visage géant souriait au-dessus des ambulances.

La suite du journal développait la même information. Kaori Matsumoto, le visage encadré par ses longs cheveux noirs, interrogeaient des passants : une femme au visage angoissé dont les yeux scrutaient sans cesse la foule — elle avait perdu sa petite fille de six ans —, des employés désorientés qui ne savaient plus comment rentrer chez eux et qui pour certains n'y songeaient d'ailleurs plus, comme s'ils ne pouvaient pas quitter les lieux de leur traumatisme. Des vendeuses de chez *Marui* et *Isetan* décrivirent les blessures de ceux qui s'étaient réfugiés chez elles ; des hommes et des femmes aux vêtements tachés de sang racontaient comment ils avaient aidé à transporter les blessés. Un homme cherchait désespérément la mallette qui lui avait été arrachée dans la panique.

Pendant que le journal égrenait ces nouvelles, les hôtesses de l'air s'étaient une à une rassemblées dans la travée centrale, oubliant le service, les yeux fixés sur l'écran. Junko finit de boire son Coca en pensant que son père ne serait pas à l'aéroport pour l'accueillir. Il avait probablement envoyé quelqu'un pour la chercher. Quelqu'un qui devait se débattre maintenant dans l'un des plus grands embouteillages qu'ait connus Tōkyō. Il faisait nuit quand l'avion toucha la piste. Il était 20 heures, la température extérieure était de vingt-quatre degrés, il pleuvait. Tōkyō était sous le choc.

Il lui fallut attendre effectivement assez longtemps, les formalités de douanes passées. L'aéroport bruissait lui-même d'une fébrilité étrange — nous étions loin des lieux de l'attentat, mais la police paraissait agitée et des conversations nerveuses se nouaient dans le hall. Un miroir étroit, courant le long d'un pilier, renvoyait son image à l'Américaine. Elle se regarda fixement : ses yeux noirs brillaient comme deux étoiles sombres. Sa silhouette était longue, souple, mais sans fragilité : les épaules étaient larges, les bras musclés à la sortie du T-shirt. Son cou portait un beau visage : un ovale fin, presque sans pommettes, une bouche bien dessinée, un nez droit, à l'arête saillante et aux narines énergiques, deux yeux bruns légèrement en amande. Un front carré, des cheveux très courts. Sa peau était dorée. Il se dégageait d'elle une impression de force et de présence particulière. Elle se leva pour acheter un journal.

À 22 heures, finalement, se présenta un jeune homme en costume trois pièces, d'allure stricte, et que Junko repéra tout de suite comme un flic. « D'où nous vient ce don de nous reconnaître entre nous ? » se demanda l'Américaine.

— Go san[1] ?

— Oui.

— Masayuki Nakamura. Je suis l'assistant de votre père. Il m'a envoyé vous chercher.

Junko le toisa. Masayuki Nakamura était souple. Sa manière de s'incliner était élégante : il se pencha comme un jonc et se redressa de même. Taille haute, mince, il dégageait une impression de satisfaction de soi. Fier, content de lui. Une paire de lunettes noires glissée dans la poche de la veste, une veste anthracite, bien coupée, et un sourire en coin qui avait dû entraver — mais pas trop — son ascension dans la hiérarchie policière. Elle ne vit pas la bosse, mais il avait l'air d'un homme qui porte une arme. Junko savait ça. Son instinct lui disait dans la seconde si

1. *San* : équivalent de « monsieur » ou « madame », se place après le nom de famille.

quelqu'un était chargé ou non, et elle ne doutait pas un instant que la réciproque était vraie. S'il était d'une extrême politesse, Nakamura san n'en était pas pour autant chaleureux. Ses gestes étaient assurés, précis, il prit avec fermeté les bagages de son invitée et l'entraîna vers sa voiture. Ce faisant, il lui posa quelques questions sur son voyage, sur le ton de celui qui n'attend pas de réponse, puis s'installa au volant. Junko ne se formalisa pas : elle n'était pas du genre à attendre la sympathie des autres. Le silence s'installa aussitôt dans l'habitacle. La pluie tambourinait sur le toit. Quinze minutes après qu'ils eurent quitté Narita, le flic n'avait pas dit un mot de plus que ceux lâchés dans sa courte introduction. La crispation de sa mâchoire et son regard fixe laissaient penser qu'il n'était pas enchanté de se trouver là.

— J'imagine que vous préféreriez être à Shinjuku.

— Vous êtes au courant ?

— J'ai vu le journal de la NHK dans l'avion. Mon père est toujours là-bas ?

— Il voulait participer lui-même aux premières recherches.

— Vous avez une idée de qui aurait pu poser cette bombe ?

— Ce n'est pas une bombe. Juste une balle qui a touché un homme dans la foule. Mais il y avait du sang partout autour, les passants ont eu l'impression que beaucoup de gens étaient touchés. D'où la rumeur qu'une bombe aurait explosé. En fait, la panique a fait plus de morts que l'assassin.

— Vous m'emmenez où ?

— Chez Isobe san.

— Emmenez-moi plutôt sur les lieux.

— Ce ne sont pas les instructions de votre père.

— Vous bouillez d'y aller plutôt que de jouer les chauffeurs. Vous direz que je vous ai ordonné de le faire et que vous n'avez pas voulu être impoli.

Il se tut un instant, méditant la proposition. Dans les phares de la voiture, la végétation avoisinante apparaissait par masses jaunes. Elle était touffue, d'une densité stupéfiante.

— Allons à Shinjuku.

Dans ce sens, l'autoroute était relativement dégagée. Dans l'autre, les ralentissements étaient interminables. À l'approche de la ville, le trafic se fit plus dense ; Nakamura mit en route le gyrophare.

Les derniers mètres furent difficiles. Les larges avenues qu'ils empruntaient étaient dans un désordre total. Une grande partie des employés du quartier n'avait toujours pas pu rejoindre les transports en commun et emplissait, bien plus que les trottoirs, une partie de la chaussée. Beaucoup de véhicules étaient immobilisés. Les couloirs de circulation encore ouverts étaient monopolisés par les secours et les véhicules de presse. Il se remit à pleuvoir.

Le premier pas de Junko en ville fut donc celui-ci. En sortant le pied de la voiture, elle sentit sous sa semelle un objet qui se brisait : un éventail. Un éventail blanc décoré d'un cercle rouge qui, sous la pluie, adhéra rapidement au trottoir et se mit à noircir.

— Venez par ici, Go san.

— Appelez-moi Yo.

— Yo ?

— *Yo man, call me Yo.*

Masayuki la regarda d'un air gêné puis secoua la tête.

— Non, non. Je vais dire Go san, si cela ne vous ennuie pas.

— Comme vous voudrez.

Est-il possible de dire que ce meurtre facilita l'arrivée de Junko ? Elle n'avait passé au Japon qu'un mois en tout et pour tout — elle avait alors treize ans — et, bien que parlant couramment la langue, elle appréhendait la confrontation avec ce pays qui était et n'était pas le sien. Mais le théâtre du crime lui était parfaitement familier. Son boulot à Washington commençait toujours ainsi : des rubans tendus, un cercle de flics en tenue empêchant les journalistes et les curieux d'approcher, tout un tas de types en train de fouiller partout et, dans l'air, l'odeur âcre de la mort. Junko était à nouveau chez elle. Pourtant, ce n'était pas grâce à la rue. Même à Broadway, on n'aurait pas trouvé autant d'enseignes lumineuses et de variété de couleurs. Partout, des effets de transparence annihilaient la séparation entre intérieur et extérieur. La ville était ici comme un aquarium où, de part et d'autre, on pouvait s'observer, où le regard ne rencontrait pas de frontière, ricochait, se démultipliait. Des vitrines et des baies vitrées de grande taille ouvraient sur des magasins ou des restaurants eux-mêmes multicolores, des planchers et des plafonds en verre dépoli qui, en caméléons, empruntaient les teintes ambiantes, miroirs décuplant les rayons et les tables tandis que des écrans de toutes tailles scintillaient. Les réverbères jouaient un rôle médiocre dans l'éclairage : leur faible intensité en faisait de grosses lucioles timides. La lumière débordait des immeubles, de ces fenêtres sans nombre et de ces murs inexistants, et se déversait sur des trottoirs luisant sous la pluie. Ce soir, les gyrophares — orange, bleu, rouge — ajoutaient à cette multiplicité en projetant leurs éclats sur les toits des voitures et sur les passants. Si bien qu'à les dévisager on ne savait ce qui changeait leurs traits : leurs sentiments ou la lumière. Était-ce le rouge qui donnait à cet agent un air macabre car, quand il se déplaça, ses yeux parurent plus calmes ? Était-ce le bleu qui donnait à cette femme un air de peine si poignant ? Quand le bleu disparut, son visage fut presque happé par l'obscurité, et sa peine subsistait. L'orange leur donnait à tous un air d'urgence et de préoccupation. C'est vrai, la rue la surprit. Mais ce qui lui fit reprendre ses sens et ses marques, ce fut le ruban plastique. De réverbère en panneau de signalisation, il était tendu pour délimiter l'espace interdit au public. L'espace des flics.

— Où se trouve Isobe ?

— Là-bas, près du corps, indiqua un agent.

La police scientifique ratissait les lieux, prélevant chaque objet en notant son emplacement. Un autre groupe se tenait plus loin. Devant eux, une forme gisait. Couché sur le flanc, le mort était intact des pieds jusqu'au cou. Du moins, d'ici, il semblait l'être. En revanche, l'arrière du crâne avait littéralement disparu. Sous le choc, la peau du visage s'était affaissée. Elle devait avoir un ou deux centimètres de décalage avec les reliefs de la face. Les fentes des yeux, par exemple, avaient glissé jusqu'au haut des joues. Le spectacle n'était pas très ragoûtant. Il ne restait quasiment pas de cervelle dans le trou ouvert sur l'arrière. Junko chercha des bouts de chair ou d'os aux alentours. Il n'y en avait pas. Puis elle réalisa que, au moment de l'impact, la victime se trouvait dans une foule compacte. Si des éclats avaient volé dans tous les sens, ils avaient été projetés sur les voisins, lesquels s'étaient enfuis et avaient dû se débarrasser avec horreur de ces trophées involontaires. Le service scientifique n'était pas au bout de ses peines.

Takeshi Isobe ne parut pas surpris.

— Tu aurais pu aller à la maison.

— Réflexe professionnel. J'ai demandé à Masayuki de m'amener ici.

Ils ne s'étaient pas vus depuis quatre ans. Avec cet éclairage de nuit, le chef de la police de Tōkyō ressemblait à un acteur de cinéma. C'était une assez juste représentation de ce qu'avait pu être son père dans la vie de Junko : une image. Il ne lui avait jamais manqué et elle n'était pas en route pour des retrouvailles. De lui, Takako n'avait jamais dit que du bien, mais aussi qu'il était irréductiblement japonais, alors qu'elle-même avait dû s'exiler pour exister. Takeshi Isobe n'aurait jamais abandonné son île. Comme si les esprits risquaient de le fuir. Il était là-bas, comme pris dans des filets, comme enserré dans d'énormes racines-serpents qui l'auraient tenu caché dans leurs anneaux et dans leurs fourches. Quand elle pensait à lui, Junko pensait à la pierre. Une pierre au bord d'un ruisseau, recouverte de mousse, ou une pierre dorée, dans l'air pur, sur une montagne aride. Elle est là, simplement. Il était là, immobile dans sa chemise blanche retroussée jusqu'aux coudes, avec toute la réalité du sol dur, toute la réalité des gouttes de pluie. Ses yeux brillaient comme des perles noires. Il avait la stature d'un judoka : râblé, compact. Une pierre.

— J'aurais aimé t'accueillir dans de meilleures conditions.

— Après tout, je suis venue pour bosser.

Un instant, elle se demanda si ce qu'elle venait de dire était très poli. Mais le chef de la police de Tōkyō ne parut pas touché.

— Tu veux rentrer maintenant ? Je te rejoindrai plus tard.

— Je ne suis pas fatiguée. Si tu permets, j'aimerais commencer ma mission maintenant.

Il médita quelques secondes. Le programme d'échange des polices américaine et japonaise, l'Exchange Program, offrait une certaine liberté au service local pour décider de la place exacte de ses visiteurs. Junko Go était une policière expérimentée, et il décida qu'avancer le début de sa mission d'une douzaine d'heures ne posait pas de problème. Au contraire, cela permettrait à l'Américaine de ne pas prendre l'enquête en marche.

— D'accord. Tu suivras Nakamura san.

Ce dernier esquissa une moue. Il sembla à Junko qu'il n'était pas enchanté de se retrouver avec la fille du patron à ses basques. Mais il n'en dit rien. Ce fut lui qui posa les questions suivantes :

— On sait qui est la victime ?

— On vient à peine de...

Un retentissant « Bonsoir » les interrompit. Ils se retournèrent sur une femme d'une quarantaine d'années en blouse blanche. Elle portait ses longs cheveux noirs rassemblés en queue-de-cheval, des lunettes à fine monture métallique protégeaient ses yeux. Ses gestes contredisaient sa silhouette d'apparence fragile : elle portait avec fermeté une énorme trousse médicale.

— Désolée, mais j'étais à l'autre bout de la ville. Le trafic est complètement congestionné sur des dizaines de kilomètres.

— Je comprends, Nakayama san. Nous n'avons pas touché au corps. Mais nous vous attendions avec impatience pour chercher les papiers de la victime.

Ils s'approchèrent ensemble du cadavre. Junko eut le sentiment que son père guettait sa réaction à la proximité du corps. Elle ne bougea pas un cil en fouillant du regard le crâne éclaté. Son père détourna le sien. Après quelques observations préliminaires, le médecin légiste souleva légèrement le corps et explora les poches de sa chemise. Elle en ressortit plusieurs cartes.

— Il s'appelle... Kazumi Otani. Oh... D'après ses papiers, c'est un collaborateur du maire. Il travaille à l'hôtel de ville.

Son père jeta un simple regard à Nakamura. Ce dernier hocha la tête.

— Allons-y à pied. La voiture va plus nous embarrasser qu'autre chose.

Au fur et à mesure qu'ils marchaient, la ville s'élevait. Le calme revenait — un calme relatif qui était le grésillement, le grondement permanent de Tōkyō : le boniment des magasins déversé par les haut-parleurs sur la rue (« console de jeu révolutionnaire... la cuiseuse qui assure une parfaite... rayon sport, promotion sur les survêtements... »), un calme percuté par les marteaux-piqueurs qui claquaient à minuit. Plus loin, derrière un grillage, des golfeurs s'entraînaient. Plantés sur un gazon artificiel, éclairés par un soleil électrique, ils frappaient des balles qui partaient cogner un paysage bidimensionnel. La mairie apparut bientôt, sa silhouette se dressant dans la nuit entre d'autres buildings. Le bâtiment donnait le vertige. Il était d'une hauteur exceptionnelle, très massif, écrasant. Certains lui trouvaient une allure totalitaire. La façade, large et constituée de structures métalliques, se prolongeait par deux larges tours parallèles qui semblaient se tordre en montant vers le ciel. Vue de plus près, la construction paraissait plus subtile. On devinait des corniches, un jeu compliqué de surfaces produisant des quadrillages complexes sur l'ensemble de l'édifice. « On dirait les grilles d'une cage », pensa Junko.

Nakamura montra son badge à l'entrée. Il demanda à voir en urgence un responsable du bureau du maire. Le gardien finit par joindre quelqu'un et les deux policiers se dirigèrent vers l'ascenseur. Trentième étage. Ce palier était quasiment désert et plongé dans l'obscurité. Au bout du couloir, ils trouvèrent un bureau éclairé.

— Ota san ?

Ils se saluèrent.

— Inspecteurs Nakamura et Go.
Ils échangèrent leurs cartes.
— Que puis-je pour vous ?
— Vous êtes l'un des collègues de Kazumi Otani ?
— Oui, il lui est arrivé quelque chose ?
— Il est mort.
Le visage d'Ota se figea. Ses yeux s'écarquillèrent, sa bouche s'ouvrit, se referma, puis il bégaya :
— Mais, comment ?
Brusquement, il jeta un coup d'œil par la fenêtre.
— Y a-t-il un rapport...
— Je ne peux pas vous répondre, Ota san. Et je vous demanderai la plus grande discrétion. Pourriez-vous me dire quelle était la fonction d'Otani san ?
— Il dirigeait le département emploi, ici, à l'hôtel de ville.
— C'était un élu ?
— Non, non, un fonctionnaire. Il coordonnait les politiques pour l'emploi. C'est un travail d'organisation.
— Vous êtes son assistant ?
— Depuis deux ans.
Le policier releva son stylo.
— L'activité d'Otani san touchait à des questions sensibles ?
— Le chômage est une question sensible...
— Il disposait d'enveloppes budgétaires importantes ?
— Je vois ce que vous voulez dire... Ce n'était pas son travail de distribuer des enveloppes ou des subventions. Il s'agissait d'informer les demandeurs d'emploi, d'optimiser les agences et leur communication...
— Cela l'avait-il conduit à apparaître en public ? Il passait à la télévision, à la radio ?
— Non ! Ce n'était pas son genre. Il était très discret.

Nakamura leva les yeux de son bloc-notes.

— Que pourriez-vous nous dire sur Otani san ? Son caractère ?

— Discret, renfermé, presque taciturne. Il travaillait dur, mais les relations humaines n'étaient pas son point fort. Enfin, il était très efficace.

— Mais il ne vous faisait pas beaucoup de confidences ?

— Si. Nous parlions un peu. Nos relations étaient bonnes. Mon père et lui avaient étudié dans la même université.

— Quelles étaient ses passions ?

— Le *yakyu* ! Il adorait le yakyu[1]. C'était un fan des Yomiuri Giants. Il allait souvent voir les matchs au Big Egg.

— Savez-vous s'il avait des problèmes d'argent ? Il jouait ? Il avait des dettes ?

— Non, ça m'étonnerait.

— Et sur sa vie conjugale ? Ou extraconjugale ?

Le gardien rougit un peu. Sans doute parce que l'un des flics était une femme.

— Je crois qu'il fréquentait de temps en temps des salons de massage. Mais il ne m'a jamais parlé de difficultés avec son épouse, ni d'une maîtresse régulière.

L'inspecteur Nakamura soupira.

— Est-ce qu'Otani san vous aurait paru inquiet ces derniers jours, ou vous aurait fait des confidences allant dans ce sens ?

— Non, vraiment, rien de ce genre. Il avait des problèmes de rotule, c'est tout.

Nakamura tapota son calepin avec le stylo.

— Quand l'avez-vous vu pour la dernière fois ?

— Il y a... Une heure trente. Il rentrait chez lui.

Nakamura hocha la tête et nota l'adresse et le numéro de téléphone de la femme d'Otani san. Le

1. *Yakyu* : version japonisée du base-ball.

défunt avait deux enfants. Puis ils prirent congé. Ils n'avaient pas appris grand-chose. Ils retrouvèrent l'ascenseur, la descente vertigineuse qui fit bondir leur estomac. Puis ils traversèrent le hall géant. De nouveau dans la rue, ils reprirent leur marche vers les lieux du crime.

— Nous n'irons probablement pas loin dans cette direction, hasarda Junko.

— Non, répondit laconiquement l'assistant de son père.

— C'est une drôle d'idée, non ? Tirer dans cette foule.

— Oui, c'est étrange.

— Ça n'a pas de sens. Pourquoi lui tirer dessus dans une situation aussi inconfortable alors qu'il aurait été dix fois plus simple de l'attendre à proximité de son domicile, dans une rue tranquille ? Peut-être que le tueur s'est glissé dans la masse et qu'il a choisi sa cible au hasard.

— Au hasard ?

— Otani portait une chemise blanche des plus classiques, des cheveux ni longs ni très courts — du moins selon sa photo — et, vu l'impact de la balle, on a dû tirer par-derrière. L'entrée de la gare était engorgée d'employés qui rejoignaient leur domicile. Pour être sûr de ne pas commettre d'erreur, il aurait fallu que le tireur ne le quitte pas une seconde du regard, malgré le monde, la difficulté de sortir son arme et de viser.

— Il avait peut-être répété.

— Encore une fois, pourquoi se compliquer autant la vie ? Si je devais abattre quelqu'un, je m'éviterais autant que possible une partie de *Where's Charlie ?* avant de passer aux choses sérieuses.

— *Where's Charlie ?*

— Il aurait pu l'abattre ici : il y a de la place, il n'avait qu'à le guetter à la sortie de son boulot et boum ! Vous imaginez devoir repérer un employé d'apparence anodine dans la foule qui remontait Shinjuku dori ? Puis attendre l'endroit où le monde était le plus compact pour l'abattre ? Il aurait suffi que la victime soit un peu bousculée pour qu'elle échappe au tir.

— Si vous avez raison, on risque de ramer pour trouver ne serait-ce qu'un début de piste.

Ils retrouvèrent les lieux du crime, le périmètre interdit au public. Toutes les ambulances avaient disparu. En revanche, de nombreux renforts de police étaient arrivés. Des hommes en uniforme étaient déployés partout. Des policiers en civil avaient visiblement entrepris d'interroger tout le personnel des magasins et des restaurants du quartier. Probablement celui du métro aussi. Les autres ratissaient chaque ruelle, chaque poubelle. Junko et Masayuki aperçurent des silhouettes sur les toits, des silhouettes caméléons encore, alternativement rouges, jaunes, blanches, orange. Il faudrait des heures sans doute pour vérifier toit par toit, et surtout fenêtre par fenêtre, qu'aucune douille ou aucun indice ne traînait par là.

Ils rejoignirent Takeshi Isobe.

— Alors ?

— Kazumi Otani s'occupait des questions d'emploi pour la ville. Un poste particulièrement tranquille, peu exposé. Il aimait le yakyu, fréquentait un peu les salons de massage. D'après son collègue, il n'avait pas fait de dettes, ne paraissait pas inquiet. Il va falloir creuser pour vérifier.

— Et sa famille ?

— Une femme, deux enfants.

— Je me charge de leur annoncer la nouvelle et de les interroger. Je mets aussi le bureau du maire au courant.

Junko se demanda si c'était une grande consolation d'apprendre la mort de son mari par le chef de la police de Tōkyō en personne. Ce devait être une tâche compliquée que d'accueillir honorablement un personnage d'un tel prestige tout en apprenant une telle nouvelle.

Le chef les toisa de nouveau :

— J'espère que ce n'est pas une affaire politique. Mais on ne peut pas l'exclure. Allez vous coucher. Il ne se passera rien de décisif cette nuit.

Les deux flics hochèrent la tête. Un hélicoptère les survola en rase-mottes. Malgré son vrombissement assourdissant, il diffusait des messages : « S'il vous plaît, veillez à dégager les voies pour faciliter le déplacement des secours. Merci. » Junko jeta un dernier regard circulaire. Ses yeux se posèrent sur le corps de la victime. Il était seul, allongé par terre, auréolé d'un trait de peinture blanche. Ses vêtements mouillés collaient au bitume. Ses mains reposaient, inertes, le bracelet de montre apparent. Ainsi esseulé, il ressemblait au cadavre échoué d'un noyé. La ville l'avait englouti, la ville l'avait tué puis abandonné sur le sable. Un trottoir.

Le siège de la Police de Tōkyō était flambant neuf. Son entrée principale ouvrait sur une rue étroite, ce qui donnait à sa silhouette un aspect gigantesque, et même disproportionné. L'ensemble du bâtiment ressemblait à un casque. Un casque de kendo, ovale, grillagé, avec des épaulettes glissant délicatement vers le sol. Sa carapace était faite de trois matériaux qui se succédaient par couche : une façade de verre sous une façade de bois sous une façade de fer. De longs panneaux de bois précieux encadraient des fenêtres aux dimensions variables puis se coulaient en s'incurvant jusqu'au sol. La façade en fer était principalement faite de lamelles parallèles qui zébraient méticuleusement le bâtiment. Par beau temps, le casque était rayé d'ombre et de lumière d'un contraste saisissant. Lorsqu'il pleuvait, comme ce matin, l'eau atteignait à peine le verre, coulait avec grâce sur le bois et, sur le fer, formait une cascade de gouttes tombant de lamelle en lamelle. Le bureau d'Isobe occupait la partie haute du Casque, à l'endroit où les pans droit et gauche se rejoignaient. Sa table de travail se trouvait tout près de la fenêtre, cette fenêtre mi-voyante, mi-aveugle à cause des lamelles métalliques. Une autre table, plus grande et circulaire, occupait le grand espace vide près de la table. À l'instant, tous ses sièges étaient occupés.

— Voilà ce que nous apprend le rapport du légiste, annonça Isobe : Otani san a été tué d'une balle en pleine tête. Elle a été tirée à longue distance. L'arme est une arme de tireur d'élite : un Remington 700, calibre 308. Probablement équipé d'une lunette.

Masayuki et Junko se tenaient debout, à l'écart. Ils n'étaient là que pour écouter. Le jeune flic restait droit, adossé aux murs, parfaitement silencieux. Ses yeux exprimaient à la fois l'éveil et la discipline. Junko avait une main dans la poche, ce qui, même aux États-Unis, était un signe de désinvolture. Elle regardait par en dessous, l'œil se glissant sous sa mèche. Mais personne, de toute façon, ne prêtait attention à eux. Dans la pièce, la tension était palpable. Toutes les politesses d'usage avaient été échangées. Il n'empêche : les sourires étaient crispés. On se passait de main en main les photos prises par le photographe de la police. Autour de la table étaient réunis quelques-uns des plus honorables représentants de la police nippone ainsi que Shin, envoyé par le ministère de la Justice, et Tamura, l'adjoint du maire de Tōkyō. Les flics invités étaient des pointures : Mori coordonnait la surveillance des groupes suspectés dangereux pour la sécurité de l'État, Yasaki dirigeait les services du quartier de Shinjuku, Honda s'occupait spécifiquement du crime organisé et Tajima était spécialiste des sectes.

— On sait d'où est parti le coup ? demanda Tamura avec cette expression fermée et sinistre qu'il avait en toute situation. Corpulent, les yeux globuleux, la paupière lourde et la bouche toujours tirée en un rictus boudeur, il ressemblait à un énorme mérou.

— Pas avec certitude. Tout ce que nous savons, c'est que le tireur devait se trouver dans un des immeubles d'en face. Pour l'instant, aucun témoin ne se souvient avoir vu une personne accéder au toit ou s'introduire dans des locaux privés.

— Et si le tireur avait été déguisé en technicien ? proposa Mori.

Derrière sa carrure chétive et ses lunettes à écaille, Mori avait la réputation d'être très malin et très mystérieux. Il n'avait ni femme ni enfant, ne fréquentait pas ses collègues en dehors du travail et ne faisait jamais aucune allusion à une quelconque activité extra-professionnelle. Mais il savait tout sur tout le monde. Certains disaient que son apparence de bureaucrate vermoulu cachait un esprit aiguisé et pervers, un maniaque du renseignement qui avait établi des dossiers secrets sur des milliers et des milliers de Japonais : hommes politiques, industriels, militants associatifs, chercheurs et même artistes.

— Nous sommes en train de vérifier, intervint Yasaki, qui n'était pas loin de se sentir déshonoré qu'un tel attentat se soit passé justement sur son district. Un technicien d'entretien de machines distributrices de boissons est passé chez Alta, mais il semble que le gars ne pose pas de problème.

— Il pourrait s'agir d'un employé, insista Mori.

— Nous vérifions tous les bureaux qui auraient pu

servir de plate-forme de tir. Mais c'est un travail de fourmis, s'excusa Yasaki.

— Vous croyez à l'idée de l'employé ? demanda Honda d'un ton méprisant.

— On ne sait jamais, répondit Isobe, en foudroyant du regard Honda, qu'il détestait depuis toujours. On peut imaginer un employé à bout de nerfs qui perd la boule et qui se met à tirer dans le tas, comme ça, dans un coup de folie.

— Et cet employé modèle se promène avec une arme sur lui ? ricana Honda. Et il est capable de tirer avec une telle précision ?

— C'est sûr, c'est une hypothèse très improbable, reprit Isobe. Mais nous ne devons en négliger aucune. Permettez-moi de recentrer notre propos. Et de faire le point sur ce que nous savons et ce que nous ignorons. Il y a le rapport du médecin légiste, le docteur Nakayama. Celui-ci nous dit peu de chose, sinon que le tireur était équipé d'un matériel sophistiqué : un fusil de grande précision. Le rapport nous laisse aussi penser (mais ce n'est pas une certitude) que le tireur est un très bon tireur.

— Pourquoi n'en sommes-nous pas certains ? demanda Tamura avec une lenteur sous-marine.

— Parce que, vu la foule à l'entrée de la station, même en fermant les yeux, le tireur aurait eu beaucoup de chances de toucher en pleine tête l'un des passants, répondit Honda à l'adresse de Tamura — il détestait les politiques.

— C'est, à l'heure actuelle, notre seule piste sérieuse, reprit Isobe, qui s'était levé et marchait dans la pièce tout en parlant. Nous sommes en train de recenser tous les individus qui, d'après nos registres, possèdent ce type d'équipement. Il n'y en a pas tant que ça.

Honda sourit avec mépris :

— Pas tant que ça, si on ne prend en compte que

les gens qui en font un usage légal. Mais pour les yakusas...

Isobe cessa de marcher :

— Si c'étaient les yakusas, Honda san, je regretterais que votre très remarquable connaissance de leur organisation ne nous ait pas permis d'éviter cette catastrophe.

Et tandis que Honda relevait le menton d'un air furieux, Isobe se détourna et reprit :

— Messieurs, excusez ma rudesse, mais j'aimerais conduire mon propos à son terme pour que nous passions immédiatement à l'organisation de notre travail. Nous essayons effectivement de dresser la liste de tous les possesseurs de fusils, en particulier de Remington 700 de calibre 308. Il n'y en a pas des masses. Il y a également la possibilité que le tireur soit un tueur professionnel, comme le soulignait Honda san, ici présent (il ne lui jeta pas un regard). Si tel est le cas, son matériel aura été acquis clandestinement, ce qui nous complique la tâche. Seuls des indicateurs pourront nous renseigner à ce propos. Je vous demande donc, Honda san (et cette fois-ci il plongea ses yeux dans les siens), de lancer vos hommes sur une double piste : les achats et ventes d'armes dans le milieu et les derniers contrats lancés auprès de tueurs professionnels.

Honda ne broncha pas et se contenta de hocher la tête, un sourire venimeux sur les lèvres. Isobe jeta un regard circulaire :

— Mais je voudrais en venir au point principal : qui a commis ce crime et pourquoi ? Nous n'excluons pas totalement une affaire de dettes impayées ou de conflit privé, bien que les moyens employés paraissent disproportionnés à une telle affaire. Il est également possible que Kazumi Otani ait été dépositaire d'informations dangereuses pour des gens puissants. Qu'il ait été témoin par hasard ou par son travail de faits d'une telle gravité qu'on aurait décidé de l'éliminer.

Tamura se mit à rougir comme s'il était personnellement mis en cause :

— Vous croyez que la mairie cacherait des affaires telles qu'on ferait assassiner l'un de ses employés ? Otani san travaillait chez nous depuis très longtemps.

— Tamura san, malheureusement, il semble qu'aujourd'hui pas un seul secteur de notre pays puisse prétendre être exempt de corruption. Nous avons dans notre passé récent des exemples accablants de cet état de fait. Croyez que je le regrette beaucoup. Mais si Kazumi Otani possédait des informations si compromettantes qu'on l'ait assassiné, c'est probablement par son travail, et non par les salons de massage qu'il fréquentait, qu'il les avait apprises. Permettez-moi de continuer. Même si ce n'est pas impossible, nous ne croyons pas trop à la piste Otani. Car là encore, pourquoi ne pas l'avoir simplement abattu dans des circonstances moins spectaculaires ? Si l'on prend les choses sous cet angle, l'affaire n'est pas plus simple et surtout pas plus rassurante : il se peut que ce crime ait été commis dans un but de déstabilisation de la population et des institutions. Un groupe politique extrémiste ou sectaire aurait choisi ce mode d'action terroriste. Mori san, que pensez-vous de cette hypothèse ?

Mori san, comme à son habitude, n'avait pas dit grand-chose. En général il préférait écouter, enregistrant chaque détail dans sa mémoire prodigieuse. Mori parlait rarement pour autre chose que pour donner un ordre.

— La fonction de la victime ne paraît pas l'exposer a priori, mais, après tout, c'était un haut fonctionnaire, alors qui sait ? La Sekigun[1]... Le problème, c'est que ça ne ressemble absolument pas à une

1. Armée rouge japonaise.

action de l'extrême gauche. Les bombes, les braquages peut-être, mais un tir à distance, ce n'est pas leur genre. À une certaine époque, les membres du Segikun se sont beaucoup assassinés entre eux. C'était il y a longtemps. J'ai du mal à croire que, aujourd'hui et à l'encontre d'Otani san, cette hypothèse soit sérieuse. Mais ne l'excluons pas. L'extrême gauche reste le principal foyer terroriste du Japon. Avec les sectes. Mis à part les organisations shintoïstes, il y a à peu près seize mille sectes dans notre pays. Mais, si nous connaissons bien les grandes, les petites sont nombreuses et difficiles à surveiller. J'écarte a priori des sectes comme Mahikarikyo ou Moon.

— Il est vrai qu'ils n'en sont pas à un scandale près, remarqua Honda.

Tamura tressaillit. Mori sourit intérieurement — il savait que Tamura était un adepte de Moon et avait lâché le nom uniquement pour mettre son interlocuteur mal à l'aise.

— Même si l'attentat perpétré par la secte Aum ou les agissements de Space Vib ont entraîné un redéploiement de nos effectifs pour la surveillance des petites sectes, nos moyens ne nous permettent pas d'infiltrer chacune d'elles. Et ce sont ces structures qui sont les plus susceptibles de déraper vers des pratiques violentes : les autres font de tels bénéfices qu'elles ont intérêt à maintenir leur stabilité. On peut imaginer qu'une secte ait décidé de recourir à la violence aveugle en commettant des attentats, comme l'avait fait Aum.

— Vous pensez que ces deux organisations peuvent avoir un rapport avec l'attentat ?

— Je n'y crois pas trop. Nous les avons à l'œil. Mais ce peut être une autre secte engagée dans le même type de logique. Ou alors une secte qui punirait l'un de ses anciens membres de l'avoir quittée.

— Nous allons vérifier cela auprès de la femme d'Otani, déclara Isobe.

Honda affectait l'ennui le plus profond. Il regarda Junko, planta ses yeux dans les siens, puis les baissa vers sa poitrine, vers son sexe et ses hanches, puis il les releva d'un air carnassier.

Il pleuvait toujours et la noirceur des nuages rendait la ruelle nocturne. Les néons de l'épicerie faisaient luire le béton et le caniveau où l'eau dégringolait. Le bâtiment de la police continuait à dégouliner. Isobe, Nakamura et Go s'étaient installés à une table en plastique, dans l'épicerie d'en face. Une épicerie de quartier transformée en cantine de police : l'épicier avait ajouté des tables au bout des rayons pour que l'on puisse manger assis.

— Vos réunions ont toujours lieu dans une ambiance aussi cordiale ? demanda Junko.

— Nous travaillons tous en bonne intelligence, répondit Isobe.

— Je n'en doute pas... Cela dit, ce n'est pas mieux chez nous... Les réunions de chefs sont de vrais paniers de crabes.

Nakamura et Isobe sourirent. Pendant quelques secondes, on n'entendit que la pluie tambouriner sur le toit. Puis Isobe reposa sa bière.

— C'est drôle que tu sois devenue flic.

— Pourquoi ?

— Ta mère n'aimait pas beaucoup les flics.

— Elle ne les détestait pas non plus.

— Vraiment ? Alors elle a changé d'avis sur ce point. En tout cas, c'est une coïncidence étrange qu'on soit flics tous les deux.

— Et tu en déduis quoi ?

— Rien... J'espère que tu t'adapteras vite.

— Je ne m'adapte jamais. Je me pose quelque part

et puis les autres finissent par s'y faire. Rarement le contraire.

— Peut-être que ce sera différent, ici.

— Pourquoi ?

— Parce que c'est un peu chez toi.

— J'étais tout à fait chez moi, d'où je viens.

— Oui, bien sûr, reconnut Isobe.

Un simple constat logique. Masayuki n'était pas très à l'aise. Se demanda s'il devait trouver un prétexte pour les laisser seuls. Mais Isobe ne lui en donna pas l'occasion.

— Pendant la réunion, nous ne nous sommes pas attardés sur l'une des hypothèses. Si le crime de la gare Shinjuku est un attentat, son modus operandi est étrange : pourquoi un coup de feu, qui ne vise qu'une personne, plutôt qu'une bombe ? On peut bien sûr imaginer que les criminels auraient anticipé la panique et compté sur ses effets. Peut-être tout simplement que ce groupe terroriste n'était pas techniquement prêt pour un attentat à la bombe. Mais je trouve qu'il y a quelque chose qui cloche dans cette histoire. La dernière hypothèse est celle d'un désaxé qui agirait par plaisir pervers. Quelqu'un qui s'amuserait à semer la terreur dans la ville...

— Dans l'un et l'autre cas, il est à craindre que ce crime ne soit que le premier d'une série, murmura Masayuki.

— Allez voir la femme de Kazumi Otani. Voyez avec elle si son mari a appartenu à un groupe religieux ou politique. Je serai au bureau tout l'après-midi.

Masayuki et Junko prirent congé. Le premier s'inclina avant de partir tandis que Junko se contenta d'un « ciao ». Tous les deux durent courir sous la pluie pour retrouver la Nissan de Nakamura, garée plus loin. Au carrefour, un haut-parleur s'adressait aux passants : « Piétons, attendez... » Ils passèrent outre : « Eh, vous, rebroussez chemin ! » lança la voix. Masayuki brandit sa plaque et ils continuèrent. Ils se jetèrent trempés sur les sièges et claquèrent les portières. Nakamura démarra et ils prirent la direction du sud, rejoignant l'autoroute. Bientôt ils se trouvèrent en banlieue : enchevêtrement lâche de maisons en bois et d'immeubles en béton, bosquets d'arbres ici et là. Le chauffeur ne desserrait pas les dents. Il avait repris une expression qui oscillait entre « incorruptible muet » et « golden boy ». Lorsque le soleil surgit des nuages, l'inspecteur attrapa ses lunettes et les plaça sur son nez. En fait, il aurait également pu passer pour la star d'un groupe de rock minimaliste. À part qu'il était armé. N'importe qui se promenant avec une arme sur soi dégage cette aura de force et de déséquilibre.

— Je me trompe ou vous faites la gueule ?

— Pardon ?

— Vous faites la gueule.

— Non, pas du tout. Je n'ai pas grand-chose à dire, c'est tout.

— Videz votre sac.

— Vraiment, je ne vois pas...

— Tu as quelque chose à dire, dis-le ! Tu n'avais pas envie de travailler avec une femme ?

— J'ai déjà travaillé avec des femmes. Je travaille régulièrement avec Nakayama san.

— Le médecin légiste ?

— Oui, c'est une femme remarquable. D'ailleurs, elle ne dirigerait pas le service si elle n'était pas aussi brillante. Beaucoup n'y étaient pas favorables — il y a même eu des polémiques à ce sujet dans la presse —, mais elle a fini par s'imposer. Je n'ai jamais connu aucune difficulté avec elle.

— Mais avec moi ?

— Non plus.

— C'est le fait que je suis américaine ?

— Vous ne devriez pas croire les clichés qu'on colporte sur les Japonais.

— Vous inquiétez pas, les Américains aussi sont racistes. Je suis asiatique dans un pays dominé par des Blancs, j'ai appris à vivre avec ça.

Nakamura soupira.

— On va bientôt quitter l'autoroute. Après la sortie, quand vous verrez un supermarché surmonté d'une enseigne publicitaire pour Mitsubishi, prévenez-moi.

— OK. Et sinon ?

— Sinon quoi ?

— La raison de votre irritation ?

Nakamura prit une longue inspiration :

— Go san...

— Yo.

— Je suis ravi que vous m'accompagniez. Il se trouve simplement que j'ai l'habitude de travailler seul, ce qui est une très mauvaise habitude, j'en conviens. Rien ne vaut le travail en équipe, votre père ne cesse de me le répéter.

— Ah, c'est ça ! Il a profité de l'occasion pour bousculer vos habitudes solitaires.

— Oui, et je m'y ferai très bien.

Junko sourit. La pluie avait cessé. Elle baissa la vitre pour sentir l'air s'engouffrer dans l'habitacle. Elle jeta un regard à Nakamura, le visage toujours impassible, concentré sur sa conduite. Elle aperçut l'enseigne.

— Mitsubishi ! Là-bas, à droite.

La voiture vira.

— On devrait apercevoir une école sur la gauche, et ce sera la deuxième à droite.

À l'adresse indiquée se trouvaient un parking sommaire et un immeuble de trois étages, parfaitement anodin, longé par une ligne ferroviaire.

— Pour un haut fonctionnaire, Otani avait un train de vie assez moyen, remarqua Nakamura.

Il sonna et la veuve de Kazumi Otani vint leur ouvrir la porte. Ils échangèrent plusieurs politesses et le policier lui présenta ses condoléances, tout comme Junko. Otani san les invita à entrer. Elle avait une cinquantaine d'années et portait le deuil. Ses cheveux étaient ramenés en chignon, elle se mouvait avec lenteur et parcimonie, comme privée d'énergie. L'appartement, modeste, était secoué régulièrement par le passage des trains. Des vêtements d'enfants séchaient à la fenêtre.

Les policiers acceptèrent le thé puis en vinrent rapidement aux questions :

— Otani san, savez-vous si votre mari avait appartenu ou appartenait à une organisation politique ou religieuse ? Je veux dire des cultes nouveaux.

Les yeux de la veuve s'agrandirent et sa bouche se pinça. Son regard se mit à voleter, comme à la recherche d'un soutien. Quand elle releva les yeux vers eux, les policiers eurent l'impression d'être des géants.

— Otani san ? insista Junko.

— Quel rapport cela a-t-il avec l'enquête ? demanda-t-elle.

— Nous n'en savons rien. Nous avons peu de pistes solides. Mais nous avons absolument besoin de ces informations pour savoir qui en voulait à votre époux.

La femme soupira :

— Mon mari a appartenu pendant cinq ans à une secte.

Et Otani san raconta l'histoire de son mari dans la secte Unmei. Il avait été abordé dans la rue, un soir, à la sortie d'un bar, par deux jeunes gens. Il était assez ivre et s'était facilement laissé entraîner : après l'avoir abreuvé d'un long discours et muni d'une brochure, les jeunes gens l'avaient ramené à son domicile. Le document laissé avait fait forte impression sur l'employé de mairie : il y était beaucoup question de malaise et de perte d'identité, de décadence nationale et de régression des valeurs traditionnelles, tous sentiments que Kazumi Otani ressentait confusément. La documentation proposait des séjours de discussion et de méditation, dont le premier était gratuit, dans un centre situé à la campagne. Malgré l'opposition de sa femme, il se rendit là-bas un dimanche et en revint enthousiaste. Il avait entendu un certain Masuda san dont, disait-il, le propos était extraordinaire, mais surtout d'une parfaite justesse et d'une immense intégrité. À partir de ce moment, Otani san s'investit corps et âme dans Unmei, sans toutefois quitter son travail — une partie des adeptes vivait en communauté. La femme d'Otani n'adhéra jamais à la secte — elle le souligna avec une fermeté laissant deviner celle dont elle avait fait preuve pendant des années. Son couple avait beaucoup souffert de cet engagement, car, de son côté, Otani san acceptait mal la réduction de son budget que représentaient les versements de plus en plus importants qu'effectuait son mari au groupe, tandis que lui-même vivait comme un échec cuisant la résistance de son épouse à l'enseignement de Masuda san. Qui plus est, Kazumi Otani ne mettait plus les pieds à la maison que pour dormir, puisqu'il ne passait même plus le dimanche en famille. Il était devenu un étranger pour ses enfants. La situation dura cinq années, la distance entre Kazumi Otani et ses proches ne cessant de grandir.

— Et que s'est-il passé ensuite ?

— Je n'ai jamais su ce qui l'avait vraiment décidé à quitter Unmei. Simplement, un jour, il est revenu d'une séance du dimanche totalement abattu, et il m'a annoncé qu'il avait quitté la secte. J'aurais dû en être très heureuse, mais j'avoue que je me sentis surtout très amère.

— Il n'a jamais repris contact ?

— Nous avons reçu plusieurs fois la visite de l'un ou l'autre des adeptes, qui essayaient de le convaincre de revenir, je crois. En général, ils sortaient sur le parking pour discuter sans être entendus. Juste là où vous êtes garés. Mais il n'a pas cédé, il ne voulait plus en entendre parler. Simplement, il était très déprimé et ne nous disait quasiment plus rien, ni à moi ni aux enfants. C'est à cette époque qu'il s'est pris de passion pour le yakyu. Il passait ses dimanches à regarder les matchs à la télé. Puis il a pris un abonnement pour les matchs au Dôme de Tōkyō. On a recommencé à avoir de nouveau un peu de vie familiale, grâce à cela. Il nous emmenait avec lui là-bas. Il redevenait un peu joyeux, et plus causant.

Elle baissa la tête :

— Je crois qu'il se sentait surtout honteux vis-à-vis de nous. De nous avoir en quelque sorte... laissé tomber.

Elle attrapa un mouchoir et s'essuya le coin des yeux :

— Les choses allaient mieux, depuis quelque temps, dit-elle.

— Auriez-vous récemment revu l'un des adeptes de la secte ?

— Non. Je ne crois pas. Mais si mon mari avait été abordé par l'un d'eux, je ne pense pas qu'il me l'aurait dit...

— Otani san, demanda Nakamura, est-ce que vous avez des documents émanant de la secte ?

La veuve dévisagea le couple de policiers. Puis elle sembla se souvenir.

— Oui.

Elle se détourna puis partit vers la cuisine sans mot

dire, d'une démarche un peu tremblante. Elle revint les bras chargés d'un sac plastique :

— Je les avais cachés... sous l'évier... Je les avais gardés au cas où... J'espérais qu'un jour nous pourrions réclamer à Unmei l'argent qu'ils avaient soutiré à mon mari. En vue d'un procès, j'ai conservé tout ça : le journal du groupe, des livres, des cassettes audio et vidéo... Mais il était si déprimé... Il n'aurait pas supporté une confrontation avec ses anciens...

Junko prit le sac dans ses bras. Il était énorme. Le silence s'installa. Masayuki et Junko présentèrent une nouvelle fois leurs condoléances à la veuve et prirent congé.

Sur le chemin du retour, Junko commença à trier les documents contenus dans le sac et à se faire une idée de la doctrine régissant la secte Unmei. Masuda, le fondateur du groupe, était, selon les brochures, un homme exigeant, qui croyait dans le devoir et dans le destin, un destin qui allait rassembler tous les hommes et toutes les femmes qui feraient le renouveau du Japon et de sa splendeur. Masuda pensait que le Japon était en proie à la folie, ni plus ni moins, et que les fous qui en avaient pris les commandes effectuaient le travail principal des fous : rendre les autres fous, faire croire que la vérité était le mensonge et que, surtout, leur mensonge était la vérité. Cette mécanique perverse qui fabriquait un monde de fausses évidences faisait de la vie du pays une fiction, un cauchemar dont on n'arriverait à se sortir que par un travail de démystification méthodique. Masuda croyait avant tout en la Raison, et la Raison amenait à deux principes : l'existence d'un Ordre dans la nature et la division entre le Bien et le Mal. La Vérité avait ceci de merveilleux qu'elle frappait les humains en plein cœur, là où reposait un sentiment enfoui mais vivant : le sentiment du Bien. Masuda était à sa manière un optimiste : s'il méprisait et haïssait le monde corrompu où évoluaient ses semblables, il ne doutait pas un instant que l'humain était profondément bon, ou plus exactement que l'idée du Bien et l'idée du Mal étaient pour lui des idées parfaitement identifiables. Pour le dire autrement, l'homme ne pouvait ignorer, au fond de lui, qu'il agissait mal quand il agissait mal. Seule la mauvaise foi lui faisait prétendre le contraire. D'où ce malaise collectif, et même national. De leur aveuglement volontaire, les hommes tiraient profit, mais ils ne pouvaient pas se défaire d'une sourde protestation, de la conviction intime de leur indignité qui leur susurrait qu'ils avaient déchu, qu'ils se comportaient comme des animaux.

Masuda rassemblait donc une élite d'hommes et de femmes déjà éclairés ou en voie de l'être, ayant pour mission de faire passer le pays de l'illusion à la réalité, donc des pseudo-valeurs aux Valeurs vraies. L'idéologue pensait par ailleurs que, si le Bien et le Mal étaient deux principes universels, les Japonais étaient un peuple particulièrement susceptible de dénoncer la mascarade, certaines valeurs traditionnelles de la société nippone étant cruciales dans son dispositif. Abnégation, respect de la loi et des parents, souci de l'intérêt collectif. Plus que toute autre chose, Masuda san haïssait l'individualisme ; et l'individualisme n'était pas une valeur japonaise. Il n'avait pas de mots assez violents pour conspuer cette corruption venue de l'Occident.

— Est-ce qu'Unmei serait, de près ou de loin, un mouvement d'extrême droite ? interrogea Nakamura en fixant la route.

— On ne dirait pas. Il semble que son projet soit universel. Il écrit par exemple des lignes élogieuses sur le sens de l'initiative des Américains ou l'esprit critique des Français. Par ailleurs, il juge très sévèrement l'attitude des militaires et du gouvernement japonais pendant la Seconde Guerre mondiale. Il s'attarde sur les esclaves sexuelles coréennes de l'armée nippone à cette époque. Il critique l'impérialisme japonais. Ça ne fait pas très extrême droite.

— Non.

— Attends. Écoute ça. Je te lis : « De la fin et des moyens. Le Méchant compte sur l'Éthique du Juste. Il espère que ce dernier ne saura pas réagir à ses manœuvres car, pour y répondre, il faudrait user de moyens similaires aux siens, c'est-à-dire mauvais. Or, les mauvais moyens répugnant au Juste, le Méchant est armé, tandis que le Juste est désarmé. C'est ainsi que le Méchant a mis en œuvre une rhétorique perverse pour anéantir toute opposition à son action. Pourtant, il n'y a pas d'éthique qui ne soit pas une éthique de l'action. La logique que le Méchant présente au Juste pour le paralyser est une logique perverse. Si on ne peut pas dire que la fin justifie les moyens, on peut dire que le Bien justifie les moyens. »

— Continue.

— « Les Éclaireurs doivent éclairer les autres hommes sur la Réalité et sur les vraies Valeurs. Ce travail se fait par la persuasion et la démonstration, par l'écho que produit chez les Justes le son de la Vérité. Mais on ne persuade pas le Méchant ni le Fou. On les combat. »

— Est-ce que Masuda précise quelque part qui est le Méchant ?

— Par recoupement avec d'autres textes, je dirais : les hommes politiques, les yakusas, les journalistes, mais aussi les publicitaires, les pornographes, les prostituées, les militants d'extrême gauche, les homosexuels, les drogués...

— C’est tout ?

— Non. Il y a aussi les « faux prophètes » et les « nécrophiles »...

— Les nécrophiles ?

— J’ai l’impression qu’il désigne ainsi ceux qui ne respectent pas les esprits de leurs ancêtres...

— Quel salmigondis !

— Oui. Difficile d’imaginer où il veut aller avec tout ça...

— Je dirais... vers un paradis fiscal, au soleil.

— À moins que le type ne soit sincère, et donc nettement plus dangereux. Il y a un passage là sur les renégats. Je te lis : « Vivre dans l’obscurité quand on est privé de lumière, qui vous le reprochera ? Mais que celui qui a été éclairé souffle la flamme, voilà qui révèle son cœur : c’est un Méchant. Il devra périr. »

Masayuki changea de file pour quitter l’autoroute métropolitaine. Les nuages s’amoncelaient au-dessus de Tōkyō. Le policier reprit la parole :

— Imaginons. Pour une raison que nous ignorons, Masuda a décidé de faire un exemple en abattant un de ses anciens adeptes. Histoire de dissuader d’autres membres du groupe de partir à leur tour. Peut-être qu’il connaît un problème au sein de la communauté, qu’il est contesté... Alors il frappe fort en organisant une action d’éclat...

— Il peut aussi avoir décidé de traiter le chaos par le chaos. Ou quelque chose de ce genre. À ce moment, l’attentat de la station Shinjuku est effectivement le début d’une série. Et il commence par Otani, car ainsi il fait d’une pierre deux coups.

— Où se trouve la communauté d’Unmei ?

— D’après les papiers — mais ils datent un peu —, ils seraient à Uraga.

Nakamura sortit son portable. Dans la mesure où il n’était pas impossible qu’Unmei se soit engagé dans une série d'attentats, il préférait ne pas perdre une minute. Isobe lui confirma par téléphone l'ordre d'aller sur place de toute urgence, et ils firent demi-tour.

Ils roulèrent pendant une heure et demie vers le sud, traversèrent Yokohama puis quittèrent la ville. La banlieue elle-même s'effaça. Ils furent bientôt à la campagne, longeant la côte. La mer était superbe, d'un bleu très clair scintillant sous un soleil enfin installé. Au loin, on apercevait des cargos. Nakamura semblait s'être détendu, ce qui réjouit Junko. Depuis leur passage chez Otani san, l'assistant de son père semblait la considérer un peu moins comme un poids mort et un peu plus comme une professionnelle. Cependant, il manquait toujours à Junko une vraie légitimité, l'assurance de son pouvoir : son flingue. L'Exchange Program ne prévoyait pas d'armer les policiers visiteurs. Raison pour laquelle son Eagle était resté à Washington. Comme laisser ses tripes, comme laisser ses jambes ou sa cervelle dans un tiroir. Maintenant qu'elle était engagée dans l'enquête, elle se sentait plus que jamais les mains vides. S'il y avait du grabuge à Uraga, que pourrait-elle faire, sinon prier ? Et Junko ne priait jamais. Les adeptes de la secte Unmei, surtout s'ils étaient sur le sentier de la guerre, ne seraient pas forcément accueillants. Elle se rappela l'arsenal impressionnant qu'avait réuni la secte Aum : des laboratoires secrets permettant la conception de gaz toxiques en quantité industrielle, des armes. Ils auraient l'air fin s'ils devaient passer à l'assaut avec un revolver pour deux et peut-être un tesson de bouteille ou un bâton ramassé sur la plage !

Parfois, Junko se demandait si elle n'était pas devenue flic pour l'arme de service. Le flingue, en l'occurrence son Desert Eagle 50 Action Express, c'était l'image même de l'harmonie. Il y avait d'abord cette fabuleuse unité de matière : l'acier qui enserrait la machine depuis la crosse jusqu'au guidon. Il s'étirait le long du canon, gondolait sur la culasse et gonflait, se durcissait sur la crosse. Le poids de l'acier dans la main : 2,02 kilogrammes. Une envergure de 272 millimètres. Ce n'était évidemment pas l'arme officielle de la police de Washington. Junko était armée du pistolet semi-automatique le plus puissant du monde : deux fois plus puissant qu'un 357 Magnum. C'était de la pure folie de bosser avec cet engin, une folie qui faisait rire Junko et lui faisait cracher des boules de feu, mais elle maîtrisait parfaitement son pistolet, après s'être entraînée des heures à soutenir le poids terrible de cette machine infernale. Une arme pareille leste le bras, le muscle. Ce n'est pas l'arme qui fait le prolongement du bras, mais le bras qui prolonge l'arme, comme si lui-même se transformait en acier. Tout le corps s'organise autour de ce nouvel élément : le placement des épaules, la position des jambes et des genoux. On parle toujours de l'harmonie entre un homme et son cheval, de cette manière qu'ils ont de se fondre. Junko se fondait dans son flingue, se métallisait. L'œil du canon était le sien. Elle avait déjà remarqué ce phénomène étrange : quand elle avait l'Eagle à la main, la force que produisait et dégageait le reste de son corps était supérieure à sa force effective. La puissance passait de l'appendice à l'individu en provoquant une montée d'adrénaline et quelque chose d'autre, difficile à nommer, le sentiment et surtout la réalité d'un flux d'énergie qui traversait le corps. La certitude d'être invincible, aussi. Les sons qui s'échappaient de l'arme avaient tous un timbre et un effet particuliers : le bruit du chargeur qu'on glissait dans la crosse était aigu comme celui d'une claque, le bruit du chien et du percuteur était mat, sec, menaçant et froid, quant à la détonation, elle était si énorme que vos tympans en vibraient et sifflaient pendant des heures. C'était comme un système sonore de mise en garde : clac, tic, boum. Le flingue en lui-même est un objet ambigu, à l'image de la détente sous le doigt : à la fois d'une solidité implacable et souple, prête à céder. Le caractère de son propriétaire oscillait sur ce système de basculement entre le calme et la violence, entre la vie et la mort, le silence et le tonnerre. Et qui prétend contrôler le tonnerre ? Pourtant, lorsqu'elle réfléchissait à la relation malade qu'elle entretenait avec son Eagle, Junko ne voyait qu'un mot pour la qualifier : amour. C'était même plus que ça : quand elle avait son Aigle avec elle, Junko éprouvait plus que de l'indulgence, plus que de la sympathie pour les autres humains. Quand on n'a rien à craindre de l'humanité, alors on peut vraiment l'aimer.

Uraga est une ville de pêcheurs avec ses maisons en bois, sa plage, des bateaux de petite taille. Un endroit parfait pour se faire oublier, construire ses stratégies et sa communauté au calme. L'océan se déroulait par vagues tranquilles sur le sable gris. Le ciel était superbe et immense, il se déployait sans entrave depuis l'horizon. La plage était quasi déserte en ce jour de semaine — et serait noire de monde le week-end suivant. Nakamura partit interroger un épicier installé sur le front de mer. Il revint avec des indications précises.

— On va faire un tour par là. Si les lieux ne paraissent pas accueillants, on demandera aux policiers du coin de nous accompagner...

Junko se contenta de hocher la tête. Effectivement, sans arme, elle ne constituait pas un soutien décisif.

Ils trouvèrent sans difficulté : la secte Unmei ne se cachait pas. Simplement, il était difficile de deviner de l'extérieur en quoi consistaient ses activités. Les locaux ressemblaient à ceux d'une entreprise : un bâtiment disgracieux, parallélépipède rectangle sans fantaisie, fait de parpaings en béton et d'un toit de tôle, doté de trois étages. En arrière-plan, on devinait des entrepôts. L'ensemble était entouré d'un grillage haut, surmonté de barbelés. Pas particulièrement accueillant, mais semblable au dispositif de nombreuses entreprises. Dans les bureaux, on voyait des hommes en chemise et cravate et des femmes en tailleur. Seul le nom de la secte, affiché en idéogrammes rouges, distinguait les lieux.

Masayuki abandonna Junko dans la voiture. Il cala machinalement son arme dans son étui, puis passa la porte du bâtiment. La jeune femme resta les yeux fixés sur l'endroit où sa silhouette avait disparu. Puis le portable se mit à sonner. Junko décrocha et reconnut la voix de son père :

— Où est Nakamura ?

— À l'intérieur.

— Vous êtes accompagnés ?

— Non, il y est allé seul.

Junko entendit un grognement de réprobation. Elle observa les bureaux : l'activité semblait être la même, et il ne manquait aucun des employés qu'elle avait remarqués en arrivant.

— Pour l'instant, tout semble calme.

— Je ne suis pas certain que ce soit rassurant. Mori san a trouvé des informations sur Unmei. La secte existe depuis dix ans. Elle compte aujourd'hui deux mille membres, souvent recrutés dans les milieux médicaux, scientifiques et politiques. Difficile de savoir ce qu'ils mijotent avec un tel plan de recrutement, mais, lorsqu'on pense à la manière dont Aum a utilisé les connaissances de ses adeptes, cela fait froid dans le dos. Unmei a une activité économique de façade : la fabrication de certains éléments qui entrent dans la fabrication des appareils de haute technologie. Ils sont fournisseurs de grosses entreprises. Entre ses revenus industriels et les contributions de ses membres, la secte prospère. Elle possède sa propre imprimerie, qui lui sert à produire une multitude de supports pour sa doctrine : tracts, documentations, livres, etc. Les adeptes qui vivent dans la communauté ne sont pas nombreux, une centaine, Unmei préférant visiblement conserver ses affiliés à leur poste.

— Et pour Masuda ?

— Intéressant également. Il est né en 1944 à Kumamoto. Son père est mort en février 45 à Iwo Jima et sa mère, quelques mois plus tard, à Nagasaki.

— La bombe atomique ?

— Oui. Masuda a passé son enfance chez ses grands-parents. Il entre à l'université de Tōkyō en 1963, où il étudie la philosophie. Excellent étudiant. Brillant, très savant. Se voit rapidement proposer un poste de prof. Effectue une carrière modèle. En 1969, il se tient à carreau mais passe un mauvais quart d'heure : il est déféré devant un « tribunal populaire » par des étudiants en révolte. Après la reprise en main de la fac, il reprend son poste et reçoit même une promotion. Politiquement, il est difficile à situer : on l'a cru d'extrême droite, mais il n'a jamais adhéré à aucun parti. Puis d'un coup, en 1990, il quitte la fac et vient s'installer à Uraga avec plusieurs amis. Il crée l'entreprise, la baptise Unmei. En fait, Mori et ses assistants ont mis pas mal de temps à l'identifier comme une secte.

Junko regarda à nouveau les bureaux. La plupart des employés masculins avaient disparu. Quelques gouttes d'eau s'abattirent sur le pare-brise.

— Merde !

— Quoi ?

— Je ne sais pas. Il y a eu du mouvement, à l'intérieur.

— J'appelle le commissariat du coin.

— Je vais aller jeter un coup d'œil.

Avant que son père ait eu le temps de protester, Junko raccrocha et bondit. Elle tâta sa poche : le couteau était là. Elle l'avait pris dans la cuisine le matin même et ne le regrettait pas. Dans le hall d'entrée minuscule, elle bouscula une réceptionniste, qui écarquilla les yeux en la voyant débouler.

— Où est mon collègue ?

— Qui ?

— L'officier Nakamura !

— Je ne sais pas, mademoiselle.

Junko la délogea d'un coup d'épaule et se précipita dans l'escalier. Les marches défilaient sous ses pieds. Au premier, une enfilade de portes et des fenêtres intérieures. Elle parcourut le couloir à grandes enjambées en rêvant de son Eagle. Rien, sinon les regards interloqués des occupants. On commençait à sortir dans les couloirs. Junko évita l'attroupement en passant au travers, le cercle éclata et n'eut pas le temps de se reformer. Escalier, deuxième étage : des bureaux, des bureaux, des bureaux. Elle serra le couteau dans sa poche. Troisième, encore rien. Junko se jeta dans l'escalier, qu'elle redescendit comme une flèche. Le hall, et la réceptionniste qui pleurait. Ça devait être nerveux. Junko la foudroya du regard :

— Où est mon collègue ?

La femme ne dit rien, mais son regard apeuré glissa vers le couloir arrière. Junko se retrouva dehors, sur un terre-plein. À droite comme à gauche, des bâtiments en préfabriqué... Aucun mouvement en vue... Un homme sortit de l'entrepôt le plus proche, une grande masse en tôle aveugle. Il aperçut la policière et partit au trot derrière la baraque. Elle piqua un sprint, arracha quasiment la porte de ses gonds et entra d'un coup.

Un demi-cercle furieux, tendu, prêt à bondir, faisait face à un homme seul. Vingt hommes qui le défiaient du regard. Derrière eux, des montagnes de fûts formaient comme les contours d'une arène. La main de Nakamura glissa sur son torse en direction de son étui à flingue. La tension électrisait le vide. Junko hurla :

— Qu'est-ce que c'est que cette histoire !

Tous les regards se tournèrent vers elle.

— Quoi qu'il se passe ici, vous faites mauvaise route. La police est derrière moi...

Elle pressentit des mouvements menaçants et fit mine de sortir une arme qu'elle ne portait pas. Nakamura en profita pour sortir la sienne :

— On ne bouge pas !

Des pas résonnèrent à l'extérieur. Junko se jeta à l'abri de la porte, prête à bondir, en embuscade. Ses doigts serraient le couteau. Mais, lorsque le battant claqua contre la tôle, c'est un uniforme de police qui apparut.

Le jour décline et la pluie l'ensevelit. Junko sourit en tendant la main par la vitre ouverte. Les gouttes éclatent sur sa peau, rebondissent, rejoignent la route. Elle a placé ses pieds sur le tableau de bord, malgré le regard réprobateur de Nakamura san — quand elle dit son nom, Junko a toujours l'air ironique. Les essuie-glaces dansent sur un rythme lent, nostalgique. Le conducteur parle dans son portable :

— Visiblement, les fûts entreposés par Unmei contiennent des substances interdites et dangereuses, mais il est impossible de savoir à quel emploi elles étaient destinées. Ça n'implique pas que la secte soit mouillée dans l'attentat de Shinjuku. Nous avons retrouvé un fichier où figurait le nom de Kazumi Otani, ce qui ne représente pas une information majeure : nous savions déjà tout ce qui figurait sur sa fiche. Il n'est pas non plus étonnant qu'Unmei conserve des informations sur ses anciens adeptes. Nous n'avons trouvé aucune trace de fusil. Certains des adeptes étaient armés en tant que gardiens, semble-t-il, mais leurs armes ne ressemblent pas à ce que nous cherchons.

Isobe fit une remarque que Junko n'entendit pas.

— Oui, toutes les armes ont été saisies et seront expertisées. Nous avons également pris le fichier des adeptes pour le recouper avec celui des acheteurs de fusils et des clubs de tir. Masuda est en garde à vue, ainsi que tous les adeptes qui étaient dans l'entrepôt. Ils sont en route pour Tōkyō.

Masayuki raccrocha. Ils croisèrent une camionnette de la chaîne NHK.

— La presse est déjà au courant, murmura Junko. États-Unis ou Japon, c'est pareil, quand y a de la viande, y a des mouches à viande.

Nakamura sourit. Puis son sourire se figea.

— Comment se fait-il que vous possédiez un couteau ?

— Oh...

— Vous n'avez pas le droit.

— J'aime graver mon nom sur des arbres.

— Ça non plus, vous n'avez pas le droit.

— Écoutez, pour venir ici, j'ai laissé mon Eagle dans ma commode. D'habitude, je l'emmène partout, même en vacances, et je dors avec. Alors disons que ce couteau, c'est un traitement de substitution pour m'aider à supporter le manque.

— Isobe san est au courant ?

— J'ai dû voir mon père dix fois dans toute ma vie. Nous n'avons pas encore un lien d'intimité suffisant pour que je lui fasse des confidences.

Le téléphone sonna à nouveau. Nakamura écouta gravement puis raccrocha après un simple *hai.*

— Qu'est-ce qu'il y a ?

— Un nouveau meurtre.

2

La danseuse veillait sur la ville, le torse ployé au-dessus des rues, les bras étendus, en suspens, comme des ailes. Perchée sur ses pieds nus, le corps plié en avant, les seins touchant les genoux, elle relevait la tête, le regard planté dans l'appareil photo. Sa bouche était sans doute le point le plus proche de l'objectif, car elle donnait le sentiment d'être à portée de lèvres, avec une expression mi-souriante mi-tendue qui avouait la difficulté de l'exercice et le plaisir d'en être capable. Son visage était carré, elle avait l'air un peu chinoise — allez savoir pourquoi —, ses yeux noirs ciselés en amande brillaient d'une expression indéfinissable. Défi ? Ironie ? Invitation ? On croisait cette affiche en noir et blanc de loin en loin, dans Tōkyō. À un coin de rue, sur un panneau, sur la couverture d'un journal. Un esprit qui avait le don d'ubiquité.

Maria Hatori était une danseuse talentueuse. Elle avait dansé avec les troupes les plus réputées d'Europe. Elle était revenue à Tōkyō pour danser six mois à la Zita Mirdine Dance Company. Le spectacle s'intitulait *Jishin,* celui-là même qu'annonçaient toutes ces affiches distribuées dans la ville.

Le jour où elle était morte, Maria avait vingt-quatre ans.

Par ses parents, les inspecteurs Nakamura et Go en avaient appris un peu plus. Ils appartenaient à la communauté des Brésiliens japonais. Maria était née à Rio de Janeiro, où ses grands-parents avaient immigré dans les années 50. Son père et sa mère étaient également nés au Brésil, y avaient fait leurs études et monté leur atelier de création de vêtements. En 1991, les époux Hatori, qui parlaient un japonais impeccable, firent le chemin inverse pour s'installer au Japon. L'archipel, en pleine crise de main-d'œuvre, offrait des conditions avantageuses pour le retour des émigrés. Leur fille reprit l'école à Tōkyō, s'adapta rapidement. Le samedi soir, les époux Hatori et leurs enfants se rendaient dans une boîte du quartier de Shibuya où se retrouvaient des centaines de Japonais brésiliens : on y dansait la samba, on y parlait portugais. Certains matchs du championnat de football brésilien étaient retransmis en direct par satellite. Plus que tout, Maria adorait la danse. À seize ans, elle était entrée dans l'une des plus prestigieuses écoles de danse de Tōkyō, avant de devenir professionnelle.

Maria Hatori était célibataire et habitait, depuis son retour au Japon, l'Okawabashi River City 21, un ensemble d'immeubles résidentiels situés sur les bords de la rivière Sumida. Deux tours et sept immeubles massifs rassemblaient mille trois cent trente appartements offrant, pour beaucoup, une vue superbe sur Tōkyō et sur la petite île de Tsukudajima avec ses maisons traditionnelles. Maria Hatori occupait l'appartement numéro 987. C'est là qu'on avait retrouvé son cadavre.

En interrogeant les voisins, les policiers avaient également réussi à reconstituer les dernières minutes de la vie de la victime :

Maria Hatori était rentrée à 17 heures du théâtre *Cocoon,* où elle répétait chaque jour. Elle avait croisé dans le couloir Kondo san, l'une de ses voisines. Toutes deux avaient échangé quelques politesses et quelques commentaires sur la pluie, puis le témoin était parti faire ses courses. Maria Hatori était rentrée chez elle. Lorsque Kondo san avait regagné son appartement, elle avait regardé la télévision puis elle avait rejoint sa cuisine pour préparer le dîner. Son fils, Toshiki, était rentré à son tour de son entraînement de karaté. À 19 heures, la mère de famille avait entendu une détonation et un bruit de vitres brisées qui lui avaient semblé très proche — sa cuisine et la chambre de Maria Hatori étaient contiguës. Elle avait passé la tête par la fenêtre, jeté un coup d'œil circulaire qui ne lui avait rien révélé, mais elle avait ensuite constaté que la fenêtre de sa voisine avait volé en éclats. Son sang ne fit alors qu'un tour. Elle appela faiblement par la fenêtre : « Maria ? Maria ? » Ses appels restèrent sans réponse, et ce silence la glaça. Elle prévint alors par téléphone les îlotiers du commissariat du quartier, puis envoya Toshiki en bas de l'immeuble, pour les guider dans la résidence. Avant l'arrivée de la police, Kondo san s'aventura dans le couloir, puis posa la main sur la poignée de la porte de l'appartement 987. Elle frappa et, constatant l'absence de réponse, la poussa doucement. Elle aperçut d'abord le coin cuisine, puis des coussins posés au sol et le futon, les étagères à livres, la télévision et la chaîne hi-fi, puis le corps de Maria Hatori, penché sur son bureau, près de la vitre cassée. Une tache de sang s'était répandue sur la table et sur son T-shirt. Des éclats de verre constellaient le sol. La pluie entrait par le trou. À part la poignée, le témoin n'avait touché à rien.

Le coup avait, semblait-il, été tiré de l'extérieur : d'une part, Kondo san n'avait perçu aucun bruit suspect indiquant que quelqu'un serait sorti de l'appartement 987 après le crime. D'autre part, les éclats de verre s'étant éparpillés à l'intérieur de la pièce, le tir provenait logiquement de l'extérieur. Compte tenu de la forme de la résidence, il n'avait pu être tiré que de l'immeuble d'en face, qui se trouvait à une distance de deux cents mètres. C'est ce modus operandi — un coup de fusil tiré à grande distance — qui avait décidé du rapprochement entre le meurtre de Kazumi Otani à Shinjuku et celui de Maria Hatori dans le quartier de Tsukuda. Si les deux quartiers étaient différents, ils étaient tous deux situés au centre de Tōkyō, Shinjuku à l'ouest du palais impérial, Tsukuda à l'est. En métro, les deux quartiers n'étaient distants que de quelques minutes.

— Cette fois-ci, y a pas de doute, l'assassin n'est pas manchot.

Nakamura sourit. L'inspectrice Go commençait à lui plaire. En tout cas, elle le faisait rire.

— Ce type tire bien. Je suis bien placée pour le dire. Autant ce salopard aurait pu s'en remettre au hasard pour atteindre un individu quelconque dans la foule, autant, dans ce cas précis, il a fallu qu'il s'applique. Un fusil à lunette... C'est un pro, un tireur d'élite, en tout cas quelqu'un de bien entraîné.

— À supposer qu'il s'agisse du même tueur dans les deux cas.

Masayuki avait un doute, un soupçon. Il ne sentait pas l'affaire. Quelque chose clochait. Car tout ne se ressemblait pas, et de loin, dans les deux crimes. L'attentat de Shinjuku était éminemment spectaculaire : il avait touché sa victime au milieu d'une foule, à l'heure la plus chargée de la journée, dans l'un des quartiers les plus fréquentés de la ville. Il avait été conçu — à moins que ce ne fût qu'une conséquence fortuite — pour provoquer la panique, non seulement parmi les passants, mais parmi la population de la ville : qui désormais rejoindrait sa station de métro, à la sortie des bureaux, sans la crainte de se faire tirer dessus ? Tous les employés de Tōkyō, et tous les usagers du métro en général s'identifiaient à la victime. Les journaux télévisés ne parlaient que de ça et, pendant les directs effectués dans la rue, les reporters semblaient rentrer la tête dans les épaules de crainte d'être les prochaines victimes. « Les gens ont peur », ne cessaient-ils de répéter. Ils omettaient de s'inclure dans ce constat. Alors pourquoi le crime de la résidence Okawabashi River City 21 ? La victime avait été touchée chez elle, à son domicile, donc dans un espace privé. Le meurtre aurait pu passer inaperçu, du moins pendant plusieurs heures, si Kondo san n'avait pas été présente.

— Je trouve que c'est bizarre, murmura Nakamura en secouant la tête. Ça ne colle pas.

Le corps avait été emporté. Hormis la fenêtre cassée, l'appartement avait une apparence tout à fait normale. La lumière se répandait dans la pièce à partir des lampes voilées de papier blanc. Le studio était bien rangé, très propre. L'inspectrice Go ouvrit le frigo, presque machinalement, pour s'occuper pendant qu'elle pensait. L'éclat de l'ampoule la frappa. Elle dénombra quatre yaourts, une brique de lait, une bouteille de thé glacé, une boîte Tupperware remplie de riz, une autre avec des légumes en sauce, plusieurs pots de condiments, des algues, une part de tofu, de la vinaigrette. Elle referma la porte. La danseuse y avait collé une photo de Pelé pendant la finale remportée par le Brésil en 1970. Junko observa l'étagère du dessus. Maria Hatori avait placé trois livres — les seuls qu'elle possédât, semblait-il — au milieu des aliments ! Serrés comme des sardines, deux Murakami et un troisième livre tenaient entre un kilo de riz, un sachet de poisson séché et des céréales. Les CD étaient mieux lotis, ils avaient leur propre tour métallique. La collection était éclectique mais dominée par les chanteuses sud-américaines.

Les lieux étaient encore habités. La présence de Maria Hatori était encore sensible, on aurait presque senti la chaleur de son corps dans la pièce. Et pourtant, on l'avait emporté, déjà refroidi. Ni Masayuki ni Junko n'osaient s'asseoir, ils tournaient dans le studio comme dans un lieu sacré, quand on ne sait pas ce que l'on doit, ce que l'on ne doit pas toucher. Le Japonais, accroupi sur ses talons, regardait les débris de verre qui jonchaient le sol.

— Pourquoi elle ?

— Ouais. C'est étrange. En termes de paysage, la résidence, avec ses murs, ses escaliers, ses plates-formes en béton, ça fait pâle figure... Shinjuku dori, c'était chic, coloré. Les enseignes, la panique... D'un côté, les gamins qui jouent dans la cour, la cité quasi-dortoir, les balcons tranquilles donnant sur la rivière, de l'autre les magasins chics, les embouteillages, les restaurants, la foule des employés, des touristes et des acheteurs. Le changement de style est surprenant. En général, quand un taré s'est fait un tel succès, il a plutôt envie de remettre le couvert de la même manière.

— Et puis, pourquoi elle ?

— Peut-être que, dans la résidence, c'est ce qu'il a trouvé de plus beau, de plus excitant.

Nakamura soupira, se passa la main dans les cheveux.

— Possible.

Ils quittèrent l'appartement 987, se retrouvèrent dehors. Alors qu'ils descendaient les marches, la pluie reprit. Ils se réfugièrent sous le surprenant *Œuf des vents,* le portique en forme de dirigeable, ou d'œuf couché, qui marquait l'entrée de la résidence.

— On le décroche et on part survoler Tōkyō *by night* ? demanda Junko.

— Il est en aluminium, j'ai peur que ça ne vole pas haut.

Les gouttes ne se décidaient pas à faiblir.

— Les hypothèses sont à la fois floues et nombreuses, dit l'inspectrice Go en glissant ses mains dans les poches de sa veste. On peut avoir affaire à un tueur psychopathe qui frappe presque au hasard. Il a d'abord soufflé la panique dans les rues, il fait peser sur chaque habitant de la ville la crainte d'une mort violente. Désormais, les gestes banals de la vie quotidienne — aller et revenir du travail, faire ses courses, se promener — passent pour des prises de risque.

— Il jouit de son pouvoir sur les autres.

— Oui. Et avec ce second crime, il envoie un nouveau message à la population : vous n'êtes en sécurité nulle part. Je me déplace, je surveille vos faits et gestes, je peux vous frapper partout. Vous prenez votre douche, vous lisez tranquillement chez vous, eh bien, vous êtes dans le cercle de ma lunette et boum ! De fait, on ne peut pas trouver mieux.

— Mais il est possible aussi qu'il y ait véritablement un lien entre les victimes. Quelqu'un a voulu éliminer Kazumi Otani, puis Maria Hatori, et peut-être d'autres.

— Les motifs peuvent être divers...

— Le modus operandi donne l'impression que le ou les assassins envoient un message à d'autres personnes par le biais de ces assassinats. Quelque chose comme : « C'est bientôt votre tour » ou « Si vous ne voulez pas y passer, faites ceci », enfin quelque chose de ce genre. Il peut s'agir d'une punition pure et simple, ou d'une manière de faire taire des témoins gênants.

— Il y a encore une autre hypothèse... Il pleut moins, non ?

— Oui. Rejoignons la voiture. Je vous ramène.

Ils laissèrent l'« Œuf de Godzilla » et partirent dans la nuit. Il leur sembla, paranoïa peut-être, que les passants étaient angoissés, qu'ils avaient peur, qu'ils se surveillaient du coin de l'œil, comme s'ils craignaient que surgisse de l'ombre le nouvel assassin de Tōkyō. Les nouvelles vont si vite.

— Alors, Go san, votre troisième hypothèse ?

— Les crimes se ressemblent, mais le meurtrier n'est pas le même : un second meurtrier a trouvé l'idée du premier drôlement chic, mais n'a pas osé prendre autant de risques ; il a préféré un cadre plus serein.

— Ou alors, il en voulait spécifiquement à Maria Hatori.

Junko se tourna et se retourna mille fois sur son futon. Il faisait très chaud et très lourd. Parfois, elle pensait à son Eagle. Les visages de Maria Hatori et Kazumi Otani revenaient dans ses rêves et dans ses insomnies. À 6 heures, elle se réveilla. Une odeur de café traversait la cloison en bois jusqu'à sa chambre et elle entendait les pas d'Isobe glisser sur les tatamis. La jeune femme cria à travers la pièce :

— Je suis réveillée ! Je me lève !

Un grognement d'assentiment lui revint. Junko se leva et alla jeter un coup d'œil par la fenêtre. Takeshi Isobe habitait dans la maison de ses parents, qui eux-mêmes avaient occupé la maison de son grand-père paternel. Takeshi était né dans cette maison du quartier de Sumida-ku et il y vivait encore. Il était bien décidé à y mourir, même s'il ne savait pas qui s'y installerait après sa mort. Des gens riches, forcément, pour acquérir une telle perle dans la préfecture de Tōkyō. La maison en effet était très ancienne, entièrement en bois, avec des pans de toit incurvés et descendant bas, la crête de poutres croisées au sommet, les marches qui grimpaient vers l'entrée, les fenêtres du bas et du premier étage joliment dessinées. Devant, il y avait deux mètres carrés de gazon qu'Isobe entretenait mollement, mais surtout un cerisier un peu déplumé qui ne se décidait ni à vivre ni à mourir. Et deux pots d'hortensias roses. À l'intérieur, tout était traditionnel, à l'exception de la cuisine et de la salle de bains. Pour le reste, tatamis et tables basses, futons et cloisons boisées.

— Tu es religieux ? demanda Junko en venant s'asseoir devant la table basse.

Isobe sourit en faisant la grimace. Il haussa les épaules puis poussa vers sa fille une tasse de café noir :

— Non.

— Alors pourquoi tu as un *kamidana*[1] ?

— Il a toujours été là.

— Et la mandarine ?

— Un autel sans offrande, c'est déprimant. Et toi, tu as une religion ?

— Non.

Isobe parut soulagé.

— Il y a quelqu'un dans ta vie ? reprit Junko.

— Oui.

— Tu l'as fait partir pendant mon séjour ?

— Nous ne vivons pas ensemble.

Junko médita. Quand elle pensait à son père, elle n'arrivait jamais à voir autre chose en lui que le chef de la police de Tōkyō. D'une certaine manière, il incarnait purement et strictement sa fonction. Sa coupe à ras était martiale, ses chemises rigides, sa démarche d'une rectitude impressionnante, et ses propos pesés alliaient courtoisie et fermeté. Il était droit, il était plus que droit, il était la droiture même. C'est ainsi que sa mère lui dépeignait Takeshi Isobe, son père. Quoi qu'elle pensât des choix de vie de son

1. *Kamidana* : petit autel shinto.

ancien amant, Takako Go reconnaissait qu'elle lui faisait une confiance totale, même vingt ans après, même après l'exil de Takako aux États-Unis. Takeshi Isobe était un homme sur lequel on pouvait s'appuyer, parce qu'il était irrévocablement solide. À l'instant même, il était là, en train d'aspirer bruyamment son café, et son regard au-dessus du bol avait quelque chose de limpide et de profond.

— Comment est ton amie ?

— Elle s'appelle Akiko Watanabe. Elle enseigne la littérature française à l'université.

— Pourquoi vous ne vivez pas ensemble ?

— Parce qu'elle ne le désire pas. Et que cela me convient.

Sa fille sourit à nouveau :

— Elle est mariée ?

Isobe la regarda, interloqué. Puis se mit à rire :

— Non, elle ne veut pas se marier.

Il mit fin à la discussion en rassemblant les couverts et les boîtes qui couvraient la table.

— Finis de t'habiller, parce qu'on est pressés. La journée risque d'être longue...

« La journée risque d'être longue », se répéta Junko. C'était une expression qu'employait souvent sa mère.

Le site de la morgue avait le charme industriel et bétonneux : un bâtiment presque entièrement sous-terrain au-dessus d'une ligne de chemin de fer et d'un bout de rivière crasseux. À la surface des eaux brunes flottaient des sacs éventrés. Effet des pluies continuelles, le canal débordait presque, mais il occupait lui-même le fond d'une large tranchée de terre qui divisait les alentours en deux berges lointaines. La rive ouest portait la voie ferrée, ses portiques et ses câbles emmêlés, la rive est montait à pic, soulevant un mur de béton massif, une grue. Dominant ce décor engageant comme un égout se dressait la Century Tower, l'une des plus élégantes tours de Tōkyō. La morgue, elle, se tapissait à flanc de talus, au côté d'un immeuble en construction, et elle émergeait vaguement de son environnement boueux. Le parking, trop petit, était flambant neuf, d'un asphalte rutilant barré de lignes blanches immaculées. Mais l'unique étage apparent de la bâtisse ressemblait à s'y méprendre à un blockhaus. À titre de décoration, le concepteur des lieux avait fait forer tous les dix centimètres un trou de forme un peu évasée qui pointillait de gris foncé cette façade gris clair. Une rampe en béton la longeait par la droite, tandis que les visiteurs devaient pénétrer par-devant, en passant à travers un sas. L'intérieur était un peu surprenant : le sol de la pièce était plus bas que le sol extérieur, on le rejoignait en descendant quelques marches et on se trouvait donc dans un hall d'une hauteur de plafond importante et inattendue — quoique la voûte et les murs conservassent un aspect des plus dépouillés : toujours du béton nu. Les murs de droite et de gauche étaient occupés en leur centre par une grande vitre rectangulaire : situées sur un angle est-ouest, ces deux ouvertures étaient, à l'aurore comme au crépuscule, traversées par les rayons du soleil. Quand Masayuki et Junko entrèrent, ils aperçurent un soleil rouge qui se levait. Des nuages sombres attendaient pour l'engloutir.

Les deux policiers montrèrent leur carte à l'agent qui se tenait au comptoir. Le vigile s'attarda sur le *pass* de l'Américaine.

— Le docteur Nakayama vous attend dans la salle 2. Descendez jusqu'au deuxième sous-sol par l'ascenseur, traversez la salle d'attente et c'est la seconde porte à gauche.

L'ascenseur se referma sur eux avec un bruit de

gong. Sans surprise, il était entièrement gris. Il descendit et les relâcha six mètres plus bas. Plus aucune ouverture ne permettait d'apercevoir la lumière du jour. La salle d'attente avait autant de fantaisie qu'un parking souterrain. Sans être tellement plus rassurante. Un banc des plus minimalistes, long et bas, en... béton, se tenait, solitaire, dans le vide. Pourtant, en rejoignant le couloir, les policiers durent bientôt enjamber un obstacle discret : trois rigoles parallèles, larges de dix centimètres, profondes d'autant, et de section carrée, traversaient la pièce. De l'eau claire coulait en murmurant dans ces cavités.

— C'est plus propre qu'à Washington, mais ça sent quand même la mort.

— Comme partout... Je veux dire comme dans toutes les morgues.

Ils trouvèrent la porte 2 et entrèrent. Ici s'achevaient les fantaisies de l'architecte. La salle où officiaient la légiste et ses comparses était clinique, pratique, et l'odeur qui y régnait était écœurante. Murs blancs, mobilier fonctionnel, un système d'aération bruyant. Et surtout la présence âcre et insinuante, irréductible, de la mort. Le parfum des cadavres. Une lumière blafarde tombait des néons. Au milieu de cette atmosphère, le docteur Nakayama travaillait, aidée de ses deux assistants. Son visage était dissimulé derrière un masque chirurgical et des lunettes en Plexi, ses cheveux ramenés en chignon. Sa blouse était tachée de sang.

— L'architecte qui a conçu ce bunker est, paraît-il, très fier de son effet. Personnellement, je pense qu'on aurait dû l'emmurer quelque part par ici. Au lieu de ça, ce salopard vit tranquillement dans sa villa en Californie, dont je vous jure que les plans sont beaucoup plus agréables... Bonjour, Nakamura san.

— Bonjour, Nakayama san.

Maria Hatori était allongée sur la table, nue, déjà

ouverte et en partie recousue. Junko la regarda, impressionnée. Malgré la mort, malgré le charcutage, le corps de la danseuse était encore presque vivant. Son expression était concentrée, comme si elle s'apprêtait à répéter un mouvement difficile. Le médecin surprit le regard de Junko, observa à son tour le visage du cadavre.

— C'était une belle fille, hein ? Quel gâchis. C'est désolant.

— Quelles sont vos premières conclusions, Nakayama san ? demanda Nakamura.

— Je n'ai pas encore extrait la balle. Je vais le faire dans quelques instants. Le principal point notable est que la balle n'est pas entrée dans le crâne, mais au niveau de la nuque. Et elle a causé nettement moins de dégâts qu'à Kazumi Otani.

Junko jeta un coup d'œil à Maria Hatori. Son cou était déchiré à l'arrière.

— La balle est entrée par-derrière ? murmura Junko.

— Mais pas ressortie.

— Et à part ça ?

— À part ça, rien de très nouveau : on a tiré de loin, avec une grande précision. Mais je suis quand même un peu étonnée. Lors du premier meurtre, l'assassin avait tiré en pleine tête. Cette fois-ci, il a tiré dans la nuque. À une longue distance, il doit être encore plus difficile de viser le cou que le crâne. Je me demande pourquoi il s'est compliqué la vie.

Nakamura fit la moue :

— Il avait peut-être visé la tête, et puis la fille a bougé au moment où il tirait.

— Possible, mais alors, si elle avait bougé sur sa chaise, sans se relever, il risquait surtout de la rater.

Junko laissa passer un instant de silence, le regard braqué sur le visage endormi de Maria Hatori. Une idée se forma d'un coup dans son esprit :

— Il voulait préserver son visage. Il a tiré dans la nuque pour que le visage reste intact.

Les autres levèrent les yeux vers elle, intéressés. Le médecin hocha la tête en signe d'acquiescement.

— Pourquoi aurait-il fait ça ? demanda Masayuki, plutôt pour lui-même.

— Je ne sais pas... Parce qu'il l'aimait...

Un silence suivit l'explication.

— Alors, il aimait moins Kazumi Otani, remarqua Nakamura.

— À condition qu'il s'agisse du même assassin.

Le docteur Nakayama reprit la parole — elle était en train de retourner le corps, aidée de ses assistants. Autrefois si souple et si léger, il paraissait maintenant peser des tonnes. Le cadavre retomba sur le ventre, exposant le trou béant au niveau de la nuque.

— Personnellement, je suis tentée par l'hypothèse de deux assassins différents. Le choix de la victime, les circonstances divergentes et les différences d'exécution sont difficilement explicables.

— Oui, accorda le policier, mais je vois mal un petit ami, ou un amoureux ignoré, ou un voyeur, enfin, un homme de ce profil, se procurer le matériel adéquat et apprendre à s'en servir en une journée, juste pour imiter son modèle. Il s'est passé moins de vingt-quatre heures depuis le premier meurtre.

Les mains fines de la médecin légiste tirèrent une pince du fond du trou sanglant. On vit apparaître une masse cuivrée qu'elle laissa tomber sur un plateau. Le bruit de la balle tinta à travers la pièce.

— La balle n'est pas exactement déformée comme celle d'hier. Mais effectivement, la marque pourrait être similaire. Voyez ça avec le labo... Si l'assassin est le même pour Shinjuku et la résidence Okawabashi River City 21, il n'a pas traité la seconde victime de la même manière...

— Peut-être que l'assassin a établi des degrés de culpabilité entre ses victimes : Kazumi Otani aurait commis une grande faute et aurait mérité que sa tête parte en fumée, tandis que Maria Hatori aurait eu droit à plus d'indulgence.

Junko se sentit brusquement très en colère :

— Si son indulgence ressemble à ça...

Le docteur Nakayama sourit derrière son masque :

— Vous vous énervez, Go san ? Ce n'est pas très professionnel. La colère est mauvaise conseillère.

— Je suis toujours en colère.

— En colère contre quoi ?

— Parfois, je ne sais même pas.

— Effectivement, vous devez être en colère souvent, remarqua avec ironie le médecin. Votre partenaire à Washington ne doit pas rigoler tous les jours.

— Mon partenaire à Washington est un Hispanique macho. Alors je suis souvent en colère contre lui. Mais je suis souvent en colère contre moi-même aussi.

La légiste vissa ses yeux dans les siens :

— Personnellement, je crois à la maîtrise de soi, au contrôle de ses émotions et à l'investigation méthodique. Surtout devant un adversaire aussi redoutable que celui auquel nous avons affaire. Deux meurtres en deux jours, c'est rapide. À ce rythme-là, chaque heure va peser lourd sur votre dos. J'espère que je me trompe, mais je sens ce ou ces assassins lancés dans une course qui n'est pas près de s'arrêter. Et avec l'avance qu'ils ont prise, vous risquez de m'apporter d'autres cadavres avant de mettre la main sur eux.

Elle baissa les yeux :

— Même si je ne vous le souhaite pas.

— D'un strict point de vue méthodique, la piste Unmei semble la plus intéressante, remarqua

Masayuki pour essayer de dévier le cours de la conversation. En fait, c'est la seule que nous ayons.

Junko faisait la gueule : elle avait horreur des sermons.

La salle d'interrogatoire était volontairement dépouillée. Quatre murs, le sol et le plafond nus, une table en Formica, deux chaises et la vitre sans tain. Il n'y avait pour se distraire que sa propre image, que généralement les suspects évitaient de regarder, et un néon défaillant.

— Combien de temps allez-vous me garder ici ?

— La législation de ce pays me permet de vous garder vingt-trois jours à ma disposition.

— Sage législation qui permet que le crime ne coure pas les rues au Japon comme il le fait dans d'autres pays.

Isobe et Masuda s'observèrent un instant. Masuda avait toujours un sourire en coin, un sourire qui disait encore plus le contentement de soi que le défi. Il avait le visage étroit, émacié, les yeux perçants, les pommettes plates. Ses cheveux mi-longs, poivre et sel, étaient tirés en arrière. Il portait une chemise blanche ouverte au col. Il n'était pas assis, il posait. Il donnait le sentiment d'être en représentation. Isobe détestait ce genre d'homme.

— Masuda san, commença le policier, que faisaient ces substances dangereuses dans vos entrepôts ?

— Elles sont réservées à un usage industriel.

— Ces substances n'entrent dans la composition d'aucun des produits de votre usine.

— Elles sont destinées à des travaux pour des ouvrages futurs.

— Quels travaux ?

— C'est de l'ordre du secret industriel.

— Le secret industriel. Ça ne va pas peser lourd dans l'affaire. Il va falloir que vous trouviez mieux, parce que avec les charges qui pèsent sur vous...

— Quelles charges ? Vous n'avez rien contre moi.

Isobe jeta un regard vers le miroir : ce dernier lui renvoyait sa propre image, son visage fermé et ses yeux au regard noir, ses cheveux coupés en brosse. Les poings coincés sur les hanches, il ressemblait à un lutteur. Autour de lui, il y avait deux chaises, une table et un homme assis.

— Connaissiez-vous Kazumi Otani ?

— Je l'ai fréquenté pendant plusieurs années.

— Dans quel cadre ?

— Dans le cadre de mon enseignement.

— Il était membre de votre secte ?

— Il suivait mon enseignement.

— C'est-à-dire ?

— Il venait le week-end à Uraga, il s'est intéressé à notre doctrine, puis il est parti. Il était velléitaire. Faible. Il ne savait pas ce qu'il voulait.

— Jolie nécrologie.

Masuda souffla.

— Ce n'est pas mon problème.

— La femme de Kazumi Otani affirme que vous avez envoyé des émissaires chez eux pour faire revenir son mari.

— Nous faisons toujours ça. Il est dommage que quelqu'un qui a fait des progrès dans sa pensée et dans la prise en charge de lui-même abandonne. C'est une perte importante pour notre communauté. Mais ça arrive tout le temps. Le chemin est difficile.

— Épargnez-moi le discours. Combien vous a versé Kazumi Otani au cours des années qu'il a passées chez vous ?

— Comme tous les membres du groupe, cinquante pour cent de son salaire.

— Cinquante pour cent de son salaire, plus le prix

des publications, des cassettes, etc. Votre doctrine est plus rentable qu'un placement immobilier.

— Je n'en fais aucun usage personnel. L'argent est le nerf de la guerre, c'est tout.

— Quelle guerre ? s'écria Isobe en donnant un coup de main sur la table. Quelle guerre ? Celle que vous avez commencée il y a deux jours en tuant coup sur coup deux de vos anciens membres ?

— Je ne connais pas la seconde victime... Cette danseuse...

— Vous avez votre manière à vous de nettoyer votre fichier !

— Je ne connais que Kazumi Otani et je n'ai aucune responsabilité dans sa mort.

— Vous êtes engagé dans les premières phases d'un plan de grande envergure qui commence avec l'assassinat de personnalités et se continuera par des attentats.

— Vous inventez.

— Vous stockez massivement des produits pouvant servir à la fabrication de gaz et d'explosifs, à quel usage ?

Masuda se tut. Il avait baissé les yeux et regardait par terre. Isobe continuait à marcher de long en large, en s'arrêtant parfois pour foudroyer du regard le suspect. Mais celui-ci n'avait pas peur du tout. C'était un serpent. Isobe détestait les serpents. Il repensa à une séquence qu'il avait vue à la télévision : un aigle et un cobra engagés dans un combat à mort, chacun la mâchoire ouverte et sifflante, les yeux injectés de sang, les griffes et le venin salivant, dressés, guettant, dans la fièvre et une mobilité nerveuse, l'ouverture, le meurtre. Il ne se rappelait plus qui avait gagné.

— Dans les publications qui développent votre doctrine, vous justifiez le recours à la violence.

— Une doctrine désarmée est vouée à mourir.

— Contre qui devez-vous donc vous armer ?

— Ne vous inquiétez pas, ils se reconnaîtront.

Masuda sourit encore, ce qui fit bouillir le sang d'Isobe. Mais il se contint.

— Vous stockez des armes pour tuer des personnes en grand nombre. Peut-être que vous dites vrai, que vous ne connaissiez pas Maria Hatori. Mais vous vous en foutez. Pour vous, il n'y a que deux types d'individus, ceux qui vous suivent et les autres. Et les autres peuvent crever.

— Ils *doivent* crever. Nuance.

— Je vous trouve étonnamment cynique sur ce sujet. La mort de votre mère à Nagasaki vous a laissé totalement indifférent ?

Masuda bondit sur ses pieds, les lèvres tremblantes.

— Comment osez-vous !

Il défia Isobe du regard, puis, l'ayant toisé des pieds à la tête, se rassit.

— Vous ne m'aurez pas si facilement. Il ne suffit pas d'appuyer sur le bon bouton...

Isobe resta impassible.

— Expliquez-moi plus clairement votre doctrine concernant l'usage de la violence.

Il espérait coincer Masuda, mais il sentit à son regard que l'autre ne se laisserait pas emporter par son exposé.

— Il y a des gens qui s'imaginent que le Bien et le Mal, le Naturel et le Contre-nature sont des entités complémentaires, nécessaires au fonctionnement du monde. Cette idée est un tel non-sens que je me demande comment certains peuvent l'énoncer sans rougir de leur bêtise. Peut-être tout simplement ont-ils intérêt à faire perdurer le Mal et le Contre-nature. Personnellement, j'ai tendance à penser qu'un monde délivré du Mal serait un monde meilleur. Le seul monde respectable et aimable, en vérité. Mais pour cela, il faut déjà que nous cessions d'être soumis.

— Et comment cesse-t-on d'être soumis ?

— En faisant travailler son sens critique. En réfléchissant.

— Vous avez besoin de fûts de produits chimiques pour réfléchir ?

— Mettons à l'écart ces fûts qui n'ont de futur qu'industriel. Réfléchir, méditer, critiquer, identifier les vraies Valeurs des pseudo-valeurs nous fait approcher de la Vérité et de la Justice, mais cela ne nous fait pas échapper au désordre et au méchant. Car c'est ici que le bât blesse : il y a ceux qui ignorent qu'ils vivent dans l'erreur, et il y a ceux qui entretiennent l'erreur, en profitent, la font prospérer et proliférer comme la gangrène. La responsabilité est tellement plus effrayante que l'esclavage.

— Baratin.

— Baratin ! Vous n'êtes pas un enfant, Isobe san. Vous dirigez la police et la police est là pour ça : remettre les choses en ordre, préparer la justice et protéger les innocents. Vous avez affaire quotidiennement au mal, à la perversion, à la lâcheté, à la folie. Mais pendant que vous raclez les égouts, le plafond pourrit. Les Premiers ministres démissionnent sous l'effet du scandale, les industriels s'allient aux yakusas pour faire taire leurs actionnaires, les hommes politiques se vendent au plus offrant. Une gigantesque orgie de fric et de luxure où on ne reconnaît plus la pègre des institutions. Les écolières sont des putes, les cadres supérieurs des maquereaux et les étudiants des drogués. Les commissariats de quartier se font arroser par les truands du coin et, jusqu'au gouvernement, c'est la foire aux esclaves.

Derrière la vitre sans tain, plongés dans l'obscurité, les hommes écoutaient en silence. Tamura et sa face de mérou fixaient Masuda d'un œil glauque comme un poisson à travers la vitre d'un aquarium. Honda se marrait et Tajima prenait des notes. De l'autre côté du verre, on entendit un rire. Masuda leva les yeux vers le visage souriant d'Isobe :

— Qu'est-ce qui vous fait rire, Isobe san ?

— Voir un escroc donner des leçons de morale.

Junko se cala dans le fauteuil de la voiture en soufflant tandis que Masayuki prenait le volant. Les indices dont ils disposaient étaient maigres. Des balles, même pas de douilles. Aucun portrait, même flou, de l'assassin, aucune description d'aucune sorte. La vérification des personnels de Shinjuku n'avait rien donné. On avait établi la liste des récents acheteurs de fusils : des chasseurs, des amateurs de tir, un biathlète. La plupart avaient un alibi. Ceux qui n'en avaient pas ne paraissaient pas constituer des pistes sérieuses. Mori prétendait que ses indics et ses agents infiltrés n'avaient observé aucun mouvement important, que ce soit à l'extrême gauche ou à l'extrême droite. Honda avait fait chou blanc du côté des yakusas, des receleurs, des trafiquants de toute espèce. Ce résultat ne garantissait pas que les armes et le tueur n'étaient pas passés par ce biais. L'hypothèse restait même encore très probable, cependant Honda n'arrivait pas à localiser ce matériel et son porteur. Quant à Tajima, qui avait quelque tendance paranoïaque, il voyait en chacune des sectes recensées dans ses fichiers une piste potentielle.

— On commence par où ? demanda Nakamura. On a le choix entre le théâtre où travaillait Maria Hatori ou la résidence Okawabashi River City 21.

— Commençons par le théâtre.

— Pourriez-vous me redonner l'adresse, s'il vous plaît ?

Junko attrapa son calepin :

— À Shibuya. Dans le bâtiment du Bunkamura.

— Je vois. On est samedi, ça ne va pas être de la rigolade.

— Y a du monde ?

— Plus que du monde. Il y a foule. Encore un endroit où notre assassin ferait un joli carton.

Isobe sortit de la salle d'interrogatoire et rejoignit ses collègues dans la pièce sombre. À travers la vitre, ils voyaient Masuda se détendre, s'affaler un peu sur sa chaise, souffler, les yeux au plafond.

— Je n'en tire rien et je ne sais pas si j'en tirerai quelque chose avant longtemps. Je crois qu'il s'amuse avec nous.

— On a trouvé des armes sur un autre site de la secte, annonça Tajima.

— Quelles sortes d'armes ?

— Des pistolets automatiques et des fusils-mitrailleurs. Des explosifs.

— Ce n'est pas ce que nous cherchons.

— Non, mais ça nous donne des chefs d'inculpation supplémentaires, et ça prouve que la secte avait des intentions terroristes.

— Qu'est-ce qu'ont donné les interrogatoires des autres adeptes ?

— Beaucoup d'informations sur la secte, son fonctionnement et son système financier. Le comptable s'est mis à parler au bout de peu de temps. Masuda envoyait discrètement une partie de l'argent de la secte vers Hawaï, où il aurait également acquis des terrains et une villa. Les autres sont plus coriaces : soit ils ne savent rien, soit ils nous débitent tous les chapitres de leur manuel. En revanche, il nous semble qu'une des femmes est la compagne de Masuda. Mais elle refuse même de décliner son identité.

— Mettez-la de côté, je la verrai tout à l'heure.

Pendant que Tajima et Isobe parlaient, Tamura transpirait sur sa chaise et restait silencieux. Honda jouait avec une canette d'Inca Coca. Il soupira puis se leva :

— Je vais devoir vous quitter. Un travail important m'attend.

— Je vous remercie d'être passé nous voir, Honda san.

— Je vous en prie. Et s'il vous venait le désir d'arriver plus vite au résultat et d'employer de nouvelles méthodes d'interrogatoire à l'égard du suspect, n'hésitez pas à faire appel à moi.

Isobe traduisit intérieurement : « Quand tu auras besoin de quelqu'un qui a les couilles pour tabasser Masuda, fais-moi signe. On perd du temps parce que tu les as petites. » Isobe salua de la tête :

— Je vous remercie de cette aimable proposition. Je crains cependant que les recherches en cours du côté des yakusas ne demandent encore de nombreux efforts.

Honda répondit par un sourire mauvais et disparut. Tajima se tourna vers Isobe en refermant son téléphone portable.

— Isobe san ?

— On a trouvé un nom en commun entre le fichier d'un club de tir à Yokohama et le fichier d'Unmei. Malheureusement, le nom en question est celui d'un homme qui serait mort, il y a deux ans, dans un accident de voiture.

— Envoyez quelqu'un vérifier l'histoire de la mort par accident.

Ils interrogèrent tous les danseurs de la troupe. Aucun ne se souvenait de quoi que ce fût qui pût constituer un début de piste. Le jour où Maria Hatori avait été abattue, elle n'avait montré aucune anxiété particulière, n'avait évoqué aucun conflit. Le lendemain, elle devait dîner avec ses parents et essayer les costumes dessinés pour le spectacle. Aucune révélation plus palpitante ne leur parvint. En revanche, le tempérament de Maria Hatori se précisait : indépendante, originale, critique. La troupe qu'elle venait de rejoindre à Tōkyō répondait à ses attentes, et cet engagement lui permettait de revenir un peu au pays. Quant à Zita Mirdine, elle était allemande, installée au Japon. Quand elle pliait son corps, l'étendait, le faisait bondir, Maria Hatori avait le sentiment que, grâce à Zita, ses mouvements avaient du sens, et cela l'avait rendue heureuse, selon ses amis danseurs. Mais Maria Hatori ne bougeait plus : elle avait été abattue d'une balle dans la nuque.

Ils trouvèrent Zita Mirdine assise dans la cour intérieure, à une table de café où elle crayonnait. Elle les laissa s'asseoir sans lever les yeux. Les policiers attendirent quelques instants, les yeux perdus sur les coursives, les sapins en pots, le sol parcouru de lignes blanches.

— Excusez-moi, ce n'est pas poli. Et en plus, je ne travaille pas pour de vrai. Ni les danseurs, d'ailleurs...

Ses yeux bleus étaient tirés et rougis. Son visage carré exprimait une désolation profonde qui creusait ses rides. Elle avait cinquante-cinq ans, mais une énergie d'ancienne danseuse et de créatrice, qu'on devinait dans la force de ses mains, dans les muscles de son cou. Et pourtant, toute cette force semblait courbée, pliée par la tristesse.

— Maria était une danseuse remarquable. Et une personne remarquable. Très attachante.

— Pourquoi très attachante ?

— Elle était en recherche. Je ne sais pas... C'est difficile à exprimer. Elle dansait et elle réfléchissait beaucoup. Elle avait une maturité particulière. Et puis, c'était une personne vraiment gentille. L'intelligence et la gentillesse, c'est un alliage toujours très bouleversant.

— Vous étiez proche de Maria ? demanda Nakamura avec douceur.

— Je ne la connaissais pas depuis longtemps, mais on s'appréciait beaucoup. Nous avions eu de longues conversations, et elle me demandait des conseils pour la conduite de sa carrière. Elle était très demandée en Europe et aux États-Unis.

— Savez-vous si Maria Hatori fréquentait un groupe religieux ?

— Non, nous n'en avons jamais discuté. J'ai le sentiment que, si elle avait eu une pratique religieuse particulière, elle aurait eu l'occasion de m'en parler. Oh, cependant, j'ai le souvenir qu'au mois de mars elle est allée voir sa famille à Osaka pour célébrer le Higan[1].

— C'est tout ?

— Oui.

— Maria Hatori a-t-elle déjà prononcé en votre présence les noms d'Unmei ou de Masuda ?

— La secte responsable de l'attentat de Shinjuku ? J'ai vu ça à la télé.

— Oui.

— Non seulement elle ne m'en a jamais parlé, mais il est évident qu'elle n'aurait jamais mis les pieds dans ce genre d'endroit.

— Pourquoi ?

— Comme je vous le disais, c'était une jeune femme intelligente.

— Vous avez dit aussi en « recherche ».

— Quand je parlais de recherche, je ne disais pas qu'elle était paumée ! Sa recherche était intellectuelle

1. Le Higan : cérémonie annuelle consacrée aux morts.

et esthétique. Je parle de mouvement, de sens... Vous comprenez ?

Les pommettes blanches de Zita Mirdine avaient rougi et sa voix s'était tendue. Junko reprit doucement.

— Est-ce que Maria Hatori avait des engagements politiques ?

— Elle m'a dit qu'elle avait voté socialiste aux dernières élections. Mais on ne peut pas dire qu'elle avait des activités politiques. Et puis, elle n'était à Tōkyō que pour six mois.

— Mirdine san, savez-vous si Maria avait un petit ami ou un soupirant ?

La chorégraphe hésita. Entre quoi et quoi, Junko aurait voulu lui ouvrir le crâne pour le savoir. Quand elle répondit, il était clair qu'elle pesait ses mots :

— Je crois qu'elle fréquentait quelqu'un, mais, encore une fois, elle ne m'a pas fait de confidence à ce sujet.

— Alors, comment le savez-vous ?

— Je... Une impression... Je ne sais pas... Une manière de dire : « Je dois y aller » ou « j'ai rendez-vous ». Des fois, un air réjoui... C'est juste une impression.

— Vous ne l'avez jamais vue en présence d'un ami, d'un homme qui aurait pu être cette personne avec qui elle avait rendez-vous ?

— Non, non. Je vous dis, c'est une intuition, rien de certain. Peut-être que je me trompe...

Ils devinèrent qu'ils n'en tireraient pas plus.

Quand ils sortirent, il pleuvait. Ils décidèrent de rester abrités le temps que les bourrasques s'apaisent et que les gouttes se raréfient. Ils s'étaient déjà fait doucher à l'aller. La rue était pleine, pleine à craquer, pleine à faire tomber les immeubles comme des façades de carton-pâte. Il y avait là des centaines de parapluies, et, sous ce monde multicolore, une foule de jeunes en goguette qui erraient de café en magasin et de librairie en galerie. Junko portait un ciré orange de marin, mais ses baskets prenaient l'eau. Masayuki était protégé par un imperméable. Ils restèrent ainsi, côte à côte, à attendre.

— Alors, vous vous plaisez au Japon ?

À l'instant où il posa la question, il se sentit stupide. Mais il était trop tard.

— C'est une chouette saison pour revenir au pays. Tōkyō, sa pluie, ses meurtres... J'ai dû dormir quatre heures depuis que je suis arrivée.

Il sourit.

— On dit que c'est tout le temps comme ça, à Washington.

— Non. Des fois, il fait beau. Cela dit, je n'aime pas Washington. C'est moche, mal foutu, sinistre. À part l'équipe universitaire de basket, il n'y a rien...

— Et le Congrès, la Maison-Blanche ?

— Ah oui... Je n'y passe pas mes soirées. De toute façon, j'ai demandé à être mutée.

— Où ça ?

— On verra.

— Si vous voulez, je vais faire mon tour à la résidence Okawabashi River City 21 tout seul et je vous laisse ici faire un tour. On n'a pas besoin d'être deux pour poser quelques questions supplémentaires à Kondo san, et il y a déjà une kyrielle de mecs qui inspectent l'immeuble d'en face pour trouver le lieu où se tenait le tireur. Profitez-en pour faire un tour, vous détendre. Ici, c'est le quartier chic, jeune, branché. Ça vous fera une jolie balade.

Junko hésita puis accepta. Nakamura regagna la Nissan et disparut. Le soleil, lui, apparut à la faveur d'une ouverture entre deux nuages noirs, et il déposa sur la ville cette lumière dorée qui va si bien avec un ciel sombre. Celui-ci tourna du noir au bleu profond, et les trottoirs, du moins ce qu'on en voyait entre les chaussures et les jupes de lycéennes, se mirent à luire. Puis on entendit un grondement d'orage, et l'Américaine se dit qu'il était temps de trouver un parapluie — investissement probablement vite utile. Elle trouva dans la boutique *Les aliens sont nos amis* un parapluie décoré de soucoupes volantes, et se décida également à acheter des bottes avec des extraterrestres verts. L'envie lui vint brusquement d'acquérir un fusil laser de l'espace. Puis non. Elle changea de chaussures sur place et fit emballer ses baskets trempées. Dès la sortie du magasin, elle eut l'occasion d'utiliser ses récentes acquisitions : il tombait des cordes. Elle vit un éclair traverser l'espace au loin et entendit un grognement menaçant. Cela n'entama en rien la rage de la foule, sa bonne humeur et la chevauchée des parapluies. Junko se jeta à son tour dans la mêlée, elle s'en écarta le temps d'avaler un café infect au *Café de la Seine*. Puis elle reprit sa marche. Un magasin de disques avait installé des écouteurs en forme de poissons en plastique sur les casques. Les clients avaient l'air de dingues à six yeux. Un punk jouait du violon, un morceau tzigane. Une gamine qui avait mis de la teinture orange dans ses cheveux la voyait couler sur son visage et ses épaules. Les magasins se succédèrent. En fait, elle ne se rappelait pas la dernière fois qu'elle avait pris un après-midi comme ça à Washington. Depuis deux ans, son temps libre se passait chez sa mère, quand cette dernière était en rémission, à l'hôpital quand les choses allaient mal. Le souvenir lui écrasa le cœur, elle eut envie de pleurer, et prit le parti de penser à autre chose. Comme si c'étaient les vacances. Pedro l'avait charriée exactement avec ces paroles-là : « C'est pas du boulot, c'est comme si c'étaient des vacances. » Pedro était vraiment la seule chose qu'elle aimât vraiment à Washington — un partenaire fiable, cool. Mais macho. Junko avait trouvé la parade. C'est elle qui lui disait « ma poule ». Junko se mit à rigoler toute seule. Pan.

Pan ! Comme une détonation. La première fraction de seconde, elle se dit que ça sonnait comme une détonation. La seconde fraction, elle se dit que c'en était une. Peut-être un pétard ? Autour d'elle, une vague confusion. En fin de seconde, elle se dit que c'était une détonation, un coup de revolver. Instinctivement, sa main lâcha le sac des courses et partit en direction de son holster. Mais il n'y en avait pas. Ni de flingue. Elle fendit la foule et s'engagea dans une ruelle perpendiculaire. Elle croisa une vieille dame qui s'enfuyait en criant. À l'intersection d'une autre petite rue, elle se colla sur le mur. Rien à gauche, rien à droite, rien devant. Elle courut encore vingt mètres. Rien devant, rien à droite. Elle se précipita sur la gauche et posa sa main sur le cou. Mais elle la retira. La fille avait un trou gros comme le poing dans le front, pas une chance qu'elle respire.

Les trois secondes suivantes, entre son arrivée et les nouvelles détonations, furent très longues. Junko grava tout ce qu'elle put dans sa mémoire :

La victime était tombée sur les genoux, le dos appuyé contre le mur, la tête penchée sur l'épaule droite, les bras le long du corps. Une adolescente de quinze ou seize ans portant un T-shirt à manches longues, léger, en synthétique, représentant un dieu hindou, un pantalon très large bleu mat avec quelques taches de décoloration sans doute volontaires et un renforcement en molleton au niveau du genou. Des sandales en cuir plates avec une boucle et un travers, l'avant de la semelle de section carrée. La victime avait les cheveux mi-longs, coiffés la raie au milieu, des yeux noirs assez grands — en l'occurrence écarquillés —, un nez étroit, l'arête un peu saillante avec des lignes bien dessinées, un faux diamant bleu sur la narine de droite, des pommettes hautes, des lèvres larges et assez charnues, un visage fin, un peu long. Ses ongles de mains étaient vernis en orange, ses ongles de pieds en vert. À côté du corps, encore retenu par le petit doigt, reposait un sac du magasin de disques *Les Oreilles de la mer.* La pluie ayant repris, après s'être interrompue plusieurs minutes, l'eau glissant sur le toit de la maison haute qui faisait l'angle s'écoula sur le cadavre. Le genou gauche était déjà plongé dans une flaque.

Dans l'axe — le prolongement de la ruelle-, où se trouvait encore l'assassin, on ne voyait à l'instant personne. En suivant du regard le mur de gauche, on rencontrait deux cuisines de restaurants, les portes entrouvertes. La première à gauche était surmontée d'une petite lampe de forme rectangulaire, blanche, protégée par un cache en plastique. La porte était en contreplaqué, doublée à l'intérieur d'une couche de revêtement plastique bleu pâle. En haut et en bas, l'usure avait creusé son sillon et la lumière des cuisines filtrait par là. Deux poubelles recevaient leurs détritus. Sur la première, un cafard de taille respectable grimpait vers son repas. La seconde débordait de papiers. Au-dessus de la même porte, s'élevait un fil électrique qui rejoignait la multitude de câbles qui pendouillaient de loin en loin, au-dessus des maisons. La porte plus éloignée, toujours sur le côté gauche, donnait sur des cuisines, à en croire la vapeur qui s'en échappait et qui s'élevait ensuite au travers de la pluie. On apercevait également un bout de mobilier métallique — une cuisinière ou une machine à laver. Un coin de carrelage blanc. Accroché à une fenêtre, une manche à air en forme de poisson, de couleurs vives — bleu, noir, jaune —, relique sans doute oubliée et de plus en plus sale de la dernière fête de Kodomo no Hi[1], se délavait lentement. Plusieurs porte-bouteilles, vides, formaient une colonne qui serpentait le long du mur. Plus loin, le mur se partageait entre planches de bois et surface en tôle ondulée. Le mur qui filait à droite avait moins d'histoire. Une rigole ménagée à son bas emmenait une petite flotte de brins d'herbe et de minuscules papiers qui suivaient le cours de l'eau. En aval du corps de la victime, l'eau était encore plus claire, une partie des saletés s'accrochant au pan de pantalon bleu mat. Trois fenêtres fermées et des conduits d'aération ponctuaient cette surface, mais le plus notable était, à vingt mètres, un distributeur de mangas. À vue de nez. À gauche, il y eut un mouvement. Une lame apparut dans l'encadrement de la seconde porte de restaurant. Junko la braqua mentalement avec son Eagle. Mais elle avait les mains vides. À droite, le canon du pistolet apparut. La jeune femme sentit l'œil se fixer sur elle, cet œil noir qui en un instant absorba tout ce qui l'entourait : la lame et le cuisinier qui la tenait, le distributeur, les fenêtres, la rigole, les poubelles, la colonne de porte-bouteilles, la seconde porte, le sol, la pluie, le ciel, les câbles électriques, le grondement de l'orage et elle, Junko, sa vie, sa conscience. Pan ! « Crève », cracha le flingue.

Dix détonations se succédèrent dans l'esprit de Junko, qui écrasa sa tête entre ses mains. Un, deux, trois, quatre, cinq, six, sept, huit, neuf, dix. Chargeur vidé ! Elle redressa la tête de derrière sa poubelle. Rien. Est-ce que l'assassin changeait de chargeur, ou avait-il filé ? Elle écouta un moment. Puis plongea dans l'embrasure de la seconde porte. Le cuisinier faillit se jeter sur elle, avec son couteau à poisson, mais Junko lui balança préventivement son poing dans la gueule. Le distributeur de mangas n'était plus

1. Kodomo no Hi : fête des enfants (5 mai).

loin. *Rumichan s'en va sur Mars, Les Petites Culottes de Tamiko.* Maintenant, elle était presque sûre que l'assassin avait filé. Elle emprunta le couteau qui était tombé par terre, compta encore jusqu'à dix, parce qu'elle avait la trouille, et se lança vers le coin de la rue. Elle aperçut plusieurs personnes qui regardèrent d'un œil terrifié la lame démesurée qu'elle tenait.

— Police ! Que personne ne bouge ! hurla-t-elle pour les obliger à rester. Personne ne s'en va d'ici !

Les passants semblaient ne pas savoir quoi penser : est-ce qu'il fallait demeurer sur place, ou fuir cette fille qui avait plus l'air d'une hôtesse de bar en pleine crise d'hallucination que d'un flic ? Junko sortit sa plaque :

— Qui a un téléphone portable ? Vous ? Appelez la police. Il m'en faut un deuxième. Il me faut un deuxième téléphone !

Le corps de la jeune fille n'avait pas encore été déplacé. Le docteur Nakayama était en route. C'était étrange de discuter là, assise sur un porte-bouteilles près du cadavre immobile, silencieux. Avec les autres policiers, ils s'étaient réfugiés dans la cuisine du restaurant, porte ouverte sur la ruelle. La victime semblait les regarder.

— Je n'ai pas vu l'assassin. Je n'ai vu que son avant-bras, sa main, son flingue.

— Et vous pouvez nous donner des indications ?

— Le flingue était un Tanfoglio P-25.

Le flic la regarda d'un air abasourdi.

— Un Tanfoglio P-25 ? C'est précis, ça, comme réponse.

— Je connais le sujet. Le Tanfoglio est un pistolet semi-automatique de très petite dimension. C'est un ultra-compact. À vide, il pèse à peine plus de cinq cents grammes. Il est très plat : un centimètre et six millimètres pour la partie la plus large. Quasiment la moitié de mon flingue à moi. Il est assez reconnaissable par la forme de la crosse : il y a des creux moulés pour les doigts et un bec important au talon. Et la culasse est complètement lisse. Non, je suis certaine de l'arme. Mais il faudra voir les douilles.

— On est en train de les ramasser.

— Il doit y en avoir une près du cadavre, et dix près du distributeur. Si c'est du 9 millimètres parabellum, c'est que je ne me suis pas trompée.

Le docteur Nakayama passa la tête par la porte.

— Quand je vous ai dit qu'à mon avis le prochain meurtre aurait vite lieu, je n'exigeais pas que vous le livriez dans les trois heures.

« Humour de légiste », pensa Junko.

— Vous n'avez rien de cassé ?

— Non, à part l'éraflure à la joue, là.

— C'est une balle ?

— Oui.

— Eh bien, ce n'est pas passé loin. Attendez, je vais vous passer un peu d'alcool.

Le policier s'écarta un peu, en saluant très poliment Nakayama san, qui s'accroupit devant Junko. Elle aussi était un peu plus grande que la moyenne. Elles se retrouvèrent nez à nez. Le docteur sortit un coton, l'imbiba d'alcool et l'appliqua sur la plaie. La blessée serra les dents et, sentant le souffle du médecin sur son visage, ses yeux tout près des siens, ses cils qui la touchaient presque, elle pensa : « Jolie, malgré ses cinquante ans. »

— Voilà.

— Merci.

— De rien. J'ai si peu l'occasion d'intervenir à temps.

Elles éclatèrent de rire. Et Nakayama, apercevant les bottes de Junko :

— Très jolies bottes. Si vous n'aviez pas survécu, j'aurais insisté pour qu'on vous enterre avec.

Puis, jetant un regard au cadavre :

— Ça ne ressemble pas du tout aux meurtres précédents.

— Si ça se trouve, il n'y a pas de rapport. Je n'étais pas en train d'enquêter, je faisais juste des courses.

— Et vous tombez sur un meurtre ? Vous n'êtes pas devenue flic pour rien.

Junko haussa les épaules :

— Comme dirait Pedro : « Le miel attire les abeilles, toi, c'est les emmerdes. »

Nakayama sourit :

— Excusez-moi, mais (elle regarda à nouveau la jeune fille morte) on m'attend.

Alors le flic revint à la charge :

— Vous dites que vous avez vu sa main et son avant-bras. Que pouvez-vous me dire à ce sujet ?

— Pas grand-chose. Le tireur portait un gant en cuir de couleur claire, beige clair. Un gant assez vieux, usé aux articulations. L'avant-bras était couvert par une manche de pèlerine vert sombre, avec des élastiques pour serrer le poignet.

— Ça correspond à ce qu'ont vu les passants. Un homme de taille moyenne — un mètre soixante-quinze —, portant une pèlerine verte et qui s'est enfui dans la foule.

— Quelqu'un a vu son visage ?

— Non, il portait une capuche et il a baissé la tête en permanence. Quand vous êtes arrivée, la victime était déjà morte ?

— Vous avez vu son front ? Elle n'a pas eu le temps de me faire des confidences.

— Bien sûr... Je veux dire... Vous êtes arrivée longtemps après le coup de feu ?

— Je dirais... facilement vingt secondes après.

— Le meurtrier ne s'est pas enfui tout de suite. Peut-être qu'il cherchait quelque chose. Sur la victime. Il a peut-être emporté quelque chose.

— Je suis incapable de le dire. Je n'ai pas vu son autre main.

— Bon... Vous auriez d'autres informations à nous communiquer ?

— Le Tanfoglio. C'est de la fabrication italienne. Je ne sais pas si c'est une arme courante au Japon.

— On va vérifier.

Ils se saluèrent et le flic s'éloigna. Elle le héla :

— Eh ! Si vous voyez le cuisinier, excusez-moi auprès de lui.

Junko se leva et sortit. La pluie ruissela sur son visage. Elle ne s'y déroba pas. Elle était abrutie de fatigue, de stress. Elle se sentait désorientée. Les coups de feu résonnaient dans ses tympans comme si son cerveau explosait à répétition. Elle laissa l'eau laver son visage et noyer ses pensées. Elle ferma les yeux.

— Attention !

Elle se retrouva face au légiste.

— Vous alliez marcher sur la douille.

Elles se penchèrent ensemble. Le médecin attrapa l'objet avec un crayon.

— Une FMR-1, annonça Junko.

— C'est-à-dire ?

— Une balle de fabrication française. Moins puissante que d'autres, elle induit aussi un recul moindre, ce qui est important avec le Tanfoglio, qui est instable. Elle permet donc un tir plus précis. Le meurtrier n'est pas un ignorant.

— Vous non plus.

— Les armes à feu me passionnent. Je suis une vraie malade dans ce domaine. Une vraie malade.

Junko serra les mains sur la crosse et plaça son index sur la détente. L'arme était très légère, quoique volumineuse. Elle avança de quelques pas, puis s'immobilisa dès qu'elle fut au milieu du couloir. Elle attendit, aux aguets. Tout à coup, l'alien déboula du coin d'une coursive. Une gueule affreuse, un corps gluant et marron, des yeux jaunes et une vélocité impressionnante. La tireuse fit feu. L'alien prit le rayon laser en pleine poire et tomba sur le dos. Mais déjà un deuxième se précipitait. Elle tira encore, le monstre explosa. Un troisième et un quatrième déboulèrent du plafond. Bien campée sur ses jambes écartées, les bras tendus, elle prit son temps pour viser et les dégomma successivement. Une accalmie suivit. Elle en profita pour avancer. Elle s'approcha dangereusement de la coursive d'où avaient surgi les monstres. Elle se cala sur le mur opposé, progressa lentement en gardant le canon pointé sur le coin du mur. Finalement elle se jeta dans le croisement. Ce n'était pas un alien mais dix, sans doute plus, des colonnes entières qui la guettaient en salivant d'un air pervers. Ils se jetèrent sur elle. Ce fut une véritable tuerie, et Junko se sentit revivre. Le sang extraterrestre éclaboussait les murs, les monstres explosaient ou tombaient dans le vide en poussant des hurlements. Elle ne faisait que presser la détente, sans fin. Les rayons laser fusaient par centaines sur l'écran. À force de ping, splash, bang, tong, des hordes de bêtes furent exterminées. L'humaine put même s'engager dans la coursive, frayant son chemin à coups de fusil comme d'autres à coups de machette. En bout de course, elle atteignit une porte qu'elle passa pour s'élever au niveau supérieur, celui du moteur central du vaisseau. Le compteur affichait déjà un million sept cent quarante mille points.

— Junko, ça va ?

— Je me défoulais.

Elle reposa le fusil pour suivre son père et Nakamura.

— Comment te sens-tu ? lui demanda son père.

— Des égratignures. Sinon, j'ai eu un peu la trouille. J'avais les mains vides.

— Tu aurais pu te faire trouer la peau cent fois.

— Oh, seulement dix.

— Cette histoire est incroyable. Incompréhensible. Tōkyō est une ville tranquille, sûre.

— Ouais, on dirait.

— Soit c'est une coïncidence extraordinaire, soit il se passe quelque chose que je ne comprends pas.

— C'est exactement le sentiment que j'ai. Le sentiment de voir un film dont le montage a été massacré.

Masayuki ne disait rien. Il ouvrit les portières de la Nissan. Il prit le volant tandis qu'Isobe s'installait à ses côtés et Junko derrière.

— De votre côté, il y a du nouveau ?

— Les balles de l'attentat de Shinjuku sont les mêmes que celles de l'assassinat de Maria Hatori. En revanche, l'arme n'est pas la même. C'est un HK 308, fabrication allemande. Même calibre donc, mais armes différentes.

— Cette histoire ne tient pas debout, murmura Junko.

— On a retrouvé l'emplacement où le tireur s'est installé pour descendre la danseuse. On a observé deux petites éraflures en arc de cercle sur le rebord de fenêtre d'un local à poubelles. Vu leur écartement, elles doivent correspondre au bipied du fusil. Le tireur et son arme ont dû peser un peu et la couche de peinture a gardé la trace des pieds. Mais c'est la seule marque qu'on a trouvée et ça, c'est franchement étrange. Par terre, il y avait un tas de fibres qui peuvent correspondre à celles qu'auraient apportées les habitants de l'immeuble quand ils jettent leurs poubelles. Mais sur le rebord de la fenêtre, rien. Pas d'empreinte, évidemment, mais rien de ce qu'on pouvait espérer : ni fibre, ni cheveux, ni peau, ni rien. Pourtant, pour tirer, l'assassin a forcément dû poser un coude. Il lui a aussi fallu le temps de monter l'arme, de régler la lunette. Enfin, il a dû passer plusieurs minutes à cet endroit.

— Vous en concluez quoi ?

— Là aussi, il y a deux solutions : soit le meurtrier est une ombre, soit il a fait le ménage. Je penche pour la seconde hypothèse pour la raison suivante : on a trouvé des fibres partout par terre sauf sur un rayon de deux mètres autour de la fenêtre.

— Comme si quelqu'un avait fait les prélèvements avant vous.

— Exactement.

— L'assassin n'a pas froid aux yeux. Faut un certain culot pour aligner sa victime, tirer, démonter l'arme, sortir son aspirateur à main, aspirer ses traces puis quitter les lieux l'air de rien.

— Pourquoi son aspirateur ?

— Ce serait le plus pratique, non ? Un aspirateur de poche.

— C'est bruyant.

— On dirait que l'assassin n'a pas peur du risque.

— Ces trucs-là n'ont pas une grande autonomie. Juste quelques minutes après avoir été débranchés de leur support.

— Il peut l'avoir mis à charger dans sa voiture.

— Possible.

— En tout cas, quelle méticulosité ! Vous risquez de ne jamais rien trouver à Shinjuku. Pour peu que le tireur ait pris appui sur une surface plus dure que le rebord de la fenêtre de Tsukuda, il n'aura rien laissé derrière lui.

Pendant qu'ils discutaient, Isobe écoutait sans rien dire. Tout ce qu'il apprenait ne faisait qu'obscurcir le mystère. Ils n'avançaient pas. Ils avaient deux meurtres difficiles à relier entre eux, avec des similitudes — modus operandi, marque des balles, calibre du fusil, rapprochement dans le temps — et des différences énormes — lieux des meurtres, identité des armes, types des victimes. Finalement, ce qui rapprochait le plus ces deux affaires était le vide : absence de témoins, absence de description de l'assassin, absence de mobile clair, absence de traces physiques, absence de sens. Et maintenant, il y avait l'affaire de Shibuya, qui ne ressemblait pas aux précédentes mais y ressemblait quand même. Isobe sentait un terrible poids sur sa poitrine, le pressentiment d'une catastrophe à venir. Une catastrophe qui allait l'engloutir. Lui et d'autres. Et il se demanda d'un coup s'il avait bien fait de faire venir Junko, si de toute façon tout n'était pas trop tard, s'il n'allait pas faire plus de dégâts que de bien. Un instant, il vacilla. Il eut l'illusion pendant une seconde que le sol tremblait vraiment. Ils étaient sur l'autoroute métropolitaine, surélevée à soixante-dix mètres au-dessus du sol, bordée d'immeubles de bureaux géants. Les tours se tordirent, la route suspendue s'effondra. Puis les choses reprirent leur place et leur stabilité. Il souffla.

— Comment ça s'est passé, avec Masuda ? lui demanda Junko.

— Il s'amuse. Il fait la vedette. Depuis vingt-quatre heures, la télé ne parle que de lui. Il va recruter des adeptes par centaines.

— Vous n'avez rien à lui mettre sur le dos ?

— Si. Détention d'armes et de produits dangereux, évasion fiscale. Mais pour l'instant, pas d'implication dans les meurtres. D'ailleurs, nous n'arrivons à établir aucun lien entre Maria Hatori et la secte.

Tajima épluche toutes les archives de Masuda pour essayer de trouver des plans, des projets d'ordre terroriste. Pour l'instant, il nourrit surtout ses banques de données sur les sectes. Et puis, la supertuile, c'est la compagne de Masuda.

Nakamura releva un sourcil. Visiblement, il ne connaissait pas cette histoire.

— On a fini par identifier la compagne de Masuda. Celle qui ne voulait pas dire son nom. Elle s'appelle Mariko Sakai.

Nakamura resta bouche bée :

— Un rapport avec Hiroshi Sakai ?

— C'est sa fille.

— Oh.

— Qui est Hiroshi Sakai ? entendit-on de la banquette arrière.

— Le ministre des Affaires étrangères.

— Oh.

— Je viens d'envoyer l'info au ministre de l'Intérieur. Quand le gouvernement va le savoir, ça va être la panique à bord. Et si la presse apprend ça... Je vais me retrouver entre deux feux. Putain, je me vois déjà obligé de donner ma démission.

— Peut-être qu'ils ne vont pas le prendre si mal, suggéra Junko.

— En temps normal, la hiérarchie m'offrirait peut-être un peu de répit. Mais les élections sont dans six mois. Sakai espère être Premier ministre.

3

Les choses allaient très vite. Junko était une fille rapide, capable d'intégrer et d'analyser beaucoup d'informations en très peu de temps. Elle enchaînait vite et agissait de même. Mais cette fois, elle se sentait dépassée. Les choses s'embrouillaient dans sa tête : Shinjuku, Tsukuda, Shibuya. De fait, il n'y avait rien de tangible qui reliât les trois affaires. Certes, les balles des deux premiers meurtres étaient de même calibre et de même marque. Mais l'arme était différente. Ce pouvait donc être une simple coïncidence. Pour l'assassinat de Naoko Ando, il n'y avait rien, pas l'ombre d'un indice sérieux qui permît de le rapprocher des deux autres. Dans toute cette histoire, il n'y avait que des ressemblances, des convergences, des soupçons. Du vide, autrement dit des hypothèses mises bout à bout, des conjectures, presque du rêve. Ce dernier mot convenait à merveille : toutes ces affaires se confondaient en une seule dans les rêves de Junko. Sa nuit consistait en une course poursuite, un jeu d'arcade, où les circonstances des trois meurtres composaient les tableaux successifs d'un même jeu. L'héroïne, traquée par un assassin, fuyait d'étage en étage, de l'Okawabashi River City 21 aux ruelles de Shibuya. Elle se réveillait en sursaut, le cœur palpitant, le front en sueur, guettant le silence, noyant son angoisse dans le son rassurant de la pluie. Elle ne pouvait considérer les trois meurtres que comme les facettes d'une même action, d'un même dessein mystérieux. Elle devinait — elle rêvait — une même main derrière ces morts, une main gantée de cuir un peu clair, avec son œil noir et son visage invisible. Cette intuition s'imposait avec la force d'une prophétie. Simplement, Junko n'avait pas l'habitude de s'en remettre aux prophéties. Elle aimait faire marcher sa cervelle, sentir les déductions s'enchaîner dans son esprit et l'obscurité s'éclaircir. Là, son intuition ne lui amenait que plus de confusion. L'affaire Naoko Ando avait été confiée à une autre équipe. Elle était traitée indépendamment des deux premières. Pourquoi en aurait-il été autrement ? On n'avançait pas. Véritablement aucun lien n'avait été établi entre Kazumi Otani et Maria Hatori. Il semblait que ces deux-ci ne s'étaient jamais croisés qu'à la morgue. Leur unique point de convergence était la pointe du scalpel du docteur Nakayama. Ils ne s'étaient jamais rencontrés vivants, n'avaient aucune connaissance en commun, ne partageaient aucune passion, aucun goût, ne fréquentaient pas les mêmes quartiers ; personne, jamais, ne les avait vus ensemble. Un soupçon d'espoir avait pourtant secoué l'équipe d'Isobe. Kondo san avait confirmé les dires de Zita Mirdine : elle pensait que Maria Hatori avait quelqu'un dans sa vie ; un garçon qu'elle recevait discrètement très tard, certains soirs. Les policiers se prirent à rêver (encore) : et si le « garçon » avait été Kazumi Otani ? Mais les dates indiquées par Kondo san n'étaient pas compatibles avec celles données par la veuve d'Otani san. Cet espoir vite évanoui sépara définitivement les deux victimes. Quant à Naoko Ando, elle avait été abattue avec une arme et un modus operandi radicalement différents des deux autres meurtres. Junko fut obligée de sourire : le seul lien qui attachait Kazumi Otani, Maria Hatori et Naoko Ando, c'était... elle-même. D'une manière inexplicable et insensée. Cet événement lui donnait le tournis. Naoko Ando avait été tuée à bout touchant (d'après les conclusions de Nakayama, le canon du Tanfoglio avait été placé contre le front de la victime), avec un pistolet. Si Junko n'avait pas été présente, aucun rapprochement n'aurait été fait entre les deux premières affaires et celle-ci. Et ça, c'était fou. Si le lien était elle-même, Junko Go, c'était fou, et si c'était une coïncidence, c'était une folle coïncidence. Le trou au front de l'adolescente lui revenait en mémoire. Elle aussi avait connu cette sensation : l'œil noir, mangeur de cervelle, qui pose sa bouche froide sur votre visage et murmure : « Tu vas mourir. » Mais elle avait survécu, et elle avait encore survécu la veille. Pas la gamine. Une lycéenne de seize ans qui était allée acheter un disque et du matériel pour peinture, dans la ville la plus sûre du monde, et qui avait été assassinée. Pour maîtriser tous ces faits, il aurait fallu plus qu'un esprit : c'était comme vouloir lire d'un regard les milliers d'enseignes entrecroisées d'Akihabara[1]. À la verticale, dans un rectangle un peu large, elle voyait le corps de Naoko Ando, sa silhouette encore presque dressée et sa tête reposant sur son épaule. Dans un petit carré, le cercle sombre et scintillant du canon du Tanfoglio. Horizontalement, la ligne blanche retraçant sur le sol de Shinjuku dori la position de Kazumi Otani, la forme grotesque et triste d'un corps tombé à terre et qu'on a déjà emmené. En gros plan, sur une minuscule surface et de profil, le visage affaissé d'Otani, les fentes des yeux qui avaient glissé des orbites, la demi-sphère de son crâne éclaté. L'ombre recroquevillée de Maria Hatori, une forme en escalier, un rectangle qui serpentait du sol au plat de la

1. Quartier commerçant spécialisé dans l'électronique.

chaise puis à la table maculée de sang. Carrée, la fenêtre brisée. Triangulaires, les éclats de vitre éparpillés par terre. En grand, sur un écran géant, la photo de Maria Hatori en train de danser. Toutes ces images comme tracées et coloriées sur des calques se superposaient dans la tête de Junko. On avait gommé le décor, gardé juste le contour des corps, de leurs traces, des indices, et ils se recouvraient, se croisaient, dépassaient, débordaient. Ici un bras, ici un œil, ici une crosse, un gant, une chaussure, un ongle verni, une flaque de sang. Et de cet enchevêtrement, aucun sens. À vous donner le vertige, à faire peur.

Isobe aussi avait peur. De l'autre côté de la cloison, il pensait aussi. Son intuition lui disait que la petite Naoko Ando ne devait pas disparaître de ses pensées. Il avait confié l'affaire à une autre équipe parce que, méthodiquement, il fallait faire ainsi et ne pas tout mélanger, ne pas laisser les événements le submerger. Au contraire, garder une vue d'en haut, comme d'un hélicoptère, comme vu du ciel, quadriller méthodiquement l'affaire comme les rues de la ville, progresser avec circonspection et donner sa chance à chaque hypothèse, si improbable fût-elle. Une gamine de seize ans. Il avait cru que les parents allaient se jeter par la fenêtre à l'annonce de la mort de leur fille unique. Il avait fallu aussi ne pas se laisser submerger par le spectacle de ce désespoir, réciter comme une prière talisman les condoléances et les regrets d'usage. Éviter de laisser se confondre les images de Naoko Ando et de Junko Go, sa fille. Quel invraisemblable hasard les avait rassemblées ? Mais qui nierait que le hasard existe ? Et puis, cette affaire était comme la ville : elle était faite de connexions diverses et inattendues, de trajets, d'enchaînements, mais aussi de plans superposés. Il y avait les victimes, au plus bas, à terre. Et les policiers, les scientifiques, la presse, qui grouillaient dessus. Et aux étages supérieurs, leur hiérarchie, les administrations, les politiques. Lui-même, suspendu entre deux eaux. Dans cette affaire, les plans se brisaient, glissaient dangereusement : Mariko Sakai était la fille de Hiroshi Sakai. Demain, la boîte opaque du pouvoir allait devenir transparente et tout le monde pourrait regarder dedans. Il allait perquisitionner au domicile de Mariko Sakai... qui occupait le même domicile que son père. Dans ce grand déballage, la prochaine victime avait toutes les chances d'être lui-même. Car Tamura le lui avait annoncé à mi-voix : il valait mieux renoncer à cette procédure et oublier Mariko Sakai. Se recentrer sur Masuda. Non, demain il irait chez elle. Mariko était une très belle fille et une très belle occasion pour Masuda.

Masayuki Nakamura regardait par sa fenêtre. Une fille traversait la rue en bas de chez lui. Elle était apparue en un instant, surgissant de la façade, et la silhouette blanche de son imperméable se détachait sur le bitume de la chaussée. Pendant qu'elle traversait la rue, on aurait cru qu'elle volait, ou qu'elle tombait. Un instant, il eut la vision de la jeune femme abattue, étendue sur le sol, l'imperméable ouvert sur ses jambes nues. Mais elle sauta sur le trottoir et partit vers quelque part. Quand il inspira, l'air chaud de la ville lui emplit les narines avec ses relents de pluie suave. Pour une fois, il échappa à cette odeur de mort qui le suivait où qu'il aille. La morgue lui faisait de plus en plus horreur. Les morts lui faisaient de plus en plus horreur. Il y en avait partout, et surtout de très jeunes. Naoko Ando avait seize ans. Masayuki se mit à pleurer. Il constata une fois de plus qu'il ne pleurait que pour les inconnus, tandis que les tragédies qui le touchaient directement ne lui arrachaient pas une larme. La pluie se réveilla et se mit à clapoter sur le rebord de sa fenêtre. Elle sécha ses pleurs. Il s'endormit pendant que les lumières de la ville se mettaient à tanguer. Il pensa seulement : et si le visiteur de nuit de Maria Hatori était un dealer ? Cela expliquerait qu'elle le cachait, les heures tardives de ses visites, ses manières furtives. Kazumi Otani, avec ses malheurs successifs, sa culpabilité, sa recherche d'ailleurs qui tournait en rond, aurait pu aussi se laisser séduire par la drogue. Il n'en aurait parlé à personne. Peut-être...

— Shimizu san, avez-vous le sentiment que Hatori san recevait des visiteurs nocturnes ?

Le vieux Shimizu était occupé à nourrir ses poissons, qui constituaient, comme il l'avait expliqué, sa principale compagnie depuis le décès de sa femme, deux ans plus tôt. Les deux poissons, l'un rouge, l'autre noir, quoique de même espèce, roulaient leurs yeux globuleux derrière la vitre, observant les visiteurs. Sans le savoir, Masayuki et Junko pensèrent à la même personne : Tamura san.

— Je les ai appelés Izanagi et Izanami[1], commenta Shimizu san.

— C'est un choix à la fois judicieux et poétique, remarqua Nakamura.

Le vieillard mordit à l'hameçon de cette flatterie. Il se mit à sourire démesurément en égrainant ses petites paillettes alimentaires à la surface de l'eau.

— C'est un couple, voyez-vous ? Ils ont eu des petits, que j'ai offerts à ceux de mes voisins qui en désiraient. Pendant dix jours, presque tous les enfants de l'immeuble sont venus voir les bébés poissons. Un vrai défilé.

— C'est une preuve de bon entretien de l'aqua-

1. Dans la religion shinto, couple de divinités à l'origine de la création de l'île du Japon.

rium. Les poissons ne se reproduisent pas dans un mauvais environnement.

— Je fais de mon mieux, mais je suis loin d'être un vrai aquariophile. Je fréquente un club d'aquariophilie où se réunissent des amateurs très éclairés, en particulier des jeunes remarquablement doués. Cela m'a d'ailleurs fait un peu changer d'avis à leur égard, moi qui croyais que les enfants d'aujourd'hui ne s'intéressaient qu'à la télé et aux jeux vidéo. Certains sont en réalité très capables.

— La jeunesse change, mais jamais autant qu'on croit.

— C'est tout à fait ça, jeune homme. Les jeunes changent. Ils ont de nouveaux jeux, ils s'habillent et se coiffent de manière un peu... grotesque, ils ne sont pas non plus aussi polis ni aussi respectueux qu'avant et, en même temps, on se rend compte qu'ils ne sont pas si différents. Finalement, ils font des choix raisonnables et essayent de plaire à leurs parents. Mes petits-enfants sont comme ça. Je me disais : « Ils sont tombés sur la tête ! Ils vont mal tourner ! Où va le Japon ? » Eh bien, pas du tout. Mon petit-fils est douanier et ma petite-fille infirmière. Et les autres sont de bons élèves. Avec ou sans blouson de cuir. Vraiment...

Nakamura essaya de reprendre le fil de la conversation.

— Et cette Maria Hatori, elle était comment ?

— Mais très bien... Quand j'ai eu des problèmes de dos, il y a trois mois, elle est allée me faire les courses tous les jours.

— Donc, vous la connaissiez un peu ?

— Je ne dirais pas ça... Elle était très gentille, très serviable. Elle m'avait donné des places pour son spectacle. Je ne sais pas si j'irai, maintenant... Mais elle ne disait pas grand-chose d'elle. Elle était très réservée.

— Hatori san ne vous a jamais fait aucune confidence sur sa vie amoureuse ?

— Oh non. Elle n'aurait jamais fait ça. Et je ne me serais pas permis... C'est pas parce qu'on voit sans arrêt ces machins américains à la télé qu'il faut prendre exemple sur eux.

— Donc, vous ne savez rien ?

— Non. Je suis désolé.

— Vous n'avez jamais vu Maria Hatori avec un homme ou un jeune homme ?

— Non. Si. Non.

— « Non. Si. Non » ? Que voulez-vous dire, Shimizu san ?

— Un soir, je sortais mes poubelles — très tard, mais je ne dors plus beaucoup —, et j'ai vu quelqu'un entrer chez Hatori san. Il était très tard. Je me suis dit que ce devait être son petit ami.

Masayuki et Junko échangèrent un regard.

— Pourriez-vous nous décrire ce visiteur ?

— Il était jeune.

— Mais encore ?

— C'est tout ce que je peux vous dire. Je ne l'ai vu que de dos.

Junko soupira. Masayuki lui jeta un mauvais regard puis sourit au témoin :

— Comment savez-vous qu'il était jeune, si vous n'avez pas vu son visage ?

— Sa manière de s'habiller... Un blouson en cuir... C'est pour ça que je disais blouson en cuir, tout à l'heure. Il avait ce genre de blouson en cuir, épais, tout noir, et qui serre à la taille. Un truc de rocker.

— Un Perfecto.

— Oui. Et puis un jean. Les cheveux courts, presque rasés.

— Quelle taille ?

— Grand. Et très maigre. Après, je me suis dit que ce devait être un danseur.

— Japonais ?
— Oui.
— Vous vous souvenez d'autre chose ?
— Sur le blouson, au niveau des épaules, il y avait marqué : « SACRAMENTO KINGS ».
— Vous avez bonne mémoire.
— Quand j'ai vu ça, je me suis dit : « Il n'y a pas assez de villes au Japon pour qu'ils inscrivent le nom d'une ville d'ici sur leurs blousons ? » Pourquoi pas Osaka ? C'est joli, Osaka. Plus joli que les trucs écrits en anglais.
— Vous avez croisé à nouveau ce jeune homme ? Entendu quelqu'un se présenter tard chez elle ?
— Non. Je ne la surveillais pas.
Nakamura sourit.
— Eh bien, je vous remercie de ces informations précieuses.
Il donna un petit coup sur la vitre de l'aquarium :
— Au revoir, Izanagi et Izanami san. Faites à nouveau de beaux petits.
Shimizu san était aux anges. Junko le salua. Malheureusement, aucun des autres voisins de Maria Hatori ne pouvait donner de description plus détaillée du visiteur nocturne.

Le ministre des Affaires étrangères, Hiroshi Sakai, avait préféré s'installer dans un quartier à la réputation modeste, Ueno. Il s'en vantait beaucoup. En réalité, son appartement était des plus luxueux. L'immeuble était certes d'aspect commun, une haute barre de couleur blanche, mais les habitations étaient très spacieuses, les meubles et les estampes précieux, et une large baie vitrée s'étendant le long du séjour dominait le bel étang de Shinobazu. De là, on pouvait observer le changement des saisons sur les arbres du parc, la floraison des cerisiers, la naissance des canetons au printemps. La pluie crépitait sur le balcon.

Quelqu'un avait vendu la mèche. Depuis l'aurore, des centaines de journalistes du monde entier faisaient le pied de grue en bas de l'immeuble qu'occupaient le ministre, son épouse et leur fille Mariko. C'était un véritable siège qu'avaient dressé les reporters, les cameramen et les photographes autour du domicile des Sakai. Dire que ce dernier était à la fois furieux et humilié était en dessous de la vérité. Isobe en avait des sueurs froides, lui qui aurait aimé mener cette perquisition avec discrétion, permettant au prochain candidat aux élections de sauver la face. Après tout, lui-même n'était soupçonné de rien. L'argument était malheureusement maigre. Si, de quelque manière, la fille de Sakai san était mêlée à l'affaire du meurtre de Shinjuku, l'ensemble de sa famille porterait la honte de cette implication. Les vautours amassés autour du nid n'attendaient d'ailleurs que cela.

Il n'y avait pas moyen de rejoindre le lieu de la perquisition sans traverser cette masse de journalistes. Déjà armés jusqu'aux dents, de micros, de caméras, d'objectifs, ils se jetèrent sur le véhicule du chef de la police de Tōkyō en poussant des hurlements — des questions, prétendirent certains. Isobe, de son côté, avait eu peu de temps pour se préparer à l'assaut. Il avait pourtant décidé de jouer avec finesse. Il fit donc arrêter la voiture, en descendit, attendit que la foule s'adoucisse un peu, jusqu'à ce qu'une journaliste de NHK réussisse à lui placer un micro devant la bouche tout en hurlant : « Isobe san, pouvez-vous nous expliquer la raison de votre visite à Sakai san ? » Curieusement, le silence se produisit immédiatement.

— Il s'agit d'une visite de courtoisie, ainsi que de travail.

Un énorme grondement submergea la déclaration, puis s'éteignit en quelques secondes.

— Comme vous le savez, nous enquêtons sur l'attentat de la station Shinjuku. Cette enquête est extrêmement difficile, les auteurs de l'attentat n'ayant laissé aucune trace derrière eux. Sakai san a proposé de nous aider car, par l'intermédiaire d'un membre de sa famille, il se trouve en possession d'informations dont il se demande si elles pourraient aider l'enquête. C'est donc dans le souci de nous aider qu'il m'a convoqué à son domicile. Si vous permettez, maintenant, je ne me pardonnerais pas d'être en retard à une réquisition du ministre.

Un véritable fracas retentit dans l'air. Mille questions résonnèrent ensemble dans les oreilles de Takeshi Isobe, qui refusa d'en retenir une seule et, protégé par un cordon de policiers, il se réfugia dans le hall de l'immeuble. Nakamura le suivait à trois pas derrière. Mais, à hauteur de l'ascenseur, le chef se tourna vers son assistant :

— Retourne au Casque. Tu coordonneras les recherches s'il y a lieu.

Nakamura ne broncha pas. Il pensa d'abord qu'Isobe voulait ménager Sakai en se présentant seul. Puis, une autre idée lui vint : Isobe san le protégeait, lui, en lui évitant d'être mêlé de trop près à la perquisition chez le ministre.

Sakai attendait son « invité » sur le pas de la porte. Ils échangèrent quelques politesses, puis Isobe entra dans l'appartement. Le silence se fit. Puis l'hôte reprit la parole :

— Je vous remercie de votre délicate intervention auprès des médias.

L'événement, pensa Isobe, avait donc été retransmis en direct à la télévision. Peut-être même sur CNN. En vérité, dans la voix d'Hiroshi Sakai, ne résonnait aucune gratitude.

— M'autoriseriez-vous, Sakai san, à visiter la chambre de votre fille ?

— Bien entendu, je vais vous montrer le chemin. J'espère que vous y trouverez ce que vous cherchez.

Il ménagea une pause puis :

— Le Premier ministre tient à ce que tout soit fait pour élucider au plus vite cet attentat. Et les autres crimes, s'il s'agit d'une série. Il est important que le Japon reste le pays paisible qu'il a toujours été.

Isobe sentit tout le fiel qu'une telle phrase pouvait receler. Le gouvernement lui ferait payer cher la perquisition du domicile d'un ministre. Si l'enquête ne progressait pas dans les heures suivantes, sa démission serait exigée. Pour manque d'efficacité. Isobe se demanda combien de temps il lui restait. Peut-être le limogeage était-il déjà décidé. Il l'était sans doute. Mais dans combien de temps...

La chambre de Mariko Sakai était d'une propreté... déprimante. Les étagères où elle rangeait ses livres étaient exemptes de toute trace de poussière. La tranche des livres aussi. Le ménage avait été fait pendant la nuit. Le policier ne put s'empêcher d'avoir un sentiment de mépris profond pour le politique. Où un homme place-t-il son honneur... Car il n'avait pas fait ça pour sa fille.

— Cette pièce est d'une propreté et d'un ordre parfaits. Vous avez donné à votre fille une excellente éducation.

Le policier paierait ces mots un à un et au centuple, mais il n'arrivait pas à le regretter.

— Permettez-vous que j'observe le bureau ainsi que ses tiroirs ?

— Je vous en prie, répondit Sakai sur un ton glacial.

Avant même de les avoir ouverts, Isobe sut qu'ils seraient vides. Ils l'étaient. Pas l'ombre d'un papier, juste quelques stylos qui traînaient. Il les referma un peu brutalement.

— Votre fille doit avoir une mémoire remarquable... Elle ne note jamais rien ?

— Non, elle mémorise. Elle était déjà ainsi lorsqu'elle était petite.

— Ce doit être de famille, répondit Isobe en le foudroyant du regard.

Sakai blêmit, mais ne dit rien. Il subissait patiemment. En attendant la revanche, sans doute. Pour autant, Isobe ne comptait pas lui faire de cadeau. Il avait bien l'intention de faire durer la confrontation.

— Je vais devoir feuilleter chacun des livres de ces étagères. Afin d'y rechercher d'éventuelles notes.

— Je serais surpris que vous trouviez quelque chose.

— Avez-vous récemment mis de l'ordre dans cette bibliothèque ?

— Je n'y ai jamais touché !

Le politique était maintenant haineux.

— Alors il vaut mieux que je m'assure qu'il ne s'y trouve rien d'utile pour notre enquête.

Le mot était lâché. Jusqu'ici, on l'avait soigneusement évité.

— Et, au fait, votre fille ne possède pas d'ordinateur ?

Les lèvres de son interlocuteur se pincèrent violemment :

— Non. Elle préfère écrire à la m...

Il se rendit compte qu'il allait dire une bêtise.

— Sur du papier. Je comprends, c'est plus agréable. Mais cela semble ne pas lui arriver souvent. Excusez-moi, je vais maintenant procéder à l'*inspection* des livres.

— Désirez-vous que je vous laisse seul pendant cette opération ? Voulez-vous une tasse de thé ?

— Non, je vous en prie, restez auprès de moi. Vous pourrez peut-être m'éclairer s'il en est besoin.

Le ministre des Affaires étrangères s'assit sur une

chaise de fabrication nippone. À deux mètres du fonctionnaire. Qui, durant deux heures, ne lui posa aucune question.

Une voiture, un flingue. La situation de Junko s'était nettement améliorée. Depuis le meurtre de Shibuya, Isobe s'était laissé convaincre par Nakamura qu'il fallait donner de quoi se défendre à l'Américaine. Après tout, même si elle n'avait pas vraiment le droit d'intervenir, elle était sur le terrain. Vu l'enquête en cours, ce terrain risquait de se révéler encore dangereux. Lorsque son assistant lui présenta ses arguments, Isobe san repensa à la jeune Naoko Ando, à sa tête percée, à son sang qui s'était mêlé à la pluie, et il accepta, secrètement soulagé. Au râtelier de la police, Junko dégotta un 9 mm parabellum — appartenant à un collègue. Rien que de sentir l'acier dans sa main, le poids excessif de l'arme, rien que d'entendre le bruit du chargeur claquant dans la crosse, elle sentit son sang se remettre à circuler. Elle était en vie.

Honnêtement, la voiture n'était pas à elle. C'était celle de l'inspecteur Ogawa. Ce dernier était très jeune et, même s'il ne voulait pas le dire, il avait une monstrueuse gueule de bois due à une soirée entre collègues. L'ennui avec ces soirées, c'était qu'on était obligé de se saouler à ne plus pouvoir rester debout, à devoir se tenir aux murs, à ramper par terre, à vomir dans le taxi. L'ennui, c'était que le jeune Ogawa n'aimait pas être ivre. En fait, il n'aimait pas l'alcool, le goût de l'alcool, il trouvait que c'était dégueulasse. Il préférait les hôtesses des bars, mais en fait il aimait surtout les étudiantes, les jeunes employées, il aimait les filles qu'il rencontrait dans la rue, ou ailleurs, et plutôt pas dans les bars. L'inspecteur Ogawa avait une envie de vomir atroce.

Il avait accepté avec plaisir de laisser le volant à l'inspectrice américaine et il aurait aimé être en état de lui faire la conversation, de tenter sa chance — elle était belle. Mais ce n'était pas possible. Il devait se concentrer sur son œsophage.

— Vous me préviendrez quand on s'approchera de l'autoroute Irohazaka.

— D'accord, répondit Ogawa en retenant un haut-le-cœur.

— Vous connaissez la région ? On dirait que c'est très beau.

Ogawa connaissait très bien la région. C'est ici qu'il emmenait en général ses petites amies pour leur faire passer une journée délicieuse qui les amènerait peut-être jusqu'à son lit. En fait, il adorait la forêt de Nikko depuis son enfance. Ses parents l'emmenaient aux temples, puis ils allaient voir les cascades et le lac de Chuzenji. Il leur arrivait de se lever très tôt, avant l'aurore, pour voir la brume bleue du matin s'accrocher aux toits ciselés des pagodes. Avec les filles, la visite au temple, c'était pas mal : elle donnait tout de suite à Ogawa un air un peu mystique, d'autant plus qu'Ogawa était, pour de vrai, un peu mystique, même s'il n'aurait pas pu expliquer comment. Devant la cascade de Kegon, il tentait de passer un bras autour de sa conquête comme pour la protéger des chutes vertigineuses. Indiscutablement, la promenade à Nikko, c'était le bon plan. Bref, l'inspecteur Ogawa aurait pu en dire long à Junko sur ces lieux. Mais son estomac l'assiégeait, il ne put que murmurer :

— Hon, hon.

Noriyuki Hamasuna était mort le 27 avril 1999 dans un accident de voiture sur l'autoroute Irohazaka. Il appartenait à la secte Unmei et possédait par ailleurs une licence dans un club de tir de Yokohama. Il était spécialiste du tir à la carabine ; il avait même concouru pour les qualifications aux Jeux olympiques d'Atlanta. Le genre d'homme à pouvoir sans problème toucher sa cible à une distance de deux cents mètres. Sans rire, on pouvait dire que la piste était froide. Mais, vu la situation, il valait mieux ne rien laisser passer.

Ils trouvèrent le commissariat d'Umagaeshi sur les indications laconiques de l'inspecteur Ogawa. Le rapport d'accident avait été signé par le chef du commissariat. Ce dernier les attendait.

— Il conduisait un pick-up Toyota. Il était allé se promener par ici. En montant les lacets de la montagne, la Toyota est sortie de la route et tombée dans le vide. Elle a pris feu, mais le conducteur avait été éjecté d'abord, on a retrouvé son corps en contrebas. Le cou cassé.

Le jeune inspecteur avait reçu des instructions précises pour les vérifications. Il ne se contenta pas de ce résumé :

— La Toyota lui appartenait ?

— Oui, elle était inscrite à son nom, et c'est celle qu'il utilisait pour aller à son travail.

— Quel travail ?

— Il était gérant d'un magasin de salles de bains à Yokohama.

— On a des explications sur sa sortie de route ?

— Non, pas vraiment. La voiture a été expertisée. Elle ne présentait aucun défaut ; les freins, les pneus étaient en bon état, la direction impeccable. L'autopsie n'a pas fait apparaître d'alcoolémie anormale ni de prise de médicaments antérieure. On n'a pas compris pourquoi il est tombé.

— Il y a eu des témoins de l'accident ?

— Un seul. Il a dit qu'il était loin. Il a simplement vu la voiture basculer dans le vide.

— Vous avez le nom du témoin ?

— Attendez...

Il consulta son rapport.

— Michiyo Komoto. Il travaille au centre océanographique de Jogashima. Je peux vous donner ses coordonnées.

— Bien. Est-ce que la victime portait des papiers sur elle ?

— Oui, c'est de cette manière que nous avons pu l'identifier et prévenir sa famille. La plaque d'immatriculation de la voiture n'était plus lisible.

— Dans quel état avez-vous retrouvé le corps ?

— Il est tombé sur une longue distance. Il a été frappé par des branches d'arbres et des cailloux.

— Vous avez pu l'identifier avec certitude ?

— Le visage n'avait pas souffert. Il était vraiment reconnaissable.

— Donc, vous avez pu vérifier que la personne figurant sur les papiers et l'homme qui est mort dans l'accident était bien le même homme ?

— Oui. Sans aucun doute.

— Bon, je vous remercie.

Junko avait gardé le silence pendant tout l'entretien. Elle n'était toujours pas censée intervenir, et surtout pas avec un autre partenaire que Masayuki. Mais elle ne put s'empêcher de poser les deux questions qui lui brûlaient les lèvres :

— Le corps a ensuite été identifié, à la morgue ?

— Oui, bien sûr.

— Et qui est venu le faire ?

— Sa femme.

Ils remercièrent le policier et prirent congé. Ogawa était vaguement contrarié, mais il essaya de n'en rien laisser paraître. En fait, ce qui l'embêtait le plus était sa nausée. Une nausée pressante, prête à déborder. Il interrompit sa marche vers la voiture et prit une bonne inspiration d'air frais. L'air non pollué de la nature. Il en remplit ses poumons et sa bouche, eut le sentiment d'un mieux-être. Junko crut qu'il s'agissait d'un signe d'impatience.

— Excusez-moi d'être intervenue. Il fallait vraiment vérifier qui avait identifié le corps.

— Pourquoi ?

— Pour savoir si le témoin était fiable. La femme de Noriyuki Hamasuna appartient aussi à la secte Unmei.

— Ah, je ne savais pas.

Ils remontèrent dans la voiture.

— Vous devriez appeler Tajima, ajouta-t-elle.

— Tajima san ?

— Oui, le spécialiste des sectes. C'est lui qui a conservé le fichier d'Unmei. Il faudrait qu'il vérifie que le témoin de l'accident, Michiyo Komoto, n'y figure pas.

— Je n'ai pas le numéro de Tajima san.

— Moi, je l'ai.

L'inspecteur Ogawa se sentit bête, mais il s'en moquait, au fond, à cause de cette affreuse gueule de bois. Il n'avait qu'une angoisse : il ne voulait pas vomir devant l'Américaine. Alors, sans plus réfléchir, il appela Tajima san, en s'excusant et en expliquant que c'était une urgence.

Cinq minutes plus tard, Tajima les rappela : Michiyo Komoto figurait sur la liste des membres de la secte Unmei. Et encore cinq minutes plus tard, Masayuki Nakamura appelait pour dire qu'il faisait interpeller Michiyo Komoto et la veuve d'Hamasuna, Hiroko.

Takeshi Isobe prit son temps. À ses côtés, sur sa chaise de fabrication nippone, Hiroshi Sakai s'ennuyait à mourir. Et cependant, il ne s'assoupissait pas, car il étouffait de colère. Takeshi Isobe tournait chaque page consciencieusement, comme s'il devait apercevoir des inscriptions presque invisibles, écrites au jus de citron. Cinq secondes par page. Pas tellement plus de dix pages par minute. Et il tournait les pages lentement, en faisant bruire le papier le plus possible, comme s'il en découvrait la matière. Il jouait à la tortue qui a enchaîné le requin. Intérieurement, cela lui faisait du bien, car Takeshi Isobe détestait la défaite et l'échec. Et il savait qu'il était en train d'échouer sur la malhonnêteté de son hôte. Qu'il ne trouverait rien. Parce qu'on avait fait le ménage dans la nuit, comme un yakusa qui attend la perquisition. Mais on n'insulte pas son ministre, on ne le traite pas de voleur ou de menteur, on va même jusqu'à épargner son honneur devant la presse. En revanche, rien n'empêche de lui faire sentir ce que l'on pense de lui. Là, le ministre des Affaires étrangères ne pouvait pas ne pas sentir ce que le fonctionnaire pensait de lui. Il enrageait.

— Pouvez-vous me passer cette encyclopédie, s'il vous plaît, Sakai san ?

Trois mille pages au bas mot. Un bouquin énorme. Mariko Sakai n'était pas une grande lectrice, mais elle avait quelques instruments de travail qu'Isobe avait bien l'intention de transformer en instruments de torture.

Ils ne se le dirent pas, mais Masayuki et Junko furent contents de se revoir et de retravailler ensemble. Ils étaient trempés tous les deux, leurs vêtements collaient de manière désagréable et ils restèrent longtemps assis l'un à côté de l'autre, à sécher en attendant l'arrivée des deux suspects. Ils échangèrent des propos sans grande importance sur leurs formations respectives, le type de poste qu'ils occupaient chacun dans leur police. Sur le flanc, Nakamura portait un étui et un 38. Le 9 mm de Junko se trouvait dans son sac, un sac noir en Nylon qu'elle tenait habituellement en bandoulière et qui pour l'instant était posé à terre.

— Il est rare que j'aie besoin de me servir de mon arme de service, remarqua Nakamura.

— Je ne m'en sers pas tous les jours non plus. Mais assez souvent. Et j'ai dû tirer plusieurs fois.

— Vous avez déjà abattu quelqu'un ?

— Oui...

— Moi, jamais. Je crois que je n'aimerais pas ça.

— Je ne pense pas qu'aimer soit le mot juste, de toute façon. Je n'ai pas beaucoup d'états d'âme sur le fait d'avoir tué des gens.

— Mais vous adorez les armes.

— Ce sont surtout les armes qui m'adorent. C'est elles qui sont venues me débusquer.

Nakamura leva les sourcils. Deux policiers passèrent devant eux, ramenant Mariko Sakai à sa cellule.

— Oui, je me suis fait braquer au cours de ma première semaine de policière débutante.

— Le traumatisme initial...

— Ou la révélation. Le plus difficile, je pense, c'est que ça bouleverse toute notre hiérarchie de valeur, la manière dont on se perçoit par rapport aux autres et comment vous les percevez. Une seconde avant, ce type, si je l'avais croisé dans la rue, je n'y aurais pas fait attention, mon regard aurait glissé sur lui sans le remarquer. Et, s'il m'avait adressé la parole, je l'aurais oublié dans l'instant. Mais, brusquement, là, je buvais ses paroles, je ne voyais que lui. C'était un pauvre type, je peux vous dire, il avait peur lui aussi, il transpirait, il bégayait, il tremblait. Je me disais sans cesse : ce connard va tirer sans le faire exprès. Une vraie loque. Il me donnait des ordres totalement incohérents, il hurlait comme un veau. C'est moi qui essayais de le calmer. Mais rien à faire, c'était lui le chef. À cause du flingue. C'est ça, la magie. Cette chose entre dans votre champ de vision, et plus rien n'est pareil. Tout ce que je savais, tout ce que j'avais cultivé en moi, mes ressources, mon passé, avaient disparu. Parce qu'il avait un flingue, et pas moi. Vous comprenez ? Je ne dis pas que la psychologie n'a aucun intérêt. Mais c'est une chose qui se relativise. Pas les armes à feu.

Masayuki hocha la tête, dépassé.

— Impossible de faire le malin : avec l'arme pointée sur soi, on n'a pas le temps de se coucher à terre, ni de faire une aimable feinte pour désarmer l'adversaire. C'est une blague. La balle surgira de son trou à des centaines de kilomètres/heure. Pas vous.

Le flic acquiesça une seconde fois. Non, c'est sûr, il n'aurait pas fait le malin.

— Il y a cette idée qui tourne dans votre tête : que va faire la balle ? Peut-être que vous allez passer des heures par terre à vous vider. Peut-être que votre tête tout entière va partir en giclant sur les murs. Peut-être que vous allez vous la prendre dans la rotule simplement, devenir invalide, et surtout souffrir le martyre jusqu'à ce qu'on vous porte secours. Votre corps n'est plus à vous. Votre vie est à lui, je veux dire, à lui, le flingue, votre corps est à lui, votre cervelle qui pourrait voler en éclats, votre mâchoire qui pourrait s'arracher, vos intestins qui pourraient glisser sur le sol, votre sang prêt à vous quitter, sont à lui. L'arme vous vole votre identité, elle vous vole votre corps et votre âme.

Elle se tut. Nakamura la regarda. Junko Go était une belle femme. Et un cas pathologique. Il essayait de ne pas analyser tout le temps, mais c'était plus fort que lui. Pendant qu'il tirait un gobelet d'eau glacée à la fontaine, les mots s'envolèrent de ses lèvres.

— Et que vous est-t-il resté de cette expérience ?

— Il m'est resté comme un mauvais rêve, un rêve qui me poursuivait dans mon sommeil et qui hantait mes journées. J'avais le sentiment de n'être jamais vraiment réveillée. J'avais le sentiment de ne plus être comme les autres, de n'être plus personne, comme si j'avais volé mon nom et mon visage. Après cette histoire de flingue, je me suis découvert une obsession : en avoir un.

Masayuki avala un trait d'eau froide et jeta un coup d'œil à sa montre.

— Isobe san est toujours là-bas ? demanda Go.

— Oui.

— Ça dure. Qu'est-ce qu'ils font ?

— Aucune idée. Je ne pensais pas que ça mettrait autant de temps. Les journalistes s'impatientent. Ils voulaient retransmettre en direct, mais ils n'ont rien à montrer depuis que votre père est entré dans le bâtiment. Sur NHK, toutes les dix minutes, Kaori Matsumoto reprend la parole pour dire qu'elle n'a rien à dire. On dirait l'horloge parlante : « Voici maintenant deux heures que... », « Voici maintenant deux heures dix que... ».

— Les journalistes...

— Oui, surtout la télé...

Un policier leur annonça que Hiroko Hamasuna les attendait en salle d'interrogatoire. Ils y descendirent tous les deux.

— J'aurai le droit de lui poser des questions ? demanda Junko.

— Oui. Je ferai le méchant, vous jouerez la gentille.

— OK. Je fais très bien la gentille.

Ils entrèrent dans la salle. Ils retrouvèrent le décor sombre et la vitre sans tain, la table, les chaises et le suspect du jour. Le néon grésillait. Un silence pesant, anormal, souterrain, régnait dans la pièce. La jeune veuve de Noriyuki Hamasuna semblait ne pas respirer. Elle n'avait pas plus de trente-cinq ans, un chemisier blanc, une jupe bleu marine, des souliers noirs, les cheveux ramenés en queue-de-cheval. Un air doux.

— Bonjour, Hamasuna san. Nous vous avons fait venir pour vous poser des questions sur la disparition de votre mari.

Les yeux de la suspecte s'agrandirent de surprise.

— Je... Je pensais que c'était pour... mon appartenance à Unmei.

— La secte Unmei. Vous y apparteniez tous les deux ?

— Oui.

— Qui y était entré le premier, vous ou votre mari ?

— Tous les deux ensemble.

— Comment ?

— Des éclaireurs nous ont abordés à Ginza, un dimanche. Ils nous ont expliqué la pensée de maître Masuda puis...

— D'accord. Que pensez-vous, Hamasuna san, du fait qu'Unmei stocke des produits dangereux et des armes ?

— Je n'en pense rien.

— Nous sommes en train d'enquêter sur les agissements d'Unmei et nous découvrons une organisation criminelle. Vous appartenez à une organisation criminelle. Cela vous paraît normal ?

— Je... Je pense que ses armes étaient à but défensif, purement.

— Vous avez besoin de fûts radioactifs pour vous défendre ? (Nakamura mentait ; en l'occurrence, aucun fût n'était radioactif.)

— Mais...

— Nous avons découvert les plans cachés de Masuda. Non seulement celui-ci prévoyait sa retraite vers les îles Hawaï grâce à des détournements de fonds, mais il avait préparé une série d'attentats criminels, et même l'emploi d'une arme biologique qui aurait engendré des dizaines de milliers de morts. Tuer le maximum de ses concitoyens avant de partir à l'étranger, vous pensez que c'est digne d'un leader spirituel ?

— Je n'y crois pas une seconde. Masuda san n'aurait jamais fait une chose pareille...

— Masuda san vous a déjà demandé de mentir sur la mort de votre mari. Il vous a demandé de reconnaître à la morgue un cadavre qui n'était pas le sien. Vous croyez que l'on peut faire confiance à un homme qui organise de telles opérations ?

Hamasuna san pâlit violemment mais ne dit mot.

— C'était mon mari...

— À votre avis, d'où venait le corps ?

— Excusez-moi, je ne comprends pas votre question.

Junko intervint :

— L'officier Nakamura attire votre attention sur le fait qu'un cadavre ne se dégotte pas facilement. Donc, le cadavre qui a été placé à la place de celui de votre mari est d'une provenance douteuse. Douteuse, vous comprenez où je veux en venir ? Masuda san a fait assassiner quelqu'un pour sa mise en scène.

— Vous avez assassiné un innocent ! renchérit Masayuki.

— Non ! Masuda a assuré...

La veuve Hamasuna stoppa net. Elle tremblait comme une feuille.

— Qu'est-ce que Masuda a assuré quant à la provenance du cadavre ?

— Je ne sais rien.

— Hamasuna san, reprit Junko, vous avez commis un faux témoignage dans le but de masquer l'entrée en clandestinité de votre mari. Mais, ce faisant, vous êtes également complice dans une affaire de meurtre.

— C'est impossible. Mon mari est mort dans cet accident.

Un policier entra dans la salle d'interrogatoire et murmura à l'oreille de Masayuki.

— Go san, pourriez-vous rejoindre l'inspecteur Ogawa ?

L'inspecteur Ogawa avait le cœur au bord des lèvres. Ça tombait mal, très mal, parce que maintenant il allait devoir parler, et même beaucoup, et peut-être crier. S'il devait crier, il vomirait aussi, c'était certain. Aussi certain que jamais plus il n'accepterait de boire une goutte d'alcool. Rien que d'y penser, sa nausée décuplait. Il détestait la bière, il détestait le saké, tout cela était dégueulasse, de même que l'obligation de boire ces horreurs sous prétexte qu'on était entre collègues. Pourquoi ne pouvait-on passer des soirées sympas en buvant des jus de fruits ? Est-ce qu'il fallait vraiment être ivre pour être de bonne humeur ou amusant ? Non, vraiment. On peut être viril sans être alcoolique. « Moi, pensait Ogawa, je suis viril, je plais aux filles, je travaille bien. Je suis sociable, je... »

— On y va ? demanda l'Américaine.

— Allons-y, Go san.

Ils entrèrent dans la seconde salle d'interrogatoire. Elle était en fait voisine de la première. Ici, étrangement, on avait ajouté un linoléum vert menthe constellé de triangles marron. Sans doute cet effort donnait-il un aspect encore plus déprimant au lieu. Il n'y avait pas de vitre sans tain, mais une vieille photo de l'Empereur était accrochée au mur. On plaçait toujours le prévenu en face d'elle. Michiyo Komoto était assis sur sa chaise. Il avait l'air d'un brave garçon, un très brave garçon, océanographe. Effectivement, on l'imaginait facilement en train de regarder la mer, ou de l'étudier, suivre des dauphins ou quelque chose du même genre.

— Komoto san, commença l'inspecteur Ogawa, le visage en sueur, vous avez été témoin le 27 avril 1999 d'un accident sur l'autoroute Irohazaka. Est-ce exact ?

Michiyo Komoto se tendit immédiatement.

— En effet.

— Pouvez-vous me redire ce que vous avez vu exactement ?

— J'étais en contrebas de l'accident. Soudain, j'ai vu le pick-up sortir de la route et partir dans le vide.

— Vous l'avez vu tomber ?

— Oui.

— Qu'avez-vous fait ensuite ?

— Je suis allé prévenir la police.

— Vous n'êtes pas allé vérifier de plus près ce qui était arrivé ?

— Euh, si.

— Qu'avez-vous fait précisément ?

— J'ai monté la côte, j'ai regardé en bas et j'ai vu la voiture en flammes. Alors je suis reparti pour appeler la police.

— Bien. Pourquoi n'avez-vous pas prévenu les officiers que vous connaissiez la victime ? Vous-même, ainsi que Noriyuki Hamasuna, apparteniez à la secte Unmei. Vous l'aviez forcément croisé auparavant.

— Eh bien... À ce moment-là, je ne savais pas que c'était lui, dans cette voiture.

— Quelle incroyable coïncidence que vous ayez justement assisté à sa mort ! Mais vous venez de me dire que vous étiez allé voir les lieux de l'accident.

— Il était dans la voiture...

— Non, le corps a été projeté à l'extérieur.

— Oui... Je ne me rappelle pas bien. C'est possible.

Ogawa força un peu :

— Le corps était tout à fait visible et son visage

était orienté vers le haut, vers la route. Vous auriez dû le reconnaître.

— Je... Je ne suis pas monté si haut.

— Vous venez de dire que vous étiez monté !

Ogawa sentit une remontée écœurante dans sa gorge. Il s'interrompit une seconde, le temps de se sentir fiévreux et affreusement moite. Il étouffait.

— Je suis monté, oui, mais pas jusqu'au bout. Dès que j'ai vu la voiture en feu, je suis reparti. De toute manière, je n'aurais servi à rien.

Junko intervint :

— C'est vrai. Pourquoi se presser au secours d'un homme qui était mort, et bien mort, depuis déjà des heures ?

— Mais...

— On ne réanime pas un homme qu'on a tué, transporté, placé, jeté dans le vide.

— Je ne vois pas...

— Vous êtes allé aux funérailles de Noriyuki Hamasuna ?

— Comment ? Non, je n'y suis pas allé.

— Pourquoi ? C'est étrange.

— Je ne le connaissais que de loin.

— C'est vous qui avez trouvé son corps. Vous auriez eu toutes les raisons de participer à ses obsèques...

— Je n'ai pas voulu déranger la famille.

Isobe reposa l'encyclopédie. Il fit mine de prendre un nouveau livre, ce qui fit frémir de fureur et de désespoir son voisin. Mais il ne termina pas son geste. Il le laissa en suspens au moins dix secondes puis ramena son bras :

— Je pense, Sakai san, que je ne trouverai rien dans cette chambre.

Le ministre poussa un soupir silencieux. La délivrance approchait. Il se sentit un peu ragaillardi. Il se tourna vers le policier :

— Je vais donc vous raccompagner, car j'avais pour aujourd'hui un travail considérable. Le Premier ministre sera soulagé de me savoir disponible.

Le chef de la police de Tōkyō ne broncha pas. Il avait parfaitement conscience que Sakai allait d'une part triompher auprès de ses collègues, et surtout raconter dans le menu détail les traitements inhumains et humiliants qu'il venait de subir. Laissant à d'autres le soin de venger l'affront.

Isobe se leva de sa chaise, jeta un coup d'œil circulaire. Il était las. Ses yeux revisitèrent chacun des objets présents et s'attardèrent sur le tableau accroché aux murs. C'est alors qu'il aperçut le regard soudainement inquiet de Sakai. Et si...

— Veuillez m'excuser, Sakai san. Ne pouvant me montrer négligent, je vais inspecter rapidement le tableau. Il y en aura pour une minute.

Son interlocuteur se mit à bafouiller :

— Je vous en prie.

Il s'agissait d'un De Kooning de grande taille. Isobe le manipula avec beaucoup de précautions. Heureusement, la toile était légère. Il le fit glisser à terre puis pivoter sur l'un des coins. Il ne trouva rien. Il replaça délicatement l'objet à sa place. Ses yeux errèrent aux alentours. Ils accrochèrent quelques maigres éraflures sur le bord de la fenêtre. Il s'en approcha, écarta les battants, se pencha à l'extérieur. Les gouttes vinrent consteller sa chemise, quelques-unes sautèrent jusqu'au ministre qui l'observait. Le policier se hissa au-dessus du vide. Il n'avait pas le vertige, il se demandait juste si Sakai aurait le courage (ou la lâcheté) de le pousser. Il était certain que non, mais il ne pouvait s'empêcher d'y penser. En palpant, ses doigts rencontrèrent une enveloppe en papier kraft, fixée par des élastiques à une barre de fer. Ils s'en saisirent, et Isobe redescendit sur la moquette. Sakai pâlit affreusement.

— Vous permettez que j'emporte ceci pour examen ?

— Euh...

— Je vous donnerai des nouvelles de cet objet. Je vous remercie de votre accueil. Dans l'immédiat, rien de ce qui s'est passé ici ne sera communiqué à la presse. Vous pouvez être certain de mon entière discrétion.

Aucun « merci » ne sortit de la bouche du ministre. Sa gorge était trop sèche, le souffle lui manquait. Des bourrasques de vent faisaient trembler la baie vitrée. La pluie ruisselait sur le verre.

Ils se retrouvèrent dans le bureau d'Isobe. Les suspects étaient toujours en salle d'interrogatoire, d'autres policiers ayant pris la relève. Isobe n'avait même pas ouvert l'enveloppe, ce qui bluffa Junko. La chose attendait toujours, scellée, avec son air d'enveloppe administrative sans intérêt. Aux yeux des policiers, elle passait pour un trésor. Ils s'assirent donc autour de la table en silence, tandis que les gouttes et l'orage frappaient la façade du Casque.

— Eh bien, voyons donc ce que Mariko Sakai avait si peu subtilement dissimulé.

Isobe attrapa un coupe-papier, le glissa dans le coin et fendit la longueur de l'enveloppe, puis il en fit basculer le contenu sur la table. Une vingtaine de feuilles se répandit sur le plan. Au premier coup d'œil, ils reconnurent l'écriture de Masuda.

Ils se répartirent le travail. Une liasse de feuilles à examiner chacun. De leur examen, il ressortit que les papiers dissimulés constituaient un plan d'action politique. Une première partie était relativement anecdotique : il en ressortait que Masuda san s'était organisé une retraite dorée à Hawaï. Des relevés de banque indiquaient que le gourou avait placé des sommes énormes sur des comptes ouverts aux États-Unis. La seconde partie était plus sérieuse. Elle détaillait un projet intitulé « Marche vers la pureté » : un plan de déstabilisation du Japon et de ses institutions. Masuda y prévoyait la création d'un parti politique qui tenterait de se lancer sur les thèmes de la sécurité, de l'ordre, de l'éducation, se proposant comme alternative au chaos et à la perte d'identité nationale. Même si son programme politique rejoignait certaines idées de l'extrême droite, ce dernier ne prévoyait en aucune manière d'agression ou de remise en cause des populations immigrées au Japon. Il prévoyait en revanche une censure draconienne sur tous les médias, un programme éducatif où la morale et les religions auraient une place renforcée, la création d'une multitude d'organisations pour la jeunesse où les vraies valeurs seraient inculquées, etc. En réalité, le plan « Marche vers la pureté » devait être initié pour lancer ensuite ce parti politique.

Masuda, prudent, ne s'attendait pas à un succès fulgurant. En revanche, ses notes montraient qu'il était assez confiant. Il rallierait une importante frange de la population, et ceci d'autant plus que la crise économique favorisait ses projets. Il semblait avoir été traumatisé par les quelques succès électoraux des socialistes. Le mot « bolcheviks » revenait sans cesse dans ses écrits. D'une certaine manière, le plan « Marche vers la pureté » n'avait pour vocation que d'accélérer le pas. D'après lui, la pression, le sentiment d'insécurité engendrés par l'opération auraient permis de placer la création du parti sous les meilleurs auspices.

— Bon, ça, c'est pour les grands principes. Le détail va vous amuser, commenta Masayuki. Comme opérations prévues, on a l'élimination d'un certain nombre d'hommes politiques ou de personnalités connues. Le Premier ministre, plusieurs membres du Parti socialiste, des élus locaux, des journalistes, des présentateurs de journaux télévisés, des dirigeants de grandes entreprises. Vous allez adorer, Isobe san : Hiroshi Sakai apparaît sur la liste noire.

L'information plut énormément au chef de la police. Avec ça, il pourrait sûrement sauver sa tête pour quelques jours, et s'il mettait la main sur le tueur de Shinjuku...

— Si tous ces gens nous restent reconnaissants, nous aurons des soutiens jusqu'à nos vieux jours, plaisanta Nakamura.

— T'emballe pas. Les puissants te pardonnent difficilement de leur avoir sauvé la vie...

— Une partie du plan était plus originale, reprit Go. Il s'agissait d'attentats maquillés en accidents et imitant des catastrophes écologiques. Ces opérations étaient destinées à soutenir le développement d'un des thèmes préférés de Masuda : le respect de l'environnement et l'interdiction du nucléaire.

— Voilà peut-être à quoi devaient servir les fûts qu'on a trouvés à Uraga...

— Il va falloir informer Tajima san de tout cela. Je suis certain qu'il va adorer notre découverte. Cela va lui permettre un joli procès. Complot politique, terrorisme, projets d'assassinats...

Telle était la synthèse qui allait être envoyée au gouvernement dans l'heure et qui donnerait un peu de marge de manœuvre au chef de la police de Tōkyō. Ce dernier se mit immédiatement à rédiger la note, mais, ce faisant, il continua sa conversation avec ses deux assistants.

— Que pensez-vous de tout ça ? lança-t-il. Je veux dire, au-delà de cette paperasse, de ces preuves indiscutables d'atteinte à la sûreté de l'État ?

— Je n'y crois pas trop, répondit Nakamura.

— Ça sonne creux, renchérit Junko.

Isobe hocha la tête.

— Nous allons envoyer ça au Premier ministre. Ça leur donnera du grain à moudre. Mais je n'y crois pas non plus. D'abord, tout ça est flou. C'est un plan très vague, qui ne veut pas dire grand-chose. On dirait des gosses qui imaginent une prise de pouvoir. Ça ne tient pas debout. Masuda n'a pas la stature, de toute façon, c'est un comédien, pas un général. Il ne dit rien sur tout ce qui est opérationnel.

— C'est du cinéma. Pour impressionner la petite Sakai, peut-être. Un plan drague un peu élaboré, continua Junko.

Nakamura sourit :

— Il aurait pu faire plus simple.

Isobe secoua la tête. Il savait qu'il avait marqué un point. Mais contre son camp. Tout ce pan d'enquête représentait une perte de temps considérable, il en avait de plus en plus l'intuition. Il avait débusqué une petite ou une moyenne affaire avec Unmei, mais l'affaire de Shinjuku et les autres n'y gagneraient pas grand-chose. À moins que — et c'était une hypothèse peu crédible — le « défunt » Noriyuki Hamasuna n'ait pété les plombs et soit devenu incontrôlable, qu'il ait commencé une vendetta personnelle. Si tel était le cas, on pouvait au moins se réjouir que la photo d'Hamasuna, saisie chez sa femme, ait été communiquée à tous les commissariats nippons. Pourtant, Isobe avait le sentiment qu'une mouche bourdonnait désagréablement sous son nez. Il laissa ce sentiment l'envahir. Et bientôt, la gêne se transforma en lumière.

Masayuki et Junko prirent place derrière la vitre sans tain. Ils regardèrent Isobe, toujours aussi droit, rigide, prendre place en face de Masuda. Comment faisait-il pour que sa chemise ait l'air de sortir de la blanchisserie alors que la leur gondolait, flétrie par la pluie, sur leur torse ? Ils semblaient tous deux sortis du tambour d'une machine à laver. Isobe, lui, n'avait rien perdu de son air martial. Faisant le tour de la pièce comme pour évaluer le ring, il finit par venir s'asseoir à la table, les coudes posément appuyés, le ventre collé au rebord. Comme pour y répondre silencieusement, Masuda adopta la même posture, et ils se trouvèrent l'un face à l'autre, séparés de quelques centimètres seulement. Le policier commença tout doucement :

— Masuda san, qu'évoque pour vous le nom de Noriyuki Hamasuna ?

— C'est l'un de mes anciens disciples.

Isobe hocha la tête et sourit :

— Tragiquement disparu dans un accident de voiture...

— Je ne trouve pas que l'ironie convienne à l'évocation de cet événement, protesta le gourou.

— Vous êtes-vous rendu à ses funérailles ?

— Bien entendu.

— Vous avez pleuré ?

— Pardon ?

— Avez-vous été très ému ?

— Je ne comprends pas pourquoi vous posez cette question ainsi. J'aimais beaucoup Hamasuna san. Sa disparition m'a fait de la peine.

— Alors, réjouissez-vous. Il est toujours vivant.

Masuda pinça les lèvres puis choisit sa tactique :

— Je ne trouve pas la plaisanterie très délicate.

— Le cadavre qui a pris la place d'Hamasuna dans la Toyota ne l'a sans doute pas trouvée délicate non plus.

— Je ne comprends rien à vos sous-entendus.

— Hamasuna san est vivant.

— Ce n'est pas possible.

— Masuda san, qu'évoque pour vous l'expression « Marche vers la pureté » ?

Pour une fois, Masuda parut déstabilisé. Ce fut même plus que ça : le sol se déroba sous ses pieds. Il réalisa que désormais la police possédait des éléments très tangibles et qui l'impliquaient lui, principalement. Les charges qui pesaient sur ses épaules venaient de centupler, et les peines qu'il encourait étaient considérables. Une vie en prison. Peut-être la mort. Alors, Masuda blanchit. Il blanchit autant que si on venait effectivement de le condamner à être pendu. La voix lui manqua, il ne répondit pas.

— Au cours d'une perquisition chez le père de Mariko Sakai, votre compagne, nous avons trouvé des documents de votre main qui décrivent un complot pour la prise du pouvoir. Vous y prévoyez assassinats et attentats. Avec un tel document entre nos mains, Masuda, vous n'êtes plus rien.

Et, ayant longuement préparé sa botte, Isobe :

— Votre père mort au combat, votre mère tuée par la bombe atomique... Masuda san, vous avez des comptes à régler avec la vie, et vous avez décidé de prendre place dans le camp des assassins. Je me demande ce qu'en pensent vos ancêtres.

Masuda bondit de sa chaise. Dans un fracas de chaises qui tombent et de table renversée, on entendit un hurlement, puis le choc lourd d'un corps qui s'écroule en râlant. Isobe venait de cueillir Masuda d'un uppercut sous le menton. La belle chemise blanche du gourou, déjà maculée par deux jours de garde à vue, s'auréola d'une grande tache rouge tandis que le suspect se tenait le visage. Isobe se pencha sur lui.

— Vous allez m'aider à retrouver Hamasuna. Parce que chaque seconde qui nous sépare de son arrestation vous rapproche de la potence.

Masuda réfléchissait. Les mains refermées sur le

visage, le crâne résonnant du coup reçu, il essayait de rassembler ses esprits. Quoi dire ? Que fallait-il avouer, que fallait-il taire ? Que savaient déjà les flics ? Où étaient les pièges ? Il entendait le policer marcher en rond autour de lui comme une hyène. Que savait-il ? S'il savait pour Hamasuna, il ne savait cependant pas tout à son propos. Mais il ne savait pas pour l'accident de l'autoroute Irohazaka... Masuda gémit lourdement. Pour donner le sentiment qu'il était sonné. Pour gagner encore un peu de temps... Si Isobe était au courant pour l'accident mais pas pour..., c'est que Michiyo n'avait pas parlé. Alors, il prit sa décision.

Isobe sortit furieux de la salle.

— Il me ment ! Il nous mène en bateau ! Je ne vais rien sortir de cette lavette !

Junko et Masayuki ne savaient pas quoi dire. Il y aurait peut-être possibilité de faire avouer Masuda en le tabassant sérieusement, mais ce n'était pas sûr, et on n'avait aucune certitude sur le lien Shinjuku-Hamasuna. Isobe souffla. Il ne se rendit compte qu'à ce moment que son pantalon était taché du sang du suspect. Cela le laissa totalement indifférent. Depuis des jours, le sentiment d'urgence ne le quittait plus, le temps trottait dans sa tête avec un bruit sinistre ; se retrouver dans une impasse le rendait littéralement malade. Tout à coup, il se raidit :

— Où est Michiyo Komoto ?

— Dans l'autre salle.

Isobe se détourna et fondit sur la porte. Les policiers qui occupaient le couloir l'observèrent d'un air surpris. La porte claqua. Junko et Masayuki n'eurent plus qu'à reprendre leur place dans l'aquarium.

— Alors, Michiyo, tu étais le coordinateur du projet « Marche vers la pureté » ?

Michiyo Komoto regarda le policier d'un air interloqué.

— Je ne com...

— Masuda san prétend que tu étais son général pour le plan de « Marche vers la pureté »...

— Quoi ?

— Le plan « Marche vers la pureté » ! Ne fais pas l'innocent ! Masuda dit que c'est toi qui as bâti le projet.

Sur un ton résigné et hésitant, Komoto reprit ses réflexes d'adepte.

— Ah ? Oui, c'est moi.

— Qui quoi ?

— Je ne comprends pas.

— C'est toi qui as monté « Marche vers la pureté » ?

— Oui.

— En quoi cela consiste-t-il ?

Le suspect resta sans voix.

— Tu as monté un plan dont tu ne sais pas en quoi il consiste.

— Je ne dirai rien. C'est un projet secret.

Isobe éclata de rire.

— Pathétique. Moi, je vais t'expliquer. « Marche vers la pureté » est un complot qui vise à déstabiliser le pays par une série d'attentats. Masuda a prévu l'exécution d'un certain nombre de personnes ainsi que des attentats aveugles qui auraient fait des centaines, voire des milliers, d'innocentes victimes... Que dis-tu de ça ?

— Je n'ai rien à dire.

— Tu n'as rien à dire ? As-tu quelque chose à dire sur le fait que Masuda rejette sur toi la paternité de ce projet ?

— C'est vrai. C'est moi qui ai préparé ce plan.

— Qui consiste en quoi ?

— Ce que vous avez dit avant.

— Cite-moi le nom d'une des personnes qui devaient être abattues.

Michiyo Komoto ne sut que dire. Isobe sortit de sa poche une liasse de papiers qu'il jeta sur la table.

— Regarde ça. Deux billets d'avion pour Hawaï. Le relevé des comptes bancaires de Masuda là-bas. Masuda a décidé de te mettre tout sur le dos. Comme tu vas tout avouer, il va partir tranquille sur son île avec sa petite amie et il regardera ton exécution à la télé.

— Il a dit la vérité.

— Masuda dit toujours la vérité. Comme toi, tu dis toujours la vérité... Lorsque la Toyota d'Hamasuna est sortie de la route, tu ne faisais que répéter la vérité de Masuda. Les vérités de Masuda sont très réversibles, tu ne trouves pas ?

— Je...

— Tais-toi ! Et maintenant, ouvre toutes grandes tes oreilles. Les empreintes digitales de Noriyuki Hamasuna ont été retrouvées à l'emplacement où se trouvait le tireur de Shinjuku.

Michiyo Komoto écarquilla les yeux.

— Quoi ?

— On les a retrouvées encore à la résidence Okawabashi River City 21, sur une rampe d'escalier. Très fort, pour un mort !

Le cerveau de l'océanographe adepte se mit à chauffer. La plus grande confusion semblait régner dans son crâne. Isobe décida de ne pas lâcher prise :

— Le défunt Noriyuki Hamasuna est l'auteur des meurtres de Kazumi Otani et Maria Hatori. Par ailleurs, quatre personnes sont mortes dans la panique qu'il a créée à la station Shinjuku.

— Ce n'est pas possible, souffla Komoto.

— Non seulement c'est possible, mais c'est certain ! Les empreintes digitales d'une personne sont uniques. Il ne fait aucun doute...

— Ce n'est pas possible.

— POURQUOI EST-CE QUE CE N'EST PAS POSSIBLE, KOMOTO SAN ? hurla Isobe.

— Parce qu'il est mort !

— Ce n'était pas lui, dans la Toyota !

— Il est mort quand même !

Isobe se tut. Il souriait :

— Nous y voilà. Il vous a fallu du temps. Je vais vous lire la déclaration qu'a faite Masuda san à votre propos. Vous allez voir, votre maître vous apprécie beaucoup.

Il attrapa une feuille qui se trouvait glissée dans sa poche arrière de pantalon.

— « C'est Michiyo Komoto qui a monté le plan "Marche vers la pureté". Personnellement, ce projet me répugnait, mais Komoto est jeune et impatient, et surtout, il n'a aucun respect pour la vie humaine. »

Komoto accusa rudement le coup.

— « Il a donc pensé à enrôler dans son projet Noriyuki Hamasuna, qui était un très bon tireur. Hamasuna et lui-même ont monté cette histoire d'accident pour couvrir les agissements criminels à venir d'Hamasuna. Mais pendant que ce dernier commençait sa vie clandestine, Michiyo a entamé, lui, une liaison adultère avec la femme d'Hamasuna. »

Les yeux de Michiyo Komoto faillirent lui sortir des orbites.

— « L'épouse d'Hamasuna et lui se retrouvaient secrètement pour avoir des relations sexuelles. »

Le suspect rougit de stupéfaction, de colère et de honte. Isobe continua à lire la page blanche qu'il tenait devant lui. Derrière la vitre, Masayuki et Junko retenaient leur souffle, sidérés.

— « Un jour, Hamasuna a découvert cette liaison. Il en a été très blessé. Il a découvert par la même occasion que Komoto détournait de l'argent d'Unmei à son profit. Il prévoyait sans doute de s'enfuir avec sa maîtresse. »

Le jeune homme était littéralement bouche bée.

— « Très en colère, Hamasuna a décidé de surprendre sa femme et son amant alors qu'ils s'adonnaient à leurs ébats. Mais Michiyo avait prévu cette issue. Il a abattu Hamasuna et a dissimulé son corps à un endroit que je vous indiquerai. »

— C'est faux ! C'est un tissu de mensonges !

— Vous avez volé l'argent de la secte, sauté la femme d'un de vos proches, et vous l'avez assassiné !

— Jamais !

— Nous avons retrouvé le corps à l'endroit même indiqué par Masuda ! Comment aurait-il pu savoir, si ce n'était pas vrai ?

— C'est lui qui l'a tué !

Décidément, Isobe s'amusait bien. Sa journée était un échec intégral au niveau de l'enquête Shinjuku mais, au moins, il y prenait plaisir. Il y avait longtemps, en fait, qu'il n'avait pas joué une telle partie. Il resta pour écouter la déposition de Komoto. Ce dernier ne savait pas tout, loin de là : pour l'histoire de l'accident, il n'était coupable que de faux témoignage, Hamasuna s'étant occupé lui-même de mettre en scène son décès. Komoto ne savait pas d'où venait l'autre cadavre. Apparemment, Masuda avait des projets pour Hamasuna, mais, un mois plus tard, le maître avait appelé Komoto en urgence. Il s'était ainsi retrouvé à Uraga, en pleine nuit, pour enterrer le corps fraîchement abattu d'Hamasuna. Vu la tête de Masuda et le sang qu'il avait sur lui, il avait conclu que son maître était lui-même l'auteur de l'exécution.

— Ben voilà, on est à zéro.

Isobe regarda autour de lui les visages tendus de ses collègues. Seul Mori semblait rester tranquille, comme si l'affaire ne le concernait pas, ce qui ne signifiait pas qu'il ne mettait pas toutes ses compétences au service de l'enquête. En réalité, Mori n'avait quasiment pas dormi depuis soixante-douze heures. De toute manière, il n'arrêtait jamais. Où qu'il fût, il engrangeait de l'information. Puis il traitait cette information, et surtout la classait. Si l'informatique avait été une révolution dans la vie de quelqu'un, c'était bien celle de Mori san. Son cerveau était déjà une banque de données, mais il avait maintenant de formidables instruments pour l'exploiter. Aucun domaine ne lui échappait. Ses subordonnés se demandaient parfois s'il existait un seul Japonais sur lequel il n'avait pas créé de fiche. Bien sûr, les informations que collectait Mori n'étaient pas toutes justifiables professionnellement. Souvent, Isobe se demandait ce qui figurait sur sa fiche à lui. Si Mori savait tout de son histoire avec Takako Go.

— De mon côté, commença Mori, je dois avouer que je n'ai pas grand-chose. Je sais que certains membres de la Sekigun hésitent à revendiquer l'attentat de Shinjuku, celui-ci ayant touché un employé de la mairie, chargé, qui plus est, de l'emploi. Mais ils sont très embarrassés de l'assassinat de Maria Hatori, qu'ils ne sont pas prêts à assumer. Donc, si vous recevez des revendications de leur part, laissez tomber, ce n'est pas sérieux. À l'extrême droite, c'est la confusion. Certains leaders ont de la sympathie pour Masuda, même s'ils ne sont pas amis, et, en tout cas, son discours sur l'identité nippone leur plaît, je pense qu'ils vont décliner quelques slogans sur ce thème pour leurs prochaines manifs. Masuda va être présenté comme un martyr de la cause et sa garde à vue sera considérée comme un complot gouvernemental à l'approche des élections.

Certains des participants se permirent un sourire

discret à l'évocation des hebdomadaires démonstrations de l'extrême droite.

— En confrontant nos fichiers avec celui des employés de Shinjuku dori qui se trouvaient à leur travail jeudi soir, nous avons trouvé quelques noms de militants d'organisations extrémistes. Mais franchement, ayant étudié leur profil, je ne crois pas qu'ils soient les auteurs du coup de feu. Nous les avons mis sous surveillance étroite de manière à étudier leurs déplacements et leurs fréquentations actuelles. Par précaution. Si l'un ou l'une d'entre eux fait quoi que ce soit de suspect, nous l'arrêterons immédiatement. Pour Aum, je préfère laisser Tajima san vous dire où en sont ses recherches.

Tajima releva la tête de ses blocs-notes.

— En cherchant du côté d'une secte de Nanao, un de nos informateurs a trouvé encore des caches d'armes et du matériel pour explosifs et préparations chimiques diverses...

— Décidément.

— Nous allons donc faire encore une descente chez eux. Aucun rapport ne semble cependant pouvoir être fait avec l'attentat de Shinjuku. Sinon, je dois dire que, parmi les organisations religieuses que nous surveillons, nous avons observé un nombre important de contraventions à la loi et de pratiques douteuses, mais sans que jamais rien n'indique qu'il y ait un lien avec notre affaire. Nous continuons à chercher.

Ensuite, Isobe donna la parole à l'inspecteur Iizuka. Ce dernier conduisait l'affaire Naoko Ando :

— Nous avons beaucoup de témoins ayant aperçu l'assassin, y compris une vieille dame qui a vu directement le crime et s'est enfuie au coup de feu. Le meurtrier s'est avancé vers la victime en marchant tranquillement, la victime faisant de même. Tout à coup, à bout portant, il a sorti son arme, l'a placé sur le front de la victime et a tiré une balle. Il ne s'est pas enfui immédiatement. Il semble qu'il soit reparti d'un pas calme se placer auprès du distributeur de boissons, et n'aurait vraiment pris la fuite qu'après l'arrivée de Go san. Après, il est parti en courant vers Shibuya dori. On perd sa trace ensuite. Pour la description, on n'a pas grand-chose : un individu de taille moyenne, environ un mètre soixante-quinze, sans doute peu corpulent.

— Rien de plus ? demanda Isobe.

— Il pleuvait. L'assassin était vêtu d'une pèlerine verte, la capuche rabattue bas sur le visage. Personne n'a pu nous le décrire.

— Et l'arme ?

— Aucun des armuriers que nous avons vus ne vend le modèle que l'inspectrice Go a identifié. Soit l'arme est passée par un circuit illégal, soit elle était d'un autre modèle que celui que l'inspectrice a identifié (ce disant, il avait baissé la voix).

Junko se trouvait, avec Nakamura, en retrait.

— C'était un Tanfoglio. J'aurais peut-être pu me tromper, mais le calibre des balles le confirme.

Gêné, Iizuka reprit :

— De toute façon, les analyses balistiques vont bientôt arriver.

— Vous avez une piste ? demanda Isobe.

— Honnêtement, non. La famille n'y comprend rien. On a interrogé l'ensemble des amis et camarades de classe de la gamine sans rien trouver. C'était une bonne élève qui voulait s'orienter vers une carrière de graphiste. Pas de problème particulier. Pas de mauvaises fréquentations. Elle sortait un peu, mais avec des copines, et ne semble pas avoir fait de bêtises notables. Vraiment, la lycéenne sans histoires. Les parents paraissent du même acabit. Une existence sans difficulté particulière. N'appartiennent à aucune organisation politique ou religieuse et n'ont jamais eu de tels engagements dans le passé. Les noms de

Kazumi Otani et de Maria Hatori ne leur disent rien. Cela dit, ils sont dans un état épouvantable et nous ont dit très peu de chose. J'attends qu'ils aient un peu repris leurs esprits pour aller les interroger à nouveau. En attendant, on n'a aucun mobile.

— Bien. Si vous avez des nouvelles susceptibles de nous intéresser, rappelez-nous en urgence. Honda san, avez-vous des résultats intéressants ?

Honda et sa face de vieux tigre pervers se tournèrent vers Isobe — ils étaient précédemment occupés à regarder Junko Go sous toutes les coutures. Il s'apprêtait déjà à déverser son fiel — il n'avait que ça à déverser, ses recherches ayant été vaines — quand la porte s'ouvrit :

— Isobe san ? se risqua un policier en uniforme.

— Oui.

— Excusez-moi d'interrompre votre réunion, mais nous venons de recevoir un appel du *Yomiuri*. Ils disent qu'ils ont une revendication, qui a l'air sérieuse. Voulez-vous prendre leur appel ?

— Bien sûr.

Isobe décrocha l'appareil. Il ne dit quasiment mot, se contentant d'acquiescer aux paroles de son interlocuteur. Il releva les yeux un instant :

— Junko, rappelle-moi la marque des balles du Tanfoglio.

— FMR-1.

Isobe pâlit un peu. Puis il raccrocha.

— À quelle heure se couche le soleil ?

— Pourquoi ? osa Tajima.

— Un nouvel assassinat est annoncé pour ce soir, coucher du soleil.

Nakamura avait feuilleté rapidement son calendrier.

— 20 h 12.

— Quelle heure est-il ?

— 20 h 09.

4

— Appelez tous les commissariats de la ville que vous pourrez joindre. Mettez-les en garde quant à l'éventualité d'un crime dans leur périmètre et surtout demandez-leur de nous signaler tout meurtre ou tentative de meurtre ayant lieu dans l'heure qui vient.

— Bien, Isobe san.

La porte claqua. 20 h 10. Un silence total suivit les instructions d'Isobe. Autour de la table, dans le bureau entier, on n'entendit nul mot, nul soupir. La terre trembla un peu. Dans le verre de Tajima, des ondes parcoururent la surface de l'eau. Personne ne bougea. Les hommes étaient figés comme des insectes épinglés. Ils regardaient dans le vide. Aucun souffle ne souleva leur poitrine, pas un battement de cil ne fit bouger l'air dans la pièce. La pluie avait cessé. Ils entendirent une voiture se faufiler difficilement dans la ruelle. En roulant dans les flaques, elle projetait des gerbes d'eau sur les murs. Que pensaient-ils ? Aucun d'entre eux n'aurait pu le dire vraiment. Ils attendaient. L'attente les soudait et les mêlait en une seule entité. Peut-être n'avaient-ils jamais attendu aussi intensément de toute leur existence et, malgré les tensions et les antipathies qui les opposaient les uns aux autres, malgré leurs personnalités complexes, ils se rejoignaient maintenant en un souffle infime, une respiration quasi éteinte. Le monstre ainsi assemblé, des yeux globuleux de Tamura au nez haineux et aux mains blanchies par la tension de Honda, des yeux névrosés de Mori, avec son sourire figé, des épaules carrées, de la nuque droite d'Isobe, de ses yeux mystérieux, au dos rond de Tajima que prolongeait un visage affligé, du visage de marbre de Nakamura, long et beau avec ses paupières immobiles, au regard noir de Junko — comme prêt à tirer —, à ses narines frémissantes, de la bouche bée de l'inspecteur Iizuka, le monstre, donc, fixait de ses seize yeux le cadran de l'horloge. Les secondes défilaient à une vertigineuse lenteur. Et, au même rythme, la lumière du jour déclinait. Elle avait déjà baissé d'une manière importante lorsque le soleil avait disparu derrière la masse infinie des immeubles. L'ombre avait descendu rapidement les façades, englouti les rues les plus étroites et baigné les plus larges. Mais un soupçon de jour restait en suspens. C'est lui qui perdait vie peu à peu, au fur et à mesure que la trotteuse courait sous les yeux fascinés des policiers. Et, par une entente tacite, leurs regards glissèrent de l'horloge au téléphone, comme si la mort elle-même allait se fendre d'un appel et leur annoncer le nom du malheureux élu. Le cadran du téléphone prit un aspect funèbre, fatal. Tout à coup, la sonnerie retentit.

Ginza, un dimanche de juin... La circulation est bloquée et les avenues deviennent des plages piétonnes où s'installent tables et parasols. Tout est ouvert, à tout vent et à toute pluie, car rien n'arrêtera la foule. Si la chaleur est à suffoquer, des milliers d'éventails s'agiteront comme des papillons géants, et s'il pleut, les parapluies formeront une rivière en crue se déversant dans les rues.

Aujourd'hui, il ne faisait ni chaleur accablante ni pluie diluvienne. Les gouttes avaient retenti de leur cliquetis immense jusqu'en fin d'après-midi, puis les nuages s'étaient écartés pour laisser passer les derniers rayons du jour. Les familles se promenaient tête nue, les enfants profitaient de l'éclaircie et de l'espace dégagé par l'interdiction de circuler. Les magasins ne désemplissaient pas. Les bars et les restaurants étaient envahis jusqu'à la saturation puis se vidaient par paquets entiers de clients. Aux distributeurs de boissons, c'étaient de véritables attroupements. Toute la ville bruissait du plaisir de ne pas travailler, d'être libres, d'errer, du plaisir de se perdre dans ce chaos, de passer des petits coins tranquilles, entre maisons en bois et lampions de papier, aux artères surpeuplées et ultramodernes. Mais Ginza est Ginza. On y a plus encore qu'ailleurs la conscience des partages qu'induit la ville : les pauvres et les riches, les habitants et les touristes, les employés, les cadres, les chômeurs, les truands, les commerçants, les policiers et les hôtesses, les taxis, les vieux, les jeunes, les familles et les couples d'adolescents, les groupes de lycéennes, les punks, les rockers, les skate-boarders, et tout ce monde réuni sur une seule plaque d'égout, sous le même cerisier. Le ciel se délavait, blanchissait. On n'aurait pu dire si c'était l'aube ou le crépuscule. De seconde en seconde, les enseignes lumineuses, les réclames multicolores, les éclairages des immeubles devenaient plus intenses, prêts, sans complexe, à prendre le relais du soleil. Ginza un dimanche soir, au mois de juin... Mais la mort rôdait. Elle oscillait au bout d'une lunette qui prenait son temps pour poser son œil fatal. Elle voletait de tête en tête, de front en front... Comme une luciole.

Sur Chuo dori, juste en dessous du trombone géant rouge du magasin *Itoya*, étaient assis Tomio Ayabe et Kaori Koyama. Tomio était un garçon un peu grand, mais surtout très maigre, et sans un gramme de muscle. Son T-shirt des Detroit Pistons flottait autour de lui, ses jambes de jean s'ouvraient sur des chevilles étroites, ses tennis étaient toujours trop larges. Il avait un visage long, des pommettes plates, comme son nez, et de grands yeux rieurs. Des cheveux ni courts ni longs lui chatouillaient les oreilles. Kaori était un peu ronde. Elle avait une poitrine généreuse, des épaules douces, des hanches marquées et la taille mince. Ses yeux, à elle aussi, étaient rieurs, au-dessus d'un petit nez retroussé et d'une bouche souriante. Elle portait une robe que sa mère lui avait faite, blanche, avec des manches courtes et qui descendait sous le genou. Elle avait mis une ceinture bleue, des chaussures de même couleur et des socquettes blanches. Elle tenait dans la main droite un parapluie. Ils avaient respectivement dix-huit et dix-sept ans, et s'étaient rencontrés dans un bowling. En réalité, ils habitaient le même quartier et étudiaient dans des établissements proches l'un de l'autre. Le père de Tomio confiait l'entretien de sa voiture au garage du père de Kaori. Leurs parents ne savaient pas qu'ils étaient là. Ils s'étaient assis l'un à côté de l'autre le temps de manger leur glace. Tomio se demandait s'il pouvait tenter d'embrasser Kaori. Kaori de même. La luciole passa sur leurs chevelures.

Hirofumi Nakamitsu sortait de chez *Matsuya.* Il était très content de lui : il venait d'acheter deux cadeaux. Un pour sa femme — c'était son anniversaire, et elle était à l'hôpital. Un pour sa maîtresse — ils fêtaient leur année de liaison. Parfois, sa vie ressemblait à une comédie, ce qui lui donnait le sentiment qu'elle n'était plus réelle. Parfois, la comédie n'était pas si drôle. Il sourit quand même en regardant le ciel. Son choix s'était porté sur deux bagues, la même, en fait, bien que le diamant ne fût pas de la même couleur. Le diamant bleu était assorti à la robe qu'il avait offerte à son épouse, l'année précédente, alors qu'elle allait encore bien. Le diamant rose faisait écho à la robe qu'il avait achetée moins d'un mois plus tôt pour la jeune secrétaire qu'il fréquentait. Son cœur se serra un peu : la chimiothérapie que subissait son épouse restait sans effets. Mais le cadeau lui ferait vraiment plaisir ; elle était devenue très sensible à toute démonstration d'attachement, depuis que la mort veillait à son chevet. Quant à Yoko... Il n'aurait jamais réussi à traverser pareille épreuve sans son soutien. Ils avaient rendez-vous. Ici. Il rangea soigneusement la bague bleue dans sa poche et garda à la main la rose, tout en scrutant la foule dans l'espoir d'apercevoir le visage attendu. Lui-même n'était plus si fringant. Il approchait la cinquantaine, son ventre s'était arrondi, ses cuisses élargies, ses épaules et son cou avaient pris des rondeurs, son crâne se dégarnissait. Bientôt, il aurait besoin de lunettes pour lire de près. Lorsque Yoko apparut au coin de la rue, un large sourire s'épanouit sur les lèvres de l'ingénieur en bâtiments. L'œil de la carabine resta fixé sur lui plusieurs secondes.

Kim, on ne l'appelait que comme ça, Kim se promenait avec une simple caisse en bois. Il se trouvait à moins d'un mètre de Nakamitsu. Son crâne se trouva au cœur de la cible presque naturellement. Il n'était pas certain que Kim eût vraiment peur de mourir, ou qu'il eût regretté que sa vie se terminât ainsi. Depuis longtemps, son existence n'était plus que mécanique, à l'image des oiseaux qu'il vendait : ces petites machines métalliques pourvues d'ailes en plastique, que l'on remonte et qui volent — difficilement, avec gaucherie, et en rond. Le dimanche, à Ginza, il faisait ses meilleures affaires ; elles restaient insuffisantes pour lui permettre de manger. Avec l'argent, il achetait des cigarettes. Il prenait ses repas chez un prêtre catholique et dormait dans un parc. Ses vêtements venaient aussi de la charité. Kim avait presque soixante-dix ans. Il aurait été incapable de se rappeler son prénom ou son lieu de naissance — quelque part en Corée. Les Japonais l'avaient fait venir pendant la Seconde Guerre mondiale pour le travail forcé. Il ne se souvenait pas de grand-chose, même pas du visage de sa mère, ni de ce qu'étaient devenus ses enfants. Il n'avait pas toute sa tête, disons. Et la vie ne se faisait pas plus clémente aujourd'hui : l'humidité réveillait ses rhumatismes, qui le faisaient beaucoup souffrir. Nakamitsu se pencha vers lui et choisit un oiseau bleu. Il paya rapidement et se retourna juste à temps pour recevoir Yoko dans ses bras. Les trois têtes oscillèrent dans le cercle du tireur.

Sachiko Miyashita avait de la classe. Ce n'était pas seulement une question d'éducation, c'était naturel. Il n'y a pas beaucoup de femmes qui ont assez d'élégance pour porter les plissés d'Issey Miyake. Sachiko semblait née avec. Celui qu'elle arborait à l'instant était une robe qui suivait sa silhouette fine des épaules jusqu'aux pieds. Le motif, une célèbre estampe japonaise représentant des courtisanes, rehaussait l'attrait de son visage. Avant de descendre, elle avait pris beaucoup de temps pour se maquiller. Ce soir, elle sortait, et il était hors de question d'être autre chose que sublime. Personne n'aurait contesté son ambition, à la voir ainsi, avec ses paupières colorées de fards argent et blanc, soulignées d'une première ligne de crayon gris, repassée de crayon rose, et, pour éviter la fadeur, un mascara brun étendu sur les cils, le visage souligné d'un fond de teint clair et d'un fard à joues rouge très sombre, prune. Règle absolue : les yeux *ou* les lèvres. Elle avait donc maquillé ces dernières de la manière la plus discrète possible : un rouge transparent, brillant. Et... aucun bijou. Sur cette peau nue courait maintenant une luciole menaçante. Sachiko ne le savait pas et attendait. Son mari, l'architecte Kenichi Miyashita, était parti chercher la voiture dans le parking souterrain. Ils habitaient au-dessus un appartement dont dire qu'il était luxueux était un euphémisme. En face de leur lit trônait un *Mao* d'Andy Warhol. Exposer dans leur chambre de richissimes Japonais un portrait de Mao Zedong leur paraissait d'une suprême ironie. Sachiko sourit. Elle adorait Andy Warhol. Son mari tardait un peu. Fabuleusement doué pour l'architecture, Kenichi faisait preuve dans la vie quotidienne d'une maladresse étonnante.

Yuko Morioka était vendeuse chez *Mitsukoshi*. Pour elle, dimanche ne rimait pas avec pervenche. Ni hanche ni revanche. Officiellement, elle était aux toilettes. En réalité, elle fumait au coin de la ruelle en se cachant derrière le marchand d'oiseaux mécaniques. Elle fumait des Marlboro. Pour ça, elle risquait de se faire virer, mais elle s'en moquait un peu. Et même complètement maintenant que le goût de la cigarette courait sur sa langue. Non pas que le travail lui déplût franchement ; elle appréciait ses collègues, qu'elle trouvait généralement enjouées, drôles et prêtes à toutes les bêtises, la journée finie. Aucune d'elles n'était mariée et elles se tenaient les coudes sur ce sujet. C'était de la chance d'être tombée sur une telle bande de filles. Car, si celles-ci n'étaient pas mariées, ce n'était pas faute de succès. Elles n'entraient pas trop dans les détails intimes, mais la journée était à peine suffisante pour faire le tour des nouvelles. Toujours une rupture ou une conquête en vue, pour chacune. De toutes, Yuko était sans doute la plus timide. Elle était vraiment très timide : elle s'habillait toujours discrètement, tailleur gris, escarpins noirs, bas couleur chair, cheveux rangés en queue-de-cheval. Dans sa famille, l'assurance et l'extravagance avaient été mal réparties : sa sœur, chanteuse dans un groupe de jazz, avait tout reçu. Et pourtant, il arrivait à Yuko toutes sortes de choses. Elle ne les voyait pas arriver, n'avait pas le sentiment de les avoir désirées, mais elles apparaissaient d'elles-mêmes, d'un coup, la surprenant et la charmant à la fois. Comme le garçon qui lui avait filé ce paquet de Marlboro... Ichiro. Tout à coup, elle quitta sa cachette et rejoignit le magasin. Une auréole sinistre la suivait sur le chemin.

Du haut de son mètre quatre-vingts, appuyé sur sa voiture, à l'angle de Chuo dori et d'Harumi dori, Noboru Murakami se demandait si la femme, là-bas, allait se décider à appeler un taxi. Elle semblait attendre, et elle était habillée pour sortir. Alors peut-être qu'elle aurait besoin d'un taxi. Il aurait bien aimé qu'elle monte dans sa voiture. Aujourd'hui, il n'avait conduit que des touristes. Quand on est taxi, on charge tout le monde, même les ivrognes, et, plus souvent qu'à leur tour, ils vomissent à bord, et c'est vraiment dégueulasse. Mais il préférait quand même embarquer un salarié bourré qu'un touriste. Depuis qu'il était taxi — 1977 —, Noboru n'avait jamais chargé un étranger qui fût aussi respectable qu'un Japonais. D'abord, ils ne parlaient qu'anglais. Ils donnaient des adresses incompréhensibles. Ils étaient malpolis, grossiers, impatients. Ils ne disaient même pas « bonjour », ni « merci ». Des abrutis. Radins, en plus. Et empotés. Tout juste s'il ne fallait pas leur compter les yens dans la main comme à une petite vieille ou à un aveugle. Fainéants, incapables de s'adapter, arrogants, méprisants. À vous donner la nausée. Quand il vit l'Américain couvert de paquets, suivi de sa femme et de trois gosses, le chauffeur sentit son poil se hérisser. Parce que s'il y a quelque chose de pire qu'un touriste, c'est un touriste américain, et pire qu'un touriste américain, c'est un enfant d'Américain. Le seul mot qui lui venait pour qualifier les enfants, et surtout les adolescents, américains, c'était « monstre ». Un cauchemar. Après leur passage, il retrouvait des chewing-gums collés sur les portières, des restes de nourriture par terre, et cette manière de brailler à chaque fois qu'ils ouvrent la bouche... Noboru Murakami aimait ses enfants. Il en avait quatre, ce qui était de plus en plus rare. Il les aimait vraiment, mais, quand il pensait aux enfants américains, Noboru adorait les siens. Quoi qu'il en soit, l'Américain et sa famille fondirent sur la voiture et s'engouffrèrent dedans. Le chauffeur jeta un dernier coup d'œil à la belle femme avec sa belle robe. Quel dommage. Il ignorait quelles menaces pesaient au-dessus de sa tête à lui.

Ce fut comme si mille sirènes retentissaient en même temps, comme si toute la police du pays convergeait dans une même chevauchée vers Ginza. Les grandes artères du quartier se mirent à résonner d'une cacophonie hurlante, et les façades à clignoter sous les rayons des gyrophares. De Sotobori dori, d'Harumi dori, de Showa dori, des colonnes de voitures de police fondaient vers le lieu du crime. La foule reflua précipitamment sur les trottoirs. Quelques ambulances firent à leur tour leur apparition. À l'endroit où le coup avait été tiré, on entendit des crissements de pneus et des sifflements de freins. Des policiers, arme au poing, sautèrent de leur véhicule. Sur le trottoir gisait un corps. Aux alentours, des cris, des gens qui couraient, d'autres qui restaient figés. Mais aucun suspect en vue. L'attroupement d'uniformes et d'automobiles ne cessait de grandir, les sirènes rendant toute conversation impossible. Un officier supérieur se mit à gesticuler pour indiquer à ses hommes les directions dans lesquelles ils devaient se répartir. Des petites escouades partirent dans les rues adjacentes tandis que d'autres montaient à l'assaut des immeubles du quartier. Certains essayèrent de placer des barrages à l'aide de barrières jaunes, mais le trafic policier était tellement anarchique qu'ils ne trouvèrent aucune section où installer leur matériel.

L'inspecteur Ogawa tenait le volant. Il fonçait, sirène hurlante. Junko se trouvait sur le siège avant gauche et Nakamura ainsi qu'Isobe se tenaient sur la banquette arrière, l'œil fixe, silencieux. Ogawa passa trois feux rouges, vira sur ses roues vers la droite, repartit de plus belle avant de ralentir, pied au plancher, en rencontrant la pagaille d'acier qui encombrait les rues. Malgré sa patience, Ogawa se mit à jurer.

— On y va à pied ! annonça Isobe en repoussant la portière d'un geste brusque.

Il se précipita dehors, avisa une ruelle sur sa gauche et partit au pas de course, Junko et Masayuki courant derrière lui. « Il a gardé la forme », pensa Junko en soutenant sa foulée. Elle suivit le trajet en dents de scie que traçait son père à travers le labyrinthe de la ville, puis ils débouchèrent ensemble dans Ginza dori. Tous trois sortirent, d'un mouvement, leur plaque, qu'ils brandirent en continuant leur avancée vers le trottoir d'en face. Le ruban jaune était déjà tendu autour de la scène. Un commissaire qu'Isobe connaissait bien leur fit signe :

— Par ici !

Oubliant les politesses d'usage, Isobe lui demanda l'état des lieux :

— Un mort par balle, ici. À cinquante mètres, un type a été foudroyé par une crise cardiaque. L'ambulance vient de l'emmener.

Ils se glissèrent sous le cordon jaune et s'approchèrent du corps. La victime était une femme d'une quarantaine d'années, vêtue d'une longue robe, les cheveux noirs répandus autour d'elle. Elle était déchaussée d'un côté, la chaussure, bleue avec un talon haut, reposait à un mètre de là. Près de sa tête était tombée une épingle à cheveux. Un homme s'était agenouillé devant elle et pleurait.

— C'est qui ? demanda Isobe au commissaire.

— Le mari.

En répondant, il tendit le permis de conduire qu'il avait déjà récupéré. Isobe l'ouvrit : « Kenichi Miyashita, né le 24 septembre 1949, à Kōbe, architecte. » Il résidait à trois mètres de l'endroit où sa femme était étendue.

Isobe se dirigea vers lui. Le mari attrapa la main de sa femme.

— Miyashita san, il ne faut pas toucher le corps de votre épouse.

L'architecte leva vers lui des yeux vides.

— Je suis désolé. Il ne faut rien toucher sur les lieux d'un crime, surtout pas le corps de la victime.

Les larmes coulaient sans discontinuer sur le visage de Miyashita san. Il paraissait totalement hébété.

— Je crois que vous ne devriez pas rester ici. Des policiers vont venir pour relever les éléments nécessaires à l'enquête. Venez avec moi.

Mais l'homme ne semblait rien entendre. Au contraire, il se coucha sur la poitrine ensanglantée de son épouse. « Merde ! pensa le flic. Pas sur la blessure ! » Au milieu des sanglots, il entendit une sorte de plainte.

— Excusez-moi... je ne vous ai pas bien compris.

— Qu'allez-vous faire à ma femme ?

« Nous allons lui ouvrir la poitrine, observer ses différents organes, prendre sa température en plusieurs endroits, lui ouvrir le crâne, que sais-je ? » pensa le flic.

— Elle va être examinée par un médecin. Une femme. Le docteur Nakayama.

— Que va-t-elle lui faire ?

— Je ne peux pas vous le dire. Je ne suis pas spécialiste, Miyashita san.

— Parce qu'il est hors de question de la découper ou de lui faire quoi que ce soit de ce genre !

Isobe ne répondit pas. Préféra détourner la conversation.

— Je dois vous interroger.

Le veuf hocha douloureusement la tête. Il se redressa, un genou après l'autre, lourdement. Quand il fut debout, il vacilla, la tête inclinée vers le sol.

— Je vous écoute, dit-il.

— Allons ailleurs.

— Je ne peux pas. Je ne veux pas m'éloigner de ma femme.

— Nous n'irons pas loin, et vous pourrez revenir ensuite.

Il l'emmena, titubant, jusqu'à une table. De toutes celles qui avaient occupé la chaussée en guise de terrasse, c'était la seule qui fût encore debout. Toutes les autres avaient été renversées et se tenaient les pattes en l'air, échouées, inertes. Les parasols gisaient à terre, les uns fermés, d'autres ouverts, les baleines cassées, le cou tordu. Sous ses cadavres de plastique, des mares de verre brisé brillaient. Le policier tira une chaise, la glissa sous son témoin. Il attrapa le parasol cassé et le jeta plus loin. Par miracle, un verre et une carafe d'eau restaient intacts sur la table. Il les prit et servit son vis-à-vis.

— Qu'avez-vous vu, Miyashita san ?

— J'ai vu ma femme mourir.

Isobe laissa passer un silence.

— Soyez plus précis.

— J'étais descendu chercher la voiture. Sachiko m'attendait sur le trottoir. En arrivant dans le parking, je me suis rendu compte que j'avais oublié les clefs. Je suis remonté à mon appartement, j'ai cherché. Rien à faire. Alors je me suis dit que, peut-être, elles étaient dans le sac à main de Sachiko. J'ai repris l'ascenseur, je suis sorti dans la rue. Je n'avais pas fait trois pas que...

Il se cacha la tête dans les mains et se remit à pleurer :

— Il y avait du sang partout... Ça a sauté dans sa poitrine...

Le policier attendit.

— Elle n'était pas morte... J'ai couru jusqu'à elle, je me suis penchée sur elle. Elle m'a regardé. Elle n'était pas morte ! Et puis...

Miyashita se mit à hoqueter.

— Ses yeux se sont figés.

Isobe se rappela qu'il avait un mouchoir dans sa poche et le glissa dans la main de Miyashita, qui s'était recroquevillé sur lui-même. Le veuf ne vit donc pas la légiste qui passait le ruban jaune et s'approchait du cadavre. De loin, le chef de la police lui fit signe. Elle comprit tout de suite, en voyant l'homme effondré. Elle hocha la tête. Elle irait mollo. Isobe attendit longtemps. Quand il lui sembla que Nakayama avait fait le principal, il murmura :

— Voulez-vous revoir votre femme ? Le médecin est arrivé.

Mais Kenichi n'avait plus la force de se relever. Ni de voir le visage de son épouse. Ni de regarder en face le trou énorme qui s'ouvrait dans sa poitrine.

Junko étala sur la table les derniers éléments de l'enquête. Son père faisait du thé dans la cuisine. Elle avait enlevé ses chaussures et se trouvait pieds nus sur les tatamis. Elle avait pris une douche, aussi se sentait-elle fraîche. Le 9 mm était posé dans la chambre, près de ses affaires. Il était 1 heure du matin. Dehors, c'était le déluge. Des rafales de vent faisaient grincer la maison et ululaient dans la rue. Le camion-poubelles passa en faisant un raffut invraisemblable. Elle entendit les éboueurs plaisanter et rire, puis le vrombissement du moteur submergea leurs paroles. Takeshi l'appela à travers la cloison :

— Tu as une préférence pour le thé ?

— Non. Je n'en bois jamais.

Il passa la tête dans l'encadrement de la porte :

— Tu n'en bois jamais ?

— Non. Maman non plus n'en buvait pas.

— Non ?

Il ne fit aucun commentaire. À l'époque où il avait connu Takako, elle buvait du thé. Elle avait un goût excentrique pour celui à la mandarine.

— Mais tu aimes ça ?

— Oui... C'est une question d'habitude.

Il grimaça. Il choisit un thé à la mandarine et attrapa une sucrière. Puis il revint dans la pièce principale.

— On va laisser infuser. De toute façon, c'est meilleur quand ça a un peu refroidi.

— La journée a été longue.

— Rarement eu d'aussi longues.

Il ajouta intérieurement : « Pas depuis 1969. » Il y a trente ans, il avait eu de très longues journées, comme celle-ci.

— Tu te sens bien, ici ? Je veux dire, au Japon ? demanda-t-il.

— C'est comme un pays étranger, sauf que je parle la langue.

« Ce n'est pas tout à fait vrai », pensa-t-elle. Ici, les gens ne la regardaient pas comme une « Chinoise ». Physiquement, on ne la distinguait pas des autres.

— Oui, tu es une vraie Américaine. Ça se voit tout de suite.

— Ah bon ?

— Oui ! Tu n'as pas du tout la même manière de bouger. Pas du tout pareil que les autres femmes.

— Je bouge comment ?

— Je ne sais pas comment dire... Tu n'as pas peur de te mettre en avant...

Junko sourit :

— C'est pas bien, ça, hein ?

— Les Japonais n'en ont pas l'habitude. Ça ne veut pas dire que ce n'est pas bien.

Junko sourit avec malice :

— Comment marche Watanabe san ?

Takeshi Isobe sourit aussi :

— Un peu comme toi.

— Elle n'est pas japonaise ?

— Akiko est professeur à l'université. Elle a l'habitude de se mettre en avant. Ça ne la dérange pas. Et puis, elle est féministe.

— Féministe ?

— Elle a écrit de nombreux livres là-dessus. Elle est très connue pour ça.

Junko regarda Isobe avec surprise. Le chef de la police de Tōkyō entretenait une relation amoureuse, non officielle, depuis des années, avec une intellectuelle féministe. Sa fille jeta un regard autour d'elle. Sur le kamidana, des fleurs avaient remplacé la mandarine. Isobe prenait soin de ses ancêtres. Il prenait soin de Tōkyō. Il prenait soin de ses chemises, de son uniforme, de ses cheveux, de son rasage, du cirage de ses chaussures. Il avait pris grand soin de ses parents. De sa carrière. De ses supérieurs hiérarchiques — quoi qu'en pense le ministre Sakai qui allait devoir, en plus, le remercier pour lui avoir sauvé la vie. Isobe prenait soin de lui-même, de la police, de sa vertu et de son efficacité. Il n'était pas corrompu, il n'était pas colérique, ni orgueilleux, ni impatient. Il n'était pas amoureux de son arme de service. Mais il était amoureux d'Akiko Watanabe, après avoir aimé Takako Go. Il y avait quelque chose de fêlé dans la statue d'Isobe san, une fêlure, une cassure même qui transparaissait dans un compartiment, et un seul, de sa vie : les femmes qu'il aimait. Quelques secousses se firent sentir. La théière et les tasses se mirent à cliqueter.

— Watanabe san est au Japon en ce moment ?

— Non, elle fait une conférence à Berkeley.

— À Berkeley ?

Junko éclata de rire.

— Quoi ? Qu'est-ce qui est drôle ?

— Je t'imagine à Berkeley... La tête que tu ferais...

— Eh bien ?

— Rien ! Verse-moi une tasse, s'il te plaît.

Isobe attrapa la théière et versa le thé dans leurs deux tasses. Il était heureux. Il regarda sa fille verser une quantité sidérante de sucre dans la sienne. Junko soupira. Elle attrapa une photo sur la table, la plaça à côté de sa cuillère, la regarda longuement. Isobe ne voyait la photo qu'à l'envers, mais il la connaissait déjà par cœur. Il se dit que sa fille et lui se ressemblaient beaucoup, malgré tout, parce qu'ils étaient des flics. Que c'était normal, pour eux, de prendre tranquillement le thé en regardant le cadavre d'une femme.

— Cette fois, ça ressemble beaucoup à Shinjuku.

— Oui. Le labo a déjà les résultats. C'est la même carabine qui a servi pour ces deux meurtres.

— Il a décidé de ne plus nous mener en bateau. Maintenant qu'il a trouvé un nouveau moyen de nous mettre sur les nerfs, la balade est terminée.

Elle saisit le texte que leur avait transmis le *Yomiuri*. Et le relut pour la dixième fois :

Bonjour. Non, bonsoir. C'est moi.

Et comme il n'est pas très poli de ne pas se nommer, je vous propose de m'appeler Hasard : le hasard est mon ordre à moi. C'est mon mode d'organisation, ce par quoi mes choix procèdent. Le hasard est ce qui s'accommode du chaos. Savez-vous que plus les sciences progressent, plus elles mettent en lumière le rôle fondamental de l'arbitraire ? On croyait que tout reposait sur un ordre et des structures causales. En réalité, plus nous en savons, plus nous découvrons que le sol sur lequel nous marchons est instable. Que des choses arrivent sans raison.

Vous allez perdre beaucoup de temps à comprendre pourquoi j'agis ainsi. J'agis au hasard. C'est par hasard aussi que les gens meurent.

À l'échelle du grand chaos qu'est Tōkyō, mon action est parfaitement négligeable. Un mort par jour. Dans une ville de trente-cinq millions d'habitants. Avec quelques aménagements de circulation ou une campagne de prévention des méfaits de l'alcool, vous économiseriez plus de vies qu'en vous jetant à mes trousses. Vous non plus, vous n'êtes pas logiques. Si vous agissiez rationnellement, vous me laisseriez prélever mon petit butin en paix et vous vous occuperiez de plus sérieux que moi. Vous pourriez, vous devriez me considérer comme une maladie rare. Statistiquement négligeable.

Mais vous n'allez pas échapper à vos petites lubies. Par pitié, je vais vous offrir un minuscule début d'ordre. Après avoir laissé s'exprimer très librement ma nature, je vais me contraindre un peu : désormais, je tuerai tous les jours au coucher du soleil. Pourquoi ? Je ne sais pas, gratuitement.

Gage de mon sérieux, au cas où vous en douteriez, cette fois-ci je signe :

FMR-1.

— Comment le journal a-t-il reçu le texte ?

— Par fax.

— Envoyé d'où ?

— D'un cybercafé de Shibuya.

— Et...

— Rien. On a trouvé de quel poste avait été envoyé le message. Avec quel modem. On a bien retrouvé le fichier. Il a été créé sur place.

— Le texte a été tapé sur place ?

— Oui.

— C'est un risque sérieux.

— Le café était quasi désert. En plus, il y a deux étages. Celui du dessus était vide. De toute façon, les deux clients d'en bas avaient les yeux rivés sur leur écran. Ils ont à peine vu une silhouette encapuchonnée — il pleuvait, ça ne les a pas surpris. Le mec qui tient la boîte est allé aux toilettes. Notre assassin a dû en profiter pour monter à l'étage. Il a tapé son truc, l'a envoyé.

— Et bien sûr, pas de traces sur le clavier, sur l'écran ou sur le modem ?

— Le modem est intégré à l'ordinateur. Pour le reste, non, évidemment, pas de trace. Et même...

— Quoi ?

— Le vide. Notre ami a encore fait le ménage.

— C'est pas vrai.

— Si. De toute façon, avec la pluie, le gérant nettoie le sol toutes les heures pour effacer les traces d'eau, etc. Il prétend que, dans un endroit où on loue de la haute technologie, tout doit être nickel, sinon ça fait barbare, arriéré, et le matériel n'est plus crédible.

— Et le message lui-même ? Que peut-on déduire de tout ça ?

— Qu'effectivement les quatre meurtres ont été commis par le même homme. L'arme de Ginza est la même que celle de Shinjuku. Les balles de la résidence Okawabashi River City 21 sont les mêmes que pour Shinjuku et Ginza. Donc, cette fois, toutes les affaires sont une affaire, et nous rapatrions toutes les enquêtes au Casque.

— Et l'analyse du texte ?

— À partir du texte lui-même, je dirais que ce mec est un... malade. Je veux dire, vraiment malade. Il se réfère sans cesse à la maladie : « Considérez-moi comme une maladie rare. » Le cancer, la prévention de l'alcool. Cet homme a dû passer du temps à l'hôpital. Soit parce qu'il était lui-même soigné, soit parce qu'un de ses proches l'était.

— Il peut s'agir aussi d'un professionnel de santé : infirmier, médecin, ambulancier, chercheur, pharmacien...

— Oui, mais je pencherais pour le malade ou le proche. À cause du passage sur l'absence de raison : « Des choses arrivent sans raison », « Le sol se dérobe sous nos pieds ». Quelque chose s'est passé dans la vie de cet homme qu'il a vécu comme un traumatisme gigantesque, et surtout injustifié. Il y a un « Pourquoi ? » auquel il ne trouve pas de réponse et qui le ronge.

— Il est peut-être chercheur dans n'importe quel domaine scientifique. Quelqu'un qui lit régulièrement des articles sur l'univers, la place du hasard dans la physique.

— Ouais. Il pourrait tout simplement être professeur.

— J'ai une autre idée. Il parle de sol instable, qui se dérobe. Un tremblement de terre. Il pourrait avoir perdu sa famille ou une partie de sa famille dans un tremblement de terre.

— Kōbe.

— Oui. Et il en veut à la terre entière. Si je me rappelle bien, il y avait eu des polémiques sur la manière dont avaient été menés la politique urbaine et les secours avant et pendant la catastrophe. Ce qui expliquerait son couplet sur les politiques sanitaires, l'aménagement des routes ou les dangers de l'alcool. Il estime que la société n'a pas fait ce qu'elle devait faire, qu'elle a failli à son devoir de protection des personnes, et maintenant il se venge.

— L'image du chaos pourrait renvoyer à la ville juste après le tremblement de terre, les maisons effondrées, les ponts, les poteaux électriques tombés, etc. Kōbe. Le mari de Sachiko Miyashita est originaire de là-bas. Il faudrait vérifier qu'il était vraiment en train de chercher ses clefs.

— Quelque chose me dérange.

— Quoi ?

— Dans la lettre. Cette insistance sur le hasard. « Appelez-moi Hasard, j'agis au hasard, vous allez perdre votre temps à chercher un sens à mon action », etc. Il déploie beaucoup d'énergie pour essayer de nous convaincre qu'il n'y a pas de logique dans ce qu'il fait, qu'il ne choisit pas ses victimes. Je ne trouve pas ça très convaincant, au contraire. Ça me donne le sentiment qu'il y a en réalité un fil entre les victimes, un lien, et que si nous parvenions à identifier ce lien, nous pourrions remonter jusqu'à lui.

— Je suis assez d'accord sur le fond mais, à l'heure actuelle, nous n'avons trouvé aucun point commun entre les victimes : ni le sexe, ni l'âge, ni aucune forme d'activité, ni fréquentation. Rien.

— Je suis certaine qu'il y a un lien.

Junko aligna quatre photos sur la table : d'abord la photo du corps effondré sur le ventre de Kazumi Otani ; ensuite celle du corps de Maria Hatori, incliné sur sa table ; le corps affaissé mais presque debout de Naoko Ando dans la ruelle ; le corps allongé sur le dos de Sachiko Miyashita. Puis elle attrapa un bout de papier, délimitant au stylo quatre colonnes à la tête desquelles elle écrivit le nom de quatre victimes directes des meurtres

— il y avait en fait cinq victimes, si on comptait Nakamitsu san, le promeneur foudroyé par une crise cardiaque à Ginza.

Otani	Hatori	Ando	Miyashita
homme	femme	femme	femme
1950	1976	1984	1963
marié	célibataire (petit ami ?)	célibataire	mariée
employé	danseuse	lycéenne	sans travail

Shinjuku	Tsukuda	Shibuya	Ginza
carabine	carabine	semi-automatique	carabine
arrière du crâne	nuque	front	cœur

Junko soupira.

— À part une nette prédominance de femmes...

— C'est peut-être le hasard. J'ai horreur de dire ça, mais il faudrait voir sur une série plus longue...

— Ce sont tous des gens qui avaient une activité au centre de Tōkyō. On a vérifié qu'ils ne fréquentaient pas un endroit commun ? Un centre culturel, un cinéma, un gymnase, une salle de jeu, un temple ou un parc ? Le tueur pourrait les choisir dans un lieu qui serait symbolique à ses yeux. Tous ces quartiers sont dans un même périmètre, à quelques minutes les uns des autres en métro ou en voiture.

— Je n'avais pas pensé au temple. Je vais demander qu'on vérifie.

— Je sens qu'il y a quelque chose en commun, mais je n'arrive pas à voir quoi. Et pour les armes ?

— Chou blanc.

— Ce type dispose d'un véritable arsenal. Ce n'est

quand même pas si courant, au Japon ! À Washington, on trouve des gosses avec des mitraillettes, mais ici les armes ne circulent pas comme ça.

— On a fait le tour de tous les armuriers et de leurs employés. On a passé au crible leur emploi du temps. En vain. Côté yakusas, calme plat.

— C'est Honda qui ne sait pas s'y prendre ou son travail est totalement fiable ?

— Honda est presque un yakusa. Rien d'important ne peut lui échapper dans ce domaine.

— Alors, qu'est-ce qu'on fait ?

— On va dormir un peu.

Désormais, il n'y avait ni jour ni nuit. Seulement des cycles qui allaient d'un mort à l'autre. Alors la police travaillait vingt-quatre heures sur vingt-quatre et ne respectait plus rien. C'est ainsi que les inspecteurs Ogawa et Iizuka avaient passé la nuit à appeler des psychiatres. Très très poliment, ils les sortaient du lit et les interrogeaient à la lueur de leur lampe de chevet. Des voix pâteuses et hébétées leur répondaient, puis les policiers leur souhaitaient bonsoir et les quittait. Des secrétaires médicales furent tirées de leur sommeil et priées de se rendre sur leur lieu de travail aux heures les plus indues. Vers 3 heures du matin, le fax du Casque se mit à débiter sans discontinuer les dossiers médicaux de certains patients. Un policier les rangeait un à un dans des chemises en carton puis les mettait en piles, qui elles-mêmes arrivaient sur le bureau de l'inspecteur Nakamura. Ce dernier n'était pas loin de se laisser tenter par les amphétamines, mais il se contenta de café serré et d'*energy drinks* servis dans des bouteilles en forme de grenade à dégoupiller. Les canettes, les récipients en verre et les gobelets en papier s'amoncelaient dans sa corbeille. Le nez penché sur ses dossiers, classant le matériel entre « prioritaire », « important » et « à vérifier », il ne vit pas le jour se lever. Ses yeux étaient rouges, son cœur battait beaucoup trop vite, il transpirait et avait une nausée atroce. Lorsque l'inspectrice Go passa en coup de vent sa porte, il ne cilla pas, il ne se redressa pas, il ne dit mot, il était dans un tel état d'épuisement qu'on l'aurait cru transformé en pierre.

— Salut.

Il ne répondit pas. Elle jeta un coup d'œil sur les piles. Un policier arrivait justement avec un nouveau chargement.

— Merci, grommela Nakamura en entendant le bruit des dossiers s'écrasant sur sa table.

Junko s'assit sur ses talons, le regarda par en dessous.

— Vous ne me ferez pas croire que votre travail est d'une quelconque efficacité dans l'état où vous êtes...

— Pas mon problème, murmura Nakamura.

Junko releva un sourcil.

— Vous voulez que je prenne une partie de la pile ?

— MERDE ! JE BOSSE ! hurla le flic.

Sa main s'aplatit sur le bureau dans un bruit de tonnerre.

— Pardon ! Pardon ! PARDON ! cria-t-il encore.

Puis il s'affaissa.

Junko rigola.

— Eh bien, vous avez de la chance que ça tombe sur moi. Mes collègues et moi, on se parle habituellement sur ce ton.

Nakamura san se tut. Il redescendait un peu.

— Vous et moi, faudra qu'on discute, un jour, fit Junko. En attendant, vous devriez sortir avant de tomber dans les pommes. Confier ce travail à quelqu'un d'autre. Vous allez rater un dossier important, si vous continuez comme ça.

— On n'a pas le temps...

L'Américaine désigna du menton la pile « prioritaire ».

— Prenons le dossier le plus explosif et mettons-nous-y tous les deux. Vous avez besoin de sortir. Et passez le relais... Je croyais que vous étiez en train d'apprendre à travailler collectivement.

Isobe apparut dans l'encadrement de la porte :

— C'est moi qui prends le relais. Comme ça, Nakamura san ne risque pas que le travail soit mal fait.

Son assistant ne sut que dire. Il salua son patron de la tête, attrapa un dossier et sortit. Ils rejoignirent la Nissan.

— Où va-t-on ? demanda Junko.

Masayuki ouvrit le dossier.

— L'hôpital psychiatrique d'Osaka. À cinq cents kilomètres. On en a pour plusieurs heures de route.

— C'est moi qui conduis. Vous en profiterez pour dormir.

Nakamura ne discuta pas, lui tendit les clefs de la Nissan et s'affala sur le siège avant gauche.

Go regardait la route mais avait l'esprit ailleurs. Elle pensait au temps et aux morts. Quand on est flic, on n'a pas le temps de pleurer. On fait ses condoléances et on passe à autre chose. Mais, en même temps, on fait quelque chose pour le disparu. On le regarde, on retrouve son visage, son histoire. On parle de lui, on pense à lui, on l'imagine, on s'en fait une idée. On marche sur ses traces, on reconstitue son trajet, on essaye de comprendre ce qui lui est arrivé. On ausculte son corps, on se représente sa souffrance ou sa peur. On l'écoute a posteriori. On essaye de lui rendre justice. On fait circuler son nom, on le note sur des rapports, on le consigne, on lui dresse une mémoire. On le classe ou on donne suite, on pense à lui. Dans cette affaire, on n'avait pas le temps. Pas trois minutes à offrir par victime. On croisait des morts qu'on emballait en urgence. Pour Kazumi Otani, on avait pu encore faire quelque chose. Maria Hatori avait eu ses vingt-quatre heures, pas plus. Quant à Naoko Ando et Sachiko Miyashita, c'était presque des mortes pour rien, des cadavres qu'on enjambe en se demandant à quand le suivant. Les parents à peine rencontrés, le mari interrogé dans le mouvement. Il n'y avait pas de mobile, donc pas d'histoire, pas d'identité pour les victimes. Juste une disparition, presque un accident. Elles étaient mortes, point barre. D'une certaine manière, l'assassin réussissait bien son coup. Réduire chacune de ses victimes à quantité négligeable. Lui se foutait de qui il tuait, nous, on se foutait de qui on ramassait. Lui voulait continuer, nous, mettre fin au carnage. Les victimes n'avaient qu'un rôle : victime. Comme dans les scènes de bataille au cinéma, ces figurants qui jouent le cadavre par terre, le mec déjà mort.

Junko jeta un coup d'œil à Nakamura. Il dormait. « Il est vraiment beau », pensa-t-elle. Elle se demanda s'il avait une petite amie, à quoi ressemblait sa vie amoureuse. « Ça ne se fait pas de demander, se dit-elle. Pas ici. » Elle reporta son attention sur la route.

Isobe ne se laissa pas impressionner par les piles qui se trouvaient devant lui. Le travail ne lui faisait pas peur. Il avait dormi cinq heures, il se sentait frais, réveillé. Une ombre passa sur son front quand il pensa à Nakamura, mais il la chassa en songeant à ce qui l'attendait encore.

Il avait repris le classement de son assistant et alimentait les mêmes piles. Quand finalement le fax cessa de cracher ses langues de papier, il reprit la pile prioritaire et rapprocha le téléphone. Il passa plusieurs coups de fil, dont l'un retint son attention.

— Il était étudiant en médecine ?

— Oui, Isobe san.

— Où cela ?

— À l'université de Tōkyō.

— Dans le dossier, vous ne précisez pas pourquoi il s'en est pris à son professeur.

— Il n'a jamais été très clair sur ce point. Il faisait des crises de paranoïa aiguë. En particulier, il s'imaginait qu'on lui reprochait la mort de son père.

— La mort de son père ?

— Le père de Suzuki s'est suicidé lorsque son fils avait quatorze ans. Le père était lui-même médecin, et il semble qu'il ait commis une erreur médicale très grave qui a valu la mort à plusieurs de ses patients. Il s'est suicidé en avalant de la soude sous les yeux de sa femme et de son fils. Peu après, ce dernier a commencé à avoir des hallucinations et des crises de violence, en général dirigées contre lui-même. Il a d'ailleurs fait plusieurs tentatives de suicide à son tour, tout en étant extrêmement culpabilisé vis-à-vis de sa mère.

— Mais pourquoi le professeur ?

— D'abord, je dois vous dire que, même si elle ne m'en a jamais fait la confidence, Suzuki était violent avec sa mère. Il a dû la battre, la menacer à plusieurs reprises. Je n'ai jamais réussi à avoir de confirmation de sa part, mais j'en mettrais ma main à couper. Quant au professeur, je crois que c'était l'un des anciens condisciples de Suzuki père. Toujours est-il que Suzuki fils a cru entendre son professeur faire des remarques sur l'erreur médicale qu'avait commise son ancien collègue et sur le fait qu'avec un père comme ça, il fallait vraiment oser faire des études de médecine. Pure paranoïa, je pense.

— D'après ce que vous me dites, Suzuki était dangereux. Pourquoi ne l'avez-vous pas gardé ?

— On l'a gardé quinze ans ! Je ne sais pas si vous vous rendez compte. L'état de Suzuki s'était amélioré très rapidement sous l'effet de la prise en charge et des médicaments. En fait, en douze ans, nous n'avons jamais eu aucun incident avec lui. On a cessé progressivement les calmants, sans que cela fasse réapparaître ses comportements violents. Il était au contraire très discipliné, très tranquille. Le professeur n'avait pas porté plainte. On ne peut pas garder indéfiniment quelqu'un alors qu'il ne présente plus aucun trouble. En fait, on l'a surtout gardé parce qu'il ne souhaitait pas sortir. Il disait que cela le stressait, il ne s'en sentait pas capable.

— Et tout à coup, il s'est senti capable.

— Oui. On en a parlé pendant un an, puis il est sorti.

— Quand ?

— Il y a six mois.

— Vous avez de ses nouvelles ?

— J'ai perdu le contact presque tout de suite. Aux dernières nouvelles, il était chez sa mère. Deux fois par semaine, il doit se présenter à l'un de mes collègues qui a un cabinet en ville.

— Où ?

— À Koto-ku.

Le cœur d'Isobe fit un bond : à deux pas de Tsukuda.

— Dites-moi, docteur, que faisait Suzuki quand il était chez vous ? Je veux dire, à quoi passait-il son temps ?

— Il faisait de la gymnastique tous les matins. Il lisait beaucoup.

— Que lisait-il ?

— De tout.

— Des ouvrages scientifiques ?

— Oui, entre autres. Mais aussi de l'histoire, des biographies...

— Que faisait-il d'autre ?

— Il observait les oiseaux.

— Savait-il tirer ? Se servir d'un fusil ?

— Je ne sais pas.

— Avec quoi a-t-il agressé le professeur à l'université ?

— Un couteau.

— Bon. Y a-t-il autre chose qui pourrait être important ?

— Non... je ne crois pas... Euh...

— Oui ?

— Quand il était étudiant en médecine, Suzuki se droguait. Il prenait notamment beaucoup d'amphétamines. Je crois même qu'il en vendait lui-même, vous savez, pour se procurer l'argent. Sa mère ne pouvait pas beaucoup l'aider financièrement. Depuis le suicide du père Suzuki, elle vivait quasiment dans la misère. Bref, je pense qu'il trafiquait un peu.

« Les armes, pensa Isobe, elles pourraient venir de là. »

Masayuki et Go marchaient aussi sur les traces de la folie — si tant est qu'ils aient jamais fait autre chose. Junko roulait en pensant aux victimes. À ces équations irrésolues. Le lien obscur. Les marques blanches s'engouffraient sous le capot, les nombres sur les panneaux indicateurs décroissaient régulièrement. Elle conduisait à vive allure sur l'autoroute, très au-dessus de la limite autorisée, considérant qu'il y avait urgence. Après tout, même si l'assassin restait invisible, il s'agissait bien d'une poursuite. Ils rejoignirent la banlieue d'Osaka dans la matinée. La conductrice réveilla son passager : il avait la tête renversée, la bouche ouverte, un filet de salive séchée au coin des lèvres.

— Nakamura ?

— Oui ?

— Aidez-moi à m'y retrouver. Je sors où ?

Il saisit les indications que lui avait données le médecin et releva les yeux. Et trente secondes plus tard :

— À droite !

La Nissan Patrol se déporta brusquement, se faufila entre deux voitures et attrapa in extremis la bretelle de sortie. Ils cherchèrent ensuite le bâtiment que leur avait décrit le docteur Ban : un gymnase en forme de scarabée. « Le toit a deux versants arrondis qui ressemblent à des ailes. » Ils aperçurent bientôt la silhouette entomologique du bâtiment. Puis des pancartes indiquant la clinique. Ils trouvèrent enfin l'entrée, remontèrent une allée ombragée de pins parasols et débouchèrent devant une bâtisse blanche. En jetant un coup d'œil circulaire, Junko repéra l'ambiance HP : les patients mal habillés qui déambulent ou suivent leur idée, dispersés dans le parc. Un homme d'une cinquantaine d'années, de petite taille, portant des lunettes et une chevelure non coupée depuis plusieurs semaines, descendit les marches à leur rencontre :

— Bonjour. Vous êtes les policiers de Tōkyō ?

— Je suis l'inspecteur Nakamura, répondit Masayuki, d'un air très officiel, et voici l'inspectrice Go.

Ils se saluèrent et les deux hommes échangèrent des cartes de visite. Le docteur Ban semblait nerveux et transpirait considérablement. Plus que la température ne l'exigeait. Non. Inquiet comme il l'était, le docteur Ban aurait transpiré par moins vingt degrés. Les flics se demandèrent pourquoi. Ils rejoignirent son bureau. Sur la table reposait un dossier dont les feuilles étaient éparpillées. De-ci, de-là, une tache claire attestait que la sueur dégoulinait depuis déjà des heures sur le front et les mains du médecin.

— Pourriez-vous nous résumer le dossier de Kimitake Ito ?

Après quelques préliminaires verbaux sur son rôle de praticien en psychiatrie, le docteur Ban en vint aux faits. Kimitake Ito était né en 1959 à Kōbe. Il mesurait un mètre soixante-dix-sept pour soixante-cinq kilogrammes. Avait les cheveux bruns, les yeux bruns. Très original, pensèrent les policiers. Hospitalisé depuis 1995, exactement trois mois après le tremblement de terre.

Au moment où le sol s'était mis à bouger, Kimitake Ito se trouvait au lycée de Kōbe, où il enseignait les mathématiques. Très rapidement, le bâtiment s'était fissuré et en partie effondré. Les murs s'entrechoquaient et les plafonniers se décrochèrent. Mais Ito survécut, ainsi que les élèves de sa classe. Il n'en fut pas de même pour sa femme et sa fille qui, elles, se trouvaient à leur domicile. L'immeuble qui jouxtait leur maison s'était littéralement affaissé sur elle, ensevelissant et écrasant ses occupantes. Le professeur n'avait pas encaissé le choc. Trois mois après, son état ne s'améliorant pas, ses parents l'avaient conduit à l'hôpital psychiatrique.

— C'est vous qui l'avez reçu ?

— Je l'ai suivi de bout en bout, répondit Ban, avec un regard fuyant.

— De quoi souffrait-il ?

— D'une très grave dépression. Le patient était amorphe, incapable de se prendre en charge, de s'occuper de lui, de s'habiller ou de faire sa toilette tout seul. Et, bien entendu, d'enseigner. Il n'arrivait pas à faire son deuil. C'est simple, il n'a jamais pu se séparer des photos de sa femme et de sa fille. Il les promenait partout avec lui.

— Que lui avez-vous prescrit ?

— Des antidépresseurs très puissants, quelques autres médicaments. Sans aucun effet. Vraiment aucun.

— Des calmants ?

— Non. Il était au contraire d'un calme effrayant.

— Comment ça, effrayant ?

— On n'avait pas de base de travail avec lui. Il ne réagissait à rien, ne disait rien, ne s'intéressait à rien.

— Il n'a jamais attenté à ses jours ?

— Non. J'en suis le premier surpris.

— Jamais aucune crise de violence ?

— Ah non ! À ce point, on aurait presque espéré qu'il exprime sa colère, que quelque chose sorte de lui...

Déjà très mal à l'aise, le médecin s'interrompit :

— Je dis ça... Vous comprenez ce que je veux dire...

Personne n'acquiesça.

— C'était très difficile d'engager un processus thérapeutique avec lui. Il ne disait jamais un mot au-dessus de l'autre et semblait dénué de toute affectivité. Pour tout dire, il ne disait vraiment rien. Il n'éprouvait aucun désir de se confier, ne pleurait pas, ne discutait pas avec le personnel, ni avec moi ! J'ai essayé cent fois d'établir un contact, mais sans résultat. Muet comme une tombe. Enfin...

— Aucune amitié ou relation avec d'autres patients ?

— On avait l'impression qu'il ne remarquait même pas leur présence. Il ne leur adressait jamais la parole, pas même pour dire bonjour ou merci. Il participait aux tâches de ménage ou de cuisine autant qu'on le lui demandait, mais n'a jamais participé à aucune des animations proposées par l'hôpital. Ses parents venaient le voir tous les week-ends. Ils habitent Osaka, c'est pourquoi Ito était hospitalisé ici. Finalement, sa famille a décidé de le prendre à la maison — ils habitent une maison tranquille, dans la nature. Ils avaient le sentiment qu'il y serait plus heureux.

— Quand est-il sorti ?

— Il y a un mois.

— Pouvez-vous nous donner son adresse ?

— Euh... Non.

Junko et Masayuki échangèrent un regard. Le docteur Ban ne savait plus où regarder. Nakamura souffla puis reprit :

— Comment se fait-il que vous ne connaissiez pas l'adresse d'Ito ?

— J'ai l'adresse de ses parents, mais Ito a disparu depuis deux semaines.

— Disparu ?

— Il est parti.

— Parti ?

— Il semble qu'il ait pris ses affaires et qu'il ait quitté la maison familiale.

— Comment êtes-vous au courant ?

— Ses parents se sont demandé s'il n'était pas revenu à la clinique.

— Vous savez si sa disparition a été signalée à la police ?

Le médecin s'écrasa sur son siège, en proie à une crise de hoquets. Il s'étouffait, il hoquetait, aucun son intelligible ne sortait de sa bouche.

— Docteur Ban ?

Ce dernier finit par réprimer sa panique.

— J'ai déconseillé à sa famille de signaler la disparition...

— Pour quelle raison ? demanda Nakamura d'une voix qu'il ne put empêcher d'être menaçante.

— Comprenez... Ce patient n'a jamais posé de problème, n'a jamais semblé dangereux pour qui que ce soit, même pas pour lui-même. Après des années de réclusion, il sort, de sa propre volonté et de celle de sa famille...

— Avec votre accord.

— Bien sûr, avec mon accord. Bon, il rejoint ses parents puis il s'en va. Il a soigneusement préparé sa valise, ses affaires de toilette, ses vêtements. Rien n'indique qu'il ait été agressé, enlevé ou accidenté. Il est parti. C'est tout. D'une certaine manière, c'était même assez rassurant. Pour la première fois depuis des années, il exprimait un désir, un choix.

— Formidable..., murmura le policier. Vous savez si votre patient sait tirer à la carabine ?

— Non... Pas du tout...

— Donnez-moi au moins l'adresse des parents Ito.

— Oui, bien entendu, répondit le médecin, trop content de pouvoir à la fois se dédouaner et se débarrasser de ses encombrants visiteurs.

Les flics quittèrent la clinique puis se rendirent chez les Ito. Ils en rapportèrent deux choses importantes : une photo de Kimitake Ito et son ancien permis de chasse. En effet, le disparu avait été un chasseur émérite, un passionné. C'était un très bon tireur.

Le bâtiment était tapi entre deux immeubles de taille moyenne, dans une rue en sens unique de Koto-ku. On aurait cru un Meccano : il était constitué en apparence de bandes métalliques à grosses vis qui se croisaient, s'assemblaient et semblaient former le squelette de la bâtisse. Une structure placée à l'extérieur, tandis que les murs en béton se glissaient sous cette charpente. Certaines poutres en acier étaient en diagonale, tombant en biais de la gauche vers la droite, créant des Z qui s'élevaient jusqu'au troisième et dernier étage. La façade sous-jacente était ponctuée de fenêtres grandes et carrées mais constituées de verre dépoli. À se demander si les occupants des appartements pouvaient vraiment regarder dehors lorsque les fenêtres étaient fermées — pour Isobe, c'était énervant, ça voulait dire qu'on ne pouvait rien observer de l'extérieur. En se renseignant auprès des îlotiers, il apprit que les fenêtres côté cour étaient, elles, parfaitement normales. C'était bien pour les habitants, mais sans intérêt pour la police. Il n'y avait pas de vis-à-vis. Le petit commissariat de quartier connaissait bien Suzuki san, la mère de Konosuke Suzuki. Elle était très affable, discutait volontiers avec eux, elle qui vivait difficilement et voyait peu de monde. Le logement qu'elle occupait appartenait en fait à sa famille, et elle n'aurait certainement pas pu vivre là sans le soutien de ses proches. D'après les îlotiers, elle n'avait plus tout à fait sa tête, elle parlait au présent de choses qui s'étaient passées il y a très longtemps. Quoi d'autre ? Elle avait des oiseaux. Isobe se demanda si le policier qui lui répondait ça se rendait compte de ce qu'il disait. On n'était pas à la chasse aux perruches.

Les îlotiers avaient entendu parler du retour de Konosuke Suzuki. D'une part, sa mère le leur avait annoncé fièrement, d'autre part, des voisins s'étaient plaints du bruit qui s'échappait maintenant de l'appartement : le fils Suzuki louait des cassettes et mettait le son à fond, y compris au milieu de la nuit. Des films de quoi ? D'horreur. Bien entendu, se dit Isobe. C'était trop beau, et il se mit à douter de la piste, tellement c'était énorme. Le flic avait également appelé les psychiatres du quartier en cherchant celui qui suivait le cas Suzuki. Il avait finalement trouvé un médecin qui l'avait vu une fois, et une seule, juste après sa sortie de la clinique. Le patient lui avait dit qu'il était stressé par le retour à la vie du dehors, la vie libre, que la liberté lui faisait peur mais qu'il allait s'adapter. Le médecin lui avait prescrit des anxiolytiques. Après ça, son patient avait raté le rendez-vous suivant et ne s'était jamais plus présenté.

On ne savait pas si Suzuki était chez lui ou non. Sa mère y était, d'après une voisine, mais celle-ci ignorait si le fils y était également. Elle murmura : « Le jour, il ne fait pas tellement de bruit, on dirait qu'il dort. » Il serait vraiment réjouissant que le suspect dorme à cette heure, vraiment, cela simplifierait l'assaut, minimiserait le risque de fusillade. Isobe avait des scrupules à lancer tout le monde dans l'appartement — la mère de Suzuki ne méritait pas de se prendre une balle perdue. Mais à la guerre comme à la guerre. On en était à quatre morts directs, cinq morts indirects. C'était déjà beaucoup.

Il était 13 h 50. À 14 heures, l'assaut fut lancé. Il y eut des flics armés jusqu'aux dents dans toute la rue, puis tout le hall, puis tous les escaliers et, la porte enfoncée, tout l'appartement des Suzuki. La vieille dame s'évanouit en voyant dix canons se fixer sur elle. La chambre de son fils était déserte. Isobe, qui était resté en retrait — passait encore de refaire un travail d'inspecteur, mais ça, quand même pas —, vint fouiller les lieux. En retournant le matelas, il trouva :

— des amphets, en grande quantité ;
— des calmants, en petite quantité ;
— des journaux consacrés aux faits divers ;
— des photos d'avant-bras mutilés, dont un où était inscrit, par lacération de la chair, SUZUKI. (Après observation plus attentive, Isobe conclut qu'il n'y avait que deux avant-bras différents sur les photos, un gauche, un droit, et qu'il pouvait s'agir de ceux de Suzuki lui-même. Ou d'une autre personne.) ;
— une fiole de sang fermée par un bouchon en liège (posée sur un kamidana) ;
— des balles de calibre 38 ;
— un ordinateur.

Par un voisin — un de ceux qui s'étaient plaints

du bruit —, il en avait appris un peu plus sur l'ordinateur. Le voisin était connecté à Internet. Lorsqu'il avait voulu en faire autant, Suzuki lui avait demandé des conseils en matière de matériel et de fournisseur d'accès. Raison pour laquelle le monsieur n'avait pas beaucoup apprécié la grossièreté avec laquelle le jeune homme lui avait dit d'aller se faire foutre quand il l'avait prié de baisser le son de sa télévision.

— Le jeune homme ? dit Isobe. Il a trente-huit ans.

— Oui, c'est vrai. Mais on n'arrive pas à se faire à son âge, quand on voit comme il est habillé.

Isobe se rappela les T-shirts de hard rock, les têtes de mort ricanantes, les croix enflammées qu'il avait vus dans la penderie.

— Il est habillé comme un jeune ?

— Comme un jeune en pleine crise. Des trucs incroyablement sales sur le dos, des jeans déchirés, des énormes chaussures de couleurs vives. D'accord, à vingt ans... Et non, d'ailleurs, pas même à vingt ans. Si mon fils mettait des choses pareilles... Mais à trente-huit ans, vous imaginez. De toute façon, ce garç..., cet homme n'a pas un comportement normal.

— C'est-à-dire ?

— Grossier.

— Mais encore ?

— Je ne pourrais pas dire. Il a été en hôpital psychiatrique, vous savez.

— Oui, je sais.

— Oui. Bien, moi je pense que ceux qui y sont allés ne devraient pas en sortir. Vous vous rendez compte ? Avec les histoires affreuses qui arrivent maintenant...

— Vous pensez à quoi ?

— Ce lycéen qui a assassiné des enfants... Ce sont des choses qui n'arrivaient pas avant...

— Quand, avant ?

— Je ne sais pas. Avant...

— Et Suzuki, vous pensez qu'il était violent avec sa mère ?

— Non. Je ne pense pas. Si j'avais pensé que oui, je serais intervenu. J'aurais appelé la police. C'est une femme qui ne mérite pas un fils comme ça. La vie est suffisamment dure pour elle.

« En plus, maintenant, elle est à l'hôpital », pensa Isobe.

On mit l'appartement sous surveillance et on emporta l'ordinateur au service scientifique de la police. D'une part, on y releva les empreintes de Konosuke Suzuki, au cas où l'on aurait des empreintes à comparer. D'autre part, avec l'un de ses collègues, Isobe essaya de savoir ce que l'ordinateur pouvait lui apprendre. Il était alors 15 h 30. À cette heure, des policiers ratissaient le quartier avec la photo de Suzuki pour essayer de le localiser, d'identifier ses derniers déplacements et ses habitudes. La photo avait été diffusée à l'ensemble des commissariats de Tōkyō, ordre d'arrêter le suspect illico. « Armé et dangereux », disait l'appel. On pensait qu'il portait le 38.

— Est-ce qu'il est possible de savoir sur quels sites s'est connecté l'utilisateur ?

— Pour les derniers, ce doit être possible. Le logiciel de navigation sur Internet garde en mémoire les dernières adresses où on s'est rendu, de manière à ce que l'on puisse y retourner rapidement. Mais il n'en garde qu'une dizaine.

— Et pour les autres ?

— Ça dépend s'il les a mises en signet ou non.

— Quoi ?

— Il y a possibilité d'enregistrer des adresses de site. Si on pense qu'on y retournera souvent ou qu'on a intérêt à retrouver facilement un site, on enregistre l'adresse sur une fenêtre qui s'appelle « signets ».

Comme ça, quand on veut y retourner, même six mois plus tard, on n'a qu'à ouvrir la fenêtre « signets » et double-cliquer sur l'adresse en question. Il est possible aussi de conserver des adresses dans un agenda virtuel. En général, les gens y placent les adresses e-mail.

— Oui ?

— Les boîtes aux lettres virtuelles. Il y a deux types d'adresses : les sites, qui se présentent comme un ensemble de pages délivrant des informations, des photos sur un ou plusieurs sujets, et les adresses e-mail qui sont de simples boîtes aux lettres par lesquelles on peut envoyer du courrier aux gens.

— D'accord, soupira Isobe.

Ils allumèrent l'ordinateur. Il n'y avait aucune sorte de verrouillage sur l'appareil. Ils accédèrent tout de suite au gestionnaire de programmes. Le policier lança le logiciel de navigation. Le modem qu'il avait reconnecté après le voyage se mit à crépiter, puis la page d'accueil apparut. Le flic alla cliquer tout de suite sur la fenêtre des derniers sites visités. En jetant un regard, il comprit que les adresses correspondaient à un même site.

— Comment est-ce possible ?

— En fait, il n'enregistre pas site après site, mais page après page. Donc, si on consulte plusieurs pages d'un même site, les adresses correspondent à l'adresse spécifique de chaque page.

— Oui.

Le flic cliqua, l'ordinateur se mit en chasse, et bientôt la page de garde d'un site occupa l'écran. Le moins qu'on puisse dire est que Suzuki avait des préoccupations morbides. Le site était celui d'une organisation américaine anti-avortement. Les pages que le suspect avait visitées montraient diverses photos de fœtus, à différents stades mais uniformément *gore*. Une autre page plaçait en parallèle une photo de camps d'extermination — des tas de corps entassés les uns sur les autres — et une photo de montage, un tas de fœtus. La légende développait l'idée d'un génocide des tout-petits. Suzuki s'était abondamment promené dans ce site, et, selon Isobe, probablement pas pour des raisons idéologiques. Il n'osa pas penser qu'il s'agissait plutôt de raisons « esthétiques ».

Le répertoire à signets était plein. On y trouvait au moins une quarantaine d'adresses. Certaines étaient simplement des moteurs de recherche (« des espèces d'annuaires vivants », expliqua le technicien), d'autres étaient des sites plus intéressants. Tout y passait : l'extrême droite d'à peu près partout, y compris du Japon, des sites consacrés à des groupes de hard rock ou des groupes musicaux plus « politiques » (racistes), des officines de tatouage, mais aussi l'association des psychiatres américains, différents sites sur les maladies mentales, des sites pour la légalisation des drogues et d'autres sur les méfaits de la drogue. Trois sites retinrent l'attention d'Isobe : le site d'un psychopathe américain qui racontait en détail ses crimes et ses motivations ; un armurier qui vendait par correspondance ; les pages d'un journal américain consacré aux armes à feu.

Lorsque Isobe releva la tête, il était déjà 18 heures. Masayuki et Junko rapportaient des informations sur un autre suspect possible. La photo était déjà diffusée. La piste Suzuki paraissait également brûlante. Trop de choses coïncidaient : date de sortie de l'hôpital, résidence à Koto-ku, possession d'une arme, fascination pour la violence, rapport obsessionnel à la médecine, connaissance de l'informatique et de l'usage du modem, sorties crépusculaires... Ce pouvait être le hasard. Isobe sourit : oui, ce pouvait être le Hasard. Le problème était que le hasard était dehors, on ne savait où. Qu'il était 18 h 10. Que, d'ici deux heures, le soleil allait se coucher.

5

Les quartiers qui avaient été jusqu'ici les lieux des meurtres formaient un triangle rectangle dont les trois pointes étaient Tsukuda, à l'est, Shibuya, à l'ouest, et Shinjuku, au nord-ouest. Ginza était compris dans le triangle. Au milieu de l'hypoténuse (le grand côté du triangle), donc sur la trajectoire Shinjuku-Tsukuda, se trouvait le Palais impérial. Ainsi, si l'on formait un premier cercle qui englobât les quartiers déjà touchés, son centre étant le Palais impérial, on se trouvait avec une zone d'un rayon d'environ quatre kilomètres et demi. Les arrondissements se trouvant dans cette zone et non encore « visités » par l'assassin étaient encore nombreux : Chiyoda-ku, Minato-ku, Bunkyo-ku, Taito-ku et Toshima-ku. Certains étaient de gigantesques quartiers, en fait subdivisés en plus petites entités. Si l'on considérait que l'assassin n'avait pas à se tenir à ce premier cercle, mais en pariant sur le fait qu'il préférait agir dans ce voisinage, un deuxième cercle pouvait être tracé, de deux kilomètres supplémentaires. Il englobait alors les quartiers de Koto-ku, Sumida-ku, Arakawa-ku, Kita-ku, Itabashi-ku, Nerima-ku, Nakao-ku, Suginami-ku, Setagaya-ku, Meguro-ku et Ota-ku, tout ceci en espérant que l'assassin ne sortirait pas de Tōkyō. C'étaient beaucoup de paris.

Le plan « Œil d'aigle » distinguait trois types de quadrillage : pour le premier cercle, un quadrillage maximal ; pour le deuxième cercle, un quadrillage serré ; pour le troisième, un système plus lâche. À l'endroit où la surveillance était la plus étroite, des hélicoptères tournaient dans les airs ; tous les policiers appartenant aux commissariats de la zone, ainsi que les unités d'élite et des policiers ramenés de préfectures avoisinantes (Chiba, Ibaragi, Tochigi, Gunma et Kanagawa), faisaient des rondes sur un secteur réduit, soit en voiture, soit à pied, mais reliés par talkie-walkie. En cas d'alerte, la toile d'araignée se resserrait vers le point signalé, de manière régulière et progressive, pour essayer de ligoter la proie. Le secteur du Palais impérial faisait l'objet d'une protection particulière. Les ponts qui enjambent les douves autour du parc étaient occupés par les forces d'intervention anti-émeutes, et les services secrets avaient été déployés tout autour du Palais. La deuxième zone avait également reçu des renforts des préfectures de Saitama et Yamanashi. Un hélicoptère renforçait le dispositif. Dans la dernière zone, on s'était contenté de mettre en service tous les flics et de les armer de manière plus imposante. Partout, les râteliers avaient été vidés, et tout ce qui était disponible en termes de gilets pare-balles avait été distribué.

Le dispositif était-il parfait ? Absolument pas, pensa Isobe. Le hasard — encore lui —, ou l'astuce, ou une très fine connaissance des lieux, permettait éventuellement de passer au travers. Une cité aussi grande et aussi chaotique que Tōkyō ne se laisse pas dompter si facilement. Mentalement, Isobe revisita sa ville : ici et là, des gratte-ciel s'élevaient en bouquets, parsemés au hasard — toujours —, formant parfois des canyons vertigineux au fond desquels couraient des avenues gigantesques ; au pied des mastodontes serpentaient des ruelles où un homme pouvait à peine tenir de face, et des ruelles un peu plus larges, entre des maisons en bois ou de petits établissements décorés de lampions le soir et pris sous une toile anarchique de fils électriques. Aucune unité architecturale nulle part. On construisait les bâtiments les plus modernes et les plus futuristes au milieu des quartiers les plus traditionnels. Des assemblages de très grande taille, présentant les formes les plus biscornues ou au contraire les plus harmonieuses, s'incrustaient brutalement entre des bâtiments menus et des immeubles d'habitation anodins. Le train perçait les quartiers. L'autoroute interurbaine, énorme python bétonneux, serpentait sur la ville, à coup de portiques massifs qui la faisaient survoler la capitale puis se lover en cercles incompréhensibles au-dessus de la mer. Celle-ci, avec ses eaux sales, se faufilait partout autour du port. Les diverses rivières qui la rejoignaient connaissaient un sort aléatoire : tantôt coulant entre deux berges verdoyantes et ombragées, tantôt entre deux façades de béton sinistres, tantôt enfouie comme un égout, puis surgissant entre des berges aménagées pour la promenade, surmontée de lampadaires élégants, finissant finalement près d'un quai crasseux. Certes, chaque quartier avait son identité ; mais celle-ci ne garantissait aucune homogénéité urbaine. Une multitude de petits villages s'imbriquaient ainsi, formant à grande échelle un immense bazar. En se promenant, on se croyait parfois en pleine campagne : on marchait tranquillement entre des maisons entourées de jardins fleuris et très verts, le sol était un chemin de gravier et de sable. On entendait les oiseaux voler dans les ramures. À cinq minutes de là, des milliers d'employés s'engouffraient dans le métro, des hôtels clignotaient avec leurs enseignes aux couleurs criardes, des files ininterrompues de voitures engorgeaient l'avenue, des centaines de restaurants affichaient des plats en plastique pour vous inviter à entrer. Dans cette ville, certains dormaient dans des capsules, d'autres dans des cinémas porno ou des palais gothiques, d'autres encore chez eux, les derniers au bureau. Et souvent, tous ceux-ci dormaient en se côtoyant, dans la même rue. Alors, pensa Isobe, qui allait garantir que l'assassin ne trouverait pas dans cette cohue un petit coin où se nicher ? Et puis s'enfuir.

À 19 h 30, Isobe san et son équipe se rassemblèrent, non au Casque, mais dans le bâtiment qui centralisait les communications de la police, à Roppongi. L'immeuble était laid mais vaste, et un nombre impressionnant d'officiers de police y travaillaient. Deux fausses alertes avaient déjà été lancées : il s'agissait d'individus au comportement suspect et qui ressemblaient aux photos diffusées ; les deux s'étaient révélés être des journalistes. Ceux-ci, en effet, grouillaient comme termites sur termitière. Leur dispositif était à peine moins imposant que celui de la police. Leurs propres hélicoptères tournaient dans les airs, à l'affût. Leurs véhicules sillonnaient les rues, des équipes à pied se tenaient à tous les carrefours en centre-ville. Visiblement, on avait rameuté les stagiaires, les intérimaires, les commentateurs sportifs et même les spécialistes de la météo. L'histoire inspirait beaucoup les médias, depuis l'attentat de Shinjuku. Il y avait à parier que l'assassin prenait plaisir à constater son succès. Pour ce soir, l'ensemble des chaînes japonaises avaient mis le paquet : le journal s'allongeait jusqu'au crépuscule. Un véritable compte à rebours allait être lancé. « Si j'étais l'assassin, je me déguiserais en journaliste, se dit Isobe. Puis non, si j'étais l'assassin, je tuerais un journaliste. »

Metallica House. En deux heures, c'était le troisième magasin de disques et de merchandising de hard rock que Junko et Masayuki visitaient. Dans les deux premiers, l'accueil avait été cordial mais les résultats nuls. Personne ne se souvenait avoir vu Suzuki. On avait pourtant récupéré quelques nouvelles à son sujet. Des commerçants de son quartier l'avaient vu dans l'après-midi. En fait, il était arrivé deux minutes avant l'assaut, et y avait assisté à distance. Il avait probablement compris qu'on venait pour lui, parce qu'il avait tourné les talons et n'était pas revenu. Bref, en cinq mots, Suzuki était dans la nature, dans la grande jungle de Tōkyō. S'il était un peu malin, il allait échanger son T-shirt Sepultura pour quelque chose de plus discret, passer un jean correct, et alors la chasse n'allait pas être amusante. En attendant, tous les marmots affichant un look de rocker se faisaient contrôler par la police.

Les flics poussèrent la porte. Le patron fit mine de disparaître dans l'arrière-boutique, mais Nakamura l'interpella fermement, clouant le gars sur place. Junko regardait autour d'elle : il y avait plus de crânes ici que dans une nécropole gauloise. Tout un tas de machins gore, tout droit sortis du donjon des dragons, mais aussi des livres, des *mugs*, des drapeaux (pirates en général), des affiches hilarantes avec des dessins de femmes coupées en morceaux ou des mares de sang dégoulinantes. Halloween. Pendant ce temps, Nakamura se rapprochait du gérant : la quarantaine, un peu bedonnant, cheveux longs ramenés en queue-de-cheval, T-shirt Guns'n'Roses, tatouages sur les bras (crâne et squelette, pour changer) :

— Police. Vous avez déjà vu cet homme-là ? dit-il en brandissant la photo de Suzuki.

Les yeux du mec accrochèrent la photo, s'y fixèrent un instant, puis s'en détachèrent.

— Non, connais pas.

Trop tard. Ses pupilles avaient traîné trop longtemps sur l'image et une petite lueur s'était allumée dans ses iris. Nakamura ne le crut pas.

— Re-regardez bien. Vous avez réagi en le voyant.

— Moi ? Non.

— Des clients de trente-huit ans, dans une boutique comme celle-là, on ne doit pas en voir tous les jours

— Non, je vous dis, je ne connais pas.

Le visage du policier se contracta :

— On a trouvé des cartes de votre établissement et des vêtements achetés chez vous à son domicile.

Pur bluff.

— Remontrez-moi la photo ?

Nakamura la lui plaça sous le nez.

— C'est possible. Mais je me rappelle rien.

— Je vous conseille de vous rappeler vite. Sinon, je perquisitionne de fond en comble votre petit commerce dans la minute qui vient.

— Mais...

— Je suis couvert, d'accord ? Sur cette affaire, j'ai tous les droits, je peux tout faire, je perquisitionne tout, si je veux, maintenant.

Guns'n'Roses souffla.

— Bon, je l'ai déjà vu.

— Quand et où ?

— Il vient de temps en temps acheter des trucs.

— Quoi ?

— Ben, comme vous dites... Des vêtements, des disques, des livres...

— Quoi comme livres ?

— Comment voulez-vous que je me souvienne ? Dans les rayons, là, à droite.

— Je ne vous demande pas où est le rayon livres, je vous demande ce qu'il achetait comme livres.

— En fait, il achetait plutôt des revues, des magazines.

— Lesquels ?

— Sur les films d'horreur, les effets spéciaux ou les groupes de heavy metal...

— Par exemple ?

— Euh... *Shi.*

— Quoi, *Shi ?*

— C'est la revue des groupes de rock. Il y a aussi des mangas, dedans, ou...

— Bon, finalement, vous n'avez pas si mauvaise mémoire... C'est quoi, votre nom ?

— Koyama.

— Bien, Koyama, à quelle fréquence Suzuki venait-il à votre magasin ?

— Une ou deux fois par mois.

Junko sortit précipitamment du magasin. Masayuki la regarda filer avec surprise, se demandant s'il devait intervenir. Mais elle sembla se contenter de traverser la rue. Les toilettes, peut-être...

— Avez-vous déjà discuté avec lui ?

— Oh, comme ça, quand il passait à la caisse...

— Que vous disiez-vous ?

— Vous savez, le genre de choses qu'on échange dans ces cas-là. Sur le temps, sur les revues, justement...

— Vous paraissait-il normal ? Avait-il un comportement étrange ?

— C'est rare qu'on ait des clients de son âge, alors forcément... Mais pas très anormal non plus. Si on discute avec lui, il a l'air tout à fait brave. Un amateur, simplement.

— Savez-vous s'il fréquentait certains endroits ?

Vous lui aviez recommandé des bars, des salles de concert...

Junko réapparut brusquement :

— Suzuki mangeait en face presque tous les jours.

Il y eut trois secondes de silence lourd. Nakamura sembla écouter à l'intérieur de lui-même, puis reprit très doucement :

— Vous allez me dire immédiatement quels étaient vos rapports avec Suzuki...

— Ça ne veut rien dire, qu'il mangeait en face !

— Suzuki habitait Koto-ku. Tu ne vas pas me faire croire qu'il venait jusqu'à Yurakucho pour manger dans un yakitori ! Écoute, je me moque de toi, de tes affaires et de ce que tu traficotes probablement, je veux Suzuki. Tu me racontes ta petite vie, et surtout ce que tu sais sur Suzuki, sinon, je te mets en garde à vue.

— Mais pourquoi ?

— Complicité dans une affaire de meurtres.

Guns'n'Roses eut du mal à se remettre de celle-là.

— Je peux te garder vingt-trois jours, sans avocat, sans rien. Tout de suite. Tu disparais de la circulation, c'est tout. Ta boutique, elle reste là, sans personne. La galère. Si on établit que Suzuki est un meurtrier, tu passes dix ans en prison. Sinon, je m'arrange pour faire fermer le magasin.

— Bon, je connais Suzuki, murmura le gérant. On a sympathisé la première fois qu'il est venu.

— Continue.

— Il cherchait des revues, des cassettes vidéo, des vêtements. C'était marrant parce qu'à ce moment-là il avait un look de *salaryman* typique. Il m'a un peu raconté sa vie, tout le temps qu'il avait passé à l'hosto. Il redécouvrait la vraie vie, la liberté. Tout était nouveau pour lui.

— Quelle romance ! Accouche.

— Je ne sais pas quoi vous dire. Il venait tout le temps, on était potes, on discutait ensemble pendant des heures, on se regardait des cassettes...

— Et encore ?

— On allait aux bains.

— Aux bains ?

— Ouais, c'est sympa, les bains.

— Sûr, c'est sympa. Et encore ?

— Je ne sais pas quoi vous dire.

— À propos des amphets...

— Je ne vois...

Masayuki poussa Koyama d'un bon coup d'épaule. Celui-ci alla cogner contre le mur. Le flic se trouva derrière la caisse, attrapa tout ce qu'il pouvait trouver, des boîtes, des enveloppes, et les balança par terre. Ça résonnait dans toute la pièce. Puis on entendit un bruit plus aigu et plus limpide. Des cachets multicolores s'étaient répandus sur le sol.

— J'en ai marre ! Tu m'emmerdes, tu mens ! Et je ne me sens pas patient aujourd'hui !

Il saisit Koyama, le tira d'une poigne impressionnante et le plaqua contre le comptoir en sortant ses menottes.

— Non, non, non, non, non !

— Ta gueule !

— OK, je dis tout !

— Quoi, tout ? Fais vite ! T'as trente secondes. Pas une de plus.

— Suzuki s'était branché avec un vieux copain, un médecin qu'il n'avait pas vu depuis des années. Ils étaient ensemble à la fac. Ils avaient une combine ensemble, à l'époque, pour des amphets. Suzuki l'a donc retrouvé et il lui a proposé de refaire équipe, le type voulait pas et puis, je ne sais pas comment, Suzuki a réussi à le convaincre. L'autre lui refilait des médicaments qui pouvaient avoir un autre usage, si vous voyez ce que je veux dire...

Nakamura semblait exaspéré.

— Finis !

— J'en vendais une partie ici...

— Et l'autre partie ?

— À des étudiants en médecine... Pour les aider à étudier...

Difficile de dire ce qui se passa en Masayuki quand il entendit ça : son poing partit comme une fusée vers le visage du gérant et s'abattit en pleine mâchoire. On entendit un bruit mat d'os en train de se casser et le sang gicla. Go se jeta en travers, repoussant Nakamura d'un coup de bras. Guns'n'Roses s'affala de tout son long et suffoqua comme un poisson hors de l'eau. La flic se pencha sur lui :

— Fais voir ta mâchoire ? C'est rien. C'est le nez qu'est cassé. Le nez, c'est pas grave, ça te donnera un air de boxeur.

Mais, pendant qu'elle parlait, elle sentait quelque chose au-dessus de son épaule, une présence qu'elle connaissait bien, cette aura irremplaçable et sans équivalent, sinon celle du désir. Un œil noir. La mort qui rôde, qui surgit et qui vous fixe. Où était Nakamura ? Elle s'attendit à entendre son crâne exploser parce que, lorsqu'on a déjà vécu ça une fois, on a quand même des chances d'y passer la fois d'après. Les statistiques. Mais le canon ne se décidait pas. Il avança sa gueule d'acier et apparut tout au coin du champ visuel de Junko. Toujours cette nervosité animale, et la peur qui secoue la bête. L'arme tremblait. Mais elle émit un son sinistre : le cran de sécurité qu'on enlève. La main de Go glissa sur sa poitrine, lentement, comme on fait pour ne pas effaroucher une bête sauvage, agrippa la crosse et glissa le doigt dans le pontet. Elle compta un, deux, trois, craignant à chaque respiration d'avoir un temps de retard sur le compte à rebours de l'autre. Puis elle se jeta à terre, sur le côté, en roulant sur le dos. Se retrouva les mains jointes sur la détente, les bras tendus vers le haut, le guidon braqué sur le porteur de l'arme.

— Masayuki, qu'est-ce que tu fais ?

Il n'entendait rien, il fixait de son 38 le crâne du commerçant.

— Oh ! Masayuki, arrête ! T'es ravagé ou quoi ?

L'arme tremblait toujours dans sa main, il semblait en transe. En face de lui, un visage couvert de sang, décomposé, comme de guingois, les yeux écarquillés, gémissait. Une odeur d'urine emplit la pièce. Guns'n'Roses émettait comme un youyou arabe totalement insupportable. Un coup de feu partit, la détonation leur arracha les tympans.

Nakamura sortit de sa torpeur et regarda le canon fumant du 9 mm. Puis Junko.

— Sors. Masayuki, sors d'ici.

Il se tourna d'un pas machinal, retraversa la boutique et sortit. Go passa dans l'arrière-boutique, trouva une bouteille d'eau qu'elle renversa intégralement sur le prisonnier. Elle le tira par l'épaule, le fit asseoir sur une chaise.

— Je vais appeler le SAMU. Vous direz que vous êtes tombé dans l'escalier. Les femmes battues disent toujours ça, et ça marche très bien. Mais avant, je veux des noms. Le nom du médecin.

Un gargouillis lui répondit.

— Je comprends. C'est difficile de parler. Si tu veux, tu peux me l'écrire.

— Kanzaki, murmura le mec.

— Docteur Kanzaki ? Où exerce-t-il ?

— Yaesu.

— Très bien. Maintenant, je vais marquer sur ce papier notre numéro de téléphone au commissariat. Si Suzuki réapparaît, tu nous appelles dans la minute. Si jamais j'apprends que tu l'as revu et que tu ne nous l'as pas signalé, je laisse Nakamura san s'occuper de toi. D'accord ?

Elle décrocha le téléphone et appela les secours.

Son collègue l'attendait dehors. Il avait rangé son arme, acheté une canette de jus de fruits. Junko trouva qu'il n'avait pas l'air à son aise.

— On va à Yaesu, lui lança-t-elle en se dirigeant vers la voiture.

— Bon.

D'autorité, elle prit le volant.

— C'est par où ? Je suis tout le temps paumée, dans cette ville.

— Tout droit, pour l'instant.

Elle démarra, laissant *Metallica House* derrière eux, Nakamura presque affalé sur son siège. Un nuage masqua le soleil, et la rue ensoleillée devint soudainement sombre, presque noire, comme si le soleil venait de se coucher. Elle s'attendit à entendre un coup de feu. À la place, un roulement de tonnerre résonna dans les airs et la pluie tomba en trombes, d'une seconde sur l'autre, comme un seau qu'on renverse. Même avec les essuie-glaces, on ne voyait pas au-delà du capot. Go mit le clignotant et se rangea le long du trottoir.

— Qu'est-ce qui t'a pris ?

— Les dealers me dépriment.

— Et quand tu déprimes, tu tues les gens ?

Il ne répondit pas.

— On ne tue pas un mec parce qu'il vend des amphets !

— Je sais. Excuse-moi, dit-il en détournant le regard.

Il n'y avait rien à regarder que le déluge et un panneau d'interdiction de stationner.

— Je ne dirai rien. Je fermerai ma gueule. Mais toi, tu ne recommences jamais ça. Ni en ma présence, ni en mon absence.

— Je le jure.

— Bien.

Elle remit le moteur en marche. Puis elle se tourna vers lui d'un air malicieux :

— Tu as vu.

— Quoi ?

— Mon flingue... Il est plus gros que le tien.

La blague lui arracha un sourire. Une plaisanterie comme ça, avec Pedro, c'était un quart d'heure de fou rire assuré.

Un coup de fil au central, et ils avaient une adresse plus précise pour le docteur Kanzaki. Yaesu, deuxième à droite après le *Maruzen Department Store,* à côté d'une librairie chinoise. Ils se garèrent juste devant l'entrée de l'immeuble. Jetèrent un coup d'œil alentour pour vérifier que Suzuki ne traînait pas par là, puis entrèrent dans l'immeuble. Ils dégainèrent par précaution. C'était étrange de voir ressurgir si vite les objets du scandale. Go tenait son arme au niveau de son visage, le canon près de la joue, le bras plié. Masayuki le tenait la gueule en bas, le bras le long du corps. Ils montèrent l'escalier à pas feutrés et parvinrent au premier, où se trouvait le cabinet. Ils écoutèrent à travers la porte. Rien. Go ouvrit très lentement le battant pendant que l'autre la couvrait. Elle glissa un œil. Personne dans la salle d'attente. Ils y pénétrèrent rapidement, marchèrent sur la pointe des pieds jusqu'à la seconde porte. Ils entendirent un cliquetis d'objets métalliques mais nulle parole. Ils comptèrent silencieusement puis poussèrent la porte ensemble, braquant leurs armes à l'intérieur.

Le médecin était seul. Son visage se figea de peur, puis l'idée de la situation lui vint progressivement. Les flics baissèrent leurs armes :

— Police ! Lâchez ce que vous avez dans les mains, s'il vous plaît.

Le docteur Kanzaki reposa ses instruments. Il avait la quarantaine, effectivement, et la forme. Un visage avenant, naturellement souriant, à en croire les rides et les fossettes. Sportif sans doute, la cage thoracique bombée, le cou droit, les épaules carrées, assez grand. Les cheveux coupés très court, presque ras, avec des cheveux gris, mais absolument pas chauve. Il portait une blouse blanche. La stupeur passée, la vision des policiers dans son cabinet sembla le laisser indifférent. Il alla s'asseoir à son bureau.

— Que puis-je pour vous ?

Il ne s'adressa qu'à Nakamura, qui se présenta en donnant sa carte. Le médecin la regarda attentivement puis la reposa sur la table d'un geste lent.

— Vous venez à propos de l'affaire des produits que j'ai prescrits indûment ?

Visiblement, le docteur Kanzaki attendait leur visite ou, tout au moins, n'avait pas l'intention d'éviter ce qui lui tombait dessus.

— Vous parlez du trafic avec Konosuke Suzuki ?

— Oui, de quoi d'autre ?

— Nous ne venons pas pour vos histoires de cachets.

Kanzaki, cette fois, parut des plus surpris. Puisque la police était là, et puisqu'ils savaient pour l'affaire...

— Nous recherchons Suzuki dans le cadre d'une affaire de meurtres.

Le médecin se décomposa :

— De meurtres ?

— Oui. Quand l'avez-vous vu pour la dernière fois ?

— Il y a vingt minutes.

« Merde ! » pensa Junko. Puis, sans se présenter à Kanzaki :

— Il se déplace comment, en général ?

— À pied, en métro...

— Où est votre téléphone ?

Le docteur lui tendit son portable. Elle appela en

urgence le Casque, annonça que Suzuki se trouvait dans le quartier, peut-être dans une station de métro.

— Qu'a fait Suzuki exactement ? demanda, d'une voix fatiguée, le docteur Kanzaki.

— Il est soupçonné d'avoir tué plusieurs personnes.

— Plusieurs personnes !

Sa main vint cacher sa bouche. Il s'enfonça dans son fauteuil, abasourdi. Résigné. C'était le mot. Il paraissait résigné, depuis l'instant même où les policiers avaient fait irruption chez lui.

— Je m'attendais à ce que vous passiez un jour ou l'autre. Mais pas pour ça...

— Vos trafics ne nous intéressent pas, assura une fois encore Nakamura. Nous n'en tiendrons compte que si vous refusez de coopérer.

— Décidément. Ma vie n'est qu'une succession de chantages, en ce moment, commenta-t-il d'un ton amer.

— En participant à un trafic de stupéfiants, vous violez la loi et vous violez les principes de votre profession. Vos jérémiades nous laissent de glace, Kanzaki.

Ce dernier se tut. Nakamura s'assit sans attendre d'invitation dans l'un des fauteuils.

— Depuis quand connaissez-vous Suzuki ?

— La fac de médecine.

— C'était quand ?

— Il y a presque vingt ans.

— Quelles étaient vos relations avec lui ?

— Nous appartenions à la même bande de copains. Je n'avais pas avec lui de rapports très privilégiés. Il était un parmi d'autres, simplement. On sortait ensemble, on allait au cinéma, dans des cafés. La vie d'étudiants.

— La vie d'étudiants shootés ?

Le médecin médita.

— Oui. On prenait tous des amphets. Ça nous permettait de mener la vie que nous menions. On ne dormait pas beaucoup.

— Qui vous fournissait ?

— Je connaissais un pharmacien qui en vendait en douce. Il jouait aux courses et il perdait... C'est moi qui servais de pivot.

— Suzuki, dans tout ça ?

— Il en prenait comme nous. Puis il m'en a acheté, qu'il revendait à des étudiants en dehors de notre cercle. Ensuite, il a été interné. La police s'en est mêlée. Certains d'entre nous ont senti le vent du boulet. On a arrêté les frais. Le groupe s'est délité...

— Vous conservez des liens avec vos anciens camarades ?

— On s'évite soigneusement. Nous sommes devenus des médecins très honorables.

— Je vois ça. Le retour de Suzuki ?

— Une surprise totale.

— Quand, exactement ?

— Il y a quatre mois. Il s'est présenté dans ma salle d'attente. D'abord, je ne l'ai pas reconnu : il était habillé comme un adolescent attardé, des fripes incroyables.

— Que voulait-il ?

— Des ordonnances bidons pour des produits qu'il voulait revendre ensuite.

— Vous avez accepté ?

— Il a fait... pression sur moi.

— Il vous a menacé ?

— En quelque sorte...

— Plus précisément ?

— Il possédait sur moi des informations touchant à ma vie privée et qu'il menaçait de révéler à mon épouse.

— Quelles informations ?

Le docteur Kanzaki se tenait la tête dans les mains.

— Allez !

— Des informations très intimes.

— On avait compris. N'y mettez pas cent ans. Je m'en fous, de votre vie sexuelle. Ce que je veux savoir, c'est quel type d'homme est Suzuki.

— Une ordure et un malade.

— Que sait-il sur vous ?

— Que j'ai eu de multiples liaisons extraconjugales.

Nakamura releva les sourcils.

— C'est tout ? C'est ça, votre grand secret ?

— Écoutez. Ma femme est catholique. Apprendre ce genre de choses la mettrait dans un état terrible.

— A priori, cette partie de l'enquête n'a pas à être évoquée. Sauf si vous étiez poursuivi pour votre sale trafic. Pour l'instant, on ne l'envisage pas. Ce que nous voulons, c'est votre coopération.

— Elle vous est acquise.

— Parfait. Quand avez-vous rendez-vous avec Suzuki ?

— Il ne prend pas rendez-vous. Il arrive n'importe quand. Mais il passe en gros tous les deux-trois jours.

— Vous savez où il loge ?

— Chez sa mère.

Les flics firent la grimace.

— Bon. Nous allons mettre votre cabinet sous surveillance. Si Suzuki se présente, nous l'interpellerons ici. Vous le recevrez comme si de rien n'était. Quand on arrive, vous vous jetez sous la table.

Masayuki et Junko se retrouvèrent dans la rue. Le Casque n'avait pas rappelé, ils n'avaient probablement pas repéré Suzuki. Pourtant, avec le nombre de flics qui traînaient dehors...

— On va où, maintenant ?

— À tout hasard, les bars fréquentés par les fans de hard rock. On ne sait jamais.

Ils se retrouvèrent sous la pluie. La Patrol était à

deux mètres. Pourtant, le temps de monter dedans, ils étaient trempés. Ils s'abattirent sur les sièges, les vêtements collés à la peau. Masayuki attendit que le gros des flots soit passé puis, quand la visibilité se fut améliorée, démarra. Bizarrement, Junko ouvrit la fenêtre à moitié et passa une main à l'extérieur pour attraper les gouttes.

— J'espère qu'il ne va pas se flinguer avant qu'on ait arrêté Suzuki.

— Il ne le fera pas maintenant. Il attendra de s'être vengé de Suzuki pour se suicider.

— Oui. C'est probable.

— Tout ça pour quelques maîtresses...

Junko sourit :

— Il nous a menti là-dessus.

— Tu crois ?

— J'en suis sûre. Par omission, au moins. Ce que le docteur Kanzaki n'a pas dit, c'est que ses liaisons extraconjugales concernent des hommes, et non des femmes.

— Homo ? Comment peux-tu en être certaine ?

— Fais-moi confiance.

Ils rejoignirent le *Dead Sushi* à 19 heures. Ce bar de grande taille accueillait une clientèle d'adolescents, filles et garçons, mais surtout garçons, passionnés de hard rock. La décoration était somptueuse : sol transparent faisant apparaître une mer de sang où flottaient des poissons morts, hologrammes sur les colonnes représentant des squelettes menaçants, des sorcières qui jouaient de la batterie, des vampires équipés de guitares électriques. Les boissons étaient versées dans des crânes en plastique. Plusieurs écrans de télévision passaient des clips de groupes connus, la musique relayée à fond par des haut-parleurs. Le serveur était sympa ; il reconnut Suzuki sur la photo et précisa qu'il passait régulièrement au bar. Il ne l'avait malheureusement pas vu aujourd'hui. Peut-être qu'il passerait plus tard. Les policiers allèrent s'asseoir à une table, tête de mort à la main. Ils furent bientôt rejoints par le gérant des lieux, prévenu par le serveur. C'était un ancien sumo qui avait conservé sa carrure et à qui ses vêtements de motard donnaient un air des plus imposants. Il leur offrit la tournée. Leur assura que la photo serait placée derrière le bar, de manière à ce qu'aucun des employés n'ignore le visage de Suzuki. Puis, après réflexion, il fut entendu que deux flics passeraient leurs journées chez lui, prêts à interpeller le suspect si l'occasion se présentait.

Le temps passait. Lorsqu'ils se furent entendus sur tout, Masayuki et Junko se retrouvèrent seuls à la table. Tacitement, ils tombèrent d'accord sur l'idée de ne plus bouger. Le crépuscule approchait. Ils n'auraient pas le temps de faire grand-chose avant le coucher du soleil. Il n'y avait plus qu'à attendre. Attention du patron ou habitude déjà prise, les écrans de télé cessèrent de diffuser les clips et zappèrent sur NHK. Le journal battait son plein. Kaori Matsumoto était en direct de Ginza, juste à l'endroit où avait été abattue la dernière victime. La veille seulement. Junko eut une pensée pour Naoko Ando. Le bar se trouvait à Shibuya, non loin du lieu de l'assassinat. Maintenant qu'elle avait un peu le temps pour réfléchir, la coïncidence de sa présence et de celle de l'assassin dans une ville de si grande taille lui parut impossible. Mais si l'on supposait qu'il y avait quelque chose d'intentionnel dans cette concomitance, comment l'expliquer ? C'était totalement incompréhensible. Et puis, le hasard existe... Le hasard. Cela l'énerva de penser que le meurtrier avait trouvé un nom qui envahissait ses paroles malgré elle. Kaori Matsumoto, sous son parapluie, parlait comme une pipelette. Cette histoire lui filait une pêche invraisemblable.

Muets, les deux flics, côte à côte devant leur tête de mort, réfléchissaient. Ils essayaient d'imaginer. D'établir des théories vraisemblables. Pour ce soir. Les quartiers populaires souriaient à l'assassin. Shibuya, Ginza, Shinjuku lui avaient permis de tuer facilement et de disparaître dans la foule. La pluie l'aidait. Les témoins ne voyaient pas bien : certains avaient leurs lunettes couvertes d'eau, d'autres baissaient la tête pour ne pas se mouiller le visage. Le tueur lui-même se couvrait la face. Nakamura se demanda soudain si le meurtrier avait choisi de se mettre en action pendant ce mois justement à cause du temps. Alors, il aurait tout planifié. Peut-être depuis longtemps. Il aurait repéré soigneusement tous les lieux, les utilisant éventuellement dans un ordre qu'il changeait au dernier moment pour pouvoir s'adapter au contexte. Cela expliquerait qu'il ne se presse pas trop, qu'il s'attarde à faire le ménage derrière lui. Il ne comptait pas sur la chance, sur le hasard, comme il le prétendait. Au contraire, il s'organisait remarquablement. Ses crimes avaient été minutieusement préparés. Le but, le seul, était le maximum d'effet sur l'opinion. Un modus operandi changeant de manière à ne pas se rendre trop prévisible, la mobilité pour obliger la police à disperser ses forces. Des victimes variées pour que tout le monde puisse s'identifier à elles et avoir peur. Pour l'instant, la machination fonctionnait à merveille. Mais pour ce soir ? Roppongi ? Il pensait beaucoup à Roppongi. Un quartier vivant, où les gens sortent. Avec de grands immeubles, de belles perspectives pour tirer, comme Hasard semblait les aimer. Cependant, jusqu'ici, l'assassin n'avait pas répété deux fois le même type de « performance ». Les crimes de Ginza et de Shinjuku se ressemblaient, mais, entre-temps, les meurtres de Maria Hatori et de Naoko Ando avaient été très différents. Non, ce soir, il allait essayer de nous surprendre. Roppongi était prévu, mais pour une autre fois. Et alors, l'éventail des possibilités était d'une largeur effrayante : il pouvait égorger un inconnu près des halles aux poissons, se rendre dans un coin perdu de Yokohama pour abattre à bout portant un épicier, balancer quelqu'un du pont de Tōkyō... Que de possibilités... Nakamura espéra de toutes ses forces que le tueur était Suzuki. Parce qu'au moins, là, on avait une piste.

Pourquoi l'assassin ne s'était-il pas enfui tout de suite, quand il avait abattu Naoko Ando ? Pourquoi l'avait-il tuée à bout portant plutôt qu'à distance, comme les fois d'avant ? Pourquoi prendre ce risque ? Et pourquoi ne s'être pas enfui tout de suite ? Comme s'il l'attendait, elle, Junko. Elle s'arrêta sur cette idée. Bien sûr, ça faisait parano. À l'époque, Junko n'avait pas son 9 mm avec elle et, sans arme, elle était vraiment parano. Mais en même temps, cette coïncidence était énorme. Et il avait attendu, caché derrière le distributeur de mangas. Rien ne l'empêchait de tourner les talons et de disparaître. Non. Il avait attendu que quelqu'un vienne et il l'avait alignée. Il m'avait alignée. Il m'attendait. Pourquoi ? Parce que Junko Go était la fille d'Isobe san, le chef de la police de Tōkyō. Et dans sa tête de sale pervers, c'était sans doute le plus grand défi qu'on pouvait lancer à la police et le meilleur moyen de la ridiculiser que de lui tuer sa fille. Cette idée la fit trembler. Si tel était le cas, elle n'était pas sortie de la ligne de mire. Si tel était le cas, elle était en sursis. Il essayerait à nouveau. C'était une opportunité fabuleuse, qu'elle soit venue au Japon pour faire la cible. Mais comment avait-il su ? Peut-être qu'il suivait Isobe, et qu'il l'avait vue ensuite, et qu'il en avait déduit le lien familial, et qu'il s'était dit : « La fille, c'est encore mieux que le père. » Plus méchant. Ou alors, il savait autrement. Depuis un moment déjà,

Junko tournait autour de cette hypothèse, qui n'était pas mauvaise, bien qu'elle apparût terriblement classique : le meurtrier était un flic. Et donc il savait pour la fille d'Isobe, etc. Et trouver des armes était pour lui beaucoup plus facile. Et échapper aux autres flics. Je vois bien des témoins affolés se jeter sur son uniforme en criant : « Au secours ! Il y a eu un meurtre », et lui, impérial : « Ne paniquez pas. Restez ici pour qu'on puisse relever vos témoignages. Pouvez-vous me désigner les lieux du meurtre ? » Et puis partir au trot renifler sa victime encore toute chaude. La classe. Il fallait parler de ça à Isobe. Le problème, c'était que des hypothèses, on en avait à la pelle. Plus les dingues qui commençaient à revendiquer pour attirer l'attention. Et la Sekigun qui venait d'envoyer sa revendication officielle. Le porte-parole de la police faisait semblant d'y accorder beaucoup d'importance ; ça occupait les journalistes, qui remplissaient maintenant leurs émissions spéciales de dossiers sur l'extrême gauche nippone. Alors, pour ce soir ? Pourquoi pas un assassinat au *Dead Sushi* ? Junko Go étendue au-dessus des poissons morts avec un vrai filet de sang au coin de la bouche, comme Sachiko Miyashita. Elle revit Sachiko. C'était vraiment dégueulasse. Si l'assassin venait la voir, on ferait la fête, le feu d'artifice. Avec son 9 mm pour la protéger.

Parano, parano, parano...

Elle rencontra le regard de Masayuki.

— À quoi tu penses ?

— Je fais des hypothèses. Je me demande si l'assassin ne pourrait pas être un flic.

— Oui, j'y ai pensé aussi.

Il se tut, but une gorgée de jus d'orange, et :

— Je voulais encore m'excuser pour cet après-midi.

— Ça n'était pas glorieux. Mais qui est glorieux

tous les jours de sa vie ? Si tu as envie de me raconter ta petite histoire, n'hésite pas.

— Oh. Toutes les histoires sont banales.

Sur les écrans, le présentateur principal avait repris la parole. Il était 20 heures. Le suspens n'allait plus durer que dix minutes. Les clients du bar commencèrent à se déplacer et à rejoindre les zones où l'on voyait le mieux les écrans. Ils levaient le nez, fascinés par le compte à rebours. Honnêtement, cette affaire était plus sanglante, plus effrayante, plus gore que tout le carnaval trash accumulé autour d'eux. Parce que c'était du vrai. De la vraie chair et des vraies balles. De la vraie mort. Junko se mit à trembler. Devant elle, elle voyait le visage de Maria Hatori à la morgue, les coutures sur sa peau, comme une poupée qu'on avait rembourrée. 20 h 10. Tout le Japon regarde la télévision. Tout le Japon se demande sur qui ça va tomber.

L'agent de police Miyamoto aimait la campagne, mais force était de constater que ce soir elle n'était pas clémente. Il plissa les yeux dans l'espoir de distinguer au moins le tracé de la route. Dans la lumière de ses phares, la chaussée était noyée sous une pluie diluvienne. Il fut obligé de ralentir. La ronde se révélait par ailleurs des plus calmes : à cette heure, très peu de véhicules circulaient au-delà de Sekigui. De toute façon, le policier préférait son sort à celui de ses collègues, obligés de partir à Tōkyō pour alimenter le dispositif « Œil d'aigle ». Franchement, opérer sur une zone qu'on connaît mal... Tout à coup, il aperçut une ombre devant lui. Il écrasa la pédale de frein avant de reconnaître, sous le parapluie, Yamazaki san, l'institutrice de son fils. Il baissa la vitre :

— Yamazaki san, voulez-vous que je vous emmène ?

Il pleuvait si fort... mais la jeune femme fit signe qu'elle n'allait pas loin, alors ils se saluèrent et Natsuki Miyamoto redémarra. Il évita un cadavre d'oiseau couché sur le bord de la chaussée. Croisa un bus de touristes. Ils s'étaient perdus, peut-être. Ils devaient revenir sans doute de la montagne — un peu bête, pensa-t-il, pas la peine de prendre le funiculaire jusqu'au sommet du Nokogiri-yama pour ne pas voir à plus de deux mètres... Bon, il y avait le temple. Puis le temple lui fit penser à sa femme. Elle appartenait à un groupe de défense de l'environnement de la péninsule de Boso. Sur ce sujet, Miyamoto était très partagé. D'un côté, il savait qu'elle avait raison, et il était fier qu'elle ait pris des responsabilités dans ce groupe. D'un autre côté, il appréhendait le jour où il aurait à l'arrêter, ou au moins à l'évacuer lui-même. Jusqu'ici, heureusement, Yukie ne s'était illustrée que par des actions dans les zones industrielles à Chiba. Et c'était mieux ainsi.

La pluie était moins intense, mais la visibilité à peine meilleure : la nuit tombait. Miyamoto se décida à se rendre à l'épicerie pour une pause lecture. C'est alors que quelque chose attira son attention. Il plissa encore les yeux et... Oui, quelqu'un lui faisait des signes à partir du petit chemin privé de la voirie. Au moins, il ferait acte d'utilité ce soir. Il mit son clignotant et s'engagea dans le chemin. Le malheureux automobiliste avait dû s'embourber... Ou se blesser. Il remonta la côte lentement. Il s'engagea sous les grands arbres et leurs ombres inquiétantes. La pluie décupla soudain, aveuglant totalement son pare-brise. Ses pneus patinaient de plus en plus. Il poussa un juron, décida d'en rester là et de sortir plutôt que de s'enliser lui-même. Il attrapa la lampe torche qui était à sa droite : on n'y voyait goutte, le vent rugissait dans la forêt. En se relevant, il vit que l'inconnu était descendu à sa hauteur, alors il baissa sa vitre pour lui parler. Il s'interrompit. Ses yeux s'écarquillèrent et ses tripes se nouèrent. La peur répandit son feu glacé à travers tout son corps. La mort posa sa main gantée sur la portière.

Bien sûr que la carte ne servait à rien, ou presque. Juste à visualiser l'endroit de l'impact, à imaginer les mouvements de la police en écoutant les transmissions, et à se rendre compte de manière grossière de ce qui se passait. Mais cela ne changerait rien à l'opération. La vérité est qu'en regardant la télévision, avec ses objectifs braqués dans tous les sens, il en aurait su autant, voir plus. Mais il tenait à la carte comme à un talisman. Qu'y avait-il à faire d'autre que d'attendre et reconnaître que, maintenant, les événements allaient suivre leur cours ? Il aurait préféré être dans la rue, dans une voiture de patrouille. Il n'aurait pas servi à grand-chose, mais, au moins, il aurait été mobile. Là, il ne pouvait bouger que de quelques mètres.

Le maire l'avait rejoint. Tamura était là, ainsi qu'un tas de conseillers dont il ne connaissait pas les titres. Il avait leurs cartes dans la poche mais n'avait pas écouté outre mesure les présentations. Les policiers qui participaient à la cellule — Honda, Mori, Tajima — étaient également présents. L'arrivée de Mori avait créé quelques vagues. Il était impressionnant de constater à quel point les politiques avaient peur de cet homme. Isobe n'osait pas imaginer ce que contenaient les petites fiches qui inspiraient une telle frayeur. Mori souriait, lui, comme toujours, faisant semblant d'ignorer les regards hostiles et peureux que lui lançait la clique. Un silence de mort régnait cependant. On attendait.

Parfois, quelqu'un s'approchait des fenêtres. La manœuvre était sans intérêt. On ne voyait rien à travers les trombes d'eau. Il faisait déjà totalement nuit en réalité ; l'heure du crépuscule avait été avancée par les nuages et la pluie. Mais visiblement, le tueur s'en tenait à sa montre : aucun meurtre n'avait encore été signalé. Il n'était pas non plus impossible que l'assassin renonce à ses projets, pour ce soir au moins. La visibilité étant nulle, viser de loin était difficile. Le dispositif policier lui avait peut-être fait peur. Isobe l'espérait de toute son âme, mais n'osait y croire. Les psychopathes sont orgueilleux, ils détestent s'avouer battus, même pour une manche. Hasard avait annoncé un mort par jour et s'y tiendrait sûrement.

Si ce pouvait être Suzuki ou Kimitake Ito... Ceux-là, on avait une chance, infime, de les repérer avant le coup de feu. Intervenir avant qu'il y ait une victime. Ne pas avoir à ramasser un cinquième cadavre. Mais les flics non plus n'y voyaient rien, avec ce déluge. Peu de chance que le tueur ait remis sa pèlerine verte. Il s'en était sûrement débarrassé.

Le cauchemar absolu, ce serait un doublé. D'abord la première victime, puis un policier qui aurait essayé d'intervenir. Même armés jusqu'aux dents, les agents n'étaient pas à l'abri. Et quel triomphe pour le tueur ! Quelle manière de mettre en échec le piège qu'on lui tendait ! Mais le pire n'est pas toujours sûr.

20 h 11. Le cerveau d'Isobe se vida. Il ne pensait plus, il ne respirait qu'à peine, ses yeux fixaient la carte mais ne la voyaient pas. Les politiques faisaient de même, les uns le regard figé dans l'espace, les autres observant les images à la télévision. On entendit le bruit assourdissant d'un hélicoptère passer au-dessus du bâtiment de la police.

20 h 12. Les paumes d'Isobe posées sur la carte transpiraient. Son front également, mais il ne bougea pas en sentant les gouttes de sueur couler sur ses arcades. Il ne voulait pas bouger. Dans l'immense

« salle des communications », personne n'osait faire un geste, ni dire un mot.

20 h 13. Une muette prière s'élevait du chœur rassemblé. Même Tamura, avec ses yeux globuleux de vieux mérou corrompu, avait l'air concentré. Mori ne souriait pas. Tajima regardait ses pieds. Honda regardait tout d'un air menaçant : les crayons, le papier, les trombones, les mouches. Isobe réfléchissait.

20 h 14. Il se passe quelque chose : il ne se passe rien. La télé n'a rien d'autre à dire. Elle ne sait rien. Mais il est trop tôt pour en conclure quoi que ce soit. Tout est possible. Le tueur a pu prendre du retard. Il a peut-être changé de mode d'action. Tout est possible.

20 h 15. L'espoir naît, mais on le refoule, on l'écrase en soi. Et puis l'espoir de quoi ? Si l'assassin ne tue pas ce soir, il tuera demain. Mais peut-être qu'on l'aura attrapé ? Dans ces cinq minutes, il y a une odeur désagréable, une odeur de jeu. C'est l'assassin qui a l'initiative dans cette partie morbide, et il s'en amuse. Faut-il se réjouir ? Est-ce que dans une minute le téléphone va finalement sonner ?

20 h 16. Le téléphone se tait. Au scanner, on entend tous les commentaires des flics dans leur voiture : « Sors de ton trou, salaud. Sors de ton trou, on t'attend. — Ne te plains pas, Aoki san. C'est mieux comme ça. — Ouvrez les yeux au lieu de discuter. — J'ouvre les yeux, Hayashi san. Mais je ne vois rien. — C'est certain. On ne voit rien du tout. Et en plus, on n'entend rien. Je ne suis pas sûr que j'entendrais un coup de feu avec tout ce boucan. » Isobe blêmit. Le retard n'est peut-être dû qu'à la pluie, parce que personne n'a perçu le tir.

20 h 17. Si le tueur a renouvelé sa performance de Shibuya — un meurtre à bout portant dans une ruelle —, il se peut qu'il n'y ait aucun témoin.

L'assassin a déjà disparu et le corps gît par terre, sous la pluie. Qui va sortir par ce temps ? Tout le monde préfère rester chez soi, au chaud, avec le sentiment d'être en sécurité. Alors, qui va trouver le corps ?

20 h 18. Isobe pense à Naoko Ando. Seize ans. Voulait être graphiste. Un trou dans le front, sous la pluie. Pour rien. Masayuki et Junko n'ont pas rappelé pour dire où ils se trouvent. Isobe est partagé : il voudrait les savoir à l'abri, et puis il voudrait qu'ils aient arrêté Suzuki d'un coup. Et que ce soit lui l'assassin. Ce serait pour ça qu'il n'y a pas de meurtre. Il n'y aurait pas de meurtre.

20 h 19. Neuf minutes, c'est rien. Tout est possible. Hasard a eu un contretemps. Sa voiture démarrait mal à cause de l'humidité. Sa lunette était mal vissée sur la carabine. Il ne trouve pas de victime à sa convenance. Il lui faut des Sachiko tous les jours, maintenant, des belles femmes à regarder longtemps dans la lunette avant de tirer. Il ne voit rien, avec la pluie. Il va tuer de près.

20 h 20. On aurait presque envie que l'on signale un corps. Pour savoir. Si le tueur appelait le *Yomiuri* pour faire ses excuses : c'est pas un temps à mettre un meurtrier dehors. Est-ce qu'on s'est trompé sur toute la ligne ? La lettre au journal était fausse ? Quelqu'un a récupéré l'info sur la marque des balles et a voulu jouer un mauvais tour ?

20 h 21. Le maire réfléchit. Isobe se dit qu'il prépare son discours, puis que non, on doit les écrire pour lui. Ils sont déjà prêts. Un pour chaque situation. Ils ont prévu qu'il pouvait ne rien se passer ? Ce doit être le plus difficile à écrire. Que peuvent bien raconter les journalistes, là, pendant qu'on attend ?

20 h 22. Tajima s'éponge le front. Honda voudrait en finir, il tourne comme un lion en cage. Isobe, au contraire, constate qu'il n'a pas bougé d'un centi-

mètre en vingt-deux minutes. Ses mains sont toujours au même endroit. Il n'aurait pas cru.

20 h 23. « On vient d'apercevoir un corps dans Edo dori. Allons voir tout de suite. » Le cœur d'Isobe fait un bond. On entend d'autres voitures qui s'emballent et foncent vers les lieux. Quelqu'un conseille au policier qui a aperçu le corps d'attendre les renforts. Trop tard, il est descendu.

20 h 24. Fausse alerte. Un clochard. Mais la presse, elle, n'a eu que la première info. Des dizaines de fourgonnettes viennent se garer aux abords d'Edo dori. Sur NHK, on voit la caméra cahoter, des gouttes, et bientôt des policiers trempés qui crient de reculer, qu'il n'y a rien. Personne n'y croit. Ils pensent qu'on veut isoler le lieu du meurtre.

20 h 25. Suivant les chaînes, on a une info et son contraire. La télévision raconte n'importe quoi. Kaori Matsumoto tient la forme. Elle annonce la mort d'un homme d'une quarantaine d'années, japonais sans aucun doute, qui portait une mallette. Probablement quelqu'un qui rentrait du travail, avance-t-elle. « Quelle tragédie. » Dans la salle des communications, on ne peut s'empêcher de sourire.

20 h 27. Kaori Matsumoto dément. « Un faux communiqué de la police. » Tu parles.

20 h 29. L'atmosphère se détend un peu au QG. On sait que c'est à tort. Que la nouvelle peut arriver d'un instant à l'autre. Mais on espère avec de plus en plus de force. Et puis on se demande ce qu'il faudrait faire maintenant. Si « maintenant » se confirme.

21 heures. On dirait que Hasard a décidé de ne pas frapper ce soir. À moins que le crime ne soit passé inaperçu. Le maire est descendu en salle de presse pour une première intervention. Des compliments pour le service de sécurité. Et l'assurance que l'enquête avance...

Go et Nakamura ont quitté le *Dead Sushi.* L'esprit confus, épuisés. Junko a demandé à être déposée à la station Shinjuku Sanchome et Nakamura n'a pas posé de question. Ils se saluent, Junko bondit en dehors de la voiture et court s'abriter. Puis elle ouvre le parapluie aux soucoupes volantes et part dans Tōkyō. Les trombes d'eau ont laissé la place à des précipitations honnêtes, une pluie fournie mais acceptable qui dégouline sur les immeubles et la chaussée. Une espèce de stand, avec quelques tabourets hauts et un auvent en bâche transparente, propose des plats pour pas cher. Junko s'assoit, commande des *tempuras*[1] de poissons et de légumes au cuisinier, dont elle n'a vu que le sourire éphémère dans la lucarne étroite qu'encadrent toutes sortes de condiments, sachets divers, menus, le fatras multicolore qui couvre l'installation. Être seule lui fait du bien. Regarder Tōkyō autrement que comme un dédale de jeu vidéo lui fait du bien. Ne pas craindre l'irruption d'un flingue lui fait du bien. Même si le souvenir de Shibuya lui dit qu'il n'y a peut-être pas moyen de sortir du jeu, elle respire. Il n'a pas tué ce soir, et s'il l'a fait, elle ne le sait pas, et c'est tant mieux. Existe-t-il une ville plus lumineuse que Tōkyō la nuit ? Sur cette toile de fond se détachent les réverbères de la ville, mais aussi ceux ajoutés par les immeubles, de tout style, zen ou futuriste, les colonnes lumineuses à fonction publicitaire, les feux de signalisation pour voitures et pour piétons, la signalétique du métro, les volumes colorés, éclairés de l'intérieur et qui pendent le long des façades, les enseignes électriques des magasins, les affiches géantes des cinémas, et, au sommet de ces nuées d'immeubles, les grands panneaux à cristaux où les

1. *Tempura* : « beignet ».

marques et les noms de l'industrie nippone dansent, se chassent, clignotent, ondulent. Les bureaux toujours éclairés, les rayons de magasins qui brillent plus qu'en plein jour. Et puis les phares de voitures en colonnes jaunes et rouges et leurs carcasses qui luisent. Les trottoirs lissés par la pluie formant comme un grand miroir qui dédouble la ville et vous donne le sentiment de marcher à mi-hauteur d'une cité aérienne. Junko quitte la grande avenue pour s'enfoncer dans le peu fréquentable Kabuki-cho. Au fur et à mesure qu'elle avance, les rues deviennent plus étroites et les bâtiments se réduisent. Les cinémas se multiplient. L'Américaine retrouve des visages familiers : Julia Roberts se tient au coin de la rue, Bruce Willis lui sourit du haut d'un immeuble. Une bande de yakusas, figés sur le papier, la regarde passer. D'un bar à karaoké glisse une version sacrifiée de *Love me tender* ; plus loin, un bar de country japonaise. Les sex-shops et les clubs de strip-tease sont légion. Des attroupements bouchent l'entrée de boîtes de nuit. Junko se retourne, regarde. Rien. Parano. Puis repart. Les hommes la dévisagent lourdement, d'autant plus que certains sont saouls. Leur regard est parfois agressif. La démarche de Go aussi est agressive. Mais elle reste magnanime — son pistolet est collé à son flanc. Elle bifurque, selon ce qu'elle avait enregistré sur son plan. Ce ne sont plus des rues mais des ruelles. Sombres, noires, avec de petits lampions en papier de loin en loin. Même le parapluie a du mal à passer dans ces boyaux. Les maisons sont en bois ; des maisons traditionnelles, dont les toits dégoulinent. Shinjuku Nichome. Des dizaines de bars gays rassemblés sur un tout petit territoire, des bars souvent minuscules, meublés parfois de trois chaises, certains presque vides, d'autres pleins à craquer — et on a vraiment l'impression qu'ils vont craquer, que le bois va rompre sous la pression. Dans la rue, ça sent la bière. Junko arrête un jeune mec, un pédé en T-shirt Kouros et jupe longue pour garçon. Il lui indique son chemin : deuxième à droite, cinquième à gauche. Un jeu de piste. Junko se trompe puis par chance trouve le bar : *The Milky Way*. Elle referme le parapluie et entre.

Le débat a bien lieu. Ils sont une trentaine de militants du groupe Occur, tenant par miracle dans ce bar minuscule. Une majorité d'hommes mais aussi quelques femmes, dont certaines si jeunes qu'on dirait des adolescentes. Junko salue et se glisse dans un coin, ôte son imperméable sous le regard d'une partie de l'assemblée, les autres suivant le discours du principal orateur. Elle commande une bière, coince une fesse sur un bout de banc et écoute. Écoute d'une oreille et regarde d'un œil. Elle détaille les femmes présentes : un couple de filles jeunes au look hyper *butch,* cheveux rasés, débardeur noir, jean d'homme, Docs aux pieds ; une autre jeune femme avec un joli visage ovale, une queue-de-cheval, une chemise bleue, une apparence sage, étudiante peut-être ; une fille black, grande, à tresses, grands yeux, T-shirt Malcolm X — Junko se demande brusquement ce que pensent les Japonais de Malcolm X —, sympathique mais probablement maquée avec sa voisine... Ses yeux s'arrêtent quand ils rencontrent un autre regard. Elle ne bronche pas, l'autre non plus. Ça dure un moment. Puis elle sourit, la réponse vient, et elles se détournent, comme pour écouter le débat — que faire pour que la cause gay avance au Japon ? « Et lesbienne », ajoute quelqu'un. « Oui, oui, oui, se reprend l'orateur, et lesbienne. » Junko écoute, mais la fille est au coin de ses yeux. Elle ne la voit pas mais la sent. Sent si elle est observée ou non. Et elle l'est souvent. Alors elle se met à sourire toute seule.

À la fin du débat, Junko ne perd pas de temps, se présente à la fille :

— Junko Go. Je suis américaine.

— Saori Yoshida. Je suis d'ici.

Saori Yoshida doit mesurer un mètre soixante-cinq et pas un gramme de graisse. Dans sa silhouette, il y a quelque chose de l'oiseau déplumé qui a fait de la musculation. Une boule d'énergie sur un squelette pas très solide. Elle a le visage plutôt fin et carré, le sourire qui tire vers l'ironie, des yeux moqueurs mais gentils, les cheveux courts et en bataille. Un T-shirt avec un dessin des années 50 : DESTINATION VÉNUS, un appareil spatial posé sur un sol aride et des humains en scaphandre tenant à la main d'étranges pistolets laser. Un jean noir, des Nike noires à sigle blanc.

— Tu es là pour longtemps ?

— Quatre mois.

— Tu es en voyage d'études ?

— Non. Oui, en quelque sorte.

L'imprécision n'a pas l'air de plaire à Saori.

— Je suis flic.

— Ah.

— Quoi ? C'est un problème ?

— Non, non. Juste, mon ex est policière aussi. Dans la police de la route.

Puis d'un coup, elle rougit.

— Je dis ça...

— Et toi, tu fais quoi ?

— Je tiens un magasin de jouets.

— C'est cool.

— Oui, c'est bien. J'adore mon boulot.

— On va boire un verre ailleurs ?

— D'accord. Je connais un petit bar à trente secondes d'ici.

Junko se réveilla avec l'aube. La lumière du jour coulait par la fenêtre, au-dessus de l'évier, jusqu'au matelas posé par terre. Elle regarda le visage de Saori, endormie contre elle, un sein posé sur le sien, l'autre écrasé contre ses côtes, le crâne niché sous son aisselle. Un bras enserrait ses hanches. Saori dormait avec une expression concentrée, ses paupières paraissaient lourdes. Impossible de se lever sans la réveiller. Elle tenta cependant de la bouger très doucement, en écartant avec précaution le bras qui la tenait. Un œil malicieux s'ouvrit. Elles se sourirent.

— Il est quelle heure ?

— 6 heures.

— Bon, je vais me lever aussi, dit Saori.

Mais ce disant, elle se hissa sur les mains et vint s'allonger sur Junko. Lui embrassa un sein, puis l'autre, fit glisser son sexe sur le ventre de son amante, puis posa ses lèvres sur les siennes.

— Je te préviens, on n'a pas le temps, murmura la flic.

— De s'embrasser ?

— Si, s'embrasser, c'est possible.

Leurs bouches se joignirent à nouveau. Junko passa une langue douce sur les lèvres de Saori et le baiser s'attarda, si bien que leurs corps se souvinrent de la langueur de la nuit, qu'instinctivement ils se mirent à bouger doucement, à onduler, et leurs mains se trouvèrent, sans y avoir réfléchi, en des points sensibles qu'elles commencèrent à caresser. Leur désir progressait, se tendait, se liquéfiait.

— On n'a pas le temps...

— C'est vrai, on n'a pas le temps, gémit Saori.

Et elle se dressa à regret sur ses pieds. Junko, elle, se trouva vidée de son courage initial. Il fallut que l'autre lui tende les mains et l'attire vers elle.

— Je vais prendre une douche. Tu veux prendre la tienne avec moi ?

— Beaucoup trop dangereux.

— OK. À tout de suite.

Elle disparut dans la pièce d'à côté. Go se retrouva seule et en profita pour observer l'appartement — ce qu'elle n'avait pas vraiment fait la veille, pressée et aveuglée qu'elle était par le désir. Le studio était petit : vingt mètres carrés au maximum, avec une salle de bains de poche. Le coin cuisine occupait le mur opposé à la fenêtre, avec un évier, un four, des plaques. La fenêtre était équipée de doubles vitrages : l'appartement donnait sur la voie express. Elle jeta un coup d'œil et compta : quatre voies sur l'autoroute suspendue, six voies au sol, plus la bande où les voitures se garaient. Bruit et pollution assurés. En revanche, les vis-à-vis n'étaient pas trop près. Et il pleuvait.

Saori n'avait pas de bureau mais une table d'ordinateur, une imprimante, un modem. Des étagères avec des livres, et surtout des robots. Ce devait être des vrais, des pièces de musée, des jouets des années 50-60. Ils étaient très beaux avec leurs couleurs intenses, leur expression primitive, leurs formes amusantes. Junko regarda les livres. Certains étaient des espèces d'Argus du jouet, d'autres des livres de photos, des brochures de musée. Elle trouva aussi des livres totalement différents : des romans, des essais. Pas mal de traductions de l'anglais, du français, des textes féministes ou homos. *Le Deuxième Sexe* de Simone de Beauvoir, *Backlash* de Susan Faludi, Ginsberg... Elle remarqua un nom qui lui était familier : Akiko Watanabe. *La Libération des femmes au Japon.*

Saori ressortit de la douche. Nue et s'essuyant les cheveux.

— La douche est libre.

Elle tendait ses petits seins de manière innocente. Junko se doucha, récupéra une brosse à dents dans son sac, disparut dans la salle de bains puis réapparut. Elle s'assit près de Saori, par terre, devant la table basse.

— Qu'est-ce que tu veux pour ton petit déjeuner ?

Junko regarda son amante d'un air embarrassé : sur la table reposaient du riz et du poisson grillé.

— Je suis désolée, mais je ne peux pas manger ça au petit déjeuner... Sans vouloir t'offenser ! J'ai l'habitude des trucs hyper sucrés, avec des céréales, des choses de ce genre. Le petit déjeuner japonais, c'est au-dessus de mes forces.

Saori rigola.

— J'ai des biscuits sucrés... Avec du thé, ça ira ?

— Génial.

Elle regarda la Japonaise se lever et la trouva très sexy. Et émouvante, et drôle. Vraiment attirante. Et puis, les choses avaient été faciles, avec elle. Elle se demanda ce qu'il valait mieux faire : se barrer tout de suite avant de se sentir amoureuse, ou se laisser aller et devoir affronter une rupture au moment de partir ? Quand elle revint, Saori lui passa la main dans les cheveux :

— L'avantage, c'est qu'en me réveillant tôt, tu m'auras donné le courage d'affronter ma comptabilité.

— C'est difficile ?

— Non, pas difficile, long. Mais nécessaire. En même temps, quand on a plein de compta à faire, c'est que les affaires marchent.

— Donc, ça marche.

— Je suis bien placée : à Shibuya. J'ai des rayons classiques, enfin, des jouets de maintenant, industriels ou artisanaux. Et puis j'ai un rayon « jouets anciens ».

Junko sourit :

— Moi, je suis fonctionnaire. Je ne comprends rien à l'argent. Je ne gagne pas grand-chose et, en même temps, je suis une des seules personnes que je connaisse qui vive en dessous de ses moyens.

— Lorsque j'étais petite, je voyais beaucoup d'Américains à la télé, mais ils étaient tous flics. Je pensais que tous les Américains étaient flics. Puis mon père m'a fait découvrir les comédies musicales. J'ai pensé que tous les Américains étaient flics ou danseurs. J'étais fascinée par Fred Astair, Gene Kelly ou Judy Garland. Encore aujourd'hui, quand il pleut, la voix de Lena Horn me revient en tête.

Et elle se mit à fredonner *Stormy Weather.*

— Je rêvais d'épouser un chanteur américain...

— Au lieu de quoi tu sors avec une femme flic.

— Oui. J'ai trahi tous mes idéaux !

Junko glissa un œil vers les étagères :

— Ce livre, là, *La Libération des femmes au Japon,* c'est bien ?

— C'est *la* référence.

— Et l'auteur ?

— Akiko Watanabe ? On la voit partout, à la télé et dans la presse. Elle est aussi professeur à la fac. Dès qu'il y a un débat sur les femmes, leurs droits ou sur le féminisme, elle est là.

— Elle est comment ?

— Brillante. Elle s'exprime bien. Et puis, ce n'est pas le genre à se laisser impressionner.

— Elle est comment, physiquement ?

— Pourquoi ?

— Ne sois pas jalouse. Je me renseigne, c'est tout.

— Pas mal. Dans le genre classique. Universitaire, quoi. Mais de la classe. Peut-être un peu snob, même.

Une sonnerie de téléphone retentit. Junko reconnut le sien, elle l'attrapa dans sa poche d'imper, sous les yeux perçants de Saori.

— Allô ?

— Junko ? C'est Isobe. On a un cadavre.

L'inspectrice Go se sentit tomber dans un trou noir.

— C'est pas la peine de passer au bureau. Rendez-vous direct là-bas. Nakamura m'a dit qu'il pouvait passer te prendre.

— Il habite à Roppongi ?

— Oui.

— Je suis tout près. Je vais l'appeler.

Il y eut un blanc. Isobe enregistrait peut-être l'information que Junko avait dormi quelque part à Roppongi.

— Bien. À tout à l'heure.

Il raccrocha. Junko réalisa brutalement qu'Isobe se demandait sans doute si elle était chez Nakamura, et non pas « près de » chez lui. Mais elle n'avait pas envie de sourire. Ils avaient encore rendez-vous avec un mort. Pourtant, pendant quelques heures, elle avait oublié le flingue. Elle attrapa le holster, l'enfila et le boucla, replaça le 9 mm dedans. Saori la regarda faire silencieusement. Puis sourit :

— Si t'as envie de me revoir, tu sais où me trouver.

6

Le corps de la victime a été trouvé dans un appentis utilisé par les services de la voirie de la préfecture de Chiba pour y ranger certains matériels, tels des panneaux indicateurs. Cet appentis se situe en retrait de la nationale 465, à quinze kilomètres à l'est de la commune de Futtsu-shi (préfecture de Chiba), sur un chemin de terre privé (en pente ascendante, la région étant montagneuse). L'appentis est dissimulé de la route par des cèdres, mais la naissance du chemin est, elle, à découvert. Un panneau indique que ce tronçon est interdit à la circulation, bien que certains automobilistes utilisent fréquemment son début pour y effectuer un demi-tour — selon les employés de la voirie familiers des lieux. D'où les très nombreuses traces de pneus.

La découverte du corps a été faite à 5 h 15 par l'un des employés, Megumi Sato. Celui-ci rapportait du matériel ayant servi à des travaux nocturnes à Sanukimachi. La découverte a été portée à la connaissance du commissariat de police de Futtsu-shi à 5 h 40, ce délai s'expliquant par un retard de Megumi Sato qui avait connu, suite à cet événement, un évanouissement qu'il a évalué lui-même à quelques minutes. Déclaration en cours de vérification à l'heure actuelle.

Le commissaire de police de Futtsu-shi, selon les instructions diffusées hier soir, a alors répercuté l'information directement à notre centre de Tōkyō et s'est rendu sur les lieux, prenant toutes les précautions nécessaires : délimitation et fermeture de l'accès au secteur du crime, intervention minimale. Ces précautions ont eu pour effet de conserver en l'état tous les éléments devant apparaître dans un premier constat, quoique les précipitations enregistrées la nuit précédente aient largement contribué à défigurer le sol.

L'ensemble de notre équipe est arrivé sur place à 7 heures. Bien que Kisarazu ne se trouve pas sous la juridiction de la préfecture de Tōkyō mais de celle de Chiba, nous avons fait appel pour les premiers constats, ainsi que pour les ultérieurs, au docteur Nakayama, considérant que cette dernière, ayant autopsié les précédentes victimes de celui que nous croyons être le même assassin, serait susceptible d'effectuer un travail plus efficace.

Appelés sur les lieux, nous avons constaté par nous-mêmes l'atrocité du crime commis. Malgré les différences très notables qu'il présente avec les crimes précédents que nous supposons du même auteur, nous avons immédiatement considéré ce meurtre comme appartenant à la même série, eu égard à sa « signature », une douille que nous avons identifiée comme provenant de la même arme que celle employée pour l'assassinat de Shinjuku. La signature est d'autant plus remarquable que, cette fois-ci, le meurtrier n'a pas eu recours à une arme à feu. La douille a donc été placée là délibérément : posée dressée sur une rambarde, au-dessus du cadavre.

Isobe interrompit sa rédaction. Il se rendait parfaitement compte que son style était non seulement plat mais ampoulé, qu'il avait tendance à ajouter des commentaires inutiles et à compliquer ses phrases. Il avait besoin de mettre le plus de mots possible entre lui et le visage dépecé de Natsuki Miyamoto.

En nous rendant sur les lieux, nous avons remonté le chemin vers l'appentis. Différentes traces de pneus y étaient visibles — bien que certaines eussent été noyées et effacées par la pluie (voir photos, carte et moulages). À une dizaine de mètres de l'appentis, partiellement cachée par les cèdres mais aussi partiellement visible depuis la nationale, était garée une voiture de police. Cette voiture appartient à la police de la route de la préfecture de Chiba. Ses portières étaient fermées, mais non verrouillées, les clefs sur le tableau de bord (voir photos, cartes). Un premier examen n'a pas fait apparaître de traces de sang, ni de lutte. Le service scientifique a relevé toutes les empreintes exploitables figurant dans et sur la voiture. La majorité d'entre elles semble appartenir à l'agent Miyamoto lui-même. D'autres empreintes sont en cours d'examen. La voiture est elle-même examinée en ce moment.

Au sol, plusieurs empreintes de pas ont été observées (voir photos, carte). Ces empreintes sont à l'étude. Près de la porte de l'appentis, les empreintes se chevauchent et la pluie a particulièrement inondé cet endroit, un peu en creux. Les bouts d'empreinte ne sont pas exploitables, d'après le labo. Pour tout ce qui est fibres, résidus, etc., les difficultés sont pires, et les résultats aussi peu probables. Des traces de vomi étaient apparentes près de la porte d'entrée, à droite, sur le mur ainsi qu'au sol. Megumi Sato, l'employé de la voirie, a confirmé en être l'auteur.

La porte de l'appentis, une porte en bois, n'était pas verrouillée, et, d'après les employés, ne l'était jamais. L'intérieur (voir plan) était plongé dans l'obscurité. L'ampoule électrique pendue au plafond a en effet été brisée (voir photo), probablement à l'aide d'un bâton qui se trouvait sur les lieux — ce bâton sert à toutes sortes d'usages aux employés de la voirie qui fréquentent les lieux. Les débris de verre correspondant à l'ampoule ont tous été observés sur le cadavre ou autour de lui, mais jamais sous le cadavre, ce qui indique que cette ampoule a été brisée après le meurtre. Pour une raison non évidente. Aucune empreinte exploitable n'a été relevée sur le bâton. Il est à noter que les services scientifiques de la police ont observé un manque anormal de fibres et résidus à proximité du cadavre, ce qui semble indiquer que, de manière identique aux meurtres précédents, le meurtrier a « fait le ménage » après son crime, utilisant une sorte d'aspirateur à main. Mais cela avant de briser l'ampoule.

Isobe s'interrompit encore. Il se demanda si le rapport de Nakayama ne serait pas suffisant. Puis il décida de continuer.

À un mètre au plus de la porte (voir plan, photos, mesures prises par le labo), gisait un corps dans une mare de sang de très grande taille, pour une part absorbée par le sol. Ce corps, portant un uniforme de la police de la route, reposait sur le dos, la jambe droite à demi pliée, le talon touchant la jambe gauche au niveau du mollet. Les deux bras formaient avec le tronc un angle de vingt degrés. Ils étaient sectionnés au niveau des poignets. La tête se trouvait dans l'axe du tronc. Verticalement, depuis la base du cou jusqu'au haut du front, horizontalement, depuis l'oreille droite jusqu'à l'oreille gauche, la peau de la victime avait été retirée — lèvres comprises. C'est-à-dire prélevée. Les muscles du visage, les cartilages, les dents étaient apparents.

Isobe reprit sa respiration.

Une rambarde, délimitant un petit box où sont rangés des outils tels que pelles, pilons, marteaux, tiges d'aciers, etc., était située juste derrière le cadavre. À environ un mètre vingt de hauteur. Sur cette rambarde étaient disposées dans l'ordre qui suit (de droite à gauche) : une casquette de policier, une douille, les deux mains de la victime (on suppose). Dans la casquette, plié en quatre comme un mouchoir, était rangé le « visage » du cadavre.

La victime a été identifiée comme Natsuki Miyamoto, vingt-six ans, jeune recrue de la police de la route de la préfecture de Chiba, résidant à Narita, marié, un enfant. Son arme de service était manquante.

La mort, selon une première approximation du docteur Nakayama, datait d'au moins une dizaine d'heures au moment du constat (7 h 15).

Pour les raisons indiquées plus haut, nous pensons que Natsuki Miyamoto est la cinquième personne assassinée par l'assassin qui se fait nommer Hasard.

Au fond de son bunker de luxe, le docteur Nakayama semblait d'une humeur médiocre. En effet, depuis quelques semaines, un autre tueur en série semblait écumer les rues de Tōkyō : une troisième prostituée philippine avait été retrouvée égorgée. La victime, âgée de dix-neuf ans, reposait sur le brancard d'à côté, la petite étiquette attachée à l'orteil. Nakayama semblait ne pas apprécier ce surcroît de travail.

— Un psychopathe à la fois, ce serait trop demander ? murmura-t-elle tandis qu'elle mesurait quelque chose à la base du cou de Natsuki Miyamoto.

— Ils ne nous demandent jamais notre avis, répondit Masayuki.

Nakamura avait vomi la première fois qu'il avait aperçu le « visage » de l'agent Miyamoto — de même qu'Isobe. Maintenant qu'il suivait le cadavre, il était d'une fixité, d'une raideur qu'on aurait pu croire martiale quand on ne le connaissait pas. La présence de la petite Philippine, avec ses hématomes au visage, semblait l'avoir encore ébranlé. Il paraissait partagé entre l'horreur de regarder « son » mort et sa face d'écorché — l'absence de peau rendait les yeux particulièrement odieux et obscènes — et la morte « de » ses collègues, deux inspecteurs qui patientaient dans la salle d'attente.

— Ça a donné du grain à moudre aux journaux. Ils avaient dû rester sur leur faim, après la défection de Hasard hier soir.

— L'apparente défection, corrigea Masayuki.

Nakayama releva la tête :

— Bon, ce que je peux vous dire pour l'instant — mais j'en ai encore pour un moment avant de vous confirmer tout ça par écrit —, c'est que la mort date probablement d'hier soir.

— Il est donc tout à fait possible que l'assassin ait effectivement attendu le coucher du soleil.

— C'est possible, mais je ne peux pas le confirmer à la minute. Disons que cette hypothèse est compatible avec la fourchette horaire. Il a d'abord assommé la victime avec un objet contondant et lourd, grâce à un coup donné sur l'arrière du crâne. Il a ensuite égorgé la victime. Puis il a sectionné les mains et prélevé la peau du visage.

— Vous avez une idée de ce qui a servi à l'assommer ?

— J'aurais tendance à penser qu'il s'agit d'un marteau, un objet à base carrée, ou éventuellement la crosse d'un pistolet.

— Le meurtrier aurait fait avancer la victime sous la menace d'une arme, puis l'aurait assommée avec.

— C'est une hypothèse crédible.

— Et l'arme du crime ? Enfin, ce qui a servi à l'égorger.

Derrière ses lunettes en Plexi et son masque, la légiste grimaça. Elle releva son scalpel taché de sang :

— Je dirais ça.

— Un scalpel ?

— Une lame légèrement recourbée vers l'intérieur, très incisive, très aiguisée. C'est le même instrument qui a servi pour égorger l'agent Miyamoto et pour lui retirer son visage. Je donnerais vraiment ma main à couper...

Elle s'interrompit :

— Bref. Un scalpel me paraît extrêmement probable. Tandis que pour couper les mains, l'assassin a utilisé un hachoir, avec une lame très large. Le hachoir était également très bien aiguisé. Pour sectionner les poignets, le tueur a entamé d'abord la chair et l'os par plusieurs coups importants, puis il a cherché l'articulation. Le meurtrier a forcément des connaissances en médecine, en médecine vétérinaire ou en boucherie. Enfin, toutes les coupes sont très nettes. Pour le visage, il a opéré avec beaucoup de précision. Le geste aurait pu être fait par un chirurgien esthétique.

— J'espère qu'aucun chirurgien esthétique n'accepte de retirer toute la peau du visage à ses patients !

Nakayama sourit à Junko :

— Ne gageons rien.

— La victime ne s'est pas débattue ?

— Non. Il ne porte aucun hématome autre que derrière le crâne. Aucune égratignure sur les bras ou sur la poitrine... J'ai observé les mains (elle désigna de la tête les deux annexes corporelles, posées séparément sur un plateau). Rien sous les ongles — sauf un peu de terre. Il a été attaqué par surprise.

— Hasard a décidé de nous envoyer un message. Ce message, à mon avis, est celui-ci : « Vous avez voulu me tendre un piège. Eh bien, moi, je vous ai piégés. » Pendant que nous mettions plusieurs centaines de policiers à Tōkyō pour le coincer, il a décidé de s'en prendre à un policier. Un policier seul, isolé, très loin de notre dispositif, dans une autre préfecture.

Isobe était assis à son bureau, le visage concentré au-dessus de ses feuilles de notes. Derrière lui, les lamelles du Casque et la vitre dégoulinaient sous la pluie. On était en fin de matinée et il faisait sombre comme au crépuscule. Les lampes du bureau suffisaient juste à redonner un peu de lumière à la pièce. Nakamura et Go étaient installés dans les fauteuils en face de lui, comme des invités. Ils passaient en revue les photos prises par le labo. Pourtant, ils avaient eux-mêmes observé les lieux le matin même.

— L'appentis de la voirie est à une heure d'ici, si ça roule, remarqua Nakamura.

— Oui. Quelque chose comme quatre-vingts kilomètres... D'après les premières analyses que nous avons reçues, les choses peuvent s'être passées ainsi. Le tueur s'est garé sur le chemin de l'appentis, a attendu le passage de la voiture du policier, a appelé à l'aide. L'officier Miyamoto est venu se garer non loin. Là, il s'est trouvé braqué par le tueur, qui lui a ordonné de rejoindre l'appentis. Où il a été égorgé.

— On a des traces de pneus ? demanda Junko.

— Oui. Même pas mal. On distingue assez bien les empreintes d'un véhicule qui a remonté le chemin. Comme, la plupart du temps, les véhicules qui se rendent à l'appentis sont des camions ou des pick-up, on a pu rapidement isoler ces traces. D'après le labo, les pneus sont de marque Mitsubishi. Comme des millions de pneus au Japon. Pour les empreintes de pieds, le labo est vert : ils ont bien reconnu les empreintes de pieds de Miyamoto de sa voiture jusqu'à l'appentis. Logiquement, puisque l'assassin braquait Miyamoto, le cheminement de ses pas aurait dû être parallèle au sien. Or, ils ont effectivement repéré un parcours parallèle à celui de Miyamoto : une bande de terre sans empreintes, probablement retournée puis raclée par le tueur quand il est revenu sur ses pas. Et effectivement, tout près des traces de la voiture aux pneus Mitsubishi, on a trouvé une pelle balancée dans un buisson. Une bande de même type part de la moitié du chemin jusqu'à la voiture.

— Là où il a dû faire signe à Miyamoto.

— Exact.

— Et il a effacé ses traces !

— Retourné la terre, puis aplati... Avec la pluie en plus, le déluge qui a tout transformé en une gadoue...

— Il est drôlement gonflé. Il n'a pas peur de prendre son temps.

— Faut dire que, honnêtement, il ne risquait pas trop de tomber sur quelqu'un.

— Il y a quelque chose de pas logique, remarqua Junko.

— Rien n'est logique, répondit Nakamura. C'est quoi ce psychopathe qui change de méthode en permanence ? C'est la première fois qu'il a recours à ce type de mutilations. Jusqu'ici, c'était exactement le contraire : des meurtres presque cliniques. « Un coup de feu, je fais le ménage, je m'en vais. » Il ne prenait même pas de trophée, de souvenir des victimes. C'est très étrange, parce que ces mecs font toujours ça, prélever quelque chose qui leur rappelle la victime. Lui, il tue souvent de loin. Il ne conserve rien.

— À moins qu'il prenne des photos, remarqua Junko.

— Peut-être. Pour le coup, il prendrait drôlement son temps.

— C'est peut-être pour ça qu'il était encore là à Shibuya.

— Pas bête, reconnut Isobe.

— Le dernier meurtre est étrange. Il ne ressemble pas du tout aux autres.

— C'est le même tueur, il a signé.

— S'ils étaient plusieurs...

— Rien ne nous permet d'abandonner l'hypothèse, mais on n'a quasiment rien pour l'alimenter. Depuis le début, l'assassin expérimente de nouvelles formes d'action. Je pense qu'il est possible qu'il ait décidé de changer de mode spécialement pour l'occasion : hier, c'était son jour de fête. Toute la police de Tōkyō et des environs aux basques... Alors il prend un policier et il lui retire son visage. Comme si ce policier devait représenter tous les autres.

— Et pourquoi les mains ?

— Pour symboliser notre impuissance.

Junko les interrompit :

— Quand je disais que c'était pas logique, je pensais au crime d'hier soir. Comment l'assassin pouvait-il être certain qu'une voiture de police passerait là juste à l'heure du crépuscule ?

Un blanc suivit sa question. Go répondit par elle-même :

— Il n'y a pas trente-six solutions. Soit c'est le hasard. Il s'est placé là, a attendu l'arrivée d'une voiture et, comble de chance, il est tombé sur un policier. Soit il avait repéré les lieux à l'avance et savait que les patrouilles passaient par cette route à peu près à cette heure. Soit il savait parce qu'il est flic lui-même et qu'il a accès à cette info. Cette idée me trotte dans la tête depuis un moment.

Isobe soupira :

— J'y ai pensé aussi. Dès le début. Cette manière de faire disparaître toute trace, les armes à disposition... J'ai fait discrètement vérifier si des policiers avaient des heures de repos correspondant à chaque fois aux heures des meurtres. Ainsi que les patrouilles qui passaient par là. J'ai demandé à la réserve s'il manquait des armes parmi les pièces à conviction en dépôt. Rien. Mais je n'ai vérifié que pour les préfectures de Tōkyō et de Kanagawa. Je vais demander les mêmes vérifications pour la préfecture de Chiba.

Go se demanda s'il était opportun d'évoquer ses doutes, vaguement paranoïaques, sur l'éventualité d'une embuscade à Shibuya. Sur le fait qu'elle se sentait rétrospectivement visée.

— Un policier de la route, il faut dire..., se contenta-t-elle de remarquer.

— Ce sont rarement des tireurs d'élite.

— À part tireur d'élite, il y a peu de professions dans lesquelles on trouve beaucoup de tireurs d'élite.

— Et les militaires ?

— Ils font une enquête interne à partir de nos instructions.

— Finalement, la piste Suzuki reste possible.

— Il a fait des études de médecine. Je trouve que ça le rapproche de notre suspect d'hier soir. En plus, il a assisté à l'assaut de son domicile, il doit avoir une dent contre nous. Ça pourrait expliquer le crime d'hier.

— Je pense à ce jeune, le garçon à l'allure de rocker qu'avait aperçu Shimizu san devant la porte de Maria Hatori. Il a dit qu'il n'avait pas vu son visage mais seulement ses vêtements, et il en avait déduit qu'il s'agissait d'un jeune. Suzuki s'habille comme un gamin. Ça pourrait être lui.

— Il n'a pas de voiture.

— Il a pu en « emprunter » une. Il a son permis.

— Et pour la patrouille de Futtsu-shi ?

— Le hasard. Le hasard en personne, cette fois.

— En tout cas, il a quitté le docteur Kanzaki à 18 heures. Il a eu largement le temps d'aller à Futtsu-shi avant la tombée de la nuit.

— Et pour Ito ?

— Le survivant de Kobe ?

— Il paraît que quelqu'un l'a vu à Sanya. Honda a mis ses indics sur le coup. Mais, de toute façon, vous allez vous y mettre en sortant d'ici. Si Suzuki réapparaît d'ici là, on vous préviendra.

— Et pour ce soir ? demanda Junko.

— On maintient le dispositif. Que faire d'autre ?

Junko et Masayuki quittèrent le bureau pour repartir de plus belle. Isobe se rendit aux toilettes. Pas pour pisser, mais pour vérifier son apparence, le pli et le col de sa chemise, son pantalon. Il cira ses chaussures à l'aide du petit nécessaire qu'il gardait dans son bureau. Il regarda sa montre. Il avait rendez-vous avec le ministre de la Justice.

On avait vu Kimitake Ito à Sanya, dans le quartier des paumés de toute espèce, le ghetto des pauvres, des dingues, de ceux qui ont perdu pied. Certains dormaient dans le square — et avec ces pluies, c'était comme dormir sur l'eau —, d'autres vivaient dans des hôtels, des appartements minables, ou des dortoirs généralement crasseux et infestés de cafards. Comme d'autres, Kimitake Ito attendait le matin dans la rue principale dans l'espoir d'être recruté, à la journée, par des entrepreneurs (et des yakusas). C'est du moins à cette occasion qu'un policier pensait avoir aperçu le disparu. Maigre piste, mais piste quand même.

— Masayuki, je ne trouve pas Sanya sur la carte.

— En général, le quartier n'est pas indiqué.

— Comment ça, pas indiqué ?

— Sanya est un « lieu-dit », et puis, les gens préfèrent éviter le sujet.

— Pourquoi ?

— Ma première affectation était à Sanya. Quand j'annonçais ça autour de moi, les gens me reniflaient comme si je transportais avec moi un nuage d'esprits mauvais. Il aurait fallu que je me douche au sel en sortant du boulot... Sanya, c'est un pays à part, les égouts de Tōkyō, des égouts humains. Où on jette les indésirables, où ils se cachent eux-mêmes, ça dépend. Le crime organisé tient le quartier. Cela dit, quand j'y étais, mes collègues n'étaient pas tous très honorables. Et puis, il y a les vieilles superstitions qui traînent. Au temps des shoguns, ce coin servait de lieu d'exécution pour les condamnés à mort : c'est là qu'on décapitait, qu'on crucifiait ou qu'on brûlait. Et aujourd'hui, on y trouve des crématoriums. Les Japonais n'aiment pas la proximité de la mort.

— OK. Ce n'est pas pire que cinquante pour cent des quartiers de Washington. Mais pour la carte...

— Sanya est du côté d'Arakawa. On entre par une rue qui porte le doux nom de Namidabashi.

— Le pont des Larmes ?

— Le pont reliait l'ancienne ville d'Edo au domaine des suppliciés.

— Très chic.

Go et Nakamura n'en commencèrent pas moins leur tournée. En débutant par le square. En réalité, c'était un véritable campement. Des bâches, des tentes étaient tendues entre les arbres et les buissons, les naufragés des lieux étaient équipés de nattes imperméables, quelques rigoles avaient été creusées pour évacuer l'eau des secteurs du campement. Les lieux puaient. La pisse, l'alcool, comme ailleurs. On s'embourbait à chaque pas. Les conditions de vie de ce gourbi étaient indécentes. Les policiers interrogèrent une cinquantaine de personnes, en leur montrant la photo d'Ito, sans que personne ne leur confirme l'avoir vu quelque part. Au bas d'un pin parasol dont les branches versaient une cascade de gouttes, ils trouvèrent un homme, à même la boue. Ils crurent un instant qu'il était mort et s'apprêtaient à appeler les secours quand il ouvrit les yeux.

— Je ne bougerai pas d'ici ! cria-t-il d'une voix pâteuse.

— Personne ne songe à vous faire partir.

— Ah bon. Alors ça va.

Puis il reposa sa tête dans la boue.

— Eh ! Nous sommes de la police. Nous avons des questions à vous poser...

La tête se dressa à nouveau. Son visage, ainsi que ses cheveux et la partie supérieure de son corps, étaient littéralement couverts de boue. La terre cernait chacun de ses organes sensoriels — yeux, oreilles, bouche —, jusqu'à la plus extrême limite : les cils, le conduit auditif, les dents. Comme s'il portait un masque. Ses vêtements étaient eux-mêmes recouverts, sauf sur l'intérieur des cuisses et des bras. Le regard était désorienté. Quant à son âge, impossible de l'évaluer autrement qu'à la voix. Mais ceux qui dorment dehors paraissent souvent plus âgés qu'ils ne le sont.

— La police ? Vous n'êtes pas l'armée ?

— Non.

— À votre âge, vous devriez être engagés dans l'armée.

— Ah bon ?

— Je dis ça. Vous faites comme vous pensez. Je me demande parfois s'il ne faudrait pas mieux que tout le monde fasse comme vous. La guerre s'arrêterait d'elle-même.

— La guerre ?

— Je ne pourrais pas participer aux combats. Vous avez vu mon état ?

— Vous voudriez que quelqu'un vienne vous chercher et qu'on vous trouve un endroit à l'abri pour dormir ?

— Ah non ! Pas tant que les bombardements continueront. Je vous le dis : il vaut beaucoup mieux dormir dehors que de risquer de se prendre une bombe sur la tête. Ici, les gens ne songent jamais à éteindre leurs lumières, le soir. C'est des lumières partout, aux fenêtres, sur les toits, des enseignes... Comment voulez-vous échapper aux bombardiers ?

Masayuki soupira. Il tira néanmoins la photo de sa poche et la montra à l'homme :

— Vous avez déjà vu cet homme-là ?

— Ito. Ito san. Lui aussi a été sous les bombes.

Junko se rapprocha. L'homme de la boue la regarda :

— Vous êtes une femme ?

— Oui.

— Toutes mes excuses pour ce que je vous ai dit tout à l'heure. L'armée... Mais ils recrutent des infirmières.

— J'y penserai.

— Avant, les femmes n'avaient jamais les cheveux courts...

Nakamura :

— Je vous ai demandé votre nom ?

— Saigo.

Le policier fit une moue dubitative et laissa passer :

— Quand avez-vous vu Ito san pour la dernière fois ?

— Ce matin. Était-ce ce matin ? C'était peut-être hier...

— Il vient souvent ici ?

— Oui. Pour me voir. M'apporter à manger, parfois. Il dort dans un immeuble. Pas prudent. Il est d'accord avec moi qu'il est dangereux de dormir dans un immeuble. Mais il est comme ça : son immeuble a été touché une fois, par une bombe, toute sa famille est morte, et cela ne l'a pas fait changer...

— Savez-vous où se trouve son domicile ?

— Dans Kappabashi dori. Un hôtel. Juste à côté du magasin de spiritueux qui a une énorme enseigne clignotante. Si c'est pas malheureux. Un miracle que les Nord-Coréens ne l'aient pas encore bombardé. Autant dessiner une cible sur son toit.

Kappabashi était à une minute de là en voiture. Ils s'y rendirent directement et trouvèrent sans difficulté l'hôtel, dont l'allure était des plus miteuses. Ils traversaient la rue quand Nakamura s'arrêta.

— Là !

Il désigna une salle de pachinko. Devant une machine, à l'extrémité d'une rangée de joueurs, était assis Kimitake Ito.

— Quel coup d'œil ! apprécia l'inspectrice Go.

Ils traversèrent la rue et prirent vers la droite. Nakamura entra seul pendant que Go se tenait à trois mètres derrière, la main sur la crosse du 9 mm.

— Ito san ? demanda Masayuki.

— Oui ?

— Je suis l'inspecteur Nakamura, de la police de Tōkyō. Veuillez me suivre, s'il vous plaît.

— Puis-je vous demander pourquoi ?

— Nous avons quelques questions à vous poser.

Ito se leva sans résister, en saluant, tandis que Junko crispait la main sur son arme. Mais il ne se passa rien.

— Me permettriez-vous de vous fouiller ?

Ito sembla trouver l'idée assez répugnante, mais laissa Nakamura le palper, sous le regard indifférent des joueurs et du gérant. La salle donnait le sentiment qu'on était installé dans un flipper rutilant. Le bruit était assourdissant, il y avait des couleurs et des boules en train de sauter partout, des bing et des clong pour accompagner le déroulement des parties. L'air était saturé de fumée de cigarette. Les clients avaient tous l'air totalement concentré, fascinés par le jeu, sans aucune considération pour l'agitation qui régnait autour d'eux.

L'inspecteur ressortit avec Ito, qu'il amena jusqu'à la Nissan. Le suspect — mais on n'avait rien contre lui — s'assit à l'arrière. Nakamura se mit au volant et Go à côté d'Ito. Ils commencèrent l'interrogatoire dans le véhicule.

— Ito san, pourquoi avez-vous quitté la maison de vos parents, à Osaka ?

— Permettez-moi de vous demander la raison de ces questions.

— Nous enquêtons sur des meurtres.

Ito resta absolument impassible, mais les policiers ne surent pas s'il fallait porter cette réaction à son crédit ou au leur.

— Je suis parti pour venir ici.

— Pourquoi ?

— Pour être loin d'eux.

— Pour quelle raison ?

— Je préfère être loin de mon passé.

Nakamura et Go se regardèrent. Go reprit l'interrogatoire :

— Pourquoi ne pas leur avoir dit que vous partiez, en laissant une adresse, quelque chose ?

— Je ne veux plus avoir aucun lien avec eux.

— Ils s'inquiètent pour vous.

— Je ne veux pas savoir ce genre de choses. Je veux être loin.

— Ito san, vous avez passé trois ans dans une institution sans jamais rien dire ni faire, et d'un coup, vous voilà en pleine activité, ici, à Tōkyō.

Ito eut brusquement une expression amère :
— « Pleine activité » me paraît excessif.
— Sans doute, Ito san. Que faites-vous de votre temps ?
— J'essaye de me trouver un travail pour la journée. Vous savez qu'on en propose, ici. Puis, quand je rentre, je joue au pachinko.
— C'est tout ?
— Je suis venu à Tōkyō pour jouer.
— Il y a des pachinkoya à Osaka.
— Mes parents m'y auraient retrouvé.
— Pourquoi voulez-vous jouer au pachinko ?
— J'ai quitté l'hôpital pour jouer au pachinko.
— Pour quelle raison ?
— Je ne sais pas. Ça me vide la tête et ça me rend heureux. Heureux, vraiment.

Masayuki eut la vision d'un homme dont la tête était vide et où sautaient des boules, avec des lumières clignotantes et des ping.
— Où étiez-vous, hier soir ?
— Au pachinko.
— Dans cette salle-ci ?
— Oui.

Go sortit de la voiture et traversa la rue. Nakamura et son suspect attendirent dans la voiture. La pluie reprit, isolant la voiture sous ses flots. Puis la portière s'ouvrit brusquement, Junko se glissa à l'intérieur.
— Le patron dit que Ito a joué toute la soirée, de 20 heures à minuit. Il l'a remarqué parce qu'il a eu bien moins de clients que d'habitude. À cause du direct.
— Eh bien, sa soirée va encore être mauvaise. Ito san, vous êtes libre. Veuillez nous excuser pour ce désagrément.
— Je peux retourner jouer ?

— Oui. Désirez-vous que nous rassurions votre famille à propos de votre départ ?

— Dites-leur que je joue au pachinko. Rien d'autre.

— Bien. Nous leur ferons savoir. Au revoir.

Ito san sortit et referma la portière.

Isobe fut introduit dans le bureau du ministre de la Justice. Il était en fait relativement rare que ces deux hommes se rencontrent. Et entre leur dernière entrevue et celle-ci avait eu lieu « l'affaire Sakai ». Les deux ministres appartenant au même parti, Isobe ne savait pas trop quel ton allait prendre leur discussion. Cependant, il ne pouvait reprocher au ministre de s'enquérir de l'évolution de l'enquête.

Le bureau était décoré avec goût, grâce à un mobilier de valeur : la table, les fauteuils et la commode étaient anciens, des meubles peints et laqués qui dataient de la fin de l'ère d'Edo. Trois murs étaient simplement blancs ; sur le mur de gauche était suspendu un kimono en soie couleur or, probablement destiné au théâtre nô. Quant au ministre lui-même, Isobe ne pouvait s'empêcher, en le regardant, de penser à la statue du shogun Ieyasu : même visage très large, très carré, même nez plat aux narines nettes, même bouche charnue mais fine, mêmes rides parallèles sur le front, et surtout mêmes yeux noirs, profonds et vifs. Il n'avait que cinquante ans, il était princier et finirait sans doute à un poste plus haut encore que celui qu'il occupait.

Ils échangèrent de nombreuses politesses avant que le chef de la police de Tōkyō ne s'installe. Puis Isobe attendit l'entrée en matière de son supérieur :

— Isobe san, permettez-moi de vous faire toutes mes condoléances pour la mort de cet agent de la police de la route, Miyamoto san.

— Je vous remercie, Yokosawa san. Il est vrai que c'est un crime affreux.

— Si je vous ai demandé de venir, malgré tout le travail que vous avez en ce moment, c'est que cette affaire de tueur en série est devenue une affaire nationale. Nous nous inquiétons de l'effet qu'elle pourrait avoir sur la population. Nous avons pensé que vos lumières pourraient nous être utiles sur cette question.

— Je crains que malheureusement ces lumières ne soient faibles. Nous n'avançons pas vite dans cette enquête, l'assassin faisant preuve d'une adresse extrême.

— On m'a informé que vous enquêtiez notamment du côté de la police elle-même, mais aussi de l'armée. Pensez-vous qu'il y ait beaucoup de chances que le tueur sorte de ces rangs ?

— Nos pistes sont minces, Yokosawa san. Certains éléments nous font penser que le meurtrier pourrait appartenir à l'un de ces corps. Mais il existe une multitude d'autres possibilités.

Le ministre parut un peu soulagé. Toujours ces élections, ces questions de sécurité...

— La presse est impatiente de voir le dénouement de cette affaire. Vous savez comment sont ces journalistes : s'ils avaient été, eux, en charge de l'affaire, tout eût été réglé en vingt-quatre heures !

Ils rirent tous les deux doucement — Isobe plus doucement que Yokosawa, car ce que voulait la presse, Yokosawa le voulait.

— Rarement autant de moyens auront été déployés dans ce pays dans le but d'interpeller un assassin. Mes enquêteurs dorment peu et réfléchissent beaucoup. La presse doit garder patience. Si elle en est capable.

Yokosawa apprécia la formule mais n'en pensa pas moins.

— La piste des sectes est abandonnée ?

Isobe n'esquissa pas même un sourire en pensant au ministre Sakai.

— Vous savez sans doute que notre enquête a fait apparaître des activités criminelles dans l'une d'elles. Mais cette affaire de secte restera en dehors de notre affaire actuelle. D'après Mori san (le ministre eut un rictus en entendant ce nom), et d'après Tajima san, il est très peu probable qu'une secte soit à l'origine de ces crimes.

— Le dispositif de surveillance sur Tōkyō est maintenu pour ce soir. Combien de temps pensez-vous qu'il devra être activé ?

La question était difficile. Normalement, le ministre aurait dû y répondre lui-même : lui seul avait l'autorité pour décider du maintien d'un tel dispositif. Sa question était en vérité celle-ci : combien de jours demandez-vous avant de me remettre votre démission ? Combien de temps dois-je retenir la meute ?

Isobe inspira et prit son parti :

— Cinq jours me paraîtraient raisonnables, si vous-même estimez qu'il s'agit d'un bon chiffre. Bien entendu, nous ferons tout pour que l'enquête aboutisse dans un délai moindre.

Yokosawa conserva le silence un instant, l'air concentré, les mains jointes :

— Que diriez-vous de quatre jours, Isobe san ? Cela nous mènerait jusqu'à la fin de la semaine.

« La pression est si forte ? » pensa Isobe.

— Peut-être que ce délai nous donnera des ailes et nous permettra d'atteindre notre but plus rapidement que nous ne l'imaginions.

Le ministre sourit. Et ce fut tout.

Le standard renvoya directement l'appel sur Nakamura et Go. Un certain Koyama du magasin *Metallica House* avait appelé pour prévenir qu'un certain Suzuki était en route pour retrouver un certain docteur Kanzaki. Masayuki écrasa l'accélérateur et fit appeler les deux policiers en faction devant le cabinet du médecin, l'inspecteur Ogawa et un autre nommé Takizawa. Le quartier de Yaesu n'était pas à plus de dix minutes, ils arriveraient peut-être avant Suzuki. Ils descendirent à toute vitesse Showa dori depuis Sanya jusqu'à leur destination. Montre en main, ils avaient mis cinq minutes. Ils firent signe aux flics planqués de se tenir prêts et surtout de se montrer discrets, tandis qu'eux-mêmes montaient précipitamment l'escalier qui menait au cabinet du médecin. Ce dernier était en consultation. Ils firent évacuer rapidement la patiente, qui se retrouva sur le trottoir sans avoir pu dire « mais », et ils s'entendirent avec Kanzaki : il irait ouvrir la porte d'entrée à Suzuki pendant qu'eux seraient dissimulés derrière. Puis ils attendirent, Go collée près de la fenêtre pour guetter l'arrivée du suspect. Vingt minutes plus tard, Suzuki apparut sur le trottoir et disparut dans l'immeuble. On entendit ses pas résonner sur les marches. Ensuite, tout dégénéra.

Les inspecteurs Ogawa et Takizawa avaient remonté le trottoir derrière le suspect et l'avaient laissé escalader l'escalier. Ils avaient sorti leurs armes et se tenaient prêts à intervenir, chacun plaqué d'un côté de la porte du bâtiment. Et puis Suzuki n'avait pas agi comme on se l'imaginait. Il s'était arrêté dans sa progression. Il ne bougeait plus. Très doucement, silencieusement, il avait sorti son 38. Sans doute était-il devenu très méfiant depuis qu'il avait assisté à l'assaut de l'immeuble de Koto-ku. Peut-être avait-il trouvé l'accueil de Koyama suspect, trop enjoué ou trop léger. Il était sur ses gardes. La drogue agissait probablement sur lui, car ses sens étaient très aiguisés, du moins en avait-il le sentiment. Il lui semblait qu'il aurait entendu une course de souris tout en haut de la cage d'escalier. Une goutte tombée d'un toit lui aurait fait exploser les tympans. Sa propre respiration lui paraissait un ouragan et son cœur qui battait trop fort lançait des coups de canon. Il se sentait hyper éveillé, hyper vivant. Sa main transpirait sur la crosse du 38. Il avait très chaud. Il avait une intuition funeste : on l'attendait là-haut. Il réfléchit encore une seconde puis tourna très lentement sur ses talons avant de descendre les marches en courant.

Ogawa et Takizawa entendirent les pas précipités de Suzuki avec stupeur. Le suspect n'avait monté qu'un demi-étage, il serait là en deux secondes. Heureusement pour eux, ils avaient leurs armes à la main. D'un même élan — ils n'avaient pas eu le temps de se concerter —, ils s'étaient extraits de leur cachette pour barrer le chemin au fugitif. Ce faisant, leurs corps se heurtèrent, ce qui les embarrassa et leur fit perdre une précieuse seconde. Car, à l'instant où ils apparaissaient dans l'encadrement de la porte, Suzuki les aligna et fit feu. Ogawa s'affaissa en faisant un grand O de la bouche, les yeux écarquillés, ses mains lâchant son flingue. Takizawa répliqua, deux détonations éclatèrent et le tireur s'enfuit comme un lapin en remontant l'escalier. Comme un lapin. C'est dans la tête de Suzuki lui-même que surgit cette expression.

Il sentit des mouvements au-dessus de sa tête. Ça bougeait là-haut. Mais il ne s'arrêta pas de courir et, lorsqu'il arriva sur le premier palier, il vit un homme apparaître dans l'entrebâillement de la porte. Près du visage, l'homme avait une arme. Suzuki fit feu. La porte se rabattit sous la violence des impacts et les balles percutèrent le battant en arrachant littéralement des lames de bois. Et Suzuki continua son ascension à grandes enjambées. Derrière lui, un homme et une femme se faufilèrent dans l'escalier. Ils entamèrent une progression plus lente. Suzuki n'en était pas aux subtilités. Il parvint sur le palier du troisième, sentant les panthères à ses trousses — oui, oui, c'était exactement le mot juste, ces deux ombres, la fille, là, ils marchaient comme des panthères — et, ne voyant pas d'autre solution, entra dans un appartement. Il se trouva face à deux enfants qui le regardèrent d'un air interloqué. Ils restaient debout, le petit garçon et la petite fille, très surpris, un peu comme le policier qui avait pris la balle dans le ventre, et ils ne savaient pas quoi dire. « Ne vous inquiétez pas, murmura-t-il aux enfants. Est-ce que votre maman est là ? » Et, pour le coup, les enfants paniquèrent et se mirent à crier. Ce fut comme si mille sirènes s'étaient mises à hurler dans ses oreilles. Cela le paralysa, il lâcha son arme qui tomba à terre. Le coup partit. Une nouvelle détonation traversa l'immeuble. La balle s'enfonça dans un mur. Les enfants se turent d'un coup, muets de terreur. Et la porte s'ouvrit.

Suzuki s'était penché pour ramasser son 38, qu'il tenait maladroitement. Le policier aux belles paupières apparut dans l'encadrement de la porte, l'arme au poing, le canon brandi vers lui. L'agent aperçut les deux enfants, figés comme des statues, à droite de l'assassin :

— Suzuki, pose ton arme !

Ce dernier ne bougea pas d'un iota. L'arme tremblait dans sa main, pointée sur le flic. Il n'avait pas l'impression que la situation était si désespérée. Enfin, il ignorait ce qui allait se passer, mais il ne pensait pas que le policier allait l'abattre car ce dernier ne le regardait pas avec des yeux d'homme qui veut tuer. Il s'en voulait d'avoir fait peur aux enfants, ce n'était pas son intention, il voulait juste s'enfuir.

— Les enfants, dit Nakamura de la voix la plus douce qu'il pût trouver, passez dans la pièce d'à côté. Allez.

Et les deux enfants disparurent très vite, se sauvant l'un derrière l'autre par la porte de droite. C'était la salle de bains.

— Suzuki, posez cette arme tout de suite.

Sans savoir pourquoi, Suzuki trouva cette formule polie de mauvais augure. Il eut le sentiment que les esprits l'avaient abandonné. Il sentit qu'il allait mourir. Il eut soudain très peur. Il fut glacé, tout à coup, les larmes lui vinrent aux yeux et son doigt pressa la détente. Et pourtant, ce fut lui qui s'effondra. Il bascula vers l'avant, il heurta le sol. Le sang chaud se répandait sous lui et réchauffait ses mains. Il devina qu'il était en train de mourir. Et pourtant, il se sentait hyper vivant. Le sol avait une odeur de détergent au citron. C'était un plancher en lino jaune avec des imitations de bambou. Il y avait un mouton de poussière à deux centimètres de son visage. Il n'entendait plus rien que l'écho de la détonation. Le flingue se détacha de sa main et s'envola. Sa solitude lui pesa tout à coup, l'étrangla. Il se mit à pleurer. Il vit les chaussures de la fille, la panthère — c'était donc elle qui avait tiré —, des bottes avec des extra-terrestres — drôles de bottes pour un flic —, et ses larmes cessèrent. Et là, il comprit qu'il mourait pour de vrai. Et pourtant, il se sentait hyper vivant.

— Je m'occupe des gosses, dit Nakamura.

— Je vais voir Ogawa.

Junko descendit les marches quatre à quatre. Elle déboucha sur le trottoir pour apercevoir Kanzaki en train de faire un massage cardiaque à Ogawa dont la poitrine était couverte de sang. Le médecin colla son oreille sur le ventre, murmura simplement :

— C'est bon.

Les ambulances arrivaient. La police aussi.

— Comment vont les enfants ? demanda Masayuki.

— Physiquement, ils n'ont rien. Pour le reste...

Il hocha la tête pensivement. Des brancardiers vinrent ramasser le corps du blessé. Takizawa était plus loin, assis sur une poubelle. Il avait la trentaine, un peu d'embonpoint, un imperméable gris (« gris flic », on devrait dire), les cheveux courts. Il se tenait la tête dans les mains.

— Ce n'est pas votre faute, dit Junko.

— Si.

— Ça aurait pu être vous. Moi. C'est comme ça. Le hasard...

— J'aurais dû...

— On aurait tous dû. Mais après, il est trop tard. On n'y peut rien.

— J'espère qu'il va s'en sortir.

— Vous devriez l'accompagner à l'hôpital, ça vous fera du bien à vous.

Takizawa hocha la tête et se leva. Il se dirigea vers l'ambulance et discuta avec les infirmiers. Puis il monta dans la fourgonnette, près du blessé. Un instant après, Junko aperçut Masayuki qui discutait avec une femme. Elle tenait les enfants dans ses bras et hochait la tête en écoutant Nakamura. La mère des gosses. Puis, tout à coup, elle eut un sursaut. Tous les flics sursautèrent en entendant la détonation. Une vitre du premier étage vola en éclats. Il y eut des cris. Pendant que l'Américaine courait, elle vit Masayuki se coucher sur la femme et sur les deux petits. Plusieurs policiers en uniforme rejoignirent l'inspectrice dans l'escalier. Elle n'avait pas peur, elle savait ce qu'elle allait voir. Elle trouva le docteur

Kanzaki, le pistolet enfoncé dans la bouche, le corps effondré sur son bureau.

Junko était chez Saori. Elles s'étaient assises dans la baignoire. Junko s'était versé du shampoing sur les cheveux, Saori tenait la pomme au-dessus de sa tête et rinçait. Elle avait des attitudes d'écureuil : cette manière chétive et vive de se tenir, de bouger, cet air malin. Junko avait les yeux fermés ; quand elle les rouvrit, une serviette vint lui essuyer le visage.

— Ça va mieux ?

— C'est un enfer.

— Eh bien, c'était la peine...

— La douche est un délice, l'enfer, c'est depuis que je suis arrivée dans ce pays.

— Moi, je croyais que l'enfer, c'était les États-Unis. Toute cette violence, toute cette pauvreté. Les gosses avec des flingues...

— Je sais. Mais j'ai l'habitude. Je ne sais pas pourquoi, j'avais l'impression qu'ici c'était la paix totale. Je ne suis pas à la recherche de mes racines, mes racines, je m'en fous. Mais la paix... J'aurais aimé qu'il y ait la paix quelque part

— La paix... Junko, ne rêve pas ! Tu as lu les journaux ? Je ne te parle même pas de tes tueurs en série. Dans un mois, c'est le 15 août, les cérémonies pour la fin de la Seconde Guerre mondiale. Comme tous les ans, tout un tas de ministres vont se rendre à Yasukuni dori. Tu connais ?

— Vaguement.

— Le sanctuaire commémore tous les morts japonais des guerres depuis 1853. Y compris tous les criminels de guerre japonais des années 30-40. Comme si les ministres allemands allaient se recueillir sur la tombe d'Eichmann ou Goering. C'est ici que tu vas trouver la paix ?

Devant le visage douloureux de Junko, Saori se tut.

— J'ai une idée : on va aller au temple faire un souhait pour l'inspecteur Ogawa.

— Je ne crois pas à ce genre de choses.

— Moi non plus. Mais le temple...

Elles sortirent de la douche, s'habillèrent en hâte.

— On va faire vite et on sera rentrées avant le coucher du soleil.

Le temple était à deux rues de là, un petit temple shinto de quartier. Dans un enclos entouré d'un mur de pierre blanche, il était caché par quelques pins contorsionnés. Elles passèrent le *torii*[1], se dirigèrent vers une fontaine surmontée d'une cloche. Le jardin était vert. Une lanterne en pierre était plantée dans l'herbe, la tête de guingois, une fauvette posée sur son toit. Les jeunes femmes longèrent le chemin. Saori fouilla ses poches à la recherche de monnaie, puis passa les pièces à Junko. Devant la source, Saori attrapa une puisette en bambou puis se versa de l'eau sur les mains.

— Qu'est-ce qu'on souhaite ?

— Pour le vœu ?

— Oui. Il faut faire une phrase simple : « Faites que... »

— Faites que bientôt je sois riche et que je vive aux Bahamas.

Saori sourit avec espièglerie :

— Faites que le mariage homosexuel soit autorisé au Japon. Allez, quoi !

— Faites que l'inspecteur Ogawa vive et se remette de ses blessures.

— D'accord.

Saori se recueillit puis frappa deux fois dans ses

1. *Torii* : portique sacré qui marque l'entrée des sanctuaires shinto.

mains. Ensuite, elles restèrent une demi-heure à regarder les carpes argentées qui peuplaient le bassin, puis elles partirent.

Cette fois, le maire n'était pas au quartier général. Mais plusieurs de ses assistants s'y trouvaient. Le carré infernal — Tamura, Honda, Mori, Tajima — avait également repris son poste. Le dispositif, comme la veille, était en place, à la différence que le meurtre du policier Natsuki Miyamoto avait échauffé et horrifié les esprits. Isobe était certain que, si l'assassin pointait son nez, les agents auraient plus envie de le descendre que de le prendre vivant. Mais il n'en était pas à une subtilité de ce genre. Personne ne regretterait la mort de l'assassin.

Les patrouilles et les inspecteurs qui écumaient la ville ignoraient tout de l'affaire Suzuki et de la mort d'un suspect sérieux. Il fallait que chacun reste vigilant. Le chef de la police de Tōkyō n'était pas convaincu qu'on avait abattu le tueur. On le saurait peut-être ce soir : si aucun meurtre n'était perpétré au coucher du soleil, on pouvait espérer avoir couru la bonne piste. Mais c'était un pari, un pur pari, comme depuis le début de l'affaire. Isobe se sentait de plus en plus usé par le jeu : il n'avait pas l'habitude d'opérer de cette manière, de devoir attendre les bras croisés les résultats de ce qui n'était rien d'autre qu'un coup de sonde. Un coup de sonde qui en l'occurrence avait fait deux morts, peut-être trois, suivant le sort de l'inspecteur Ogawa.

La carte était toujours là, sous ses mains. Il ne la voyait plus comme un talisman : elle ne lui avait été d'aucune aide, la veille. Il la regarda comme un chiffon de papier, de la matière pliable, un instrument. Usé. Il faudrait bientôt la remplacer.

Le décompte allait bientôt commencer. Comme

pour rassembler leurs forces, les policiers présents, gradés ou non, étaient tous silencieux et immobiles. Ils n'étaient pas loin d'une cinquantaine, à cet étage sans séparation, figés comme des statues : tous bien serrés dans leur uniforme, le regard tourné vers le soleil. À la faveur du vide entre deux immeubles, et à la hauteur de leur propre perchoir, les flics voyaient encore l'astre déclinant, rouge, qui s'apprêtait à disparaître : 20 h 12. Dans moins de dix minutes, on atteindrait l'heure officielle du coucher de soleil. Un coucher de soleil sur Tōkyō. Une image de carte postale. Un cercle comme sur le drapeau national : écarlate.

20 h 12 : C'est parti. La chasse est ouverte... pour tout le monde. Évidemment les événements de la veille ont un peu refroidi les esprits, notamment ceux de la presse, mais le rendez-vous est quand même respecté. Les hélicoptères tournent sur la ville, les patrouilles quadrillent les rues, les cameramen sont sur le qui-vive. On attend l'alerte. Sans y croire, pour beaucoup.

20 h 13 : Isobe est sombre. Il pense que la veille, à la même heure, on a amené un jeune policier dans un traquenard, on l'a tué et on lui a volé son visage. Des routes comme la nationale 465, il y en a des dizaines et des dizaines dans la région, des petits coins tranquilles où tuer sans angoisse. Mentalement, le chef de la police parcourt des routes qu'il connaît bien. Près de Nikko, près de Hakone... Ce serait tellement plus facile.

20 h 14 : La radio de la police grésille : « Coup de feu signalé dans Hibiya dori — coup de feu sur Hibiya dori, au nord du Public Hall. » Sur la fréquence, on entend les sirènes des patrouilles qui se mettent à sonner. « Ici voiture 19, coin Hibiya et

Harumi, descendons. » Puis ça crachote sans qu'on comprenne quoi que ce soit.

20 h 15 : « Voiture 19. Corps trouvé sur Hibiya. L'assassin est parti vers Ginza par la rue de *l'Imperial Hotel.* Individu de taille moyenne, un mètre soixante-dix, portant jean bleu et pèlerine bleu marine. — Voiture 12. Sommes sur Sukiyabashi. Prenons le long de la ligne de train aérien. Plusieurs patrouilles à pied sont sur le secteur. — Voiture 20. Policiers à pied courent vers le Yurakucho Denki Building. Coups de feu. Coups de feu signalés encore. »

20 h 17 : Il y a plusieurs patrouilles sur Harumi dori qui auraient dû voir arriver l'assassin ! s'impatiente Isobe. « Voiture 13. Un journaliste nous dit que Hasard a changé de couleur de pèlerine ! Pèlerine rouge ! — Voiture 11 : pèlerine rouge marche vers la gare Yurakucho. On descend de la voiture. Attention : il vient de se remettre à courir ! — Voiture 13 à nouveau. Envoyez ambulance d'urgence. Journaliste blessé par un coup de feu. — Blessé comment ? — On ne sait pas. »

20 h 18 : « Il est dans la station ! Surveillez les sorties ! Non, il n'est pas vraiment entré ! Il repart vers Hibiya ! » On entend comme un vrombissement effrayant dans la radio. Un roulement de tambour, un tapage terrifiant. Pas besoin de demander ce que c'est. Par les fenêtres du QG, on voit très bien le nouvel invité de la fête : une pluie torrentielle. « Voiture 12 : on ne le voit plus. Mais il est tout près. »

20 h 19 : Isobe se jette sur la radio : « Bouclez le quartier ! Bouclez intégralement le quartier ! Limite nord au niveau du Babasaki-mon, limite sud sur Harumi. Limite ouest sur Hibiya, limite est sur Sotobori ! Ne laissez plus personne quitter les lieux ! Il faut couper la circulation de tous les trains de Yurakucho. Vite ! »

20 h 21 : On confirme que tout est bouclé. Aucune pèlerine rouge n'est sortie du secteur.

Lorsque Isobe aperçut la tour Sony, il réalisa l'ampleur de ce qu'il avait mis en route. La tour brillait dans la nuit, avec ses enseignes Sony et Toyota et, au pied de l'immeuble, une foule compacte était déjà rassemblée près des barrières. La police assurait l'imperméabilité du secteur. Il pleuviotait, sans plus. Tant mieux. Il allait falloir faire patienter des milliers de personnes. Pendant des heures, probablement. De l'autre côté de la barrière, des centaines de policiers arrivaient de tout Tōkyō et attendaient des instructions.

Et maintenant, que fallait-il faire ? S'il avait un peu de jugeote — et il en avait —, l'assassin s'était débarrassé de la pèlerine rouge et de son arme. Et s'il était aussi organisé qu'il l'avait été jusqu'ici, il avait un plan de rechange : un endroit pour se cacher ou un costume. Tout à coup, Isobe se sentit désespéré : il venait de réaliser que la pluie ferait disparaître les traces de poudre sur les vêtements du tireur, que les tests à la paraffine ne serviraient à rien. Comment allait-on retrouver Hasard dans toute cette foule ? Il y avait des dizaines de yakitori dans ce secteur, des petites échoppes nichées sous les contreforts du train aérien. Comment savoir si Hasard n'était pas assis parmi les clients, avec l'apparence d'un brave employé en train de manger ses brochettes devant une bonne bière. Il y avait les grands magasins : il était peut-être en train de déambuler en cherchant un jouet pour ses gosses. On allait le voir arriver au barrage avec un Godzilla dans les bras. Et puis il y avait les hôtels. C'était une bonne idée, un hôtel, un grand hôtel avec des centaines de places : on réserve une chambre à l'avance, on en prend possession, on descend au coin de la rue, on tire, on disparaît, on remonte dans sa chambre et on suit le reste à la télé. Non, Hasard avait disparu près de la station de métro à la faveur de la pluie. Il ne fallait pas prendre cet énorme réservoir comme un réservoir à suspects mais comme un réservoir à témoins. Retrouver des personnes qui avaient vu les dernières évolutions de Hasard.

Isobe prit une longue inspiration. Un filet avec des milliers de gens. Les lignes de métro bouclées. Il fallait en tirer quelque chose... Il demanda à ce qu'on visionne en urgence les cassettes du système de surveillance du métro : voyait-on, oui ou non, la pèlerine rouge entrer ? Est-ce qu'on voyait quelque chose d'exploitable ? Il y avait plein de touristes, aussi : il fallait leur confisquer leur matériel. On leur rendrait après. Tous les systèmes de surveillance du quartier devaient être mis à contribution. Et voir ce que les équipes de presse, à l'intérieur du secteur, avaient pêché. On allait laisser repartir les gens, un à un, après un interrogatoire succinct : « Auriez-vous aperçu un individu avec une pèlerine bleue ? Une pèlerine rouge ? » Pour tous les hommes âgés de vingt à cinquante ans, il fallait faire des paris. Isobe fit le pari que l'assassin était un homme (plutôt qu'une femme), pas un adolescent (pas assez méticuleux), en bonne forme physique (puisqu'il courait vite et longtemps). Il faudrait qu'ils donnent leur identité, expliquent leur présence dans le quartier, notamment le nom de leur employeur. S'ils étaient en groupe, leurs déclarations étaient plus crédibles. Faire plus attention aux solitaires. Ensuite, on confronterait la liste avec les palanquées de listes qu'ils avaient dressées depuis le début de l'enquête. Toutes les voitures devaient être fouillées. Celles qui avaient des pneus Mitsubishi particulièrement. Il fallait relever le nom des conducteurs.

Ainsi commença le ratissage de la zone. Des policiers allaient de poubelle en poubelle, de coin sombre en coin sombre à la recherche de la pèlerine bicolore ou de l'arme. On fit draguer les douves du Palais impérial. On interrogea les personnels des magasins, des hôtels, des restaurants, du métro, des trains. Une vendeuse de *Sogo Departement Store* avait vu une pèlerine rouge tourner le coin de la rue. Il n'était pas impossible que la personne soit entrée dans le magasin. Mais peut-être que non. En tout cas, elle remontait vers Hibiya dori, en s'éloignant de la station de métro. Le témoignage concordait avec celui des policiers, mais il ne permettait que de connaître quelques secondes de plus du parcours de Hasard. Car beaucoup de témoins avaient vu la pèlerine courir. Un employé de banque avait vu la pèlerine bleue disparaître entre deux distributeurs de boissons et réapparaître en rouge. On lui fit retrouver les distributeurs et on essaya de trouver des traces. Mais les empreintes digitales sur un distributeur situé sur la voie publique... Si le tueur s'était débarrassé de ses affaires, c'était près de la station. Mais où ? Le périmètre n'était pas si grand, et il y avait des flics venant de partout. Même les douves, en y songeant, n'étaient pas une si bonne idée : il y avait des patrouilles arrivant tout au long d'Hibiya, des hélicoptères surveillant les toits. Il n'était pas impossible que le tueur ait pris un otage en l'obligeant à le cacher chez lui.

Isobe se rendit lui-même chez *Sogo* pour visionner les cassettes du service de sécurité. Le vigile sélectionna les dix minutes qui correspondaient au passage du tueur et Isobe regarda intensément chaque visage. Il avait l'intuition que, s'il voyait le meurtrier, il le reconnaîtrait d'instinct. Son instinct resta pourtant muet. Hasard n'était peut-être pas entré dans le magasin. Où était-il ? Certainement pas loin. Adroit comme il l'était, il allait essayer de réduire au maximum son temps d'exposition au risque. Il fallait qu'il sorte de la zone. Se cacher dans un hôtel, au théâtre, ou dans un logement privé, c'était multiplier les risques. Hasard ne devait pas aimer les stratégies de rat : se planquer dans l'égout, attendre qu'on le déloge. Jusqu'ici, il s'était montré très dynamique. Il devait être dans la foule et préparer sa sortie. Il avait peut-être déjà passé le barrage ou le passait à l'instant. Isobe ne put tenir en place, il ressortit en remontant le col de sa veste pour se protéger de la pluie et se posta à proximité du barrage principal. Les bras croisés, droit comme un pic, il se tint sous la pluie à observer le trafic tel qu'il se déroulait aux points de fuite de la zone. Les gens sortaient au compte-gouttes. Ils ne protestaient pas. Ils semblaient être vaguement inquiets d'être pris dans la nasse avec un tueur en série, ils se dévisageaient un peu les uns les autres, craintivement. Mais il n'y avait pas d'émeute, quasiment pas de protestation. La télévision faisait ses délices de ces images de citoyens et de citoyennes disciplinés et respectueux qui se soumettaient à un contrôle pénible sans rechigner. Et puis, derrière l'un de ces visages ordinaires, il y avait l'assassin. Comment savoir ? Qui se cachait derrière cette hôtesse de la Japan Air Lines, en tenue, et qui regardait sa montre avec inquiétude ? Qui, derrière ce quadragénaire aux yeux rougis et cernés, peut-être un peu ivre, qui transpirait dans sa chemise ? Qui, derrière cet adolescent à lunettes panoramiques et mèches rouges ? Il était là. Isobe aurait pu prétendre qu'il sentait sa présence, mais que, surtout, il sentait le tueur lui échapper. Cela le déprima. En voyant tous ces braves gens sortir du périmètre, il sentait ses chances de succès s'évanouir. Il arrivait au bout. Son crédit de quatre jours avait été dépensé en une soirée. Et le poisson passait entre les mailles du filet. Parce qu'il n'y avait aucun moyen de les distinguer de ces milliers d'autres poissons.

C'est alors qu'il entendit un Klaxon. Le docteur Nakayama apparut dans sa voiture, à l'intérieur de la zone :

— Isobe san, cria-t-elle par la vitre baissée. Je suis perdue ! Où se trouve le corps ?

Isobe se rendit compte que, depuis le début de la soirée, il n'avait pas accordé une pensée à la victime. Il hésita, puis fit signe à la légiste de l'attendre. Il passa le barrage à contresens, fendant la foule de ses épaules puissantes, et rejoignit le médecin. Elle lui ouvrit la portière et il monta. Le trajet prit deux minutes. Ils descendirent Hibiya dori, longèrent les douves puis les jardins. Sur le trottoir, ils aperçurent les bandes de plastique jaune. Comme le ruban d'un nouveau cadeau. Le chef de la police eut une grimace amère. Il n'était pas pressé de regarder le visage de la dernière victime ; quelqu'un encore qui était mort parce qu'on n'avait pas su arrêter Hasard. Comme si elle lisait dans ses pensées, Nakayama se tourna vers lui :

— Si vous n'êtes pas arrivé à le prendre, c'est que ça n'était pas humainement possible.

Isobe ne parvint pas à sourire mais il remercia de la tête. Puis sortit. De loin, entre plusieurs policiers en uniforme et des flics du labo, il aperçut une silhouette à terre. Il y avait aussi une tache de sang sur le mur.

Un vieil inspecteur qu'il connaissait de longue date marcha droit sur lui, tenant à la main un sac plastique où logeait une pièce d'identité.

— Terada Michiko, quarante-deux ans, professeur à la fac de Tōkyō, dit-il simplement. Tuée à bout portant.

Isobe releva un sourcil. Il connaissait le nom de la victime. C'était une collègue d'Akiko. Mais ça ne changeait rien, maintenant. Il remettrait sa lettre de démission au ministre le lendemain.

7

— J'ai rencontré Takako Go en 1967. Nous étions tous les deux étudiants. La guerre du Vietnam constituait le foyer de conflit le plus important d'Asie. Depuis trois ans, les Américains envoyaient des soldats à Saigon. Moi qui n'étais pas d'extrême gauche, j'étais bouleversé par cette guerre. Depuis 1945, nous avions coupé les ponts avec notre passé de pays colonisateur, avec les crimes de guerre, les déportations massives. La nouvelle Constitution nous obligeait à n'avoir d'armée que défensive et, de toute façon, une grande part de l'opinion publique était pacifiste. Nous avions encore Hiroshima et Nagasaki dans la tête, l'image du champignon atomique nous hantait, et pourtant les bombardiers américains décollaient de chez nous. Les B52 étaient basés sur l'île d'Okinawa — toute l'île était d'ailleurs occupée par les Américains. Sur cette question, je me sentais très proche des autres jeunes, et j'ai participé à de nombreuses manifestations pour protester contre cette guerre et le soutien que le Japon apportait aux États-Unis. J'ai rencontré Takako à l'occasion d'une réunion du Zengakuren, le syndicat étudiant. Je n'en étais pas membre et, pour tout dire, mes opinions et les leurs n'étaient pas très compatibles... À partir du moment où nous avons commencé à être ensemble, ta mère et moi, nous avons eu des discussions vives à ce sujet. J'ai toujours été assez conservateur. Mais on s'aimait. Nous nous voyions en cachette. Takako avait rompu avec ses parents, tandis que j'étais proche des miens. Et puis, si je voulais faire carrière dans la police, j'avais drôlement intérêt à ce que ça ne se sache pas. Personne n'est au courant, d'ailleurs. Ou peut-être seulement Mori.

— Mori san ?

— Il sait tout sur tout le monde. Surtout si c'est compromettant. Je suis entré dans la police en 68. Je ne sais pas si tu peux imaginer la situation. Elle et moi, elle combattante révolutionnaire, moi flic. Takako avait participé à l'assaut de l'aéroport, le jour où Sato, le Premier ministre, devait prendre l'avion pour Saigon. Il y avait une photo d'elle, avec son casque et son écharpe nouée sur le visage, à la une d'un journal national, je ne sais plus lequel. Je dois l'avoir ici. Elle a échappé de peu à l'arrestation pendant les émeutes de Sasebo. Elle est revenue dans la nuit ; un copain, blessé comme elle, l'avait reconduite. Elle avait un œil fermé et une côte cassée. On a fait venir un interne en médecine que nous connaissions, Kazuo Uehara. Le plus drôle avec Takako, c'est qu'elle faisait des études brillantes — du moins jusqu'à ce que les cours s'arrêtent pour cause d'occupation des locaux. Je ne sais pas comment elle faisait pour rendre ses devoirs à l'heure : elle était tout le temps en train de s'agiter quelque part, ou alors elle était avec moi. La contestation s'est répandue dans toutes les facs du pays. Personnellement, je me sentais loin de ce mouvement. Il y avait des saccages, des pillages, des séquestrations de profs ou de responsables de fac. Ça allait à l'encontre de mon sens de l'ordre. Personnellement, je pense que l'ordre est indispensable à la survie des plus faibles. Enfin, Takako a d'abord été très impliquée dans l'occupation de son université, Todai[1], mais elle a calé sur les « procès publics ». On déférait certains professeurs ou des responsables administratifs devant des tribunaux populaires, sur le modèle chinois. Takako avait horreur de ce genre de choses. En juillet 68, les étudiants ont décidé d'occuper l'université de Tōkyō. Ils se sont installés dans le bâtiment central, qu'ils ont transformé en forteresse. Takako était en crise. Ce mouvement était ce qu'elle avait souhaité depuis des années, mais, en même temps, elle était furieuse et dégoûtée de certains épisodes sectaires auxquels elle avait assisté. Sans compter le fait que ses compagnons de bagarre n'étaient pas tous des féministes. Bref, elle n'a pas participé à cette première occupation, qui a duré six mois. Elle soutenait en apportant des vivres, elle participait à d'autres actions à l'extérieur, mais n'occupait pas les lieux. Et puis, il y a eu le 18 janvier 69. Ils ont envoyé huit mille policiers pour déloger les étudiants. Moi, j'ai fait semblant d'être malade, sinon on m'aurait envoyé là-bas. Les deux camps étaient impatients d'en découdre, ils étaient équipés de casques, de barres de fer, etc. La police avait sorti les grands moyens, les camions, les gaz lacrymogènes, les hélicoptères. Certains de mes collègues exprimaient sans complexe leurs envies de meurtre. Et Takako, évidemment, a décidé de sortir et d'aller se battre. C'était de la folie. J'ai failli perdre mon sang-froid.

Junko éclata de rire :

— Tu as failli perdre ton sang-froid !

— Ce n'était pas un jeu ! Elle risquait la prison. Elle aurait pu se faire tuer. Les bagarres étaient violentes. On entendait sans arrêt les sirènes des ambulances. Il y avait des milliers d'objets qui volaient dans l'air, tout y passait, des chaises, des tables, des pots de fleurs, des dalles de béton, des pierres, des

1. Surnom de l'université publique de Tōkyō.

vis, des cocktails Molotov. Les flics et les étudiants tapaient comme des brutes, se jetaient les uns sur les autres, boucliers en avant. Il y avait du gaz dans l'air, c'était à crever. Et Takako, avec sa barre de fer à la main, sur le campus. J'étais là, comme un imbécile, je la suivais à la trace, sans qu'elle le sache, pour pouvoir intervenir en cas de problème, avec mon écharpe autour du nez et les yeux qui pleuraient. Elle, elle faisait la guerre pour défendre ses copains qui étaient à l'intérieur de Todai. Les policiers employaient des lances à incendie, y compris à partir d'un hélicoptère qui balançait l'eau sur le toit de la fac pour déloger les occupants. Pendant la nuit, on voyait des flammes par-ci, par-là. Takako était infatigable, elle avait l'air désespérée, elle insultait les flics, elle les invectivait. Heureusement qu'elle n'avait pas autre chose dans les mains que sa barre de fer, parce qu'elle aurait fait un carnage. Les étudiants se dispersaient puis se reformaient en escouades, se déplaçant sur l'ensemble du quartier. Ta mère faisait ça aussi. C'était assez paniquant pour moi, parce qu'elle disparaissait dans le groupe, j'essayais de ne pas quitter son casque rouge des yeux, et plein de fois, j'ai failli la perdre. Finalement, vers 3 heures du matin, sur Hongo dori, Takako a pris un coup de matraque dans la figure. C'était une catastrophe — je ne savais pas à quel point, d'ailleurs, car elle était enceinte depuis quelques jours —, elle risquait de passer des mois en prison, les tribunaux ne rigolaient pas avec les insurgés. Alors je n'ai pas réfléchi, je me suis précipité vers eux, j'ai attrapé la barre et j'ai assommé mon collègue le plus proprement possible. Je l'ai prise dans mes bras, j'ai mis son casque sur ma tête et je l'ai emmenée jusqu'à la maison en évitant les zones de bataille rangée. Le lendemain, la fac était reprise par la police, et Takako m'a annoncé qu'elle quittait le pays.

— Qu'est-ce que tu as pensé ?

— Je comprenais qu'elle parte. Même si ça me faisait mal. Elle n'aurait pas pu faire de carrière universitaire après une histoire pareille. Elle était bien trop repérée. La reprise de Todai a été suivie par une mise au pas des milieux universitaires. Certains profs, jugés trop proches des étudiants, ont été écartés, ceux qu'on trouvait trop laxistes ont vu leurs salaires diminuer. Sato a obtenu la promesse qu'Okinawa serait rendu au Japon, ce qui a calmé le mouvement. Et puis les gauchistes ont commencé à se déchirer, certains basculant dans le terrorisme. C'est de cette époque que date la création de la Sekigun. Takako connaissait certains étudiants qui ont suivi ce circuit-là... Je comprenais qu'elle veuille partir. Il n'y avait pas d'avenir pour elle et pour ses idées, ici. Ce que je n'ai jamais compris, c'est qu'elle ait choisi les États-Unis.

— Pourquoi ?

— Pourquoi ? Elle s'était battue pour faire partir les Américains ! *US go home !* Elle l'avait crié dans des haut-parleurs, écrit sur des murs. Elle détestait l'impérialisme, la société de consommation, l'exploitation des pays pauvres... L'Amérique incarnait tout ça. La chasse aux sorcières, le débarquement de la baie des Cochons, le napalm au Vietnam, la ségrégation raciale... En 69, la guerre n'était pas finie, Martin Luther King venait d'être assassiné... Elle serait partie... en Australie, j'aurais compris...

Junko se contenta de sourire.

— Elle a continué... Au moment de sa mort, elle militait pour les droits des détenus.

— Les droits des détenus. Avec une fille flic...

— Oui...

Ils se turent. On était au beau milieu de la nuit.

Junko ayant entendu aux informations les résultats de l'opération Œil d'aigle, elle était retournée à Sumida-ku pour trouver son père. Il rédigeait sa lettre de démission.

— Ça te fait quoi de démissionner ?

— J'aime diriger. Mon poste de chef de la police de Tōkyō me convenait très bien. Mais j'imagine qu'on va me proposer un poste honorable. Je ne suis pas du genre à ressasser mes échecs. Ce qui m'embête le plus est d'abandonner l'enquête en cours.

— Ils ne vont peut-être pas te remplacer dans la journée.

— Pas dans la journée. Mais je suis sûr qu'ils ont déjà choisi mon remplaçant. Ce n'est pas si grave. Moins grave que pour Michiko Terada.

— Ton amie Akiko la connaissait.

— Elles étaient collègues et s'appréciaient. Akiko est tombée des nues quand je lui ai annoncé la nouvelle.

Isobe ressortit les photos de leur enveloppe. Les clichés du corps de Michiko Terada épinglée sur le trottoir d'un coup en plein cœur. Ses chaussures : des escarpins noirs. Ses jambes nues. Sa robe noire, moulante. L'entrée de la balle, un trou dans le tissu et la chair au niveau des seins. Le sang autour d'elle. L'imperméable, en plastique transparent bleuté, ouvert. Les mains, les ongles vernis. Son cou couché sur le trottoir, son visage renversé, les yeux fixes. Son sac à main et une sacoche en cuir. Les rapports de la légiste : coup de feu tiré à bout portant dans la poitrine, à l'aide du même Tanfoglio P-25 qui avait tué Naoko Ando. Junko passa elle aussi en revue les divers rapports rassemblés. C'est alors que ses yeux s'arrêtèrent sur une ligne.

— Takeshi, je peux utiliser ton téléphone ?

— Oui. Bien sûr.

Elle attrapa le combiné et tapa en hâte le numéro qu'elle avait appris par cœur.

— Allô, Saori ?... Excuse-moi de te déranger... J'ai une question à te poser... Je sais quelle heure il est, vraiment, je suis désolée... T'es adorable... Dis, j'ai vu un livre dans ta bibliothèque... *Natural Woman*... Qu'est-ce que c'est ?...

Elle écouta attentivement les explications en prenant des notes puis remercia.

— Je t'appellerai demain... Oui. Je t'embrasse... Et bonne nuit.

Isobe écoutait. L'air curieux. Isobe san laissait rarement transparaître sa curiosité. Junko, elle, semblait surexcitée.

— Qu'est-ce que se passe ? Tu as trouvé quelque chose ?

— Une piste.

Le chef, désormais démissionnaire, de la police de Tōkyō, retint son souffle.

— Avant tout, il vaudrait mieux que je te dise que je suis lesbienne.

Isobe resta parfaitement impassible.

— Je suis contente que tu le prennes si bien, ajouta-t-elle.

— Je le savais. Je ne suis pas si con que tu le crois.

— Bien. Ce livre, *Natural Woman,* est dans la liste des effets qu'on a trouvés dans la sacoche de Michiko Terada. Or, il se trouvait aussi parmi les trois livres que Maria Hatori avait rangés au-dessus de son réfrigérateur. Il est aussi chez mon amie Saori. Je veux bien croire au hasard, mais pas à celui-là. Michiko Terada était prof à l'université, elle devait posséder des centaines de livres. En revanche, Maria Hatori n'était sans doute pas une grande lectrice. Elle avait seulement deux Murakami et celui-ci. Maintenant, écoute. *Natural Woman*[1] est sorti en 1987, chez Kawade Shobo Shin-sha. En tout cas, Saori a une édition de chez eux. Le bouquin raconte, à la première personne, trois épisodes amoureux et sexuels, de la vie d'une jeune femme de dix-neuf ans. Lesbienne.

Elle laissa le temps à l'information de s'insinuer dans l'esprit d'Isobe.

— Si je devais faire une première hypothèse, à vérifier, je dirais que Maria Hatori et Michiko Terada pourraient avoir été lesbiennes toutes les deux. Et que ce lien serait important. Peut-être que d'autres victimes, voire toutes, pourraient être liées par leur homosexualité. Homosexualité cachée.

— Kazumi Otani était marié.

— Les trois quarts des homos sont mariés. Surtout dans des sociétés qui les méprisent et les discriminent.

— Il fréquentait les *soap lands*.

— C'est ce qu'il disait à ses collègues. Il est parfaitement possible qu'il ait inventé ce mensonge pour couvrir d'autres fréquentations dont il était moins fier. On peut se perdre en conjectures, de toute façon : Sachiko Miyashita était également mariée, Natsuki Miyamoto aussi.

— Naoko Ando avait juste seize ans.

— À seize ans, j'étais déjà homo.

Isobe resta silencieux. Puis il hocha la tête.

— Ce qui est vrai, c'est que ça ressemble beaucoup plus à une logique de tueur en série. Un type de victimes, une motivation sexuelle.

— Il a monté toute cette histoire de hasard pour nous aveugler. Et il y est parfaitement parvenu. En réalité, il avait choisi ses victimes à l'avance, ou alors... Il les repère quelque part...

1. *Natural Woman* a été publié en France aux éditions Philippe Picquier en 1996.

— Si toutes ces personnes dissimulaient leur homosexualité, comment aurait-il su qu'elles l'étaient ?

— Ça, c'est facile. Il suffit d'aller à proximité ou même de se rendre dans un lieu où des homos se rassemblent. À Shinjuku Nichome ou ailleurs.

— D'accord. Quel serait le profil du tueur ?

— J'en vois deux très différents. Un extrémiste religieux ou d'extrême droite qui s'est lancé dans une sorte d'extermination. Ou un homosexuel homophobe qui tue pour se libérer de sa culpabilité tout en assouvissant, par crime interposé, une sorte de fantasme.

— Ce pourrait d'ailleurs être les deux faces d'un même individu. Il ne faut pas non plus écarter l'idée que Hasard puisse être une femme.

— Oui, d'autant plus qu'il y a une majorité de femmes parmi les victimes.

— Bon, demain matin, on y retourne. On interroge à nouveau les proches des victimes. Je me chargerai de Sachiko Miyashita. Et de Michiko Terada. Peut-être qu'Akiko sait des choses à ce sujet. Nakamura et toi prendrez Maria Hatori. J'enverrai Takizawa se renseigner sur Kazumi Otani. Ça lui fera du bien de bosser. Il n'est toujours pas remis de ce qui est arrivé à Ogawa.

— Comment va-t-il ?

— Mal. On attend toujours. Pour Naoko Ando, la lycéenne, je préfère qu'on se donne le temps. On ira fouiller dans sa vie si la piste est confirmée. Je ne tiens pas à secouer ses parents plus qu'ils ne le sont déjà. Natsuki Miyamoto, pareil. C'était un flic. Je préfère éviter que la nouvelle fasse dix fois le tour des *kobans*[1] de Tōkyō avant qu'on ait pu vérifier.

La discussion était finie, semblait-il.

— Dis ? Tu me donneras la photo de maman ? Celle où elle est avec l'écharpe et la barre de fer.

1. *Koban* : petit commissariat de quartier.

— Dans le journal ?
— Je la photocopierai et je te la rendrai.
— OK.

Le téléphone sonna. Il était 3 heures du matin. Isobe attrapa le combiné. L'inspecteur Ogawa était mort.

Zita Mirdine habitait un petit immeuble de Suginamiku. Un immeuble d'une vingtaine d'appartements, tout en bois, organisé autour d'un atrium à ciel ouvert, qui s'élevait sur plusieurs terrasses reliées par des escaliers en colimaçon. Des fontaines à bassin carré abritaient des fleurs de nénuphars. Des touffes de bambous hirsutes échevelaient cet espace soigneusement rangé. Les appartements s'organisaient autour de l'atrium selon des destins dissymétriques. Le numéro 17, celui qu'occupait la chorégraphe, se trouvait au troisième étage, au coin d'une petite terrasse orientée à l'est et décorée d'une rangée de bonsaïs. Nakamura et Go s'y présentèrent sans rendez-vous, aux aurores.

— Oui ? entendit-on à travers la porte.
— Inspecteurs Go et Nakamura.

Zita Mirdine ouvrit la porte. Elle ne portait qu'un peignoir.

— Nous avons des questions supplémentaires à vous poser.
— Vous voulez entrer ?
— Oui, à moins que vous ne préfériez que nous restions sur la terrasse.
— Non, entrez.

L'appartement était d'un seul tenant depuis la cuisine jusqu'à la salle de bains. On entrait donc par la première, à la suite de quoi apparaissait un espace salon, puis le lit et la chambre, distinguée au sol par un immense tapis rouge, alors que plus loin la baignoire offrait une belle vue sur Tōkyō. Le lit était occupé par un jeune homme qui devait avoir, au bas mot, vingt-cinq ans de moins que son amante. Il fumait en lisant un manga : *Golgo 13*.

— Qu'est-ce que je peux faire pour vous ? demanda leur hôtesse tout en s'asseyant à la table de la cuisine.

Nakamura et Go s'assirent aussi. Cette dernière attaqua l'interrogatoire :

— Vous pourriez commencer par nous révéler ce que vous nous avez caché, la dernière fois, à propos de la vie privée de Maria Hatori.

Zita Mirdine souffla.

— Akira, tu pourrais m'apporter une cigarette, s'il te plaît ?

Le bel Akira saisit le paquet de cigarettes qui reposait sur la table de nuit, sortit nu de son lit, déposa la chose dans la main qui l'attendait et repartit nonchalamment.

— Merci, dit-elle, en suivant des yeux la progression de ces fesses superbes.

Aux policiers :

— Excusez-moi, je ne fume quasiment jamais, mais le meurtre de Maria ne me sort pas de la tête.

— Vous auriez pu nous dire la vérité.

— Je ne vous ai pas menti. Je ne pensais pas que c'était important pour l'enquête... Maria aimait les femmes. C'est de ça que vous voulez parler ?

— Oui.

— Elle n'en faisait pas un si grand secret. En Europe, elle le vivait au grand jour. Mais à Tōkyō, elle était extrêmement discrète à ce sujet. Elle ne voulait pas que ses parents l'apprennent. Alors, quand vous êtes venus me voir, je me suis dit... Autant que sa famille ne le découvre pas dans ces circonstances. Ils ont assez à faire avec la mort de leur fille, je pense. Vous pensez qu'il y a un lien entre sa mort et cette partie de sa vie ?

— Oui.

Zita Mirdine donna un coup du plat de la main sur la table.

— *Scheiße !* J'aurais dû vous le dire ! Oh, vous savez, c'est compliqué... Même à moi, elle ne m'en parlait pas beaucoup. Et pourtant, si vous saviez comme je m'en fous.

— Que vous a-t-elle dit exactement ?

— Quand je l'ai rencontrée, c'était une évidence. Elle vivait à Berlin avec une autre danseuse, de la même troupe, Hanke. Elles se présentaient comme un couple, enfin, je veux dire, tout le monde le savait. Leur homosexualité ne posait pas l'ombre d'un problème. Je lui ai proposé de venir danser avec la troupe pour six mois et elle a dit oui. Je ne sais pas quel type d'arrangement elle a décidé avec Hanke, ou si elles se sont séparées... J'ai eu Hanke au téléphone le lendemain de la mort de Maria. Je ne voulais pas qu'elle apprenne la chose par la rumeur et, comme la famille ne connaissait pas son existence, j'étais la seule à pouvoir faire cette démarche. Mais elle ne m'a rien dit, vous imaginez, ce n'était pas le moment. Excusez-moi, où en étais-je ?

— Que vous avait dit Maria ?

— Rien, en fait. Non, vraiment. Juste qu'elle ne voulait pas que sa famille l'apprenne et que c'était une des raisons qui faisaient qu'elle préférait vivre en Europe. Elle s'y sentait libre, elle pouvait mener sa vie comme elle le voulait sans craindre l'opinion de ses parents. Elle les aimait beaucoup, et elle pensait qu'ils ne la comprendraient pas. Faut dire que le Japon n'est pas très ouvert... Enfin, ce n'est pas à vous que je vais expliquer ça.

Junko comprit parfaitement l'allusion. Nakamura

moyennement, mais son intelligence sembla se mettre en action à cet instant.

— Et à propos de l'amant, je veux dire plutôt l'amante japonaise de Maria Hatori ?

— Je ne l'ai jamais vue. Je ne connais même pas son nom, ni aucun détail à son propos. Mais on voyait comme le nez au milieu de la figure qu'elle avait une histoire. Elle avait l'air distraite, elle arrivait en retard — absolument pas son genre —, et en plus, sans aucun remords véritable. Elle évitait les repas d'après répétition avec des prétextes du genre : « Je me sens fatiguée ». Et elle n'avait absolument pas l'air fatiguée, alors qu'elle aurait dû !

— Vous savez quels lieux elle fréquentait ?

— Absolument pas. Mais Hanke pourrait peut-être vous en dire plus.

— Vous pourriez nous donner son numéro ?

— Elle est ici, à Tōkyō.

— À Tōkyō ?

— Elle est venue pour les obsèques.

On ne demande pas à un veuf, récemment endeuillé, si sa femme était lesbienne. Invoquant des vérifications de routine, Isobe obtint de Kenichi Miyashita le nom des amies de son épouse. La plus proche d'entre elles s'appelait Midori Kusaragi. Il prit rendez-vous et se rendit sur place. Les Kusaragi n'étaient pas pauvres : Yasujiro Kusaragi était l'un des architectes les plus connus du Japon. Lui et son épouse possédaient une grande maison à Shibuya, devant laquelle Isobe gara son véhicule. La maison ressemblait de l'extérieur à une grande tente arabe. C'était du béton, en réalité, peint en blanc, mais le dessin des murs, les angles et les arrondis imposés à la matière lui donnaient un aspect souple, léger, presque mobile. Conçue autour d'une unité centrale, à partir de laquelle rayonnaient des auvents, elle laissait également une grande part aux transparences, aussi bien à l'intérieur qu'à l'extérieur : ainsi la lumière s'infiltrait aussi bien par des baies vitrées que par des interstices ménagés comme les accidents d'un tissu qui bâille. Le plan interne des lieux aménageait des semi-cloisons, semi-vides qui multipliaient les niches solitaires dans la maison sans réellement séparer ses habitants.

— Asseyez-vous, je vous en prie.

Isobe s'exécuta, tout en se demandant comment il allait formuler ses questions. Midori Kusaragi s'était assise en face de lui, sur un grand canapé blanc. Elle-même portait un ensemble de la même couleur, en lin. Elle avait la quarantaine. Elle était belle, légèrement maquillée, avec un sourire gracieux mais douloureux. Ses cheveux étaient coupés court, une impression de simplicité émanait d'elle.

— Votre maison est très jolie, dit-il.

— Mon mari l'a dessinée. En général, il conçoit des espaces bruts, sinon brutaux — sans qu'il y ait l'ombre d'un lien avec son comportement humain. Mais je lui ai demandé autre chose. Et il l'a fait. Comme s'il avait lu dans mes pensées. En voyant les plans, je me suis rappelé d'un coup que, lorsque j'étais plus jeune, j'adorais *Les Mille et Une Nuits.*

Elle sourit en laissant échapper encore une fois un regard tendu et souffrant.

— Vous voulez me parler de Sachiko ?

— Les derniers éléments en notre possession font apparaître que les victimes n'auraient peut-être pas été choisies au hasard. Que le tueur aurait pris en compte certains éléments de la vie privée des personnes qu'il a abattues.

Son interlocutrice entrouvrit les lèvres. Ses yeux s'écarquillèrent, son souffle se suspendit.

— Vous... avez idée de... ces éléments...

— Oui. Mais vous-même ?

Midori Kusaragi détourna les yeux et ne dit mot.

— Écoutez, Miyashita san est morte. Le secret n'a plus de raison d'être gardé. Vous n'avez pas à couvrir Sachiko au-delà de la mort.

— Bien sûr que je dois couvrir Sachiko au-delà de la mort ! Son honneur. Et ses proches. Son mari est en vie, que je sache. Je ne pense pas que des... révélations sur Sachiko lui seraient indifférentes, sous prétexte que son épouse est morte. En fait, je pense qu'on ne peut pas trouver de pire moment pour évoquer un sujet comme celui-ci. Enfin, elle n'a même pas encore été incinérée !

Ces derniers mots laissèrent Isobe sans voix. Les événements allaient si vite que l'assassinat de Sachiko lui semblait dater d'un siècle. Il n'avait eu lieu que trois jours plus tôt.

— Ce n'est pas moi qui ai choisi la date, Kusaragi san. C'est le tueur qui fait le calendrier. Si on ne met pas la main sur lui, une vie s'envolera chaque soir.

Elle parut terriblement ébranlée et se recroquevilla comme une bête traquée.

— Je ne peux pas...

— Voulez-vous que je le dise pour vous ?

— Mais... Non... Je...

— Sachiko était lesbienne. Voilà, c'est dit. Pouvons-nous continuer, maintenant ?

Midori Kusaragi cacha sa tête dans ses mains.

— Écoutez, je m'en fous. Je ne porte aucun jugement sur votre amie...

Elle releva la tête brusquement :

— Vous vous en foutez ? Bien sûr. Vous avez juste besoin que je vous le dise pour votre enquête. Mais vous ne me ferez pas croire que votre magnanimité fera une différence lorsque la nouvelle sortira dans la presse ! Cette affaire fait la une, tous les jours.

Mais, pour l'instant, ça manque un peu de... sexe. Vous imaginez leur réaction si, au passage, ils pouvaient mettre la main sur ce type de ragots ?

Isobe se radoucit.

— Kusaragi san, je vais être honnête. Vous avez raison : vos révélations sur Sachiko sont susceptibles de porter atteinte à sa mémoire et de détruire la vie de Kenichi.

— Pas seulement la sienne...

Elle fondit en larmes. On sentait, à la manière dont elle pleurait, silencieusement, sans un sanglot, qu'elle n'avait fait que ça pendant des jours. Et qu'avant elle ne l'avait jamais fait.

— Vous voulez dire que...

Elle secoua la tête :

— Qu'est-ce que ça peut faire ?

— Rien. Je n'ai pas besoin d'informations sur vous mais sur le mode de vie de Sachiko.

Midori posa fermement ses mains sur ses genoux.

— Bon, laissons tomber les faux-semblants. Oui, c'était avec moi... Mais je ne veux pas que cela se sache, Kenichi serait dévasté par une telle nouvelle.

— Je suis désolé, mais ce n'est pas moi qui en suis responsable.

— À part ça, vous ne me jugez pas !

— Vous avez raison. Mais il faut que vous me parliez. Pour Sachiko. Pour sa mémoire.

Elle poussa un soupir, avala ses larmes.

— Pour sa mémoire ?

— Sachiko a été tuée parce qu'elle aimait une femme. Peut-être qu'elle en avait honte, peut-être qu'elle le vivait mal ou qu'elle préférait que cela reste caché, je ne sais pas ce que vous avez vécu. Mais, quoi qu'il en soit, elle ne méritait pas de mourir pour ça.

— Non, elle ne le méritait pas. Elle était si... vivante.

— Racontez-moi la vie de Sachiko. Comment elle vivait. Ce qu'elle était. Ce qu'elle faisait.

« Racontez-moi la vie de Sachiko. » Isobe avait sans doute trouvé le sésame qui devait ouvrir la bouche de Midori Kusaragi. Peut-être parce qu'il permettait à cette femme — les occasions seraient-elles nombreuses ? — de parler de ce qu'elle avait perdu. Quelques minutes de résurrection pour son amante assassinée. Elle prit une inspiration puis se lança, d'abord doucement, puis avec plus de fermeté :

— La vie de Sachiko a d'abord été celle d'une enfance dorée. Elle était issue d'une grande famille de Nara. Son père possédait une clinique. Dire qu'elle a été choyée est plus qu'une litote, c'est presque un mensonge : ses parents l'adoraient. Pour son éducation, pour ses loisirs, ils dépensaient des fortunes. La moindre de ses performances donnait lieu à d'interminables compliments. Ils la poussaient à s'intéresser à tout ; ils étaient eux-mêmes très cultivés, aussi bien son père que sa mère. Pas le genre à vous apprendre le piano pour divertir le salon, au contraire, ils tenaient à ce qu'elle acquière une culture réelle, profonde. Ils l'ont envoyée en Angleterre, aux États-Unis, en France. Sa connaissance des arts était phénoménale. Je l'ai croisée une première fois à l'époque du lycée. Elle avait un an de plus que moi, mais nous fréquentions la même école privée, une école cotée recevant uniquement des filles de bonne famille. C'était une reine. Elle était belle, élégante, elle avait toujours une classe de plus que les autres. Vous savez, il y a des gens qui semblent doués pour tout. Elle était comme ça : elle parlait cinq langues, jouait au tennis, au golf, faisait de l'équitation, peignait, sculptait, s'exprimait remarquablement, dansait mieux que quiconque. Moi, j'étais plutôt timide. Je me suis trouvée parfois dans des soirées où elle était également invitée. Je me rends compte rétrospectivement qu'elle me fascinait : elle s'amusait si bien ! Même ça, elle le faisait mieux : rire, se montrer, bouger, boire, chanter. Elle est passée devant mes yeux comme une étoile filante, puis elle a disparu. Elle a quitté l'école après son diplôme de fin d'études secondaires, elle a de nouveau voyagé puis, à vingt et un ans, elle a ouvert une galerie à Shibuya. Spécialisée dans l'art contemporain. Et elle a rencontré Kenichi. Il n'était pas encore aussi célèbre qu'aujourd'hui, mais il était déjà placé dans un très bon cabinet d'architectes. Ils se sont mariés...

— Vous la fréquentiez déjà ?

— Non, pas encore. Moi, à l'époque, je m'amusais médiocrement en faisant du shopping. Kenichi a voulu qu'elle arrête de travailler. Il préférait qu'elle soit tout à fait disponible pour lui et elle a cédé tout de suite. Ils menaient une intense vie mondaine et Sachiko se consola en construisant sa collection d'art privée. Elle avait un instinct sûr dans ce domaine : elle repérait de jeunes artistes talentueux, faisait le mécène en achetant leurs productions, les lançait, puis éventuellement revendait des pièces. Pas pour l'argent — les rémunérations de Kenichi étaient faramineuses. Pharaoniques, même. Surtout depuis qu'il avait construit ce gratte-ciel à Shinjuku. Elle revendait pour libérer de l'espace, dans sa tête. Se rendre disponible pour d'autres artistes. En revanche, durant cette première partie de son mariage, elle a fait deux fausses couches. Elle en a beaucoup souffert, et je pense qu'il a ensuite été entendu qu'ils n'essaieraient plus d'avoir un enfant. Je l'ai rencontrée à nouveau, il y a dix ans. Dans une soirée. J'avais trente ans, elle en avait trente et un.

Elle fit une pause, proposa un verre à Isobe qui refusa, puis se versa un verre d'eau, en but une gorgée.

— Il nous a fallu plusieurs semaines pour comprendre ce qui nous arrivait. Nous nous magnétisions. C'était irrésistible. Elle m'enchantait ; pour une raison qui m'échappait, c'était réciproque. Nous avons pensé que nous étions les meilleures amies du monde, nous sortions ensemble, nous jouions au tennis ensemble, on parlait pendant des heures. Et puis, un jour... Nous ne l'avons pas vu venir. Nous avions à peine idée de ce qu'était l'homosexualité, cela nous paraissait quelque chose de particulièrement obscène et, comme nous n'étions pas obscènes, jamais nous n'avons pensé à nous en ces termes. Simplement, nous sommes passées trop près l'une de l'autre — je crois que nous venions de Kanda, les bras chargés de livres —, un livre est tombé à terre, je me suis penchée puis relevée pour le ramasser et nous nous sommes trouvées trop près. Elle était à peine à un souffle de mes lèvres, elle me regardait intensément... Ensuite, tout est devenu évident.

— Mais vous êtes restées avec vos maris ?

— Oui.

— Pourquoi ?

— La question ne s'est jamais posée. Vous nous imaginez, comme des adolescentes fugueuses, nous enfuyant loin de Tōkyō, pour nous cacher dans les marécages de Sawara ? On aurait vécu comment ? On serait devenues ouvrières en Kita-Kyushu ? Il aurait fallu qu'on sacrifie tout pour vivre au grand jour une passion que, de toute façon, tout le monde aurait trouvé scandaleuse ? Pardonnez-moi de paraître cynique, mais nous avions tout : nous nous aimions, nous étions en fait très libres de notre temps, nous avions une vie confortable et nos relations avec nos époux n'étaient pas si mauvaises.

— Que savaient vos maris ?

— Rien.

— Ils ne se sont jamais doutés de rien ?

— Kenichi n'irait jamais imaginer quelque chose

de ce genre. Il n'aurait même pas imaginé un amant à Sachiko. Pour lui, c'était une déesse. Mes rapports avec mon mari sont différents ; depuis longtemps, nos relations sont fraternelles, sans plus. Il a lui-même une aventure avec une femme mariée. Nous vivons en bonne intelligence, je dirais même que nous nous aimons beaucoup. J'ai tendance à croire que je mourrai avec lui.

Les larmes se mirent à couler sur son visage.

— Le plus dur... c'est de ne pouvoir rien dire à personne sur... ce que je ressens maintenant. Tout le monde me plaint. « Elle a perdu sa meilleure amie. » Je n'ai pas perdu ma meilleure amie, j'ai perdu la femme que j'aimais, le sens de ma vie...

— Fréquentiez-vous des lieux homosexuels ?

— Non.

— Aucun ?

— Non. Nous n'en avions ni l'envie ni le besoin.

— Si l'assassin vous a repérées, a repéré Sachiko, il faut qu'il ait, d'une manière ou d'une autre, pris connaissance de votre relation.

— Je ne vois pas comment, nous étions très discrètes, comme vous pouvez l'imaginer.

— Essayez de vous rappeler. Sur la période des trois derniers mois, quels sont les moments où Sachiko et vous avez exprimé votre intimité... en dehors de cette maison ou de la sienne.

— Jamais.

— Un moment où vous pensiez être invisibles.

— Non, je...

— Oui ?

— Peut-être.

Elle regardait au loin. Un moment perdu, heureux, déchirant, qu'elle regardait d'un autre œil, un œil inquiet.

— Nous sommes allées, il y a un mois, à la galerie *Mukai*. À Shinjuku, sur Yasukuni dori. En revenant, nous avons traversé Shinjuku Nichome. Nous avions un peu bu à la galerie : les peintures n'étaient pas très bonnes, moins bonnes que le shochu qu'on y servait. Nous étions heureuses, c'était le printemps, c'était le 3 mai[1] ! Je me rappelle, maintenant, nous avions passé la journée dans des jardins, pour regarder les azalées. On avait mangé des glaces. Une belle journée. Bref, nous avions bu, il était peut-être 23 heures. Dans une ruelle de Shinjuku Nichome, on s'est dit qu'on ne risquait rien, on s'est glissées dans un coin et nous nous sommes embrassées. J'ai eu, un instant, le sentiment qu'on nous regardait, mais je n'ai vu personne. Nous sommes restées un moment comme ça, à nous étreindre, car ensuite nous devions nous séparer et rentrer chacune de notre côté. Je me souviens, je lui embrassais l'oreille, une de ses boucles est tombée, on ne la retrouvait pas car il faisait très sombre, elle avait roulé. D'un coup, Sachiko s'est mise à rire et elle m'a dit : « Laisse ! Avec tous les travelos qui se promènent par ici, ça fera une heureuse... »

La façade était décorée d'un néon bleu qui dessinait une femme. La femme en question avait les jambes longues, les fesses rondes, elle pivotait vers le voyeur en montrant un sein et souriait en clignant de l'œil. Elle portait une coiffe d'Indien et un arc. L'établissement s'appelait *La Rivière sans retour*. Les photos dans l'entrée montraient des Japonaises et des Thaïlandaises vêtues qui comme Marylin Monroe, qui en cow-girl, qui en squaw. Les costumes étaient cependant très légers et personne ne risquait de prendre une beigne, ou une flèche, pour avoir eu la main leste. Cela faisait partie du jeu. Quand l'ins-

1. Jour du Kempo Kinenbi, fête de la Constitution japonaise.

pecteur Takizawa entra, il aperçut un garçon qui faisait le ménage dans la salle désertée.

— La patronne est là ? demanda-t-il en montrant son insigne.

— Vous avez vu l'heure qu'il est ?

— Il est 10 heures.

— Vous savez à quelle heure on ferme ?

— Je ne veux pas le savoir. Il s'agit d'une affaire sérieuse. Je voudrais parler à Yuki.

— Vous la connaissez ?

— Dites-lui que Takizawa l'attend ici.

— Bien.

L'inspecteur Takizawa connaissait Yuki, et pour cause, il était client de ce strip. Il passa tranquillement derrière le bar, ouvrit le frigo et se servit un verre d'eau fraîche. L'un des murs, le plus grand, était décoré d'une fresque : un radeau emporté sur une rivière déchaînée, auquel s'agrippaient une dizaine de femmes aussi splendides que nues. Le *Radeau de la Méduse* version western. Il s'assit sur un tabouret tout en détaillant les filles, mais il ne les voyait pas vraiment. Il voyait le visage d'Ogawa. Ils étaient venus ensemble ici. Mais Ogawa n'aimait pas beaucoup boire, ni payer pour avoir une fille.

— Bonjour, Takizawa san.

— Bonjour, Yuki. Excuse-moi de te tirer du lit.

Elle contourna le comptoir et lui pinça familièrement la joue. Puis elle posa la main sur sa cuisse.

— T'as un problème ?

Yuki était une des plus jeunes tenancières de Tōkyō. Elle n'avait pas trente-cinq ans. Elle était menue et fine, très vive, avait l'allure d'une jeune femme fraîche et innocente. Elle s'habillait comme une étudiante argentée, en Armani, en Prada, en Gucci. Une fois versés quelques dividendes aux yakusas, il lui restait de substantiels revenus, qu'elle convertissait fréquemment en voyages ; elle partait pour Paris, New York, ou Rome.

— Tu te rappelles le gars qui a été abattu à l'entrée du métro ?

— Otani san ?

— Il venait ici ?

— De temps en temps.

— Qu'est-ce qu'il faisait ?

— À ton avis ? fit-elle d'un air malicieux.

— Il regardait juste, ou parfois il rejoignait une fille ?

— Il ne se contentait pas de regarder.

— Quelles filles ? Tu te rappelles ?

— Tu penses. Le lendemain de l'attentat, toutes les filles ne parlaient que de ça : qui avait couché avec lui, comment il était, s'il avait été généreux, ce qu'il aimait. Honnêtement, il n'y avait pas grand-chose à dire. C'était un client tout à fait banal. Enfin, jusqu'à ce qu'il se fasse buter. Rétrospectivement, ça le rend plus intéressant.

— Tu sais s'il fréquentait d'autres établissements ?

— Il y a un soap land en face. Tu connais Cindy ?

— La Thaïlandaise ?

— Oui. Elle travaillait en face avant, puis elle est passée ici. C'est la fille qui fait la James Bond Girl.

— Je vois.

Il voyait très bien. Il se mit à fredonner : *« Just like the moonraker goes, in search for his dream of gold. »*

— C'est elle. Elle avait eu Otani comme client dans son précédent boulot et l'avait retrouvé ici.

Takizawa fit la grimace. Bien que ce fût inévitable, vu les circonstances, il détestait se rendre compte que d'autres hommes couchaient avec la même fille que lui. C'était un sentiment un peu ridicule, mais il lui était encore plus pénible dès lors que Kazumi Otani était nommé. Superstitieux, Takizawa n'aimait pas se voir associé, d'une quelconque manière, avec un mort. Mais Yuki continua ses commentaires.

— Il ne l'avait pas reconnue, d'ailleurs. À cette époque, elle faisait la squaw avec les plumes et le tomahawk.

— Joli numéro.

— Oui, elle bouge bien. J'espère qu'elle restera.

— Bien, je te remercie, Yuki. Et encore une fois, excuse-moi de t'avoir réveillée.

— De rien. Et, à bientôt. Dans d'autres circonstances, j'espère. Et amène ton ami.

— Ogawa san ?

— Ton collègue.

— Il est mort.

Le 23 décembre 1998

Je me demande ce que me réserve l'avenir. Je suis incapable de m'imaginer plus tard, quand je serai une adulte. Je voudrais pouvoir me regarder, me critiquer à l'avance, rire de moi, savoir. À quoi ressemblerai-je ? J'espère que je fréquenterai encore mes amies d'aujourd'hui, que je n'aurai pas grossi, que je pourrai porter des lentilles de contact colorées. J'espère que j'aurai un petit ami, et pourquoi pas deux ? Non, je blague. J'espère que je serai graphiste, maquettiste et que tous les magazines branchés se battront pour m'employer.

Le 5 mars 1999

À Tōkyō, il y a des distributeurs de tout, alors pourquoi pas des distributeurs de garçons ? D'une certaine manière, il y a des distributeurs de filles, alors pourquoi pas de garçons ? On mettrait quelques yens et puis la machine dirait : « Faites votre choix puis appuyez sur le numéro correspondant. » On regarderait les garçons rangés dans la machine (eux, ils ne verraient rien) et puis pouf, on tire le tiroir et le voilà. Il est à moi. Et quand j'en veux plus, je le relâche dans la nature.

Le 1er juillet 1999

Quand j'imagine mon genre d'homme idéal, je vois Iggy Pop en Japonais. Et en plus jeune. C'est mieux, un Japonais, je crois. Mais ce genre-là, un peu dingue et puis très maigre et qui est capable de tout avec son corps. Et qui aurait une activité artistique, dans la musique ou des arts plastiques. Un DJ ? Mais pas un acteur. J'aime bien les cheveux longs, les garçons torse nu, pas trop musclés. Mais les garçons aux cheveux longs, il n'y en a pas beaucoup, à part peut-être ceux qui aiment le heavy metal ou le skate-board.

Le 20 juillet 1999

Il y a plusieurs semaines, je parlais des skate-boarders, eh bien, j'apprends le skate-board avec des copines et des copains. Pour l'instant, je me prends de belles gamelles. J'ai les genoux en sang, mais honnêtement, j'adore ça, les égratignures et les bleus. Je sais que c'est bizarre, mais c'est comme ça. Le grand frère de Hiroko a l'air de comprendre. Il est très sympa, très gentil, il a les cheveux longs *avec une queue-de-cheval.*

Le 28 août 1999

Nous sommes allés voir le feu d'artifice sur la Sumida. J'en aurais profité si je ne m'étais pas retrouvée avec un mec qui me mettait la main aux fesses. Je ne savais pas quoi faire. Si je m'étais débattue, tout le monde m'aurait regardée bizarrement, je me serais sentie affreusement intimidée comme si c'était moi qui avais été en faute. Mais en même temps, je me sentais super honteuse, super mal.

L'horreur. Alors finalement j'ai fait semblant de tomber par terre. J'en ai profité pour me placer devant mes parents plutôt qu'à côté.

Le 1er octobre 1999

Aujourd'hui j'ai opéré un ensemble de sacrifices pour marquer mon passage à l'âge adulte. J'ai brûlé mes livres de petite fille dans l'évier. J'ai exécuté mes poupées : décapitées puis scalpées puis jetées à la poubelle. J'ai éviscéré ma collection de nounours, puis je leur ai arraché les yeux — ce qui a été très difficile. Mais je n'ai pas réussi à faire du mal à ma girafe en peluche. Peut-être ne suis-je pas encore prête pour l'âge adulte ? Je garde donc la girafe comme dernier vestige de mon enfance.

Avec cette histoire, j'ai préparé deux planches de dessins, façon manga, pour le journal de l'école.

Nakamura referma le journal de Naoko Ando. Elle avait été incinérée la veille. Il entendait ses parents brisés et inquiets attendre de l'autre côté de la cloison. Ils se demandaient sans doute pour quelle raison on avait demandé à passer en revue les affaires de leur fille. Visiblement, ils n'avaient pas encore osé entrer dans la chambre, y mettre de l'ordre. En tout cas, il ne semblait pas — ou alors elle avait omis d'en parler dans son journal, ce qui était peu probable —, il ne semblait pas que la petite Naoko ait noué aucune relation homosexuelle. Masayuki murmura à l'adresse de Junko :

— Bon, je crois qu'on peut écarter cette hypothèse pour la gamine.

— Ce sera déjà ça de moins à gérer, répondit-elle à mi-voix.

Sous le grand poster d'Iggy Pop se dressait une girafe en peluche.

« Je me demande ce que me réserve l'avenir. »

La dernière amante en date de Michiko Terada, selon Akiko, était une infirmière de l'hôpital de Minato-ku. Isobe se présenta aux urgences sans montrer son insigne mais en la demandant nommément. Lorsqu'elle apparut devant lui, il expliqua la raison de sa visite. Ils sortirent parler dehors, malgré la pluie. Ils se réfugièrent sous un pin. Les gouttes n'étaient pas toutes déviées, certaines glissaient de branche en branche et finissaient sur leurs vêtements. Le tonnerre roulait à quelques kilomètres de là ; Isobe se demanda s'il était très prudent de stationner sous un arbre en plein orage. Mais, après tout, il faut bien mourir de quelque chose. Foudroyé sous un pin, en compagnie d'une si jolie infirmière, ça ne manquait pas de sel.

— Je vous remercie d'avoir accepté de répondre à mes questions.

— C'est la moindre des choses.

— Je n'en aurai pas pour longtemps.

— Je suis prête.

Sanae Naito portait une tenue immaculée : une blouse blanche impeccable, des chaussures en toile blanche. Un visage un peu pointu, un peu étroit, les oreilles un peu décollées. Ses yeux étaient doux et grands. Elle avait rassemblé ses cheveux en chignon.

— De quand date votre relation avec Michiko Terada ?

— Elle était récente. Quatre mois. Je ne dirais pas qu'elle était très sérieuse. C'était sympa, mais probablement pas durable... Je veux dire que... Si Michiko n'était pas morte ainsi, cela n'aurait sans doute pas duré éternellement.

— Pourquoi ?

— Je crois que Michiko était amoureuse d'une de ses étudiantes. Mais c'était une relation impossible.

— Pourquoi ?

— L'étudiante en question était *non-ke*[1]. En fait, je pense qu'elle n'aurait pas répondu à ses avances si Michiko avait osé lui en faire. Elle en était assez malheureuse. D'autant plus qu'elle était la directrice de thèse de cette élève. Elles se voyaient assez souvent. C'était une torture renouvelée. Avec moi, Michiko se distrayait.

— Qu'en pensiez-vous ?

— Il y a des moments pour le grand amour et des moments pour des amours moins sérieuses.

— Vous n'étiez pas vous-même très amoureuse.

— Non. On s'amusait bien ensemble. Michiko m'a fait découvrir beaucoup de choses.

— Comme ?

— Des artistes, des formes d'art contemporain que je n'aurais jamais abordés seule. Je ne suis pas très cultivée. J'ai tendance à penser que ces sortes de peintures, de performances, comme on dit, ne sont pas pour moi. Michiko m'emmenait dans des cocktails, des vernissages, des théâtres.

— Vous arrivait-il de fréquenter des établissements de Shinjuku Nichome ?

— Non.

— Jamais ?

— Jamais.

— Êtes-vous passées dans ce quartier par hasard au cours des dernières semaines ?

— Non, vraiment, cela fait des années que je n'ai pas mis les pieds dans ce coin.

— Fréquentez-vous d'autres bars, cafés ou lieux de rencontres spécifiquement homosexuels ?

— Non.

— Vous arrivait-il d'exprimer vos sentiments en public ?

— Non, absolument jamais. Ce n'est pas dans mes

1. *Non-ke* : « hétéro », en argot gay japonais.

habitudes et certainement pas dans celles de Michiko. Elle était prof à la fac. Elle ne se cachait pas tout le temps, mais elle conservait certaines apparences. Moi-même, en tant qu'infirmière, je peux vous dire que je ne le crie pas sur les toits. En réalité, je m'invente des fiancés pour répondre à la curiosité de mes collègues.

— Vous disiez que Michiko vous emmenait dans des expositions, des vernissages. Est-ce que, dans certains de ces lieux, la proportion d'homosexuels était importante ?

— Ah oui ! Parfois, il n'y avait même que ça ! Quand je disais que nous ne fréquentions pas de lieux homosexuels, en effet, nous n'allions pas dans des lieux explicitement destinés aux homos. Mais il existe une multitude d'endroits où, de fait, les homos sont très nombreux.

— À quels lieux pensez-vous ?

— Justement. Des galeries d'avant-garde. Des centres culturels, des festivals de danse.

— Quels sont les derniers lieux de ce type où vous vous soyez rendue avec Michiko ?

— Il y a cette galerie, à Shibuya. *Entre quatre murs.* On y est allées il y a trois semaines, pour le vernissage d'un groupe d'artistes femmes. The Godzilla's daughters. Elles faisaient des performances, notamment sexuelles, et le public était presque entièrement constitué de gays et de lesbiennes.

— À cette occasion, étiez-vous aussi discrètes que d'habitude ?

— Non. Dans un univers comme celui-ci, on ne craignait rien.

— Pouvez-vous me citer d'autres endroits ?

— Il y a une salle à Kabuki-cho qui sert à la fois de salle de concerts, d'exposition, de performance. Le *Susanoo.* Nous sommes allées écouter un groupe de rock underground, la semaine dernière.

— Quel groupe ?

— Cactus mystique.

— Là encore, le public était gay ?

— Un tiers de lesbiennes, un tiers de gays, un tiers d'hétéros. Après le concert, nous sommes allées manger avec un couple d'amis gays dans un restaurant de Meiji dori.

— Avez-vous le sentiment d'avoir été suivies au cours d'une de ces soirées ?

— Non. Vraiment.

— Terada san ne vous a jamais confié une inquiétude de ce type ?

— Non, vraiment. Je suis désolée, j'ai le sentiment de ne pas vous être très utile.

— Si, si, vous m'avez transmis des informations intéressantes.

Leurs chaussures étaient trempées et Sanae Naito commençait à trembler dans le vent. Une ambulance passa, toutes sirènes hurlantes.

— Un typhon approche, dit-elle.

— La télé a prétendu qu'il passerait plus au sud.

— J'espère. On a suffisamment d'ennuis comme ça.

— Bien, je ne vais pas vous garder plus longtemps. Je vous remercie, Naito san.

— Au revoir. S'il vous plaît... Trouvez-le.

— La théorie de Junko se trouve à moitié vérifiée.

Dans la pénombre et le tambourinement de la pluie, ils réfléchissaient. Dehors, les passants se pressaient. Leurs pas résonnaient dans la ruelle. L'eau crépitait en tombant, en rivière, sur la chaussée. La façade du Casque chantait, comme un orgue, de la multitude des filets qui glissaient de lamelle en lamelle. Sur la vitre, le torrent du ciel donnait un son plus mat et moins liquide, il claquait par petites touches contre le verre. Le bois bruissait, l'eau coulait sur lui, sifflait doucement. Junko se perdait dans la contemplation de quelques gouttes, agrippées au verre dans la tourmente, qui brillaient des lueurs du dehors. Dans l'espace de leur millimètre, elles renfermaient celle-ci le bleu de l'enseigne de l'épicier, celle-là le vert du photographe, telle l'orange que projetait le camion des éboueurs et telle autre du jaune — d'où venait-il ? Le visage d'Isobe, strié par la lumière et par l'ombre, jouissait de ce moment. Il s'était senti chez lui, ici. N'avait pas envie de quitter ce bureau. D'autant plus qu'il connaissait le nom de son successeur : Honda san.

— Ma théorie n'est pas à moitié vérifiée, elle *est* vérifiée.

— C'est vrai. On ne peut attribuer au hasard la présence de trois femmes homosexuelles parmi les six victimes. Ce fil relie ces morts. Mais que faire des autres ?

Nakamura repensa au : « Je me demande ce que me réserve l'avenir » de Naoko Ando. Il intervint :

— Les autres victimes ont, elles, réellement été choisies au hasard. Il ne s'agissait que de nous mener sur de fausses pistes. L'assassin a commencé par tuer une victime effectivement sans rapport avec ses obsessions. Nous nous sommes précipités sur cet hameçon. Puis Maria Hatori. Que penser ? Un employé de l'hôtel de ville, une danseuse nippo-brésilienne, sans rapport apparent. Puis la gamine, encore un changement total. Peut-être que si le tueur avait commencé par une série Maria Hatori, Sachiko Miyashita, Michiko Terada, on aurait établi le lien plus rapidement. Le meurtrier s'est aussi servi de la discrétion de ses victimes. Il a compté sur le fait que leur homosexualité ne serait pas connue de nous, ou, en tout cas, pas rapidement. Il a eu encore une fois raison. Après tout, nous n'avons suivi cette piste qu'à partir d'un élément ténu que nous aurions pu ne jamais repérer : le bouquin. Pour peu que Maria Hatori n'ait pas acheté ce livre, on n'aurait pas établi de rapport entre les victimes.

— Cela dit, nous n'avons pas énormément avancé quant à l'identification de Hasard.

— J'ai relancé Tajima sur les sectes pour voir si certaines d'entre elles ne font pas de fixation sur les homosexuels, et, en particulier, les lesbiennes. Pour l'extrême droite... Mori vérifie juste ses fiches afin d'identifier d'éventuels individus isolés et obsessionnels. Pour le reste, la gamme des possibles est infinie. Depuis hier, on repasse au peigne fin les dossiers médicaux et psychiatriques que nous avions reçus. Cela ne nous a pour l'instant rien rapporté.

— Toutes les victimes homosexuelles sont des femmes. Encore une fois, je crois qu'il n'est pas impossible que l'assassin soit une femme.

— Ça réduirait le nombre des suspects de cent vingt millions à soixante millions.

— À moins que ça ne l'étende de soixante millions à cent vingt millions.

— Ce pourrait être aussi un amoureux blessé.

— Très blessé.

— Un type instable et hyper violent qui n'aurait pas supporté l'affront porté à sa virilité.

— Quelqu'un a vérifié l'alibi de Kenichi Miyashita pour l'assassinat de sa femme ?

— Non.

— Il faudrait. Il pourrait avoir ce profil. S'il considérait vraiment son épouse comme une déesse et que d'un coup il découvre qu'elle entretient depuis dix ans une relation amoureuse avec une de ses amies... Il pourrait avoir perdu la tête.

— Il part beaucoup à l'étranger. Il aurait pu rapporter une arme, voire plusieurs, des États-Unis, par exemple.

— Tout de suite, les États-Unis.

— Sans vouloir vous vexer, Junko, il est plus facile d'acheter une arme chez vous qu'un bon poisson frais.

— J'envoie tout de suite Takizawa interroger le gardien du parking de Miyashita.

— Nous n'avons pas de piste sérieuse à partir de l'assassin ou de ses caractéristiques. De ce côté-là, Hasard a fait un sans-faute. Les seules indications nouvelles que nous avons glanées sont topographiques : Sachiko Miyashita a probablement été repérée à Shinjuku Nichome ou à la galerie dont elle revenait.

— Michiko Terada ne passait pas à Shinjuku Nichome, mais elle était tout près, à Kabuki-cho.

— L'autre espace, c'est Shibuya. Michiko Terada fréquentait aussi une galerie là-bas. Et la petite Naoko Ando a été abattue dans le même quartier.

— Je me demande si le sort de la petite n'est pas dû à une méprise. La gamine voulait être graphiste, maquettiste, pour des trucs branchés ou d'avant-garde. Il n'est pas impossible qu'elle ait traîné dans des galeries ou des vernissages d'expo. L'assassin l'aurait repérée là et assimilée à son type de victimes.

— Possible. Je vais envoyer des hommes dans les galeries pour vérifier qu'elle n'y était pas passée juste avant d'être abattue. Elle a pu faire un détour pendant ses courses pour aller regarder une expo.

— Dites aux policiers d'être discrets. Ce serait dommage que Hasard soit prévenu de notre progression. Il est peut-être encore en train de rôder pour trouver de nouvelles proies.

— Il faudrait qu'on ait confirmation des lieux que fréquentait Maria Hatori. Vous avancez sur cette piste ?

— On a rendez-vous dans deux heures avec Hanke Müller, la petite amie allemande de Maria Hatori.

— Très judicieux. Juste à la tombée de la nuit. Vous ne pensez pas que vous auriez pu être utiles ici ?

— On n'avait pas le choix pour l'horaire. Hanke Müller assiste aux funérailles de Maria Hatori, qui se terminent aujourd'hui. En plus, le rendez-vous est à Yokohama. Mais tu seras là pour assurer.

— Je ne pourrai pas. Je dois faire mon discours de départ au personnel.

— Tu sais où tu es affecté ?

— Pour l'instant, je reste sur l'affaire. On me donnera un nouveau poste ensuite.

— Et qui est ton successeur ?

— Il paraît que c'est Honda.

Nakamura et Go firent la grimace.

— Ce n'est pas encore officiel. Honda déteste tellement les politiques. Il n'est pas sûr que la hiérarchie entérine cette proposition.

De tous, Masayuki était celui que la nouvelle perturbait le plus ; si la candidature de Honda était retenue, il devrait bosser avec lui ; pour lui, plus exactement. Isobe se leva de son siège, jeta un coup d'œil par la fenêtre. Toutes les lumières de la ruelle se reflétaient dans les mares qui occupaient la chaussée inégale. Il aperçut sa propre Suzuki Wagon, couleur gris métallisé. C'était l'heure de déménager ses cartons.

— Vous m'aidez à descendre mes affaires ?

— Oui, bien sûr, Isobe san.

Isobe avait décroché ses cadres du mur ; Junko réalisa à cet instant que les clichés qu'elle avait vus dans le bureau de son père n'étaient pas des campagnes de recrutement pour les forces de l'ordre mais des images de la bataille pour la reprise de l'université de Tōkyō. 1969. Lequel des visiteurs du chef de la police aurait imaginé quel attachement ce dernier leur portait, lui qui avait assommé un collègue pour emporter le corps endormi de Takako Go à travers la ville ? Lui, le chef de la police de Tōkyō.

L'arrivée sur Yokohama par la nationale 16 était superbe, et, lorsqu'on pénétrait dans la ville, on se trouvait à survoler, sur les échangeurs, les quais, la zone industrielle portuaire, ses centaines de cargos et de chalutiers, d'entrepôts et de camions, de grues et de conteneurs. Alors que le jour s'accrochait encore à la terre mais que la pluie délavait le ciel, les divers véhicules en action sur le port étaient déjà éclairés par leurs phares. Au sommet des grues, des petites lampes rouges brillaient. Ils prirent la sortie vers Minato Mirai 21, le bouquet de gratte-ciel et d'aménagements futuristes qui occupe un territoire partiellement gagné sur la mer. Dans cet enchevêtrement de passerelles, de jardins suspendus, de parkings et d'immeubles démesurés, se dressait leur lieu de rendez-vous, la Landmark Tower. Une tour de trois cents mètres et soixante étages.

— Ça va nous coûter les yeux de la tête pour un simple Coca.

— On fera une note de frais, répondit Nakamura. Et puis ça te fera d'une pierre deux coups : enquête et tourisme en une seule balade.

— Super chouette, la balade. Je n'ai fait que me balader depuis mon arrivée.

Nakamura sourit.

— Masayuki, je peux te poser une question ?

— Non.

— Pourquoi gardes-tu toujours des lunettes de soleil dans ta veste ? Tu as vu le temps ? Il n'y a pas eu plus de trois minutes de soleil depuis que je suis arrivée.

— À ton avis, pourquoi ?

— Je ne sais pas, dis-moi.

— Pour faire joli.

Junko hocha la tête :

— C'est vrai. Ça fait très joli. Tes costumes aussi sont chics. Ça doit te coûter une fortune.

— Oui. Il n'y a pas d'autre mot : une fortune.

— Comment tu fais pour te les payer ?

— Je n'achète rien d'autre.

— Rien ?

— Tu m'as déjà vu manger ?

Go passa en revue ses souvenirs.

— Non, je ne t'ai jamais vu manger.

— Bien, tu vois.

— C'est pas normal de jamais manger, tu le sais ? Comment tu fais ? Tu te drogues ?

— Ne plaisante pas avec ça, Yo.

— Yo, man, je ne plaisanterai plus avec ça.

Ils garèrent la Nissan sur le parking du personnel en laissant en évidence un macaron de la police. Puis entrèrent par un tourniquet vitré de cinq mètres de haut. Les lieux étaient placés sous le signe du gigantisme. Le hall d'entrée s'élevait à l'infini : l'immeuble était un tube de base carrée et évidé à l'intérieur. En levant les yeux, Nakamura et Go virent leur regard glisser sur la fabuleuse perspective de cette falaise inversée qui filait vers le ciel. La cheminée était construite de soixante anneaux successifs, les soixante étages de la tour, ces coursives en acier qui enserraient le patio. Aux quatre coins du hall, des ascenseurs aux parois transparentes attendaient les visiteurs.

— Il faut monter là-dedans ? murmura Junko.

— À moins que vous préfériez monter soixante étages à pied. Vous avez le vertige ?

— D'habitude, non, mais là...

Ils eurent tout loisir d'observer la répartition des étages de la tour : dix étages de magasins, vingt étages de bureaux, vingt-neuf de chambres d'hôtel, et au sommet, le restaurant bar. De ce nid, haut perché, la vue était sidérante. Des kilomètres de ville s'étendaient le long de la côte. Hanke Müller n'était pas difficile à repérer : avec ses cheveux blonds et ses yeux bleus, sa taille haute, on n'avait peu de mal à imaginer qu'elle était allemande. Elle était assise, seule à une table, devant une Sapporo : un débardeur bleu et un jean noir, un pull noir plié sur le dos de sa chaise. Son visage était constellé de quelques taches de rousseur, ses cheveux blonds étaient coupés court, ses traits harmonieux, des lèvres longues, un nez avec une arête très nette, des yeux grands, des pommettes un peu hautes, à la slave. De plus près, on remarquait ses yeux rougis et ses paupières gonflées, des cernes sous les cils. Elle frottait ses mains l'une contre l'autre, comme quelqu'un qui se sent mal.

— Müller san ?

Elle leva la tête. Nakamura laissa Go mener la danse, car son anglais était moyen.

— Bonjour, miss Müller. Je suis l'inspectrice Junko Go (elles se serrèrent la main) et je vous présente l'inspecteur Nakamura.

Il la salua.

— Nous sommes désolés de vous déranger dans cette période de deuil, dit-elle pendant qu'ils s'asseyaient.

— Ne vous excusez pas. De toute façon, je n'ai plus rien à faire...

Les policiers se demandèrent comment ils devaient interpréter cette phrase.

— Je repars demain pour Berlin.

— Nous désirions vous rencontrer car nous savons

très peu de choses sur Maria. Les derniers développements de notre enquête nous ont cependant fait penser que Maria n'aurait pas été choisie par le tueur au hasard.

— Comment ça ? dit-elle d'une voix tremblante.

— Nous pensons que l'assassin tue prioritairement des lesbiennes.

Les mains de Hanke Müller se crispèrent sur le verre.

— C'est monstrueux.

Une larme unique coula sur sa joue.

— Enfin, de toute façon, c'est monstrueux.

Puis elle sortit un mouchoir et essuya d'autres larmes naissantes.

— Que puis-je faire pour vous ?

— Que savez-vous de la vie de Maria à Tōkyō ? Des gens et des lieux qu'elle fréquentait ?

— Elle venait ici... Enfin, elle m'en avait parlé... C'est pourquoi je vous ai donné rendez-vous dans ce lieu un peu... inadéquat. Mais bon, je ne connais pas Yokohama. Vous savez, ses parents habitent près d'ici.

— C'est la première fois que vous venez au Japon ?

— Oui. Et la dernière.

— Je comprends. Que savez-vous des habitudes de Maria à Tōkyō ?

— Pas tout. Nous avions décidé de nous laisser totale liberté pendant ces six mois de séparation, du moment que cela ne mettait pas en péril notre relation.

— Ça veut dire exactement que Maria était libre d'entretenir une relation amoureuse, ou plusieurs, ici ?

— Plutôt plusieurs.

— Pourquoi ?

— Prudence. Moins de risque de s'attacher.

Hanke sourit avec amertume.

— Maintenant, j'hésite... Si elle n'avait pas été chez elle, ce soir-là, mais plutôt chez une autre femme... peut-être que...

— Le tueur l'avait choisie. Il l'aurait abattue le lendemain.

— Pourquoi ? s'écria-t-elle en frappant la table.

Plusieurs personnes se tournèrent vers elle. Elle enfouit sa tête dans ses mains :

— Pourquoi ? Pourquoi Maria ? Elle était belle, intelligente. Je l'aimais... Qu'est-ce que je vais devenir, sans elle ? Toutes ses affaires sont à la maison. Qu'est-ce qu'on fait avec les affaires d'un mort ?

— On jette ce qu'on arrive à jeter. Le reste, on s'y accroche jusqu'à ce qu'on soit prêt à revivre.

— Je la vois partout. Dans la rue, j'ai l'impression qu'elle est à droite, à gauche, qu'elle traverse la rue, qu'elle descend d'une voiture, qu'elle sort d'un magasin, qu'elle marche devant moi. J'ai l'impression de reconnaître ses cheveux, ses épaules, son pas, mille fois. Il y a des moments où je perds la tête, je me dis vraiment : C'est elle ! Il faut que je parte de ce pays avant de devenir dingue.

Junko se retint de lui poser sa main sur l'épaule.

— Je n'arrive pas à croire qu'elle est morte. Je n'y arrive pas.

— Hanke, dites-moi ce que vous savez de la vie de Maria ici.

— Je crois qu'elle avait une vie très réglée. Répétition matin et après-midi. La première du spectacle a eu lieu hier. Elle dormait beaucoup. Le soir, en général, elle restait à la maison ou sortait avec d'autres danseurs de la troupe. Elle allait assez souvent chez ses parents. Comme elle vivait à Berlin, elle profitait de son séjour ici pour les voir. Bon, je pense qu'elle recevait aussi des filles...

— Où les rencontraient-elles ?

— On ne se disait pas tout. En fait, le principe était qu'on ne se racontait rien qui puisse aiguiser notre jalousie. Elle évitait soigneusement les allusions qui m'auraient... blessée. Mais, bon, je la connais. On s'était rencontrées dans un bar, à Kreuzberg. Elle avait l'habitude de draguer dans les bars. J'imagine qu'il en était de même ici.

— Elle ne vous a jamais cité de noms de bars ?

— Elle m'avait parlé du *Sunny,* qui est un des bars lesbiens les plus connus de Shinjuku.

— Donc, à Nichome ?

— Oui.

— Vous savez si Maria se rendait dans des lieux comme des galeries d'art ? Est-ce qu'elle s'intéressait à l'art contemporain, aux performances, aux choses de ce genre ?

— Oui. C'était la danseuse la plus curieuse que j'aie jamais vue. Moi, je suis inculte. Vraiment. Et en plus, je m'en fous. Maria était assez intellectuelle.

— Le nom de Godzilla's daughters vous dit quelque chose ?

— Oui. Elle ne m'en a pas parlé récemment, mais quand on était à Berlin. C'est un groupe d'artistes lesbiennes assez trash.

— Vous savez si Maria est allée à leur dernière performance ?

— Elle ne m'en a pas parlé, mais ce n'est pas du tout impossible.

— Excusez-moi de cette question très indélicate. Vous avez une idée de la ou des femmes que Maria a fréquentées depuis son arrivée à Tōkyō ?

— Non, je ne sais pas et je ne veux pas le savoir. Surtout pas maintenant. Vous avez posé la question à Zita ?

— Elle ne savait pas non plus. J'ai encore une question. Est-ce que Maria était bisexuelle ? Est-il possible qu'elle ait entretenu une relation avec un homme ou un jeune homme ?

Junko pensait au « jeune homme » au blouson de cuir.

— Non, elle n'était que lesbienne. Je ne crois pas qu'elle aurait eu une relation avec un mec.

— Quel était son genre de femme ?

— Moi.

Junko plongea un regard ironique dans les yeux de Hanke Müller. Mais ce n'était pas le moment.

— Vous voulez dire...

— Assez androgyne.

— D'accord. Je vous remercie de nous avoir accordé cet entretien.

— De rien. C'était le moins que je puisse faire... pour elle. Vous croyez que sa famille va être au courant ?

— Si on met la main sur l'assassin, oui, je crois. Il y a peu de chances qu'une telle information échappe à la presse.

— Ils ne vont pas aimer du tout.

— Laissez tomber. Ce n'est pas votre problème.

Hanke Müller jeta sur Junko un regard étonné. Peut-être n'avait-elle pas fait suffisamment attention. Sans doute n'était-elle pas vraiment capable de penser à autre chose qu'à Maria. C'est seulement à cet instant qu'elle observa les deux inspecteurs : ils avaient plutôt l'air d'un couple de rock stars, lui avec son visage impassible, ses épaules larges et ses yeux noirs, elle avec cette expression de défi, son corps long et... ses yeux noirs. Elle était lesbienne.

— Vous revenez vers Tōkyō ? demanda Nakamura. Voulez-vous qu'on vous dépose ?

— Oui. Oui, merci.

Ils se levèrent. Nakamura abandonna l'idée de demander une facture et paya tout de sa poche. Ils reprirent l'ascenseur. Soixante étages, et le plancher était en verre. Sous les pieds, ils avaient un vide de trois cents mètres. Entre leurs chaussures, ils pouvaient voir des visiteurs grands comme des puces grouiller dans le hall. Junko bloqua sa respiration puis expira pour se détendre. Nakamura appuya sur le bouton du rez-de-chaussée, mais lui aussi avait le vertige. Soudain, l'ascenseur tomba. Enfin, il descendit, mais son allure était si vive qu'on sentait presque ses pieds se détacher du plancher. Les étages défilaient à toute vitesse devant leurs yeux.

— Cette cabine a été conçue par un sadique, remarqua Hanke Müller.

Tout à coup, la paroi de l'ascenseur explosa. Un jet de sang gicla sur le mur. L'appareil s'immobilisa tandis que des hurlements fusaient de partout comme des sirènes.

8

La détonation fut assourdissante. La cabine s'écrasa sur ses ressorts, le câble s'étira en grinçant. Les roues et la structure claquèrent dans un fracas qui résonna dans tout le hall. L'ascenseur se bloqua. Le corps de Hanke Müller s'effondra tandis qu'une gerbe de sang s'étalait sur la porte. La paroi tournée vers le patio était percée et des fêlures en cercles concentriques s'étalaient sur cinquante centimètres de rayon. Masayuki et Junko dégainèrent dans la même seconde : lui son 38, elle le 9 mm, cherchant des yeux l'origine du tir. Cinq secondes séparèrent cet instant de la seconde détonation.

L'instant d'avant, ils inspectaient chacun un angle de quatre-vingt-dix degrés, Go à droite, Nakamura à gauche. Le hall, au niveau du rez-de-chaussée, était déserté. Le marbre blanc, cerclé d'une bande marron, dessinait un carré vierge. Un bassin à poissons occupait le centre de la surface, même si, de leur perchoir, les policiers ne voyaient que vaguement des formes s'agiter dans l'eau. Go aperçut près d'un banc une femme couchée. Elle portait un tailleur gris, des bas, des escarpins noirs et un attaché-case qu'elle serrait contre elle compulsivement. Elle était recroquevillée, terrorisée sans doute. Mais on entendait des cris venus d'en bas, des bruits de course, des gens essayaient de sortir de la tour en se glissant le long des murs, probablement jusqu'au tourniquet de sortie. Tournait-il ? Il était impossible de le voir de là où ils étaient. En hauteur, les anneaux s'empilaient jusqu'au ciel, créant un vertige presque aussi sensible que la vision du sol. Ils baissèrent les yeux. Du premier étage, ils ne percevaient chacun que la rampe dorée, avec ses plots réguliers. On ne voyait aucune main dessus, les gens avaient dû se réfugier dans les boutiques, l'arrière des restaurants, les toilettes. Une feuille de ficus dépassait au coin ouest. Deuxième étage, rien de mieux. On apercevait juste un présentoir à journaux dépasser. Il était immobile. Troisième étage : Junko vit des pieds. Des chaussures qui progressaient vers la droite, à pas nerveux mais lents. Ses mains se serrèrent sur la crosse du 9 mm qu'elle abaissa dans la direction du marcheur. Les chaussures étaient des tennis à rayures blanches et bleues. Pendant qu'elle les surveillait, Nakamura regardait le quatrième étage. Un homme et sa femme étaient agenouillés et serraient leurs enfants entre eux. Leurs imperméables dégoulinaient et la mare grandissait autour d'eux. Le marcheur du troisième continuait sa progression. Au quatrième, dans le champ visuel de Nakamura, se trouvaient un marchand de jouets, une papeterie, un bar. Les tables du bar étaient pour la plupart renversées, il restait des boissons non consommées sur celles qui tenaient encore debout. Des parapluies gisaient sur la moquette verte. On ne voyait âme qui vive. Le comptoir avait peut-être servi de refuge. Dans l'encadrement de la porte du magasin de jouets, une tête émergea. Un jeune vendeur à quatre pattes. Son regard croisa celui de Nakamura qui lui fit signe de se planquer. La tête disparut. Sur le palier du troisième, le corps entier du marcheur apparut : une jeune femme noire en survêtement. Ses mains étaient vides. Junko poussa un soupir silencieux et laissa la jeune femme fuir par l'escalier. Cinquième étage, exactement à hauteur de l'ascenseur, à gauche, un magasin de souvenirs, un autre de jeux vidéo, un marchand d'estampes ; à droite, une vitrine avec des fontaines d'appartements de diverses formes, une librairie. Chez le marchand d'estampes, dont la boutique était bordée d'une longue baie vitrée, les clients étaient tous rassemblés dans un coin, effrayés mais le nez en l'air, aux aguets. C'est alors que Nakamura devina une menace. Une fraction de seconde avant la détonation, il se jeta à terre en poussant Junko devant lui.

Le tir résonna comme un coup de canon. Une deuxième étoile se ficha dans la paroi de l'ascenseur. Une nouvelle salve de hurlements, de cris stridents, submergea le hall. Les deux policiers étendus sur le verre relevèrent la tête. Le tireur apparut au quatrième étage, surgissant de derrière le comptoir du bar. La pèlerine, cette fois-ci, était jaune. Elle s'enfuyait. L'esprit entraîné de Junko enregistrait les détails. Hasard mesurait un mètre soixante-quinze, pesait soixante-cinq kilogrammes, portait des chaussures de tennis blanches, un jean bleu, des gants de cuir beiges, un fusil M40, Remington 700, calibre 308, fût en fibre, équipé d'une lunette et d'un bipied. L'arme de Shinjuku et Ginza. Les deux policiers, coincés dans leur cabine, firent mine de pointer leurs armes, mais à quoi bon ? Impossible de tirer depuis leur prison de verre. Junko balança un coup de talon dans la paroi abîmée :

— Putain ! Merde !

Le verre était trop solide, elle ne fit qu'élargir les fêlures de la vitre.

— C'est pas vrai !

L'assassin arrivait au niveau de la papeterie. Nakamura essayait d'écarter en vain les portes de l'ascenseur.

— C'est bloqué...

Pris au piège, comme les ballons qu'on flingue à la foire. Ils ne pouvaient que regarder. Le meurtrier passa devant un miroir : Junko se vit, puis elle et Nakamura, perchés au-dessus du vide, dans une cabine constellée. Elle se plaqua contre la vitre pour observer. Un détail, parfois un détail change tout. La pèlerine jaune passait devant le magasin de jouets.

La vitrine était occupée par un écran géant qui présentait des démonstrations de jeu. C'est ainsi que pullulaient, autour de l'assassin, des policiers nains qui tentaient d'enrayer la progression furieuse d'un Godzilla déchaîné. Leurs pétoires paraissaient plus dérisoires encore au regard du Remington 700 dressé dans la main du tueur. Mais Godzilla s'évanouit, Super Mario bondit comme pour arrêter le fuyard. La silhouette pourtant lui échappa. Un instant, la silhouette de l'assassin passa derrière une des zébrures de la vitre : elle se divisa en trois silhouettes minuscules qui couraient sur la tranche du verre, comme prises dedans. Puis elle s'extirpa du piège, réapparut au loin sur la coursive. Une autre dépression qui jouxtait l'impact de la balle déforma encore l'image. Le tueur était tranché une première fois au niveau du tronc, puis une seconde aux genoux. Le bas précédait le torse de quelques centimètres et la tête poursuivait péniblement son corps. Puis les morceaux se rassemblèrent et le fuyard disparut dans l'escalier. L'inspectrice Go inscrivit le plus nettement possible dans sa mémoire le détail qu'elle avait retenu et qui servirait peut-être. Puis elle attendit en fixant le rez-de-chaussée, le carré de marbre, le bassin aux poissons, la femme cachée derrière son banc. La pèlerine réapparut ; de haut, on ne voyait pas beaucoup plus qu'une corolle jaune qui se déplaçait. Elle se dirigea vers la sortie, puis s'arrêta, sembla lever le nez vers la cabine d'ascenseur. Les flics pensèrent : « Il va nous tirer dessus à travers le plancher. » Ils se collèrent contre les parois. Une nouvelle détonation se répercuta dans la tour. Mais aucun impact n'avait touché l'ascenseur. Ils se penchèrent pour regarder en bas : il n'y avait plus personne dans le cadre, mais une flaque rouge s'étendait près de la femme couchée.

Junko frappa la paroi :

— Non ! Non ! Non !

Nakamura et Go se regardèrent. Moins de trente secondes s'étaient écoulées depuis la première détonation. Ils étaient épuisés. Masayuki se pencha sur Hanke Müller, posa la main sur son cou :

— Elle est en vie.

— Pourvu que ça dure. Il faudrait la sortir de là. Elle a besoin de soins.

Il fallut une dizaine de minutes pour extraire Hanke Müller de l'ascenseur. Il y avait des pompiers à demeure dans la tour. Quand la cabine fut ramenée au troisième étage, les ambulanciers étaient déjà là. Ils l'emmenèrent immédiatement : elle respirait encore, malgré tout le sang perdu. La femme du rez-de-chaussée était morte. Dès que la situation fut calmée, Junko faussa compagnie aux policiers rassemblés. Des dizaines, maintenant.

— Eh, Junko, où tu vas ? lança Masayuki.

— Il y a un magasin de chaussures au second.

Ils prirent l'Escalator.

— Qu'est-ce que tu cherches exactement ?

— Les chaussures que l'assassin portait.

Le responsable du magasin était en plein interrogatoire. Un inspecteur de la police de Yokohama notait ses déclarations sur un calepin. Ils virent entrer les deux policiers sans réagir. Go se posta devant les rayons de chaussures de sport. Elle passa en revue les modèles présentés.

— C'est ça.

Elle attrapa une paire de tennis. Elle se tourna vers le gérant :

— Excusez-moi, est-ce que ce modèle existe en version homme ?

— Non, il n'existe que pour femmes.

L'appartement de Nakamura était minuscule et dans un désordre non étudié. Une unique pièce où s'entassaient pêle-mêle des vêtements, des livres, des draps et des couvertures, des disques. Certains empilements formaient des tours, d'autres des pyramides, d'autres encore des terrasses en escalier. Le coton côtoyait les CD, le papier glacé les cuillères en plastique, les clignotants de la chaîne hi-fi un sachet de nouilles lyophilisées. La lampe, une lampe de bureau articulée, était partiellement cachée par la silhouette d'une maquette du Faucon Millenium. En revanche, la pièce s'ouvrait, par une baie vitrée, sur un petit balcon. La pluie s'abattait, par rafales, sur la fenêtre.

— Excuse le bordel.

— Je m'en fous.

— Je n'ai rien d'autre à te proposer que de l'eau.

— Ça ira. Tu ne bois jamais d'alcool ?

— Non. Jamais.

— C'est pas courant.

— Mon père était alcoolique.

Junko hocha la tête. Masayuki était passé dans la cuisine et leur versait deux verres.

— Si tu veux te changer... Il y a des chemises propres dans le placard de droite.

— Merci.

Elle déboutonna sa chemise tachée de sang. Le sang de Hanke Müller. Elle se dénuda. Le contact de l'air sur sa peau nue lui fit du bien. Elle souffla. Nakamura revint avec un verre.

— Pardon.

— Je m'en fous.

— Êtes-vous parfois dérangée par quelque chose, Go san ?

— La mort, la souffrance.

— Bien sûr.

— Pareil pour toi, non ?

— La mort plus que la souffrance.

Junko attrapa une chemise blanche. Elle était un peu trop large au niveau des épaules, mais pas trop. Cependant, les manches bouffaient autour de ses bras musclés mais fins. Elle rentra les pans dans son pantalon. Nakamura se changea également, roulant en boule son vêtement souillé et prenant une nouvelle chemise. Junko laissa son regard glisser sur les murs et rencontra une photo. Celle d'un jeune homme d'une vingtaine d'années, souriant d'un air espiègle. Le même, enfant, sur un tricycle. Une autre photo était posée sur l'ordinateur : ce garçon, une expression mélancolique sur les lèvres. Avec ce regard, il ressemblait beaucoup à Masayuki, il lui manquait juste cette apparence énergique, un peu dure et détachée.

— Qui est-ce ?

— C'était mon frère.

— Il est mort ?

— D'une overdose, il y a deux ans.

— Vous étiez proches...

— C'était comme mon enfant.

Junko attendit. Il laissa aussi passer du temps, puis reprit :

— Notre mère est morte lorsque j'avais douze ans. Mon père a sombré dans l'alcool. C'est moi qui m'occupais d'eux. Mais surtout de Kenji. Il avait six ans de moins que moi. C'est moi qui lui faisais à manger, qui lui lavais son linge, qui suivais sa scolarité, vérifiais qu'il faisait ses devoirs, qu'il se lavait bien les dents... Et puis, je ne sais pas ce qui s'est passé. Il a dérivé et j'ai perdu tout pouvoir sur lui. Il a commencé à faire des conneries et à se droguer. Le pire, c'est qu'il était toujours aussi gentil et adorable.

Junko crut entendre un sanglot dans sa voix. Elle avala une gorgée d'eau. Elle sentit le froid glisser dans son œsophage. Son corps se réveilla de la torpeur qu'avait engendrée la fusillade de Yokohama. Elle espéra que Hanke Müller survivrait. Pour l'instant, ses espoirs ne l'avaient pas menée bien loin. Elle reporta ses yeux sur Masayuki.

— On ne peut pas empêcher un gosse de se tromper. Parfois, on parvient à limiter la casse, mais c'est lui, au final, qui décide.

Un chat sortit en miaulant de sous un tas de vêtements. Go lui caressa la tête et lui offrit un peu de son lait.

— Peut-être que j'étais trop jeune. Je ne savais pas comment lui parler, il ne m'écoutait pas. Il s'éloignait. Je le croisais de loin en loin, parfois en tant que flic. Il faisait des passes près du square Ogikubo pour se payer ses doses. Un jour, le docteur Nakayama m'a appelé pour me dire qu'il était mort. Je suis allé à la morgue pour l'identification. C'était lui. Il avait maigri, vieilli, on aurait cru qu'il était plus vieux que moi, mais c'était Kenji. D'une certaine manière, tout pareil qu'avant.

— Et ton père ?

— Suicidé. Un an avant la mort de Kenji.

Il absorba d'un trait son verre :

— Tu as faim ?

— Pas pour l'instant.

— Alors, on y va ? Tu connais Shinjuku Nichome ?

— C'est beaucoup dire. J'y suis allée draguer, il y a quelques jours.

Il sourit.

— Isobe est au courant ?
— Tu as oublié de dire « san ».
— Arrête de me charrier.
— Il est au courant et il s'en fout.
— Décidément, Isobe *san* est bizarre.
— D'abord, je t'emmerde. Ensuite, Isobe n'est pas exactement mon père, tu vois. Il n'a rien à dire sur ma manière de vivre, et réciproquement, d'ailleurs.
— Mais il t'aime. Tant que les gens sont vivants...
— Avec une telle sagesse, Nakamura *san,* tu devrais créer une secte. C'est une industrie prospère.

On y voyait comme en plein jour, même si le ciel était noir. La rue était un lac où se reflétaient des centaines d'enseignes et de néons. Les façades étaient invisibles tant les lumières étaient nombreuses, aveuglant presque le passant : des triangles, des carrés, des cercles, jaunes, rouges, bleus, luisaient, clignotaient, au-dessus des têtes. Telle accroche vous promettait les plus belles filles de Shinjuku, telle autre était le plus ancien établissement du quartier, ici on parlait anglais ; là, les hôtesses ne portaient pas de culotte. De la musique s'échappait de plusieurs endroits. Sur le seuil, des rabatteurs attendaient le client : « Bonsoir. Vous voulez entrer ? Vous ne serez pas déçu, le spectacle est superbe. » Plus loin, un jeune homme distribuait des tracts en criant : « Vous ne savez pas où dormir ? L'hôtel capsule *Apollo* se trouve à trois cents mètres d'ici ! » Le tract portait la photo d'un immeuble à vague forme de fusée. Un vendeur d'épis de maïs grillés hurlait dans la cohue. La fumée de son fourneau tournoyait sous la pluie fine. Par là, la ruelle sentait la pisse. Préventivement mais visiblement en vain, un panneau indiquait : « Il est interdit d'uriner dans cette rue. » Le long de la voie, fragment par fragment, une femme s'étendait :

au fronton d'un bar brillait une jambe, dans un coin une bouche pulpeuse, au-dessus d'un rideau, une paire de seins engageante. Un talon aiguille lançait ses feux au bord d'une fenêtre. Un taxi tentait de progresser malgré la foule, il agonissait les passants de coups de Klaxon. Junko et Masayuki traversèrent le quartier en direction de la galerie *Mukai*. Après avoir passé un coup de fil, ils avaient appris qu'un vernissage avait lieu le soir même. Sur le chemin, ils écartèrent de nombreuses invitations, entendirent les notes nerveuses d'un pianiste de jazz qui essayait son instrument, croisèrent trois fausses écolières. Ils passèrent sous la façade d'un *love hotel* dont les parois étaient de gigantesques aquariums et les balcons des proues de navire. Le portier était habillé en pirate, un couteau entre les dents. Dans une librairie, assis sur un tabouret, les coudes sur une tablette, un jeune homme dormait, le journal étalé sous les yeux. Ils débouchèrent sur Yasukuni dori, qu'ils longèrent vers l'est. Finalement, ils aperçurent la galerie *Mukai*, avec sa grande baie vitrée qui dessinait une vitrine en quart de cercle, sur deux étages. Une lumière très blanche dévalait depuis l'intérieur sur le trottoir. Juste à côté de la galerie se trouvait l'entrée d'une discothèque : *Lola*. Des clubbers attendaient de pouvoir entrer. L'exposition ne produisait pas un tel attroupement, cependant les lieux étaient pleins à craquer et la chaleur y était étouffante. Les flics y entrèrent sans que personne ne s'avise qu'ils n'y avaient pas leur place. Leur look passait parfaitement dans ce temple de l'avant-garde. Encore une fois, on devait les prendre pour un couple de jeunes artistes. Il se dégageait d'eux quelque chose de violent, de non conventionnel et, à en croire certains regards, d'attirant.

— Qu'est-ce qu'on fait, maintenant ? demanda Junko.

Nakamura attrapa deux coupes de champagne, en tendit une à sa collègue.

— On a quelque chose à fêter ?

— Malheureusement... J'espère qu'au moins Hanke Müller s'en sortira, répondit Masayuki.

— Sa chambre d'hôpital est surveillée ?

— Oui.

— Tant mieux. Cette tueuse est une hyène.

— Je me demande comment elle a fait pour nous trouver.

— À Yokohama ?

— Oui.

— Je ne vois qu'une solution : en filant Hanke Müller depuis le domicile des Hatori.

— Elle aurait planqué à proximité de la maison pour assister aux funérailles ?

— Depuis le début, il y a quelque chose qui ne colle pas. Les tueurs à motivation sexuelle se servent de leur victime : ils emportent quelque chose, un souvenir. Je pensais à des photos. Peut-être que la meurtrière suit carrément ses victimes jusqu'à la tombe.

— Ces filatures peuvent avoir d'autres buts. Par exemple, il est possible qu'elle fonctionne par réseau : elle trouve une fille, la suit, repère ses amantes, ses connaissances qui pourraient partager les mêmes goûts et constituent de cette manière une liste de femmes à abattre. Elle s'est dit qu'elle pourrait profiter des obsèques d'une de ses victimes pour identifier d'autres victimes potentielles.

— Oui, mais ce soir elle a tiré deux fois : la première fois sur Hanke Müller ; la seconde sur nous.

— Tu peux même ajouter que, avant de descendre cette femme dans le hall, elle a levé le regard vers nous. Pourquoi ? Pour nous défier ?

— Elle a fait la même chose à Shibuya. Je retourne cette histoire dans ma tête et je me dis qu'elle m'attendait pour m'abattre.

— Peut-être que tu es son plus grand fantasme : homosexuelle et flic.

— Sauf que lorsqu'elle a abattu la petite Naoko Ando, elle est allée immédiatement se planquer derrière les distributeurs. *Avant* que j'apparaisse. C'est là que ça cloche. Ce soir, c'était plus logique. Elle avait eu le temps de nous voir discuter avec l'Allemande. De m'observer, aussi. Mais à Shibuya, le comportement de l'assassin n'est pas compréhensible.

— Junko, il y a tout le temps mille choses qui clochent dans une affaire, et dans la vie en général. Les gens ont des comportements illogiques en permanence ; c'est pour ça que les raisonnements du genre : « Pourquoi cette femme aurait-elle préparé des tempuras avant de suicider ? C'est un meurtre maquillé » ne tiennent pas. Il y a des femmes qui mettraient des beignets à cuire avant de se pendre. Comme ça, parce que c'est mercredi et que ses enfants ont toujours eu des tempuras le mercredi. Les gens ne sont pas logiques.

— Oui. Peut-être.

— Maintenant, il faut qu'on trouve la gérante de la galerie, Yano san.

L'un des employés de la galerie leur indiqua l'étage du dessus. L'exposition proprement dite se trouvait au premier. Les policiers se frayèrent un chemin dans la foule jusqu'à l'escalier. Ils gravirent les marches à coups d'épaules avant de rejoindre le palier. L'assemblée était aussi compacte, mais des îlots de vide se dégageaient de-ci, de-là, probablement aux emplacements des œuvres d'art. On leur indiqua Yano san. Ils se dirigèrent vers elle. Tout à coup, Junko agrippa l'épaule de Masayuki.

— Je rêve.

— Quoi ?

— Regarde.

— Tu sais, je ne suis pas connaisseur.

— Plus que tu ne crois.

Nakamura resta bouche bée. Allongé sur un canapé décoré de plumes orange, un cadavre nu était allongé. Un écriteau était posé sur son torse : « L'art n'a qu'un temps. »

— C'est pas un vrai. C'est de la cire.

— C'est un vrai.

— Qu'est-ce qu'on fait ?

— Ce n'est pas notre problème, trancha Nakamura.

Ils continuèrent et abordèrent la patronne. Nakamura lui donna sa carte de visite et lui expliqua la raison de leur venue.

— Voulez-vous que nous passions dans mon bureau ? proposa-t-elle.

— Volontiers.

Le bureau en question était entièrement blanc, avec une fenêtre qui donnait sur un jardin. Le mur courbe portait l'œuvre d'un Américain constituée d'un quadrillage de néons roses, bleus et verts. Le bureau était laqué en noir, les fauteuils tendus de bandes de cuir entre des montures métalliques complexes. Yano san s'installa derrière la table et leur indiqua les fauteuils. Elle avait la cinquantaine, des cheveux mi-longs, une paire de lunettes à écaille, un tailleur classique. Son visage était rond et assez large. Son sourire était celui d'un requin.

— Yano san, je vous remercie de nous recevoir alors que vous êtes très occupée. Ce sont de vrais cadavres, à côté ?

— Oui. Mais ils ne resteront pas longtemps. L'artiste, Kakuei, les a récupérés à la morgue d'un hôpital. Des clochards que personne n'a réclamés. Ils seront retournés là-bas demain matin. Kakuei est un habitué du fait. Il fait beaucoup de peinture sur corps, vivants ou morts.

— Ça ne vous dérange pas d'exposer des cadavres dans votre galerie ?

— Personnellement, je trouve que ça manque d'originalité. L'expérience a déjà été faite plusieurs fois ces dernières années, et souvent avec plus d'inspiration. Mais le coup de pub se répercutera sur des expositions à venir.

— Je pourrais vous embarquer pour ça.

— Vous avez mieux à faire.

— Certainement. Mais je préférerais un peu moins d'arrogance de votre part.

— La police n'est pas payée pour enseigner les bonnes manières.

L'inspectrice Go intervint :

— Que faisiez-vous il y a deux heures ?

Nakamura parut surpris, puis comprit le soupçon qui venait de traverser l'esprit de Junko. Une femme, travaillant à la galerie *Mukai,* tout près du quartier homo, qui, visiblement, trouvait les cadavres à son goût.

— Je travaillais dans mon bureau. Pourquoi ?

— Routine. Vous avez des témoins ?

— Mes collaborateurs.

— Ils sont entrés dans votre bureau durant ce laps de temps ?

— Non. J'aime qu'on me laisse me concentrer.

— Y a-t-il une autre issue ?

— Cet escalier descend au jardin.

— Yano san, avez-vous une autre paire de chaussures que celles que vous portez aux pieds ? Une paire pour la pluie, pour marcher dehors sans abîmer vos beaux escarpins ?

— J'ai des bottes dans ce placard.

— Pouvez-vous me l'ouvrir ?

— Bien entendu, mais pouvez-vous m'expliquer...

— Malheureusement non.

La directrice de la galerie ouvrit son placard sur

deux paires de bottes sérieusement maculées de boue. Pas de tennis. Mais Junko et Nakamura eurent dans l'instant la vision du chemin en bordure de la nationale 465, la voiture enfoncée dans la glaise de l'agent Miyamoto, ses mains sectionnées posées sur la rambarde, le visage arraché.

— Vous avez marché dans la boue récemment, Yano san ?

— J'habite en banlieue. J'ai un jardin...

— Nous prêteriez-vous vos bottes ?

— Pardon ?

— S'il vous plaît.

— Euh... Bien.

Junko sortit des gants en latex de son sac et saisit les deux paires, qu'elle glissa dans un grand plastique.

— Quelle est votre adresse ?

— Kisarazu, sur la côte. La maison à côté de l'apiculteur.

— C'est à deux pas de Futtsu-shi ?

— Quelques kilomètres.

Nakamura se mordit l'intérieur des joues. Il plaça sa main de manière à dégainer plus vite. Go fit de même. Ils étaient sur le qui-vive.

— Et hier soir, à la tombée du jour, où étiez-vous ?

Le terme « tombée du jour » sembla dessiller Yano san. Ses sourcils se relevèrent, ses yeux s'écarquillèrent, ses lèvres s'entrouvrirent :

— De quoi m'accusez-vous exactement ? Je n'ai rien fait.

Puis elle ajouta, en ayant conscience que ça n'avait pas de sens :

— Ces cadavres seront rendus à la morgue demain matin.

— Vous avez raison, Yano san, la police n'est pas là pour enseigner les bonnes manières. Même avec les cadavres. Nous enquêtons sur une série de meurtres dont plusieurs trouvent leur source à Shinjuku. Nous suivons toutes les pistes. Dans le désordre, il faut l'avouer. Nous étions venus pour autre chose, mais autant tout vérifier rapidement. Où étiez-vous hier soir ?

— Chez des amis.

— De quelle heure à quelle heure ?

— De 20 heures à... 23 heures.

— Le nom de vos amis ?

— Nagisa et Akiko Sugimoto.

— Leur numéro ?

Elle consulta son calepin et leur indiqua le numéro. Nakamura prêta son portable à Junko, qui sortit du bureau pour passer son coup de fil tranquille. Le flic resta seul avec la galeriste.

— Vous me soupçonnez de quoi, exactement ?

Nakamura pensait toujours à son flingue.

— Meurtres, tentatives de meurtre.

La femme devint livide.

— C'est absurde.

— Probablement. Dans une semaine, vous en rirez avec vos amis.

— Je n'en suis pas certaine.

— Vous vivez seule ?

— Je suis mariée.

— Que fait votre mari ?

— Il est architecte.

— Vraiment ? Connaissiez-vous Sachiko Miyashita et son mari Kenichi ?

— Comme tout le monde. Ils étaient régulièrement invités à la galerie. Ce sont des amateurs d'art moderne. Enfin... C'était. Mais je ne les connaissais pas vraiment.

— Et Michiko Terada ?

— J'ai vu son nom dans les journaux.

— Mais encore.

— Je crois... Je crois avoir vu son nom sur notre fichier.

— Yano san, il faudra que vous nous accompagniez au commissariat.

— Pourquoi ?

— De simples vérifications. D'horaires, d'emploi du temps.

Teruko Yano se prit la tête dans les mains.

— C'est un cauchemar.

— Si c'en est un, vous vous réveillerez bientôt et tout sera fini.

Junko rentra dans le bureau.

— Ses amis confirment l'alibi.

La tension baissa d'un cran.

— Bon. Yano san, nous allons vous laisser finir votre vernissage. Puis vous nous accompagnerez au commissariat. Nous établirons vos faits et gestes des derniers jours puis, si tout va bien, vous serez relâchée. Si vous désirez prévenir votre époux, vous pouvez téléphoner. Mais à personne d'autre. De notre côté, nous nous montrerons discrets pour ne pas vous embarrasser.

— Bien. J'imagine que je n'y peux rien.

— Non. Vous n'y pouvez rien.

Les deux policiers ne perdirent pas leur proie des yeux durant l'heure qui suivit. Heureusement, le vernissage touchait à sa fin. Entre cadavres mis en scène et invités de plus en plus imbibés, Go et Nakamura restèrent plantés comme des statues. Deux policiers avaient été placés en faction devant la sortie de la galerie. Un autre surveillait la fenêtre du bureau. Pour finir, ils retrouvèrent Teruko Yano avec l'amabilité de vieux amis, et lui proposèrent de la raccompagner. La manœuvre parut des plus amicales. Lui tenant chacun un coude, ils entamèrent le chemin vers la sortie, chemin tumultueux : quoique sur le départ, le public était compact. Junko ne cessait de penser au

Tanfoglio. Discret comme il l'était, il avait pu échapper à leur vigilance. Ils atteignirent péniblement la porte de la galerie. La foule des clubbers devant la discothèque avait grossi. On ne pouvait plus avancer sans enfoncer des côtes et écraser des pieds. Le ciel était bouché par des têtes, des bras, des chapeaux, des parapluies qui formaient comme une mer houleuse et déferlante. Elle aveuglait, elle bousculait, noyait, emportait, recrachait. On n'y voyait goutte. Levant les bras comme des naufragés appelant à l'aide, les policiers tentèrent de fendre le courant. Soudain, un tourbillon les emporta, Junko fut aveuglée par une lumière violente et se sentit partir. Dans la cohue, un noctambule lui donna un coup, elle jura tout en glissant à terre. Heureusement, des épaules inconnues lui servirent de planches de salut, ses yeux aperçurent des dizaines de pieds, puis elle émergea à nouveau. C'est alors qu'elle poussa un cri en sortant son arme :

— Police ! Police ! Que personne ne bouge !

Au lieu de quoi un coup de feu retentit. Ce fut la débandade. La foule se dispersa en courant et en poussant des cris. L'inspectrice Go fut précipitée à terre et se releva en poussant un hurlement de rage. Trop tard, il n'y avait plus rien à faire. Des dizaines de silhouettes s'éloignaient en courant, certains se retournant pour comprendre l'incident, d'autres ne demandant pas leur reste. Nul doute que celle qu'elle cherchait avait disparu dans les premières. Quand elle put de nouveau contempler une avenue déserte, Junko aperçut Nakamura et sa prisonnière, et près d'eux les deux autres flics, le flingue à la main.

— Qu'est-ce qui s'est passé, bon Dieu ? Pourquoi tu as tiré ?

— Ce n'est pas moi qui ai tiré, répondit-elle en lui montrant le canon froid de son arme et le cran de sûreté intact. C'est elle.

— Hasard ?

— Elle était à deux centimètres de moi. J'ai vu ses chaussures, seulement ses chaussures. C'est elle qui a tiré pour que la panique protège sa fuite.

— Le temps que les renforts arrivent, elle aura disparu.

— Merde. Je l'avais à deux centimètres ! Il m'a fallu un instant de trop pour reconnaître les tennis.

Junko expulsa sa colère par un cri rauque. Puis elle s'accroupit, sentant sa tension redescendre un peu. Elle s'assit sur les talons, regarda son visage se refléter dans l'eau. Elle était crevée et ça se voyait. Masayuki lui mit la main sur l'épaule.

— À chaque pas, on se rapproche un peu d'elle. On va finir par lui mettre la main dessus.

— Et si elle arrêtait pour se mettre à l'abri ?

— Elle ne le fera pas. Tu as vu. Elle va se faire dévorer. Pas par nous. Par son orgueil.

Junko soupira :

— Le mien, en tout cas, en prend un coup.

— Je crois que nous devrions laisser Yano san retourner chez elle. On vérifiera ses alibis. C'est une piste qui s'est beaucoup refroidie en quelques secondes.

— Ça doit être la pluie.

— À moins que..., murmura Masayuki. Elles pourraient être complices. Agir en duo. Yano repère les filles dans le quartier, les file, etc. L'autre exécute.

— On a vu des couples comme ceux-là aux États-Unis.

— C'est peu probable, mais pas impossible.

— On la ramène pour interrogatoire ?

— Laissons-la mariner un peu dans son jus au commissariat. Pour l'instant, on est bien plus crevés qu'elle. On risque de ne pas être très bons. Viens, on va rôder dans le quartier. On ne sait jamais.

Hasard n'est peut-être pas loin. Et puis, j'ai idée de quelqu'un que nous pourrions mettre à contribution.

Il l'aida à se relever. Ils firent une pause près d'un distributeur de boissons, prirent chacun un jus d'ananas et s'assirent à l'abri d'un store de pizzeria. Ils regardèrent la bruine tomber. Firent une seconde pause dans une rue bordée de yakitori. L'atmosphère était enfumée par les dizaines de fourneaux sur lesquels grillaient des brochettes. Les petites installations se répartissaient le long des murs, les cuisiniers se tenant dans le chemin, le dos aux clients, retournant de leurs mains rouges les bâtons de viande.

— Tu en veux ?

— J'ai pas faim.

— Si tu ne manges pas, tu finiras par tomber dans les pommes.

— Je croyais que tu ne mangeais jamais.

— C'était un mensonge.

Il commanda six brochettes, qu'on lui servit dans une barquette en plastique.

— Allez, sers-toi.

— Tu es une vraie mère pour moi.

— C'est normal, j'ai fait ça toute ma vie.

— C'est bizarre, tu as l'air en forme, tout à coup.

— Je sens qu'on va mettre la main sur cette salope, et je m'en réjouis d'avance. J'ai l'impression qu'on avance enfin. On a piétiné pendant des jours, et maintenant tout va si vite. Je crois que c'est une question d'heures, désormais.

— Tu ne trouves pas qu'il y a du vent ?

La fumée faisait des volutes au-dessus de la rue. Elle se tordait en montant vers le train aérien. On entendit le gémissement caractéristique d'une rame, puis sa forme de serpent lumineux et laborieux se profiler sur la rampe. Au loin, les sirènes de la police indiquaient que les patrouilles ratissaient le secteur.

« Vous voulez que je vous prédise l'avenir ? » demanda une vieille.

— Non, surtout pas, répondit Junko.

— Le vent est dû au typhon qui approche.

— Comment ça se passe ?

— Des torrents de pluie et des vents très puissants. Il n'y a pas vraiment de danger, ici, à Tōkyō. Simplement, il vaut mieux rester à l'abri.

— Il faudra bien qu'on bouge !

— Le mieux serait de l'arrêter avant. Ensuite, on restera à la maison, au chaud, à digérer toute l'affaire.

Ils continuèrent. Au carrefour, des ouvriers étaient en pleins travaux. Leurs marteaux-piqueurs produisaient un bruit assourdissant. Leurs combinaisons fluo brillaient dans l'obscurité. Il était plus de minuit. Les deux flics rejoignirent la grande rue animée par laquelle ils étaient arrivés. À cette heure, les établissements se vidaient aussi vite qu'ils se remplissaient. « Michiko t'attend dans la deuxième rue à droite », clignotait une enseigne. Ils tournèrent dans cette direction. La rue était étroite et sombre. Des poubelles, des cageots, des plantes, des objets divers s'entassaient contre les murs. L'entrée du *Michiko* était entourée d'un néon rose qui serpentait comme une vigne. Un homme en sortit, visiblement ivre mort, il s'effondra dans un tas de cartons détrempés. Masayuki l'attrapa, Junko ramassa les cartons les plus secs, en fit une natte qu'ils posèrent dans un coin abrité pour y déposer l'ivrogne, sa mallette glissée sous la nuque. Puis ils reprirent leur marche à travers les chemins de Shinjuku Nichome, plus tranquilles (surtout par ce temps), avec leurs lampions. Au coin d'une de ces enclaves baignées par la pénombre se tenait un travesti. Il avait attaché un parapluie au bord de la fenêtre et s'abritait dessous. Il était vêtu en Égyptienne, avec une robe blanche qui lui enserrait la poitrine et descendait jusqu'aux pieds, les plis rappelant les drapés des reliefs anciens. Un collier, plat et très large, aux couleurs d'or et de rouge, couvrait sa gorge et ses épaules. Une perruque noire, épaisse, frange carrée, était surmontée d'une tiare où se dessinait la tête de faucon d'Horus. Cléopâtre avait posé à côté d'elle un transistor. La voix d'Édith Piaf flottait dans l'air : « Mon Dieu, mon Dieu, mon Dieu, laissez-le-moi encore un peu... ».

— Bonsoir, Hanae san. Tu es une véritable reine, ce soir.

— Et toi un prince, Nakamura san. Veux-tu m'épouser ?

— Les intérêts de nos familles s'y opposent malheureusement.

Hanae sourit.

— Tu n'aurais pas dû quitter le quartier, Masayuki. Tes successeurs sont moins gentils que toi.

— Ils partiront à leur tour.

— Que Zeus t'entende !

— Hanae, Zeus est un dieu grec, pas égyptien.

— Pas grave : je suis copine avec tout le monde !

Nakamura san éclata de rire. Un rire franc que Junko ne lui avait jamais entendu.

— Je te présente l'inspecteur Go. Elle est américaine. Elle m'accompagne sur mon enquête.

— L'assassin de Shinjuku ?

— Je vois que tu es au courant.

— Ce genre d'information se répand vite. Enchantée, Go san, ajouta Hanae en saluant.

— Bonsoir.

— Avant tout, Hanae, reprit Nakamura, tu peux me dire si le quartier a changé, ces derniers temps ?

— Oh, tu sais, les filles du quartier sont un peu sur les nerfs à cause de ce tueur de putes qui se promène dans la rue.

— Le tueur de Philippines ?

— Ça gâche un peu l'ambiance. Et puis, il y a

ce typhon qui approche. Il a déjà mis un bazar pas pensable sur les côtes de Chine. Il sera ici dans deux jours.

— Après-demain ? Ça souffle déjà beaucoup.

— Eh bien, pense à te mettre à l'abri le moment venu. Le problème, avec le typhon, c'est qu'il y avait des fêtes prévues pour après-demain, donc les patrons ont avancé en catastrophe les dates de leurs soirées. Résultat, ce soir, c'est la bringue à tous les étages et dans toutes les maisons du quartier.

— Tu vas te faire une fortune, alors.

— Ça marche. Tu veux une invitation pour quelque part, un tuyau sur les soirées chaudes pour toi et ton amie ?

— Non, je veux que tu gardes l'œil ouvert.

— J'ai ces deux-ci et ces deux-là, dit-elle en montrant les yeux d'Horus. Ça devrait être suffisant.

— Nous recherchons une femme, portant probablement une pèlerine et des chaussures de tennis blanches et qui se promènerait la nuit dans le quartier. Surtout du côté des bars de filles.

— C'est tout près d'ici.

— Oui.

— Le problème, c'est que par ce temps la moitié de Tōkyō porte une pèlerine.

— Pas forcément des tennis blanches.

— C'est vrai. Et il y a moins de femmes que d'hommes — enfin, de personnes qui se croient telles —, dans le coin.

— Alors tu peux faire ça pour nous ?

— Pour toi, je réveillerais les morts.

— Te gêne pas.

Ce disant, Nakamura attrapa un billet dans sa poche et le tendit au travelo.

— Si tu la vois, ne la suis pas, ne lui parle pas, évite son regard. Appelle-moi discrètement. Il y a beaucoup de victimes, dans cette affaire, je préférerais que tu ne sois pas du nombre.

— Merci. Eh, Masayuki ?

— Oui.

— Ta copine à la pèlerine, elle est censée hanter les parages depuis un moment ?

— Oui, ce ne serait pas la première fois.

— Tu devrais demander à la Congrégation des yeux.

— Quoi ?

— La bande des voyeurs du quartier. Tu sais, il y a des mecs qui vont mater les couples et les pédés qui baisent à Shinjuku Gyoen. Ils forment un club. Ils se retrouvent, ils se racontent leurs histoires. Bon. Ils traînent des heures dans le coin. S'il y a des gens qui auraient une chance d'avoir vu quelqu'un rôder, c'est eux.

— Où je peux les trouver ?

— Un bar à côté du Hanazono Jinja. *La Perle du Pacifique.*

— Merci, Hanae.

— De rien. Passe plus souvent.

Les policiers repartirent dans la nuit. Puis ils rejoignirent une grande avenue où la foule se pressait malgré l'heure et la pluie.

— C'est une pute ?

— Non, elle gagne sa vie en refilant des tuyaux sur les soirées. Des fois, elle revend des invitations.

— Plutôt un kiosque, alors.

— Ouais. Je l'aime bien. Quand Kenji a quitté la maison, il venait souvent par ici. Elle le suivait du coin de l'œil et me donnait de ses nouvelles. Au moins, je savais qu'il était en vie. Et quand il a fait son overdose, elle est venue me voir au commissariat pour me présenter ses condoléances. C'est elle aussi qui m'a dit quel était le salaud qui lui avait refilé la dope pourrie.

— Qu'est-ce que tu as fait ? Tu l'as tué ?

— Non. J'ai fait pire. J'ai refilé le tuyau à Honda.

— Et ensuite ?

— Il a été arrêté. Il est en prison, maintenant. J'ignore ce que Honda a fait de lui avant de le remettre au juge, mais il a la réputation d'être capable de tout.

Ils tournèrent au coin de la rue. Le temple Hanazono était effectivement là, et, dans la ruelle à droite, une enseigne avec un coquillage souriant indiquait *La Perle du Pacifique.* Ils avancèrent dans les flaques jusqu'à l'entrée où une serveuse, habillée d'un paréo et d'un collier de fleurs, leur ouvrit la porte. À l'intérieur, l'atmosphère était sombre et enfumée. On distinguait vaguement des photos de pêche au gros et des couchers de soleil hawaïens tandis qu'une musique tahitienne faisait comme un murmure derrière les voix chuchotantes des clients. Ils étaient réunis par grappes autour des tables et n'avaient visiblement pas l'habitude d'être dérangés par des inconnus. Dès leur entrée, les conversations diminuèrent puis cessèrent, laissant les ukulélés résonner au-dessus du silence. Nakamura préféra mettre cartes sur table immédiatement.

— Bonsoir, messieurs. Excusez-nous d'interrompre vos activités. Nous sommes les inspecteurs Nakamura et Go de la police de Tōkyō. Nous sollicitons votre soutien dans le cadre d'une enquête.

Seuls les ukulélés répondirent à cette introduction.

— Messieurs, nous enquêtons sur une série de meurtres. Des vies sont en jeu. Nous voudrions savoir si vous avez vu une femme, portant une pèlerine et des baskets blanches, rôder dans le quartier, la nuit. Une femme qui se serait postée à proximité des bars de lesbiennes du coin, ou de la galerie *Mukai,* ou de la salle de concerts *Susanoo.* Votre confrérie a la réputation de... connaître le moindre... buisson de

Shinjuku, mais aussi tous ses recoins. Votre aide nous serait très utile.

— Le problème, inspecteur Nakamura, c'est notre charte éthique.

Les policiers se tournèrent vers celui qui avait parlé. L'homme avait la cinquantaine. Il arborait un costume classique, quoique assez usé : chemise, veste, cravate. Mais cette dernière était dénouée, et le col de sa chemise déboutonné. Il tenait à la main une bouteille de bière Asahi. Des lunettes épaisses agrandissaient ses yeux.

— Votre charte éthique... ?

— Je m'appelle Kazuo Matsushita. Je préside le club. Il se trouve que nous respectons une charte éthique extrêmement stricte.

Un grognement collectif vint approuver cette déclaration.

— C'est-à-dire ?

— Nous estimons que notre activité ne saurait se faire et se pérenniser sans le respect de règles qui assurent l'intérêt de tous. Si nous voulons continuer à évoluer dans le parc et ses alentours, il faut que nul n'ait à se plaindre de notre présence, en particulier les personnes qui constituent notre... spectacle. C'est pourquoi ceux qui adhèrent à ce club s'engagent à agir avec la plus grande discrétion, à n'émettre ni parole ni bruit qui pourrait déranger ceux que nous observons. Ils s'engagent également à ne jamais tenter de toucher les protagonistes.

Une seconde vague d'approbation salua ce second article. La question était visiblement importante.

— L'emploi de flash est prohibé, et si quelqu'un d'entre nous souhaite se servir d'un appareil photo ou d'un Caméscope, il est indispensable que l'opération reste invisible, aussi invisible que nous-mêmes. De même pour les magnétophones. À la première injonction des couples que nous regardons, nous devons quitter les lieux. Mais, surtout, notre activité ne doit donner lieu à aucune exploitation de quelque sorte que ce soit,. et surtout pas commerciale. L'art pour l'art, le plaisir pour le plaisir. C'est notre engagement à chacun. Nous nous racontons volontiers nos expériences, nous sommes prêts même à les révéler à des personnes extérieures à notre cercle, à la condition toutefois que le geste soit effectué pour lui seul. Sinon, notre crédibilité en serait entachée. Vous imaginez, si nos... partenaires craignaient d'être dénoncés ? Nous leur devons la discrétion.

— Il s'agit d'un cas exceptionnel et, d'ailleurs, il ne s'agit pas de vos partenaires. Il s'agit de quelqu'un qui vient guetter ses proies ici, avant de les abattre.

— Nous ne pouvons prendre le risque d'être considérés comme des informateurs de la police, si respectable que soit cette activité...

— Et s'il venait aux oreilles de la presse qu'un rôdeur, un guetteur comme vous, avait assassiné des personnes repérées à Shinjuku ? Croyez-vous que votre réputation en sortirait intacte ? Au contraire, si vous contribuiez à l'arrestation d'une meurtrière...

Le ukulélé se fit de nouveau entendre. Les conversations reprirent autour des tables. On discutait ferme. La serveuse lança un sourire engageant à Nakamura, qui n'y répondit pas. Kazuo Matsushita hochait la tête en écoutant les arguments de ses collègues. Puis il se redressa :

— Bien, Nakamura san, nous allons tenter de vous aider. Cependant, nous avons quelques scrupules vis-à-vis de l'inspectrice Go. Nous craignons que ses oreilles de jeune femme ne soient choquées par ce que nous aurons à dire.

— J'en ai entendu d'autres, rassurez-vous.

Masayuki fit la grimace et se tourna vers elle.

— Ce qu'il est en train dire, c'est qu'il veut que tu te barres. Le club n'est pas mixte, semble-t-il.

— Je n'ai pas demandé à adhérer.

— Ils ne veulent pas parler en présence d'une femme.

— Je les encule.

Elle soupira. Et se dirigea vers la sortie, sans saluer. Dehors, elle retrouva la pluie. La température avait baissé avec la nuit, elle commença à avoir froid au fur et à mesure que ses vêtements s'imprégnaient d'eau — elle avait oublié son parapluie dans la voiture. Ses mains tremblaient encore. Pas de froid, mais de la tension accumulée au long de la journée. Elle rentra les mains dans ses poches et décida de se laisser aller, de se vider la tête. Elle ferma les yeux, bascula le visage en arrière jusqu'à ce que son crâne soit arrêté par le mur. L'air sentait les poubelles, le carton humide, le poisson grillé. Elle entendit un vélo passer à sa hauteur, des bruits de voitures au loin, toute la ville qui grondait de son trafic excessif. Elle entendait des publicités qui provenaient d'une télévision : pour un nettoyant ménager, une chaîne hi-fi, un shampoing. Puis les commentateurs d'une soirée de sumo. Elle entendit des cris, rouvrit les yeux. Le bruit se rapprochait. Junko se redressa avant de distinguer plus clairement une espèce de litanie : « Je suis Yuichi Kashiwara, je suis candidat aux prochaines élections, votez pour moi ! Merci. » La voiture et le mégaphone passèrent au bout de la ruelle. Elle referma les yeux. Les gouttes frappaient son visage, coulaient sur ses joues et son front, faisaient frémir ses paupières, glissaient dans son cou. Elle repensa à Hanke Müller. À ce lien qu'elle avait deviné entre certaines victimes mais qu'elle avait été incapable de nommer et d'identifier pendant longtemps : le désir. Son désir à elle pour ces femmes mortes et qui recoupait le désir de l'assassin. Junko marchait dans ses traces, elle aussi avait l'arme à la main, et elle se rapprochait. Elle la reconnaîtrait.

Junko était certaine de reconnaître la tueuse au premier contact. Ensuite, ce serait à qui tire le plus vite. Jusqu'ici, l'autre avait toujours eu l'initiative, mais il n'en serait pas toujours ainsi. L'enquête progressait. Pas assez vite pour Hanke Müller et Maria Hatori. Trop tard pour les autres, trop tard pour le flic de Futtsu-shi. Elle poussa un soupir. Ce doit être dur de mourir tout seul, tout seul avec une peur terrible et personne pour vous tenir la main. Junko repensa à Takako Go le jour de sa mort, à son visage sur l'oreiller, quand elle lui annonça que cette fois-ci on arrêtait la machine, qu'elle ne voulait plus vivre. Les doigts de sa mère dans les siens quand la vie s'était retirée, comment ils avaient perdu toute expression. Ses larmes coulèrent dans la pluie.

— Junko ?

— Ouais.

— On y va ?

— OK.

Masayuki la regardait étrangement.

— Tu me raconteras, un jour ?

— Quoi ?

— Ton histoire à toi. Ta passion des flingues, la source de tes obsessions ?

— Non.

Il se mit à rire doucement.

— Pas bonne joueuse, hein.

— Non.

— J'ai une bonne nouvelle pour toi.

— Oui ?

— Un des gars a vu Hasard. Une femme en pèlerine en faction près du *Madonna.* Le mec flashe sur les lesbiennes, il va régulièrement mater la sortie des bars de filles. Un jour, il a trouvé sa place occupée. Il n'était pas particulièrement content. Les membres du club n'apprécient pas la concurrence. Si bien qu'il est allé voir l'intrus, et s'est retrouvé face à une intruse. Qui a cédé la place dans la seconde.

— Elle n'avait pas intérêt à créer un incident.

— Non. Le témoin se rendra demain matin au Casque pour qu'on dresse un portrait-robot de la tueuse.

— Et maintenant, qu'est-ce qu'on fait ?

— On ne la trouvera pas ce soir. On va dormir ? Rendez-vous demain matin à 5 h 30. Mori nous a donné les coordonnées de Yuri Yamanaka. Elle a écrit un bouquin qui s'est vendu à cinq cent mille exemplaires avec une idée maîtresse : les malheurs de la société nippone proviennent des Juifs et des homosexuels.

— Des Juifs et des homosexuels ? Y a combien de Juifs au Japon ?

— À peu près un millier. Pour cent vingt millions d'habitants. La plupart sont des résidents étrangers. Je sais, c'est ridicule, mais les thèses antisémites connaissent une certaine vogue au Japon. Cela dit, sa haine des homos est largement aussi violente. Elle propose quand même l'internement de force. Mais ce qui nous intéresse le plus est que son agressivité est surtout orientée vers les lesbiennes.

— Formidable. On doit se taper cette dingue au petit déjeuner ?

— Quand on est flic, on est exposé à rencontrer des gens déplaisants.

— Ouais, Pedro appelle ça explorer les égouts de la ville.

Elle étouffa un cri dans l'épaule de Junko. Ses membres se crispèrent puis se détendirent. Elle se laissa aller contre l'oreiller. Junko retira sa main. Saori rouvrit les yeux et sourit. Son cœur battait encore très vite, sa poitrine était couverte de sueur.

— Passe-moi la bouteille d'eau, murmura-t-elle.
— Où est-elle ?
— Par terre. À droite.

Go attrapa la bouteille. Le contact froid du plastique surprit ses doigts. Le corps qu'elle sentait sous elle était brûlant. Elle lui tendit la bouteille. Saori porta le goulot à ses lèvres.

— Tu es belle.
— Moi ? Je suis petite, maigre, mes seins sont minuscules, j'ai toujours les cheveux ébouriffés. Toi, tu es vraiment belle.

Junko se pencha sur elle, lentement, en jouant de son grand corps, de ses épaules larges, de sa beauté. Elle posa ses lèvres sur celles de son amante, l'embrassa longuement.

— Tu es insatiable, Yo.
— Non... Il va même falloir que je dorme. J'ai rendez-vous avec une dingue aux aurores. La matinée promet d'être amusante.
— Fais attention à toi.
— Je fais très attention à moi. Tu ne peux pas savoir à quel point.

La policière se glissa à côté et posa son visage contre la petite épaule. Saori bascula et la regarda droit dans les yeux.

— Tu as quelqu'un, à Washington ?
— Non.
— Tant mieux.
— Pourquoi ?
— Je déteste être la troisième femme.
— Ça t'est arrivé souvent ?
— Ma petite amie flic — elle conduit une moto pour la police de la route — avait une relation régulière avec une autre femme. Elles ne vivaient pas dans le même appartement mais sur le même palier. Moi, j'étais dans l'ombre. On se voyait en cachette. Parfois, on allait à l'hôtel. Il y avait des heures où

je n'avais pas le droit de l'appeler. J'avais horreur de cette vie.

— Elle était comment ?

— Elle ressemblait à Arnold Schwarzenegger. Dans *Terminator.* Je parle pas tellement du physique, je veux dire, elle était encore moins souriante.

Junko éclata de rire.

— Tu peux m'expliquer ce que tu faisais avec elle ?

— Je l'aimais. Je l'aimais vraiment. Mais je l'ai quittée.

Junko l'embrassa à nouveau. Saori sourit. Glissa sa main sur les hanches qui brillaient d'une lueur rouge. Au-dessus de la fenêtre était installée une enseigne lumineuse pour Coca-Cola.

— Pourquoi es-tu venue à Tōkyō ?

— Ma mère est morte. J'ai été blessée dans une fusillade.

— La cicatrice que tu as à l'épaule ?

— Oui. Il y a un programme d'échange entre les polices japonaises et américaines. Mes chefs cherchaient une mission qui me repose un peu avant de reprendre le rythme habituel. J'avais envie de me changer les idées.

— Pas très réussi.

— Non.

— Yo ?

— Oui.

— Tu es certaine que tu veux dormir ?

— Bof. Non. De toute façon, je fais des cauchemars.

Elle avait dormi deux heures. Elle émergea brusquement d'un rêve sombre où *elle* était l'assassin. Avec beaucoup de précision, dans un immeuble délabré, devant des fenêtres brisées, au milieu de meubles éventrés et informes, elle poursuivait des innocents, les égorgeait, elle sentait leur sang gicler sur ses mains, la chaleur du sang sur ses doigts. Où avait-elle appris cette sensation ? Comment connaissait-elle cette température ? Dans son rêve, elle avait porté la main à sa poitrine. Elle avait senti son propre sang couler par la blessure. Elle n'avait pas mal. Elle se souvenait juste d'un choc terrible, un raz-de-marée qui l'avait plaquée à terre. Depuis, son corps se vidait. Sur ses doigts tremblants, le sang était chaud. Presque réconfortant. La preuve que la vie n'était pas si loin, même si elle s'enfuyait à flots. La peur revint. D'où était venu le tireur ? Où était-il passé ? Elle ne sentait plus au-dessus d'elle la présence de l'arme à feu. Le flingue n'était plus là. *Il était à l'étage inférieur.* Junko le devinait comme si son âme s'était étendue aux alentours, comme si son âme perçait d'un œil puissant les murs, les planchers, comme si son âme explorait les tuyaux, les fils électriques, longeait les lambris, descendait les marches pour retrouver l'arme. Son âme était partout, mais de moins en moins en elle-même. Elle suivait le tueur. À l'étage inférieur. Elle aurait voulu le dire à quelqu'un, quelqu'un d'armé qui serait allé buter ce salopard. Où étaient les autres ? Pourquoi ne bougeaient-ils pas ? Pourquoi l'avaient-ils abandonnée seule dans ce vieil immeuble pourri ? Est-ce qu'ils n'avaient pas entendu la détonation ? Il lui semblait pourtant qu'on avait dû l'entendre jusqu'au bout du monde. Ses larmes coulèrent. Elle ne voulait pas mourir de cette manière : dans le noir, sans personne pour lui tenir la main. Sous son ventre, le micro lui faisait mal. Elle aurait dû entendre des sirènes de police, d'ambulance, et pourtant la rue ne renvoyait qu'un silence lourd. Comme si les lieux étaient déserts. Ils n'auraient pas dû l'être, ce qui rendait ce désert si désespérant. La gorge de Junko s'étrangla. Et s'il leur était arrivé quelque chose, à eux aussi ? Elle entrevit John et Pedro étendus dans leur cache. Déjà plus froids qu'elle. Son âme ne lui disait rien à ce sujet. Elle n'avait d'yeux que pour le flingue. Puis Junko perdit conscience.

Elle se réveilla. Elle ne se rappelait plus qui elle était. Qui était-elle ? Quel jour était-on ? Que faisait-elle là ? Elle dut rassembler tous ses esprits pour se souvenir de son identité. « Je suis en train de mourir. » Il faisait très sombre. Le jour se retirait, la nuit gagnait la pièce. Une des fenêtres grillagées était à moitié ouverte. Elle n'avait pas la force de crier, ses poumons étaient vides comme un sac en papier écrasé. Un lampadaire misérable la surplombait. Qui voudrait crever là-dessous ? Des rossignols décoraient le tissu jauni. Un craquement lointain, et la peur revint, énorme. L'arme approchait. Son âme le lui hurlait dans les oreilles. Le tueur revenait, il montait les marches, et le revolver se tenait au bout de son bras. Elle tâtonna à la recherche de son 9 mm. Elle n'avait même pas eu le temps de le sortir de son holster. Elle tremblait trop, elle n'arrivait pas à basculer sur elle-même pour dégager son arme. La quantité de sang autour d'elle était effrayante, elle baignait dedans, son visage, ses bras, son ventre baignaient dans le sang comme dans un liquide amniotique. Sous sa main, elle trouva la crosse chaude de son pistolet. Elle émit un cri rauque : elle n'y arrivait pas ! Son corps pesait sur elle comme un étau. Au secours ! Au secours ! criait son cerveau. Il arrive ! Le flingue arrivait en haut des marches. De nouvelles larmes jaillirent de ses yeux. Non ! Elle entendit la porte s'ouvrir. Elle lui tournait le dos. Elle ne se retourna pas. Elle essayait de sortir son 9 mm de son étui. Elle gémissait, émettait de petits cris comme un animal pris au piège. Le monde se rapetissait à vue d'œil. Le monde se ramassait sur lui-même. Le monde n'avait que deux pôles : le seuil de la pièce où se tenait la mort, et le lampadaire où tournaient des rossignols funèbres. Le 9 mm bascula enfin dans sa main, ses doigts se refermèrent dessus avec violence, son index glissa sur le pontet en lui laissant une trace de sang. Qu'il est lourd ! Les pas résonnent dans son dos. Elle n'aura jamais la force de se retourner pour le braquer. L'œil de la bête plane au-dessus d'elle, l'œil de la mort, l'œil du canon. La balle attend. Elle va surgir. Lui faire sauter la cervelle. Junko puise dans tout ce qu'il lui reste de vie et se jette en arrière, en lançant ses bras devant elle, et son flingue au bout. Impossible de viser, mais elle n'en est pas là. Au moins, ne pas mourir sans rien faire. Surtout, ne pas mourir en pensant. Et mourir vite. Junko avait présumé de ses forces, car son arme lui glissa des doigts et tomba sur le sol. Elle n'eut même pas le temps de voir le visage du tueur quand la détonation lui vrilla les tympans. Elle n'avait vu qu'une chose : le revolver, un Ruger KP 89 D. C'était écrit dessus. Plus tard, elle saurait qu'il s'agissait d'un pistolet double action, calibre 9 mm, doté d'un chargeur de quinze coups et d'un levier de détente — donc toujours prêt à tirer. Poignée durale, partie supérieure en acier inoxydable, un métal clair qui contraste élégamment avec le métal noir de la crosse et de la carcasse. Un canon de cent quatorze millimètres, un poids de neuf cent cinquante grammes à vide. Elle savait juste que le Ruger allait cracher la fin de sa vie. Il y eut la détonation, elle perdit conscience. Et entendit les voix de John et de Pedro. Elle fut heureuse de savoir qu'ils n'étaient pas morts.

Junko s'extirpa de ses souvenirs. Les voies surélevées de l'autoroute interurbaine n'étaient pas encore saturées, le trafic était fluide. Des camions de livraison constituaient le gros des troupes. Le soleil se levait sous un ciel gris. Une aube pâle tremblait au-dessus des réverbères encore allumés. Des passants se pressaient déjà sur les trottoirs. Elle aperçut le livreur de journaux. Elle le vit entrer dans un immeuble avec sa masse de papiers dans les bras. Il ne pleuvait pas. Pas encore, mais le vent faisait claquer les sacs en plastique au bord des poubelles et le linge qui pendait aux fenêtres. Elle tourna le dos à la vitre, regarda Saori qui dormait. La douceur du moment rendait tout le reste irréel. La dormeuse émergeait de sa couette par un bras, une épaule surnageant, et son visage aux yeux fermés posé sur l'oreiller. Elle semblait confiante, son sommeil était profond, rien ne paraissait l'assombrir. On avait du mal à croire qu'une tueuse arpentait la ville lorsqu'on voyait ces paupières closes et ce demi-sourire. Junko se sentit envahie par une vague de chaleur. Elle se tenait dans un autre monde, et, même si ses cauchemars la poursuivaient dans celui-ci, au réveil, elle retrouvait le sentiment d'harmonie qui lui manquait. Ne pas avoir peur était naturel pour Saori. Ne pas avoir peur était l'exception pour Junko. Et pourtant, elle n'avait pas peur maintenant. Pas parce que le 9 mm était à portée de main, pas parce que Saori constituait un rempart impressionnant, juste parce que Saori était là et qu'elle dormait comme si jamais aucune menace n'avait pesé sur un humain. Il n'y avait rien à craindre auprès d'elle. Ni bruit ni fureur ne venait perturber sa marche. En regardant Saori dormir, Junko sentit couler en elle un torrent d'amour et de gratitude.

9

Lorsqu'ils arrivèrent au Casque, l'agent interpella Nakamura et Go.

— Honda san vous attend.

Ils vérifièrent que leur témoin de la veille s'était bien présenté. Il était en rendez-vous avec le dessinateur pour établir le portrait-robot de la tueuse. Ils montèrent au bureau du nouveau chef de la police de Tōkyō. Intérimaire. Go et Nakamura s'attendaient à le trouver dans son bureau, il les attendait sur le seuil, les bras croisés. Même ici, au sommet de la hiérarchie policière tokyoïte, ayant revêtu une chemise et une cravate conformes, Honda avait l'air d'un voyou. Les yeux venimeux, le sourire mauvais, à la fois maigre, maladif, et d'une énergie excessive, il suffisait de le voir pour le deviner sans foi ni loi.

— Nakamura san, Go. Il est 9 heures.

— On a quitté le service à 3 heures du mat.

— Je sais. J'ai réceptionné votre témoin, Yano san.

— Elle a parlé ?

— Une vraie pipelette, à part qu'elle n'avait rien à dire sur l'affaire. Passée la peur, elle a retrouvé toute son énergie, cette salope. Coriace, la bonne femme. Mais, à mon avis, elle n'a jamais tué personne.

— On pense qu'elle pourrait être complice.

— En attendant que vous le démontriez, la moitié des politicards de cette ville me hurlent dans l'oreille. Le mari de cette pétasse est inscrit au PLD[1]. Le petit con est allé pleurer dans le giron des vieux croulants du coin que deux policiers à moi torturaient sa gonzesse.

— L'interrogatoire a été...

— J'en ai rien à foutre. Je les emmerde, de toute façon. Allez vous asseoir.

Go et Nakamura retrouvèrent l'atmosphère des lieux. Le vent s'engouffrait entre les lamelles de la façade, qui claquaient et chantaient. L'obscurité était quasi complète. L'ampoule de la lampe halogène avait probablement claqué, une simple lampe de bureau éclairait la table. Honda les rattrapa, contourna la table et se planta devant la fenêtre, en leur tournant le dos.

— Ma première journée de bureau dans cette boîte de conserve et déjà les politiciens sur le dos ! Si ces enculés s'attendent à ce que je leur cire les pompes, je leur conseille d'aller chercher un autre larbin. Ce genre de conneries, c'est bon pour les lopettes comme votre père.

Aucune protestation ne vint. Le patron se retourna.

— Vous allez me faire le plaisir de lâcher les bottes à la connasse. Elle n'est bonne qu'à organiser des buffets pour pique-assiette attardés. De toute façon, je ne crois pas que l'assassin soit une femme. Pas les couilles pour faire ça, ajouta-t-il en toisant Junko.

— L'assassin est une femme. C'est une femme qui nous a tiré dessus à Yokohama et un témoin l'a vue à Shinjuku. On est en train de dresser un portrait-robot.

— La vache. Une femme, constata-t-il sans plus

1. Parti conservateur.

d'émotion. Merde, les temps changent. Mais ce n'est pas Yano. Je l'ai interrogée moi-même. Ce n'est pas elle. Confrontez-la avec votre témoin, pour sécurité, mais je n'y crois pas une seconde. En plus, vous n'avez pas établi de lien entre la mateuse de gouines et la tueuse. Rien ne dit que c'est la même personne.

— Nous sommes certains que c'est elle.

— Votre certitude s'appuie sur quoi ?

— L'instinct.

— Connerie. La femme pourrait servir de rabatteuse pour son mec, par exemple.

Devant l'air ahuri de ses subordonnés, il fit la grimace.

— Vous n'y aviez pas pensé ?

Un silence lourd lui répondit.

— Et bravo pour hier ! Il vous faut combien de tentatives pour serrer un suspect ? En attendant que vous mettiez dans le mille, on entasse les macchabées, à la morgue.

— Sauf votre respect, Honda san, vous n'auriez pas fait mieux, répondit Nakamura.

Honda éclata de rire.

— Ce n'est pas parce que j'ai la réputation d'aimer les grandes gueules qu'il faut abuser de ma patience. Je ne vous conseille pas d'essayer une seconde fois vos airs de yakusas de cinéma. Compris ?

Nakamura souffla.

— Même si l'assassin est une fille, continua le chef, ça ne veut pas dire que la pute Yano est mouillée. Vous avez quoi contre elle ?

— Elle fréquente le quartier où l'assassin choisit ses victimes, elle habite près de Futtsu-shi, n'a pas d'alibi, connaissait certaines victimes.

— S'il suffit de ça pour être accusé, c'est moi l'assassin. Moi non plus, je n'ai pas d'alibi, j'ai des placards remplis d'armes confisquées aux yakusas, les gouines me débectent. Bref, tout ça, c'est de la crotte de moineau. Vous n'avez rien d'autre ?

— Non.

— Alors foutez-lui la paix. Je n'ai pas dit que je tiendrais cent ans à ce poste, mais viré au bout d'un jour, ce ne serait pas bon pour ma réputation. Ça pourrait la rehausser, ce serait humiliant pour un mauvais garçon comme moi.

Il se tourna vers Junko et plongea son regard dans le sien :

— Go, vous feriez une bonne candidate en tant qu'assassin.

— J'étais dans l'avion au moment du premier meurtre.

— Je plaisantais. Je vais relâcher Yano. Je vais mettre un de mes hommes pour lui filer le train.

Et avant que Nakamura proteste :

— Un homme à moi sera mille fois plus discret que vous. Pardon d'égratigner votre ego, mais j'ai quelques hommes plus adroits que vous à cet exercice. Et puis, vous avez avancé, ces derniers jours, alors autant continuer sur votre lancée. Qu'allez-vous faire, maintenant ?

— Récupérer le portrait-robot, le comparer avec les fiches de Mori, les listings que nous avons établis depuis le début de l'enquête. Sillonner ses quartiers de prédilection.

— Le temps de la pêche est venu. Allez-y.

Les deux flics se levèrent, soulagés que la séance prenne fin si rapidement. Alors qu'ils passaient la porte, Honda les rappela :

— Eh, Go, restez en retrait s'il y a du grabuge. Je n'aimerais pas vous renvoyer à l'état de cadavre aux services de police américains.

Et, avec un petit sourire mauvais :

— Les femmes sont faites pour rester dans l'ombre des hommes.

— Vous êtes philosophe, Honda san ?
— Non, c'est ma mère qui me disait ça.

Isobe écoutait le bruit de la pluie sur le toit. Ce bruit, il l'avait entendu toute sa vie. Quand il était enfant, il l'écoutait déjà, dans cette même maison. Toutes les variations des flots se répercutaient sur les tuiles. Le son devenait plus grave quand l'intensité du déluge s'accentuait, plus aigu lorsque les gouttes se raréfiaient. Il couvrait le grondement de la ville puis se retirait derrière lui. Isobe se pencha sur la table. Il avait posé l'un à côté de l'autre ses dossiers sur les assassinats de la tueuse de Shinjuku. Les morts reposaient, alignés. Il prenait des notes. Il récapitulait toutes les hypothèses formulées depuis le début de l'enquête. Plus il avançait, plus il avait le sentiment de constituer une grille. Il tentait de faire en sorte que l'intégralité de ses notes soit apparente sur le plan.

Sur une ligne, il avait inscrit tous les profils de tueur imaginés au fil des jours : employé à Shinjuku, technicien, tueur professionnel, militant d'extrême gauche, militant d'extrême droite, membre d'une secte, malade mental sorti d'hôpital psychiatrique, policier, mari jaloux, personne qui aurait une expérience médicale ou dans la boucherie. Entre-temps, on avait appris que le tueur était une femme. Des hypothèses comme un époux jaloux s'effondraient, mais la plupart restaient valables. Il s'en voulut d'avoir filtré les sorties de la zone du meurtre de Michiko Terada en pariant que le tueur était un homme. S'il n'avait pas commis cette erreur, ils auraient peut-être déjà interpellé l'assassin. Sur une autre ligne, il lista les raisons qui avaient amené à telle ou telle hypothèse : compétence du tueur dans le domaine des armes, proximité naturelle avec les lieux du meurtre, modus operandi, motivations politiques, religieuses ou psychologiques, accès à des armes à feu, connaissance dans le domaine de l'anatomie, pratique de l'informatique. Dans un coin, il nota les questions obscures, celles auxquelles on n'arrivait pas à répondre : la volatilité de l'assassin, sa capacité à faire disparaître ses traces, la disponibilité d'armes diverses et performantes dans un pays où la législation sur les armes est d'une extrême rigueur, son renoncement atypique à prélever un trophée sur ses victimes. La fusillade de Shibuya, l'incroyable coïncidence qui avait mis Junko en présence de la meurtrière.

Isobe eut rapidement la conviction que l'identification de l'assassin proviendrait de la résolution de ces zones sombres de l'enquête. Désormais il ne courait plus après la tueuse, il remontait à la source. Il se ne fierait plus aux éléments glanés, mais à ceux qu'il avait écartés parce que trop incompréhensibles. Et il faisait le pari qu'il n'y avait aucun hasard, mais au contraire une pure nécessité. Par exemple, si les trajectoires de la meurtrière et de Junko s'étaient croisées, ce n'était pas un hasard, mais parce que quelque chose ou quelqu'un l'avait voulu ainsi. La tueuse pouvait avoir repéré Junko au théâtre où elle interrogeait Zita Mirdine. Intuition, instinct, elle avait deviné que la femme flic était homosexuelle, comme ses victimes de prédilection, et lui avait tendu un piège. Elle avait suivi Junko, avait abattu Naoko Ando à proximité, puis attendu sa véritable proie. Elle avait porté son dévolu sur la gamine pour la simple raison qu'elle passait dans son champ de tir, alors que son but était d'abattre Go. C'était logique. Le guet-apens était une évidence. Ce qui était moins évident était la raison pour laquelle elle avait tiré sur Junko, et comment elle avait eu connaissance de son homosexualité. Ce pouvait être instinctif, mais ce pouvait être autre chose. Pourtant, ce jour-là, sa fille n'avait pas passé beaucoup de temps à Tōkyō. Elle n'avait pas eu le temps de se rendre dans un bar ou dans l'un de ces lieux qui servaient de point de contact pour la meurtrière. Alors ? Comment savait-elle ?

Le ménage. L'assassin faisait le ménage et ne laissait aucune trace. Pour ce faire, elle devait transporter avec elle un minimum de matériel qui n'attire pas l'attention. Qui se promène avec du matériel ? Les colporteurs, les techniciens d'entretien ou de maintenance, les musiciens, les médecins, les accordeurs de piano, les ouvriers en peinture, les employés des compagnies d'électricité, les infirmières à domicile, la multitude de livreurs de plats cuisinés, du monde, en somme.

L'accès aux armes. Cette hypothèse le ramenait à cette piste sérieuse : un flic. Ou une femme flic. Les yakusas n'avaient pas le profil. Ou alors une tueuse professionnelle, une femme yakusa qui avait perdu la tête. Honda n'avait rien trouvé de tel. Or, Isobe n'imaginait pas une seconde qu'une femme telle que celle-ci aurait échappé à Honda san. Ce dernier était trop attiré par les femmes et trop tordu pour laisser passer une fille pareille. À moins qu'il n'ait été trop proche d'elle. Isobe jeta un coup d'œil au téléphone. Il l'appellerait dans quelques minutes — Honda ne s'en formaliserait même pas. Mais il y avait aussi cette piste du flic, de la fliquette. L'air de rien, la police avait recruté pas mal de femmes dans les années précédentes. Il y en avait dans divers corps, parmi les inspecteurs, les techniciens, mais aussi dans la police de la route, les motards. Il fallait repasser tout cela au crible. Soudain, il releva la tête. Ses mains se crispèrent sur la table. Sur le papier, une diagonale lui indiquait un nouveau profil de tueuse. Un profil d'une netteté accablante. Il revit la zone de Yurakucho, les barrages, la voiture... Il se saisit rapidement du téléphone, composa le numéro :

— Allô. Takeshi Isobe au téléphone. Bonjour, Miyamoto san. J'ai besoin d'un renseignement de toute urgence. Pouvez-vous me dire si...

— Sa bouche est plus large, je dirais, mais moins charnue.

Le policier hocha la tête et gomma quelques traits. Puis il esquissa une nouvelle bouche.

— Comme ça ?

— Juste un peu moins. Je crois que l'écart avec le nez est un peu plus grand.

— Entre le nez et la bouche ?

— Oui.

— D'accord.

Nakamura et Go saluèrent Saito san, le témoin, et vinrent se poster de part et d'autre du dessinateur pour observer l'évolution de l'opération par-dessus son épaule. Le travail avait bien avancé.

— C'est précis, hein ? glissa Saito avec fierté.

— Oui, vous avez bonne mémoire, répondit le flic, en pensant qu'on ne pourrait réellement en juger qu'en face de l'original.

— La suspecte a un strabisme ? demanda Masayuki.

— Non, répondit le technicien, je vais corriger. Saito san parlait de fixité, de regard étrange, mais sans pouvoir m'expliquer pourquoi. J'ai esquissé comme ça, on va corriger ensuite.

— Les cheveux, je ne les ai pas vus. Ils étaient dans sa capuche.

— Elle avait le front dégagé ?

— Oui.

— Pas de mèches visibles dans le cou ?

— Je n'en ai pas vu. Elle les avait sans doute attachés.

— Oui, acquiesça le dessinateur, elle devait avoir les cheveux tirés en arrière.

— La bouche, c'est exactement ça.

— Et le menton ?

— Oui.

Masayuki et Junko ne pouvaient plus détacher leur regard du dessin. Trait à trait, leur assassin était en train d'apparaître. Ce visage, si prudemment dissimulé, surgissait du brouillard, du vide, il se tournait enfin vers eux. Immédiatement, il leur parut familier. Ce portrait était en quelque sorte attendu, prévisible, presque amical. C'était troublant.

— Revenons-en aux yeux, Saito. Concentrez-vous. Prenez votre temps...

— Ils ne louchaient pas. Ils étaient centrés. C'est simplement qu'ils étaient plus rapprochés et que leur expression était...

— Et la forme ?

— C'est celle-ci. Elle est bonne.

— Donc, simplement, je rapproche les yeux et je recentre les iris ? Comment était-il, ce regard ? Indifférent, doux, agressif ?

— Agressif.

— Méchant ?

— Oui.

Le dessinateur reprit sa gomme et recommença les yeux.

— Oui, oui, c'est ça ! s'exclama Saito.

Masayuki et Junko restèrent muets. Il y avait quelque chose de troublant dans ce portrait.

Honda descendit les marches quatre à quatre. La voix tremblante d'Isobe résonnait dans son oreille. Honda n'aimait pas Isobe : ce connard était conformiste et arrogant. À croire que la petite gamine avait avalé tout ce qui traînait de folie dans la famille. Le nouveau chef savait qu'il avait lui-même une réputation de dingue, et il s'en foutait : il était vraiment fou, mais mieux valait être chef de la police qu'interné. Il aimait bosser avec des secoués. Mais là... Il y avait de la folie dans la voix d'Isobe. C'était drôlement excitant. Il surgit dans la salle d'entretien. Il y avait là un abruti de chez abruti, un petit vieux qui souriait bêtement ; le dessinateur de la police (accro à la coke, il le savait par son dealer) ; et les tourtereaux.

— Vous voulez regarder le portrait-robot ? dit Masayuki.

— Pourquoi ? J'ai la tronche de l'assassin ? Ah, merde, j'avais oublié...

Il attrapa l'image.

— Pas possible. Isobe a raison. C'est Nakayama.

Nakamura et Go restèrent muets. La nouvelle leur tombait dessus avec une telle brutalité qu'ils n'arrivaient pas à l'assimiler. Pourtant, c'était une évidence. Le portrait qu'ils avaient dans les mains avait justement cet aspect familier... Un sentiment de déjà-vu. Mais leur esprit avait absolument refusé de leur proposer l'interprétation, le nom de cette image. Parce que c'était impensable. Le docteur Nakayama, légiste.

— Bon, on se réveille ! On balance le portrait-robot à tous les kobans. Vous, vous foncez chez Nakayama. Moi, je vais voir ce que je peux dégotter à son propos. Et prenez en renfort tout ce qui traîne de fainéants dans les couloirs. Pas la peine que la morgue ait un client de plus : on n'a plus de légiste.

Isobe raccrocha. Tout était parfaitement clair dans son esprit. Il revoyait la Toyota, *à l'intérieur* de la zone. Elle avait prétendu s'être perdue, il avait supposé qu'elle était entrée par un autre barrage avant de se perdre. Mais non, elle était depuis le début dans les limites. Après avoir abattu Michiko Terada, elle était remontée vers la station de métro. Lorsqu'elle avait disparu, elle ne s'était pas planquée dans un hôtel ou dans une cave. Elle était montée dans sa voiture avec le macaron de la police, avant de dissimuler la pèlerine et son arme au milieu de son matériel. Elle avait attendu un bon moment et elle s'était présentée tranquillement au barrage, avec sa tête de professionnelle sur le chemin de l'enquête. Pour parachever l'affaire, elle l'avait embarqué, lui, le chef de la police de Tōkyō, dans sa voiture d'assassin. Et elle était revenue sur les lieux du crime, en fanfare, pour autopsier. Indiscutablement, Nakayama avait le sens de l'humour, un très sinistre mais très incisif sens de l'humour. C'est elle qui avait écrit le rapport sur la mort de l'agent Natsuki Miyamoto — comme tous les autres, d'ailleurs. « L'arme du crime est probablement un scalpel. » Le même, sans aucun doute, qui avait servi à l'autopsie. Le policier de Futtsu-shi avait été assassiné avec le matériel qui avait servi à analyser les conditions de sa mort. La Toyota vert sous-bois avait remonté le même chemin, en imprimant ses empreintes de pneu sur les traces effacées la veille. Elle avait repéré Junko à la morgue. Tout bêtement. Elle avait fait son casting au boulot, elle avait filé Nakamura et Go jusqu'à Shibuya et elle avait tendu ce piège à Junko. Flic et homo. La victime parfaite. L'absence de trace : Nakayama se déplaçait avec son matériel. Un matériel destiné à relever toutes sortes de résidus laissés par les criminels. La légiste n'avait fait qu'employer ses outils un peu plus tôt, afin d'effacer les traces de son passage. Les armes avaient dû être prélevées sur des lieux de crime, avant d'être enlevées et répertoriées par la police. Elles ne manquaient pas au dépôt parce qu'elles n'avaient jamais été enregistrées. Elle s'était jouée du plan Œil d'aigle, d'autant plus que celui-ci lui était connu. Quand bien même un flic l'aurait interpellée, sa carte de la police l'aurait mise à l'abri de toute investigation intempestive. L'un des points sombres de l'enquête se révélait encore plus sombre : si aucun trophée n'avait été prélevé sur les victimes, c'est que la meurtrière n'en avait pas besoin ; elle récupérait l'intégralité du corps quelques minutes après l'avoir privé de vie.

Junko et Nakamura revoyaient le visage de Nakayama, levant son scalpel pour désigner l'arme du crime : « Je dirais ça. »

Ce devait être jouissif. Pour un esprit malade. Junko pensa avec amertume à sa certitude de reconnaître l'assassin au premier coup d'œil. Elle l'avait regardée dans les yeux vingt fois sans remarquer le moindre tressaillement dans ses pupilles. À Shibuya, la femme médecin s'était tenue à deux centimètres de son visage, le temps d'y apposer un peu d'alcool. À côté d'elles gisait le corps sans vie de Naoko Ando, et le trou vissé dans son front de gamine. Elle n'avait rien senti. Pourtant, confusément, elle avait deviné le désir du médecin. Mais le désir, après tout, n'avait pas été l'exclusivité de la tueuse.

Le docteur Nakayama habitait, sur la colline de Kagurazaka, une maison étrange. Aux alentours s'étendaient des jardins. Des arbres pliaient dans le vent. En d'autres temps, les cigales chantaient. Mais ce matin-là, il pleuvait des cordes. Les cigales avaient dû se planquer dans ce lieu mystérieux qu'elles rejoignent quand l'atmosphère vire au sombre. Il faisait très sombre, en effet, comme un soir d'automne et non comme un matin de juin. Les nuages étaient noirs. Des torrents s'abattaient sur Tōkyō, les branches s'agitaient et se tordaient sous un souffle violent. L'eau dévalait la route vers le bas du quartier. Les fils électriques se balançaient à la tête des poteaux. Au-delà, la ville s'étendait à l'infini ; les gratte-ciel de Shinjuku accrochaient le ciel. Le typhon était maintenant visible. Junko le regarda, impressionnée. Au-delà de la noirceur générale, la masse nuageuse en approche constituait une véritable muraille céleste, se dressant depuis le sol jusqu'aux nues, d'un noir de jais, d'une densité incroyable, comme si on avait compressé des milliers de cumulus.

Nakamura et Junko s'arrêtèrent au portail. L'absence de la Toyota du médecin n'était pas de bon augure. Ils observèrent la maison. Très particulière : les murs latéraux de la bâtisse étaient penchés ; entre ces deux pans inclinés à des degrés inégaux, la façade avait un aspect saisissant. Les panneaux qui la composaient étaient faits d'une matière mystérieuse : feuille de pierre d'une finesse troublante, papier d'une plasticité inhabituelle, tissu synthétique, peau tannée ? Une couleur rosée, des auréoles, des traînées rougeâtres qui évoquaient des parois d'organes donnaient un aspect vivant à cette vision. Les deux inspecteurs prirent la tête de l'escouade. Ils remontèrent jusqu'à la porte pliés en deux, courant sur les talons. La porte n'était pas verrouillée.

— Je compte jusqu'à trois. J'y vais, tu me couvres, lança Masayuki. Un, deux, trois.

Il se précipita à l'intérieur, pointant son 38. Il se trouva dans le noir. Il balaya les lieux de son canon, mais il ne voyait quasiment rien. L'épiderme de la façade était translucide. La lumière et les sons parvenaient, assourdis, à l'intérieur. Mais la noirceur extérieure n'offrait que peu d'éclairage. Il cessa de bouger, tendit l'oreille. Un souffle allait et venait dans la pièce. La maison respirait. Aucune bouche d'aération n'était pourtant apparente. Un bruit résonnait, de manière régulière : un bruit sourd, mais puissant. Il faisait étrangement chaud.

— Qu'est-ce que c'est que cette merde ?

— Masayuki, ça va ? lança Junko.

— Je n'y vois rien.

Il partit à la recherche d'un interrupteur. Une forme heurta son genou, une forme dure mais non identifiable. Le plancher vibrait sous ses pieds : le battement sinistre qu'il avait entendu provenait de coups qui secouaient la maison entière. Ses doigts rencontrèrent un bouton. Il le bascula. Mais la lumière ne vint pas. Le flic soupira et préféra ressortir.

— Il faudrait des torches.

Un policier s'éloigna pour chercher le matériel.

— C'est très bizarre, là-dedans. Il y a quelque chose qui souffle, quelque chose qui cogne, et une température...

— C'est une bête géante.

Ils regardèrent à nouveau la façade sanguinolente. Le flic revint avec les torches. Nakamura en prit une, les autres furent distribuées. L'inspecteur inspira une longue goulée d'air et entra de nouveau. Tous les faisceaux des lampes, projetés depuis la porte, accompagnèrent son exploration. Les murs étaient écarlates, le sol constitué de dalles de marbre blanc veiné de rouge. Nakamura trouva une grille circulaire, cachée par le banc de pierre qui occupait, seul, le sas. Il essaya de la soulever, mais elle semblait scellée. Un souffle chaud la traversait. Le reste de l'escouade pénétra dans la pièce, tandis que l'éclaireur gardait un œil sur la porte qui s'ouvrait sur la gauche.

— Allons-y.

Junko le rejoignit. Ils jetèrent un regard dans la pièce attenante. Il faisait aussi sombre que dans l'entrée. Ils balayèrent la salle de leurs torches. C'était un salon. Comme à l'extérieur, les murs, peints en rouge, penchaient de manière très nette. On avait le sentiment que la maison était prête à se disloquer, qu'elle tenait sur des béquilles. La salle était principalement occupée par un immense canapé en U recouvert d'un linceul blanc. Il entourait une table basse.

— Masayuki !

Un crâne les regardait fixement. Ils éclairèrent l'endroit. La chose reposait sur un plateau transparent de très grande taille, servant de table basse, et dont chaque coin était occupé par un crâne de bœuf.

— C'est juste de la déco, Junko.

— Très joli.

Trois lys, dans un vase vermillon, occupaient le centre du meuble. Dans les coins de la pièce se dressaient les touffes hirsutes de plantes noires. Aucun livre, ni étagère, ni décoration aux murs. Aucune menace apparente non plus dans le champ de vision des policiers.

Ils avancèrent dans la pièce, suivis des autres flics. Instinctivement, ils évoluaient l'échine courbée. Quelque chose pesait sur eux. Les coups continuaient à faire trembler la maison, il faisait chaud comme dans un four, la respiration rauque qu'ils avaient sentie dans l'entrée continuait à balayer l'espace. Ils étouffaient, l'air était malsain. Une odeur de mort flottait. Même dans la maison d'un légiste, ce n'était pas normal. Cette odeur était acide, stressante, elle s'insinuait dans votre cerveau comme un poison. À la sentir, on se sentait malade, patraque. Qu'est-ce que ça voulait dire ? Nakamura avait le cœur battant. Il pensait que la légiste était assez dingue pour avoir empoisonné l'air, peut-être même avec un machin biologique. Il se demandait s'il était en train de respirer un virus comme celui de la peste, de la variole ou d'Ebola. « Je délire », pensa-t-il. Il savait que les hommes tremblaient sur leurs jambes, qu'ils serraient la main trop fort sur la crosse de leur arme. Depuis qu'ils étaient dans cette pièce, quelque chose n'allait pas. Son regard fut attiré vers le haut, il braqua sa lampe. Il étouffa un cri. Toutes les torches s'élevèrent vers le plafond.

— Qu'est-ce que c'est ?

— Pas de panique ! lança Junko, et elle suivit l'objet avec sa torche. On dirait un tuyau...

— C'est énorme. Ça ne peut pas être un tuyau d'aération.

— On dirait du sang, dessus.

— Partout, on dirait du sang, mais ça n'en est pas vraiment. Enfin, je ne crois pas.

Un policier trouva un autre interrupteur mais il le poussa en vain. Aucune ampoule ne s'alluma.

— Arrêtez d'appuyer sur les interrupteurs. La maison est peut-être piégée. Certains trucs pourraient servir de détonateur.

Le policier s'éloigna du mur. Cet endroit était totalement sinistre. Totalement flippant.

— C'est un tunnel, murmura Junko.

— Quoi ?

— Le tuyau.

Et elle éclaira des marches qui grimpaient le long du mur, à droite. Puis suivit le trajet du cylindre jusqu'au mur d'en face.

— Il faut traverser ce truc pour accéder à l'étage.

Dans le noir, les policiers se figèrent, ne sachant que dire. La respiration de la maison était toujours audible, plus qu'audible, omniprésente. Elle les caressait dans un sens, puis à rebrousse-poil, elle les enveloppait comme la membrane couleur chair qui constituait les murs. Ils ne réalisèrent que dans ce silence que le battement sombre s'était intensifié, sous leurs pieds.

— Il doit y avoir quelque chose de bizarre dans la cave, remarqua un flic.

— Ne descendez pas seul. Jamais moins de trois à la fois, ordonna Nakamura.

Même déserte, la maison les rendait tous nerveux. Masayuki et Junko se jetèrent un regard, comme deux enfants qui veulent se rassurer. Le battement entrait dans leurs corps par le sol.

— Ça devait être sympa, ici, les petits dîners entre amis, murmura Junko.

Tous les policiers sourirent. L'atmosphère se détendit un peu.

— Tamai, Togo, vous montez avec nous, ordonna Masayuki. On prend deux torches, on vous laisse les deux autres en bas.

Les policiers acquiescèrent. Go et Nakamura gravirent l'escalier. Les marches, retenues par des câbles métalliques fixés au plafond, tremblaient sous leurs pas. Au sommet, ils trouvèrent le tuyau. Avant de s'engager dans l'artère, Masayuki palpa la matière.

— C'est du tissu.

— Humain ? plaisanta Junko.

— C'est souple. Une sorte de synthétique, ou de la baudruche.

Lorsqu'on projetait les faisceaux à l'intérieur, on apercevait une rampe en béton qui renforçait le sol. La texture du cylindre était parfois rougeâtre, parfois blanchâtre. Elle était montée sur des cerceaux. Le policier avança un pied. Sous la semelle, le tunnel avait une consistance de cartilage. Le tube ressemblait à une artère. Ils avançaient pliés vers l'avant, l'arme levée au niveau de l'épaule, l'œil scrutant au-devant d'eux. Nakamura et Togo portaient une lampe, mais, interrompus par les corps des policiers, leurs faisceaux ne portaient pas loin. Pendant que les policiers progressaient dans le boyau, leurs yeux, leurs pupilles, leur visage, pris dans les faisceaux, étaient eux-mêmes rougis, leurs mains, leurs phalanges étaient écarlates. Autour d'eux, l'obscurité régnait, à peine troublée par la tache blanche des deux torches, à l'étage du dessous.

— C'est le bout, murmura Masayuki, en apercevant une zone encore plus sombre.

Il tendit le bras et le canon du 38. Il émergea, caché derrière son arme. Junko sortit derrière lui, puis Tamai et Togo.

— Ça va, là-haut ? entendirent-ils crier depuis le rez-de-chaussée.

— Ça va ! cria Togo.

— C'est quand même fou, ajouta doucement Tamai.

Les lieux attisaient leur angoisse. La meurtrière leur paraissait un être surnaturel. Leur imagination s'emballait. Ils ne pouvaient s'empêcher de craindre qu'elle ne surgisse. Ils se rappelaient les mains tranchées de l'agent Miyamoto, la peau de son visage arrachée. Et cette odeur de mort... Les coups qui secouaient la maison se firent plus lourds. Les policiers projetèrent les faisceaux autour d'eux. Leur nouvel espace était plus habituel. Ils remontèrent un couloir délimité par des murs de béton nu. Dans le plafond étaient ménagés des trous de cinq centimètres de diamètre, à raison d'un trou tous les deux mètres, sur une ligne au milieu du couloir. La lumière aurait dû s'infiltrer par ces ouvertures, mais le typhon les privait de ce réconfort. Leurs chaussures résonnaient sur le béton froid. Ils rencontrèrent une première porte. Les deux éclaireurs se placèrent à droite et à gauche, mais à distance, Junko et Masayuki contre les chambranles.

— Je tire la porte, tu jettes un coup d'œil. Si quoi que ce soit bouge, tu t'effaces, ordonna le Japonais à l'Américaine.

— OK.

— Un, deux, trois !

Junko braqua son 9 mm dans le noir. Son cœur battait dans sa gorge, ses yeux tremblaient de peur. Les étagères valsaient devant elle, le tabouret et la bassine tanguaient. Elle n'avait pas fini de faire des cauchemars.

— C'est bon. Y a rien, dit-elle d'une voix assurée.

Ils observèrent la salle de bains, avec sa baignoire en bois et ses planches. Tamai y entra, rien à signaler. Le battant se referma. Ils retrouvèrent la pénombre du couloir. Une seconde porte était close. Ils la poussèrent prudemment. Un bureau. Ils y entrèrent à tâtons. De nombreux objets gisaient au sol. Leurs pieds rencontraient partout des volumes qui fuyaient ou craquaient sous leurs pas. Du verre cassé jonchait le plancher. Togo passa le doigt sur la fenêtre : elle était barrée de cette même matière non identifiée. Junko contourna un bureau, une chaise réglable. Quelque chose frôla son épaule, elle s'écarta vivement en braquant sa lampe vers l'agresseur. C'était un cadre à moitié décroché. Il contenait un portrait : celui d'un homme d'une quarantaine d'années. La photo était ancienne, c'était celle d'un officier de l'armée nippone, probablement en 31-45. L'officier avait le front haut, le cheveu rare, un nez fin, une bouche aux coins tombants, dédaigneuse sous une moustache fine, l'œil brillant. Dans la forme des joues, dans celle des yeux, on reconnaissait une parenté avec le visage du docteur Nakayama.

— Vous croyez que c'est son père ?

— Ou son grand-père.

Masayuki attrapa un petit portrait qui se dressait sur la table. Le même homme, bien plus âgé — facilement soixante-cinq ans —, souriait chaleureusement à l'objectif, assis dans un jardin.

— Il y a une autre photo de lui.

— On peut être un assassin et aimer ses parents, remarqua Tamai.

— Son père. Sa mère ne semble pas l'obséder.

— On pourrait peut-être aller voir plus loin ? suggéra Togo.

Même s'ils tenaient à faire leur boulot avec sérieux, les policiers avaient envie de quitter les lieux le plus vite possible. Le filtre quasi organique qui colorait les fenêtres était pénible, il donnait le sentiment d'un espace totalement imperméable. Ils se sentaient emprisonnés dans un corps inquiétant. Leur progression dans cet espace tendu de membranes, balayé d'un souffle chaud, les tympans et les tempes vibrant sous le battement d'on ne sait quel piston, était stressante. La claustrophobie gagnait.

— Eh, appela Tamai.

— Oui ?

— Venez voir.

Ils trouvèrent un râtelier, caché derrière la porte. Le HK 38 s'y trouvait. En revanche, le Remington manquait. Au sol reposait la mallette du Tanfoglio. Les instruments d'entretien étaient toujours enfoncés dans la partie supérieure, mais la partie inférieure était vide : la mousse gardait l'empreinte de l'arme et de son chargeur.

— Elle n'a pas l'intention de se rendre, commenta Masayuki.

— Ça t'étonne ? répondit Go.

— Il n'y a pas de balles. Elle a dû en emporter des quantités.

Ils s'arrêtèrent en silence. Ils se rendaient compte

que leur propre respiration était coupée, leur souffle court. Ils avaient chaud. Ils étaient déjà vidés. Pendant une minute, ils se contentèrent de calmer leur cœur, réguler leurs poumons, les mains coincées sur les hanches. Puis, après un coup d'œil circulaire, Nakamura donna le signal du départ.

— Allez, on y va.

Ils retrouvèrent le couloir percé. La pluie s'abattit au-dessus d'eux. Sans savoir pourquoi, cela les soulagea beaucoup. C'était le bruit du ciel, le bruit du dehors, le monde qui se rappelait à eux. Tant pis s'il fallait se confronter au typhon, tôt ou tard. C'était préférable à l'angoisse de se déplacer dans cette maison. Les trous du plafond commencèrent à laisser couler des gouttes, voire de petits filets d'eau qui tombaient au centre du couloir, dans une légère rigole. La troisième porte était également ouverte : la pièce avait une forme ovoïde. Les cloisons étaient faites de cette même matière qui les avait surpris, mais cette fois elle était découpée en triangles assemblés et soutenus par une structure en acier. Un lit, simple matelas posé à terre, une table de chevet carrée, une lampe voilée de blanc. Ils pénétrèrent dans la chambre. Tamai s'approcha de la télévision. Inspecta les fils, derrière. L'appareil jouxtait une collection de cassettes vidéo, empilées les unes sur les autres. Sur le dessus reposait un papier blanc. Tamai l'attrapa : « Pour Go. Personnel. »

— Go san, c'est pour vous.

Junko était encore dans le couloir. Avec Masayuki, ils se dirigeaient vers la dernière porte. Elle rebroussa chemin. L'agent Tamai lui tendit le papier.

— Bien sûr, murmura-t-elle.

Elle attrapa une paire de gants et se pencha pour lire le dos des cassettes. Les trois du dessus étaient nommées respectivement : Michiko, Sachiko et Maria.

— On devrait peut-être les emporter et les visionner après, suggéra Togo.

— On est pressés. Il y a peut-être là-dedans de quoi retrouver la trace de Nakayama, répondit Go.

Nakamura acquiesça à l'attention des deux autres policiers. Tamai était déjà convaincu, il proposa d'aller explorer la dernière porte. Junko saisit la première cassette et la glissa dans la bouche du magnétoscope.

— Entrez, Honda San.

Mori s'effaça pour laisser entrer son collègue puis referma la porte. C'était son domicile, un appartement au sommet d'une tour moderne à Meguro-ku. Tout le monde savait que le vrai fichier de Mori san n'était pas rangé au bureau, mais ici. L'autre comportait plus de noms, mais moins de faits. Il était arrivé que des impatients ou des inquiets envoient à cette adresse des ouvriers particuliers chargés de retrouver leur dossier : c'était une erreur, car les ouvriers en question auraient pu faire plus mauvais usage encore d'une telle marchandise, et ensuite parce que l'appartement était équipé de protections des plus sophistiquées. Aucun voleur n'avait réussi à passer la porte. De fait, le policier ne recevait jamais chez lui pour le travail, mais il faisait exception pour le spécialiste des yakusas. Il y avait entre eux une complicité particulière : Mori possédait sur Honda un dossier très fourni, tandis que Honda possédait sur Mori un dossier très gênant.

— Installons-nous. J'ai déniché quelques infos, Honda san.

— Sur le docteur Nakayama ?

— Oui et non. J'ai beaucoup de choses sur le docteur Yoji Nakayama, le père de notre tueuse.

— Ça intéresse l'enquête ?

— À vous de juger.

Ils s'assirent sur le tatami. Mori avait étalé sur la table un tas de dossiers poussiéreux. Des photos, des textes. Ils se servirent du thé. L'immeuble était des plus contemporains mais l'aménagement des pièces très traditionnel. La pluie crépitait sur la vitre.

— Vous connaissez les activités de l'unité 731 ?

— Oui.

— Eh bien, le père du docteur Nakayama en faisait partie.

Honda médita l'information, et décida que oui, il était intéressant pour l'enquête de connaître cette histoire.

— Lorsque j'étais jeune policier, Honda san, j'ai eu affaire à un de mes collègues plus âgés, dont je ne vous donnerai pas le nom. Nous devînmes proches, et même amis. Cette amitié dura longtemps, vingt ans même, malgré le fait que mon ami présentât des troubles psychologiques graves. Il tenta de se suicider à plusieurs reprises, faisait de constantes dépressions, se saoulait quasi quotidiennement. On le plaça au service des archives. Il y a de cela quinze ans, mon ami, dans un accès de désespoir, me fit un aveu : il avait lui-même, en tant que très jeune étudiant, en tant que civil, participé à l'unité 731. De ce début d'aveu, je lui arrachai une confession complète, le récit de son passage là-bas, ce qu'il y avait vu. Et j'en tirai des noms. Celui du docteur Nakayama appartenait à cette liste.

— Je veux le récit complet.

— Mon ami avait dix-sept ans, il vivait dans la préfecture de Chiba. C'était en 1939. Le Japon avait déjà des années de guerre et d'occupation derrière lui. Nous occupions une grande partie de la Chine. L'unité 731 officiait là-bas, en Mandchourie, dans le plus grand secret. Quand il y fut envoyé, mon ami n'avait aucune idée de ce qu'il allait y faire. L'armée avait engagé une trentaine d'adolescents dans son programme. Ils avaient quitté le lycée pour rejoindre l'école médicale de l'armée. Pendant un mois, ils suivirent des cours de biologie au laboratoire de recherche et de prévention des épidémies à Tōkyō.

— Prévention des épidémies ? Quelle ironie, murmura Honda.

— On leur enseigna le développement des cultures bactériologiques. Le reste du temps, ils apprenaient le chinois. Au bout d'un mois, ils embarquèrent pour Harbin, au nord de la Chine, puis de là prirent un bus pour un petit village. En fait, le village était vide. Tous ceux qui l'avaient habité avaient été déportés, puis avaient disparu. Beaucoup, en réalité, avaient directement alimenté le programme de l'unité 731. De cette manière, aucun humain ne pouvait témoigner de ce qui se passait là. Mon ami reçut d'ailleurs rapidement des ordres stricts sur le secret, et les sanctions prévues en cas de manquement étaient radicales. Au cours des activités qui devinrent le quotidien de ces jeunes laborantins, la règle était celle-ci : « Ne regardez pas autour de vous, ne parlez pas entre vous, n'écoutez pas ce qui se dit à côté de vous. » Officiellement, l'unité s'occupait d'épuration des eaux.

Honda éclata d'un rire sombre :

— L'humour militaire...

— Compte tenu de la nature particulière des activités de l'unité Ishii[1], les nouveaux venus n'étaient pas immédiatement affectés à la phase ultime des recherches. On commençait par les cantonner à des manipulations, à des cultures biologiques. Vous savez quel type de culture. Les jeunes gens ayant fait la preuve de leur sérieux et de leur soumission accédaient à un second stade, les expérimentations ani-

1. Unité Ishii : autre nom de l'unité 731, d'après le nom de son chef, le général Ishii.

males : souris, rats, lapins. On les pesait, on observait quelle souche et quelle quantité de virus avaient entraîné une mort rapide, les symptômes apparaissant suivant le type de virus, le poids du lapin, etc. Puis on disséquait. Après plusieurs mois de torture sur les animaux, on accédait enfin aux bâtiments dont les fenêtres étaient condamnées et où les expérimentations étaient menées sur ce que l'on appelait « le groupe spécial ». Symboliquement, ce passage avait sa traduction : pour accéder au bâtiment principal, il fallait passer par un pont. Vous savez, Honda san, ce que mon ami trouva dans ces nouveaux clapiers, plus grands, qu'abritaient les murs épais de l'unité 731. C'est dans l'un de ces couloirs sombres que mon ami rencontra pour la première fois le jeune docteur Nakayama.

— Nous y voici.

— En effet. C'est ici que nous rencontrons le docteur Nakayama. Il étudiait à l'Institut de recherche sur les maladies infectieuses quand il fut recruté par le général Ishii. Il intégra l'unité dès 1937. Ça, je l'ai su en cherchant. Quand mon ami eut affaire à lui, Nakayama officiait depuis déjà deux ans dans le camp. Et il participait aux recherches sur la peste noire. Il inoculait la maladie à des individus en bonne santé, que l'on avait même particulièrement bien nourris et entretenus jusqu'à ce stade, puis on observait leur agonie. Ensuite, en urgence, on les disséquait pour constater les ravages causés par la souche virale et mesurer son intensité. Devinez quelle était la spécialité du docteur Nakayama.

— Légiste ?

— Si on peut dire ça de quelqu'un qui n'attendait pas toujours que le malade soit mort pour le disséquer.

— Merde.

— Ils arrachaient les viscères pour récupérer le

bacille. Et développer les armes bactériologiques. D'après mon ami, le docteur Nakayama considéra comme une offense personnelle le fait que la peste noire se montrât moins efficace que sa sœur, la peste pulmonaire. Le docteur Nakayama n'était pas un sentimental. Mon ami m'a raconté qu'un de ses collègues, en manipulant un malade, s'était infecté avec le bacille d'Eberth, celui de la fièvre typhoïde. Ils l'ont mis à l'infirmerie, mais Nakayama, sous prétexte de visite, venait tous les jours observer les progrès du mal. Le malade se vidait de ses entrailles, vomissait, délirait sous ses yeux. Rien à foutre, il ne montrait pas plus d'émotion que s'il s'était agi d'un rat. Le type a fait une encéphalite et a fini par crever d'une myocardite. À l'instant de sa mort, Nakayama l'a embarqué pour dissection.

— L'avait pas volé.

— Bref, des centaines, voire des milliers de gens sont morts dans ce bunker. Très majoritairement, c'étaient des Chinois, souvent des sympathisants communistes. Plus d'hommes que de femmes. Et puis, des prisonniers de guerre : Américains, Anglais, Australiens, Néo-Zélandais. En 1945, les troupes soviétiques approchaient, le camp a été détruit en catastrophe et toute trace du programme effacée. Pourtant, quelques membres de l'unité 731 ont été condamnés en Union soviétique, et cinq autres en Chine. Mais la plupart, dont le général Ishii, s'en sont sortis sans dommage, contrairement à d'autres criminels de guerre. Les Américains ne les ont pas traînés devant les tribunaux, trop intéressés par l'idée de récupérer les résultats des recherches bactériologiques japonaises. Pour leur propre armement. Le destin du docteur Nakayama est, à ce titre, assez représentatif : il a tout simplement récupéré une chaire à l'université, fait une très belle carrière et dirigé des services hospitaliers.

— Et par rapport à sa fille ?

— Attendez. Il y a une dernière chose intéressante à savoir. Parmi les anciens de l'unité 731, certains ont été condamnés, d'autres se sont suicidés. Mais la plupart ont survécu. Quelques-uns ont même fondé une société secrète appelée Seikonkai qui rassemblait plusieurs des anciens criminels de guerre de cette unité.

— Pour quoi faire ?

— Je n'en sais rien. Mon ami n'en faisait pas partie, on peut même dire qu'il les fuyait et qu'il en avait une trouille affreuse. Mais le docteur Nakayama, lui, semble avoir joué un rôle actif dans ce groupe, qui se réunissait fréquemment dans sa maison de Kyōto. Je les ai fait surveiller, mais sans jamais percer les secrets de leur cercle. Maintenant, voici ce que je sais du docteur Sayoko Nakayama. Elle est née en 1950, un an après le mariage de sa mère, une fille de bonne famille, avec le docteur Nakayama. Deux ans plus tard, sa mère est morte. Il semble qu'elle se soit laissée mourir de faim. Les médecins l'ont fait gaver consciencieusement à l'hôpital, mais elle a fini par se noyer dans la mare du jardin. Elle avait vingt-deux ans. Je ne sais rien de plus sur cette affaire. J'ai eu au téléphone leur ancienne employée de maison, qui m'a confié que le père et la fille avaient une relation particulièrement fusionnelle. Sayoko Nakayama et son père ont vécu ensemble dans la maison très longtemps et, même lorsqu'elle s'est installée à Tōkyō, elle a continué à venir le voir au moins une fois par semaine, chez lui. Ils se téléphonaient tous les jours. Elle a fait ses études dans l'université où il enseignait.

— Elle savait, pour les crimes de guerre de son père ?

— Difficile à dire. Ce n'est pas le genre de choses dont on se vante, surtout des années après. Mais en même temps, le fait qu'il ait pris part à cette organisation secrète montre qu'il n'a jamais vraiment renié ses actes de l'époque, au contraire.

Tandis que les pas de Tamai et de Togo résonnaient dans le couloir, les premières images de la cassette « Maria » apparurent sur l'écran. Des images de nuit. Ils reconnurent vite Shinjuku et les rues où ils avaient eux-mêmes chassé la tueuse. La sortie du bar *Sunny*. Maria Hatori vivante, souriante, passant la porte suivie d'une autre femme, très grande, très mince, cheveux ras, en veste de cuir. Elles échangent un regard, se sourient, une silhouette passe devant l'objectif et les cache, la caméra les retrouve, elles s'éloignent côte à côte. L'inscription est lisible au dos du Perfecto : SACRAMENTO KINGS. La bande continue. On voit de nouveau la grande femme. Elle marche de nuit, on reconnaît l'Œuf des vents à l'entrée de l'Okawabashi River City 21. L'image est floue, la silhouette juste une forme grisâtre. Il se met à pleuvoir, le son de l'averse crache dans le micro du Caméscope. L'amante de Maria Hatori disparaît derrière les rideaux de pluie. Maria Hatori seule dans la rue, en plein jour. La caméra la montre en train de marcher, simplement, en train de traverser, elle s'arrête pour acheter une bouteille d'eau dans un distributeur. La séquence s'interrompt, une autre commence. La danseuse est avec ses amis devant le Bunkamura. Ils discutent, ils rient, on ne comprend pas ce qu'ils se disent. Parfois, un éclat de voix porte jusqu'au micro. L'écran s'assombrit, on voit peu de chose maintenant, on entend des cliquetis, puis l'image s'éclaircit un peu, le Caméscope a dû s'adapter à la pénombre : on voit un mur d'immeuble, des fenêtres éclairées. Junko et Nakamura comprennent, leur cœur s'arrête. Le canon entre dans le champ.

Mais la caméra est déviée, l'enregistrement change de focalisation et revient sur la fenêtre. L'image s'agrandit. C'est Maria Hatori, penchée sur sa table. Les policiers attendent, l'assassin attend. Tous regardent la nuque de Maria. La lampe de bureau est juste au-dessus d'elle. La détonation sature la bande-son, on n'entend pas le verre qui éclate, mais la silhouette de la danseuse tressaute, heurte la table, semble rebondir, retombe. C'est très violent. Le choc sur la victime, l'impact de la balle. Tout le corps a été secoué. On voit la chair, le sang, de loin, mais distinctement quand même. L'enregistrement s'interrompt encore, une barre de grisaille occupe l'écran puis se retire. C'est la voix de Nakayama. Brusquement, on entend celle de Junko. « Il voulait préserver son visage. Il a tiré dans la nuque pour que le visage reste intact. » La caméra ne filme que le corps de la victime en gros plan. La médecin légiste filmait l'autopsie. Il y a deux séquences, la première, celle-ci, où on entend le dialogue entre Nakayama, Go et Nakamura. La seconde est filmée plus tard. La meurtrière est seule avec le corps de la victime. On ne comprend pas bien ce qu'elle fait, car l'image reste bloquée sur le visage de Maria Hatori, son visage mort, figé. Le micro enregistre la respiration lourde du médecin. Bien sûr, cette respiration semble excitée, on devine un attrait ou une jouissance sexuelle, mais on ne voit rien. Tant pis. À quoi bon ? Junko met la bande en accéléré. Cela les soulage tous deux, les deux policiers.

Les images défilèrent rapidement ; la cassette était vierge après cette séquence. Togo et Tamai revinrent, ils virent la fin de l'enregistrement. Le silence se fit à nouveau, les bruits de la maison reprirent leur importance, le souffle de l'aération, les coups sourds.

— La dernière pièce est une garde-robe. On n'a

rien trouvé de notable dedans. On a touché la paroi, vous savez... On dirait du verre soufflé, en fait.

Togo lança la nouvelle avec un air soulagé, comme s'il annonçait que la réalité reprenait ses droits, que la maison n'était pas vraiment un corps vivant. Pendant ce temps, Go attrapa une autre cassette, « Sachiko », et la glissa dans le magnétoscope. Il y avait peu d'espoir maintenant de trouver grand-chose grâce aux enregistrements.

Sachiko et son amante, Midori Kusaragi, déambulent dans Shinjuku Nichome. Deux femmes fortunées, bien habillées, visiblement très joyeuses. Junko se souvient qu'elles étaient légèrement ivres en sortant de cette galerie d'art — elle devine immédiatement que c'était ce soir-là. De temps en temps, elles se touchent la main, puis se détachent rapidement. La séquence prend fin, puis repart. Nakayama a raté la scène du baiser, mais elles sont là, l'une en face de l'autre. Sachiko tient les doigts de Midori tout près de ses lèvres, puis la caméra se déplace brusquement, filmant un mur, un lampion, un carton, puis s'éteint.

Le téléphone de Nakamura sonna.

— Allô.

— Go san ? C'est Honda. Du neuf ?

— On fouille la maison.

— Et ?

— On a trouvé des cassettes où Nakayama filmait ses victimes, puis les meurtres et les autopsies. Il manque un revolver, ainsi qu'un fusil, et il n'y a plus de munitions sur place. Elle a fait le plein avant de partir.

— Vous ne croyez pas si bien dire. Elle a pris de l'essence, il y a une heure, à une station d'Idabashi. Elle conduisait une Toyota verte, modèle tout terrain RAV4.

— Vous avez d'autres informations ?

— Le docteur Nakayama utilisait de manière

régulière et intensive les stands de tir de la police et s'entraînait au tir au fusil, également. À part ça, cette femme n'a pas commis la moindre faute, donné le moindre signe de folie ou de déséquilibre dans toute sa vie. Non, le numéro, c'est son père.

— Il y a un immense portrait de lui dans le bureau.

— Ils étaient très proches.

— « Étaient ». Il est mort ?

— L'année dernière. Mort de vieillesse à quatre-vingt-six ans. Honorable et honoré. Un médecin très connu, très respecté. Mais le bonhomme était un criminel de guerre. Nakayama san était médecin dans l'armée avant la Seconde Guerre mondiale. Il a servi en Chine, en Mandchourie. Mais pas n'importe où. Dans l'unité 731.

— Oh.

— Ouais. Une ordure. Visiblement, il n'a jamais regretté ses meurtres, et comme vos copains américains ont préféré récupérer son boulot que de lui demander de se justifier, ce salopard est mort de vieillesse, dans son lit. La fille et le père étaient toqués l'un de l'autre. À peine s'ils ne couchaient pas ensemble. Je dis ça, mais j'en sais rien. Le fait est que la petite a passé vingt ans en tête à tête avec un criminel de guerre. Vous pensez que c'est ça qui l'a rendue lesbienne ?

— Je me demande ce qui vous a rendu aussi odieux.

— Je suis votre supérieur, Go san.

— Je m'en fous, Honda san.

— Bon. D'une certaine manière, cette histoire est une très vieille histoire. On a laissé une petite fille dans une maison où les placards recelaient des milliers de morts. Un crime qui est passé d'une génération à l'autre parce qu'on n'a pas voulu le reconnaître. Ou quelque chose comme ça. Pour le baratin psychologique, faudra voir les expertises quand on aura mis la main sur cette connasse. Qu'est-ce que vous comptez faire ?

— On finit de visionner les cassettes dans l'espoir de trouver un indice. Sinon, on n'a plus qu'à courir après toutes les Toyota vertes de Tōkyō.

— L'alerte est déjà lancée.

Junko raccrocha, jeta un coup d'œil sur l'écran. Elle avait vu le meurtre de Sachiko Miyashita, son mari, Kenichi, qui se jetait sur elle. Nakayama avait pris des risques pour filmer cette scène. Une scène très émouvante, il fallait le reconnaître.

— On n'a rien d'exploitable, conclut Nakamura.

— Non.

Le flic soupira. Rester dans cette maison était insupportable, l'inaction était insupportable. À chaque seconde, la meurtrière mettait plusieurs tours de roues entre elle et ses poursuivants. Il fallait visionner les cassettes, mais les chances d'en tirer quoi que ce soit étaient dérisoires. Cet endroit était malsain, on avait le sentiment qu'on allait y tomber malade, y mourir, qu'on n'en sortirait jamais. Le téléphone sonna à nouveau. Nakamura regarda son portable, mais la sonnerie ne venait pas de là. L'appel arrivait sur l'appareil de Nakayama, posé à côté du lit. Ils hésitèrent. Junko portait des gants : elle attrapa le combiné.

— Allô ?

Le silence répondit. Il dura. Aussitôt, Junko sentit son estomac se nouer. Son esprit se bloqua. Le froid se répandit dans ses veines. Elle comprenait, sans savoir quoi ni comment, qu'une catastrophe se préparait, une catastrophe personnelle. Elle ne savait pas quoi, elle ne voulait pas savoir.

— Allô ?

Elle entendait des bruits. Non identifiables. L'angoisse était comme une flèche, comme un courant glacé, comme une chute, comme l'obscurité galopante, comme des mains qui vous étranglent, comme un coup de feu dans le ventre.

— Allô ? Qui êtes-vous ?

— Junko, entendit-elle pleurer dans l'écouteur.

Et on raccrocha. Junko resta pétrifiée, sous le choc. Tout son corps se recroquevillait. Ses yeux, ses paupières, ses cils, ses iris, ses pupilles, sa bouche, ses lèvres, ses gencives, ses nerfs, son cerveau, ses méninges se recroquevillaient. Ses pieds, ses cuisses, son sexe, son ventre, ses flancs, sa gorge, ses biceps, son cœur, sa nuque, son estomac, ses intestins se rétractaient. Ses poumons, ses bronches, ses bronchioles hurlaient. Mais elle ne hurlait pas. Elle appelait au secours, elle criait, mais rien ne sortait d'elle.

Bien sûr, il était trop tard. En contrebas de l'autoroute métropolitaine, les gyrophares tournoyaient. Les sirènes des patrouilles hurlaient à tous les coins de rue. On fouillait le quartier, on cherchait la piste de la Toyota. Junko regardait le spectacle à travers la vitre. Elle se sentait loin, anesthésiée, comme quand elle avait été touchée par cette balle. Elle était en sourdine. Les policiers avaient bouclé le périmètre. La scène était une répétition de bien d'autres, presque la routine. Mais cette fois, ce n'était pas la bande plastique jaune et les agents en faction qui paraissaient familiers à Junko, mais le trottoir, la porte d'entrée de l'immeuble, les lampadaires, l'ombre géante des voies aériennes, l'enseigne de l'épicerie. Le vent balayait la rue méchamment. Le front du typhon approchait la ville lentement, précédé de bourrasques puissantes. Nakamura se gara et ils sortirent. Go sentait ses jambes trembler sous elle. Pourtant, il n'y aurait pas de surprise. Ils savaient ce qu'ils allaient trouver. Ce n'était pas le danger, ni la peur, ni une horreur équivalente au supplice qu'avait subi le policier Miyamoto. Ils avaient reçu par radio la description du cadavre de Saori. Une balle dans le front, petit calibre. Pas de traces de torture, pas de mutilation. Simplement le Tanfoglio. Dans les pensées de Junko défilaient mille fois les images d'une scène à laquelle elle n'avait pas assisté : l'exécution. Elle imaginait la peur de Saori, elle se coulait en elle au moment de mourir. Junko avait plusieurs fois tourné autour de ce moment, et l'avait rencontré un jour : celui de la mort. Quand on sait vraiment qu'on va mourir, et tout de suite. Elle s'était trompée, mais cela ne changeait rien. Une fois dans sa vie, elle avait mentalement reconnu qu'elle était morte. Elle se rappelait une peur d'une intensité sans mesure, et beaucoup de souffrance. Elle se glissa dans les pensées de Saori, dans son crâne, sous le canon du Tanfoglio. Dans le téléphone, elle avait murmuré : « Junko », comme une supplique, comme si ce mot allait sauver sa vie. Puis on l'avait abattue. Junko s'effondra contre le mur, elle s'y agrippa comme à une muraille au-dessus du vide, comme si, en grimpant, on remontait le temps. Mais quand elle ouvrit les yeux, elle était simplement dans l'escalier, en train de rejoindre le cadavre réel de Saori. Nakamura ne dit rien, attendit qu'elle reprenne elle-même sa marche. À l'étage, un policier leur tint la porte. C'était le même couloir que la veille, pareil, la même porte, ouverte mais d'un vert inchangé. Avant d'entrer, Junko aperçut un coin de moquette rose. Elle se souvenait de ses pieds nus sur cette moquette, des mains et des pieds nus de son amante sur cette moquette. Sa gorge se noua. Elle se demanda comment ce serait de voir le cadavre. Le moment de savoir était à trois pas. Elle franchit la distance, pivota et entra dans la pièce. Elle vit. Ses forces la quittèrent, ses membres et sa tête se mirent à grésiller, à fourmiller. Tout était normal, c'était l'appartement de Saori, Saori était là. Il y avait une flaque de sang sur la moquette et un trou dans son front, comme dans celui de la petite Naoko Ando.

Le corps était allongé près du téléphone. Il portait une culotte et le T-shirt que Go avait déjà vu le jour de leur première rencontre : « Destination Vénus ». Compte tenu de sa position, elle avait dû tomber sur le côté après le coup de feu. Elle était précédemment à genoux. Le point d'entrée de la balle était en haut, à gauche du front. Les policiers contournèrent le cadavre. Le point de sortie se trouvait sous l'oreille droite, près du téléphone. Nakayama avait obligé sa victime à s'agenouiller, à composer le numéro, à dire un mot dans le combiné, puis à raccrocher. Puis elle l'avait abattue. Comment avait-elle deviné que Junko décrocherait ? Ou peut-être avait-elle juste parié ? C'était un jeu. Dans ce dispositif, Saori avait peu d'importance. Elle ne devait servir que d'intermédiaire. Le meurtre ne valait que pour sa mise en scène. Toute sa vie, Go entendrait son prénom, prononcé de cette voix saturée d'angoisse : « Junko. » La voix de Saori aux derniers instants de sa vie.

Le visage de Saori reposait sur la moquette, couché sur le côté droit. Ses paupières étaient closes, ses lèvres entrouvertes. Le visage était presque intact et n'avait gardé aucune trace de ses ultimes terreurs. Il dormait pour toujours. Il clignotait sous les lueurs changeantes de l'enseigne Coca-Cola qui surplombait la chambre. Rouge, blanc, rouge, blanc. Junko s'agenouilla, approcha sa main de la tête, frôla le trou, plongea ses doigts dans les cheveux noirs. Une fulgurante douleur remonta de sa main vers son cœur. Ses yeux se fermèrent, ses poumons s'écrasèrent, ses articulations plièrent, les larmes jaillirent de ses yeux.

— Junko, le légiste n'est pas encore passé. Tu ne devrais pas...

— Quel légiste ?

— On a fait venir un légiste d'une autre préfecture. Je ne sais même pas son nom.

Junko essayait de s'accrocher à la conversation pour s'échapper. Mais le corps de Saori l'attirait irrésistiblement vers le bas. Elle ne se sentait plus la force de déplier ses jambes et de se redresser. Du coin de l'œil, elle aperçut la pommette de la morte. Quand elle dormait près d'elle, c'était le même angle. Un élancement enflamma à nouveau son cœur, elle porta sa main à sa poitrine. Alors elle effleura quelque chose de froid, le 9 mm. Machinalement, elle l'attrapa et le sortit, le regarda comme pour la première fois.

Un Smith & Wesson Target Champion. C'était un pistolet, alors que Smith & Wesson fabrique prioritairement des revolvers, plus précis, plus fiables. Mais celui-ci était un pistolet de combat amélioré : détente perfectionnée, très douce, systèmes de sûreté renforcés, organes de visée réglables. Sur la face gauche du flingue, dans une écriture cursive, était écrit le nom de la bête : *9 mm Target Champion.* Sous le levier de culasse, le numéro de série WIS1360. Elle fit pivoter l'arme. Sur la face droite, on lisait la marque SMITH & WESSON, et au-dessous, SPRINGFIELD, MA, USA. Plus bas, le logo de la marque avec le S et le W enlacés dans un cercle formé par les mots MASSACHUSETTS PERFORMANCE RACER. Junko regarda encore : l'arme avait une allure particulière, très robuste, très brute. Un aspect extrêmement carré, un canon très long (deux cent dix millimètres), une fenêtre d'éjection des douilles, à droite de la culasse, particulièrement large — l'éjection était en effet excellente. Guidon noir sur queue d'aronde. De larges stries sur l'arrière de la culasse pour une prise ferme dans les manipulations, ainsi qu'un levier de sécurité surdimensionné, le tout sur une carcasse en acier inox (couleur argentée). Certaines parties étaient satinées et polies, d'autres mates avec effet anti-reflets. Pas de risque d'être éblouie. Sur la poignée étaient fixées des plaquettes de caoutchouc assurant une bonne prise en main, tandis que le fabricant avait quadrillé l'avant de la crosse pour éviter tout glissement. La partie chargeur avait été particulièrement bien conçue. La poignée était prolongée par un *jet funnel.* Ce guide favorisait des retraits et des introductions rapides du chargeur dans la crosse. Le bouton de déverrouillage permettant cette manœuvre avait été élargi pour une éjection facile. Mais la vraie bonne idée, c'était la couleur de l'élévateur. Le chargeur avait une capacité de quinze coups, plus une balle dans la chambre. Quand tous les coups étaient tirés, le fond du chargeur, l'élévateur, apparaissait dans la fenêtre de la culasse. Smith & Wesson avait teint cette pièce en orange. Ainsi, d'un rapide coup d'œil à l'arme, en voyant ou non la couleur, on savait si elle était bien vide ou si elle s'était enrayée. En situation de combat, les secondes sont précieuses. La pièce orange pouvait être décisive.

Tous les policiers regardaient Junko, Junko fascinée par son arme, près du cadavre encore chaud de Saori. La douleur avait diminué. Comme si le flingue avait pris sur lui, comme s'il partageait ses forces avec celle qui le portait. Go ferma les yeux, expira un bon coup, serrant le pistolet contre elle. Puis elle le glissa dans le holster. Elle regarda Saori, laissa ses larmes couler, puis se releva.

Et tout à coup, le téléphone sonna. Les policiers restèrent pétrifiés. Leurs yeux convergèrent sur Junko. Elle passa son bras au-dessus du cadavre et attrapa le combiné.

— Allô ?

Un silence suivit. La flic laissa les secondes s'écouler.

— C'est vous, n'est-ce pas ? Nakayama ?

— Oui.

La voix se tut à nouveau.

— Qu'est-ce que vous voulez ? M'entendre pleurer au téléphone ?

— J'aurais été déçue.

La colère revenait. Junko serra le poing.

— Alors ?

— Je vous ai ratée. Je ne savais pas comment mettre la main sur vous. J'ai dû me rabattre sur un objectif plus facile. Mais j'aurais aimé savoir quel effet ça fait.

La flic ferma les yeux.

— Vous ne le saurez pas.

— Dommage. Vous allez faire comment, pour l'autopsie ?

— Vous essayez de jouer au chat et à la souris avec moi, mais ce n'est qu'un prétexte. Ce que vous vouliez vraiment, c'est entendre le son de ma voix.

— Pourquoi ?

— Parce que vous me désirez.

Le silence s'installa à nouveau.

— Nakayama ? Nous savons pour votre père.

— Quoi ?

— Que c'était un monstre, une ordure, un criminel de guerre.

— Ne parlez pas de lui comme ça.

— Cette affaire donnera lieu à l'étalage de son passé et tout le monde connaîtra ses agissements.

— Non !

— Si. Et je m'en délecterai en lisant les articles. Nakayama ? Vous m'entendez ?

— Oui, répondit un souffle.

— Dès que j'aurai un instant, j'irai cracher sur son urne.

On raccrocha.

Tous les flics se taisaient. Nakamura regarda Junko. Puis il ouvrit la bouche :

— Pas si bête, l'histoire de l'urne. On va chercher où elle est exposée et mettre des mecs en planque à proximité.

10

Il faisait nuit. Junko claqua la portière et s'effondra sur le volant. Elle ferma les yeux, écouta le vent, les gouttes qui tambourinaient sur le toit. La saisie de sa déposition, concernant ses relations avec Saori Yoshida et les circonstances de sa mort, n'avait pas pris trop de temps. Mais elle avait attendu, avant de quitter l'appartement de Roppongi, que le corps soit enlevé. Il avait fallu ensuite rejoindre le Casque à travers les rues vides de Tōkyō : le typhon devait arriver cette nuit, on avait conseillé aux habitants de rester chez eux. Honda s'était montré badin, ce qui avait donné à Go l'envie de lui loger une balle dans la tête. Finalement, il lui interdit de s'approcher de près ou de loin de l'enquête à suivre, par peur sans doute qu'elle se lançât dans une vendetta, ou tout simplement qu'elle compromette la procédure par ses liens avec la dernière victime. On lui avait proposé de lui payer une chambre en ville, mais la simple idée de se retrouver seule avec le fantôme de Saori la rendait dingue. Masayuki lui passa les clefs de la Patrol.

— Merci, répondit-elle laconiquement, et elle partit.

La Nissan était lourde. Avec ses quatre roues motrices, elle permettrait de rejoindre Sumida-ku et la maison d'Isobe avant que la tempête ne soit vraiment installée. La conductrice tourna la clef de contact, accrocha sa ceinture, alluma ses phares. Dans les cônes lumineux, la pluie se transformait en essaims de lucioles. La flic desserra le frein à main et démarra.

Tōkyō ne se ressemblait plus : où étaient la ville aux enseignes ? la foule dans les rues ? le bruit incessant des haut-parleurs ? Par crainte des intempéries, de nombreux commerçants avaient éteint leur installation lumineuse. On avait calfeutré les vitrines. Les trottoirs étaient quasi déserts : les silhouettes qu'on apercevait s'envolaient généralement d'un pas pressé vers un refuge. Les autres étaient des flics ou des pompiers, occupés à surveiller le déroulement des événements. Au coin d'Edo dori, Junko aperçut une équipe de télévision : un cadreur et une femme, enveloppés dans des imperméables jaunes. Les feux tricolores aux carrefours paraissaient esseulés. Les signaux passaient d'une couleur à l'autre dans l'indifférence. Les murs, les caniveaux et les arbres étaient leurs uniques spectateurs. Les artères de la ville donnaient l'impression de s'être élargies ; abandonnées, silencieuses, balayées par un vent bruyant, elles affichaient des dimensions excessives, celles d'un désert urbain, d'une cité livrée aux éléments. La population avait disparu. Pour seuls compagnons, seuls êtres mouvants dans ce paysage d'acier et de verre figé, la conductrice aperçut un couvercle de poubelle qui roulait sur la chaussée, un rat, un sac plastique qui claquait, accroché à un buisson. De loin en loin, à une fenêtre éclairée, une silhouette guettait la progression du typhon. La ville ruisselait. Les façades, la chaussée, le ciel n'étaient plus qu'un lancinant torrent. Cent mètres plus loin, l'électricité était coupée : les lampadaires étaient absents. Leurs hauteurs comme décapitées, leur tête restant invisible, se perdaient dans l'obscurité. La nuit régnait. Vu le peu de rencontres qu'elle avait faites, Go se permit de passer en feux de route. Son univers gagna quelques mètres. Au coin suivant, elle s'arrêta. Un panneau était planté un peu plus loin, elle avança jusque-là, se trouvant soudain dans l'ombre de l'autoroute métropolitaine. À l'abri des piliers gigantesques et de la voie aérienne, elle trouva l'occasion de se réorienter. Le panneau indiquait la direction du TCAT, l'aérogare de Tōkyō. Au sud, logiquement. Elle alluma le plafonnier, ouvrit la boîte à gants, en quête d'un plan du centre-ville. Elle en trouva un. En fait, elle était sur le bon chemin. Elle se cala à nouveau contre le dossier, posa le plan sur le siège de gauche pour l'avoir à portée de main. Elle éteignit l'ampoule. À cet instant, son regard fut attiré par le rétroviseur. Une lumière s'y réfléchissait.

Des phares venaient de s'allumer, comme si le conducteur venait de prendre possession de son véhicule. Mais il occupait le milieu de la chaussée. Durant une seconde, peut-être moins, la policière pensa à quelqu'un qui aurait besoin d'aide, peut-être une personne qui devait rejoindre un hôpital, faire une course importante. Et puis ses hypothèses s'évanouirent en un clin d'œil. Elle n'y croyait pas. Depuis l'apparition des deux faisceaux lumineux — c'était deux secondes plus tôt —, une alarme s'était déclenchée sous son crâne. Elle écrasa l'accélérateur et la Patrol fit un bond. Elle fila sous l'autoroute, déboucha dans une voie plus étroite. Quatre-vingts kilomètres/heure, quelques centaines de mètres après avoir démarré. Elle n'eut pas besoin de jeter un regard dans le rétro : la lumière des phares éclairait l'habitacle. Le tableau de bord et le pare-brise brillaient. Très vite, Junko fit l'état des lieux. Elle se contenta de conduire à fond et tout droit, en grillant tous les feux. Si, par bonheur, cela pouvait déclencher la sirène d'une patrouille de police, ce serait parfait. Cachée derrière ses phares, la voiture restait non identifiable, mais on pouvait supposer que la tueuse avait conservé la même monture, puisqu'elle en avait rempli le réservoir, près de son domicile. La Patrol de Nakamura était plus large, plus lourde et bien plus solide que la Toyota RAV4 du médecin. Plus lente, aussi. En cas de contact entre les machines, l'avantage était a priori en faveur de la policière. Le problème était que Nakayama était probablement prête à sacrifier sa vie, tandis que Go préférait survivre.

Les deux tout-terrain roulaient à la même vitesse. Si elle avait voulu rattraper la Nissan, la Toyota aurait pourtant pu accélérer. Qu'est-ce que mijotait cette salope ? La flic en profita pour lâcher le volant de la main gauche et attraper la radio.

— Allô, central ? Allô, central, ceci est un appel urgent !

Un choc la projeta en avant. La ceinture de sécurité lui écrasa la poitrine. Junko poussa un cri. La radio lui glissa des mains et tomba par terre. La Patrol fit une embardée. Puis reprit sa ligne et accéléra. Les phares zigzaguaient dans son sillage.

— Oh merde, merde, merde !

Cent dix kilomètres/heure, sur une chaussée détrempée, une pluie battante et un vent latéral dangereux ! Le vent heurtait les vitres et les faisait trembler. Elle le sentait forcir de seconde en seconde. Sa poursuivante semblait se déporter parfois, de manière incontrôlée. Mais elle restait à quelques mètres derrière elle, avec ses phares agressifs et son pare-chocs chromé. Go aperçut un embranchement et vira furieusement à droite. Les pneus dérapèrent un peu mais retrouvèrent leur adhérence et écrasèrent la couche d'eau qui recouvrait l'asphalte. Le 4 × 4 s'envola sur ce qui semblait bien être une entrée d'autoroute : la rampe montait nettement. Les phares disparurent du rétro. Après un trajet circulaire et un quart de tour, la voiture se trouva à cinquante mètres du sol et vent dans le nez : on ne voyait plus à trois mètres devant soi. La pluie s'abattait par paquets sur le pare-brise, engloutissait la ville, engloutissait la nuit, engloutissait la voie aérienne, ses panneaux, sa rambarde. Le monde était noir. Junko n'avait pas l'ombre d'une idée d'où elle pouvait être. Sur l'autoroute métropolitaine, sans aucun doute, mais où ? Elle se pencha sur son volant, comme si quelques centimètres de mouvement allaient lui offrir une vision nette de son environnement. Rien, elle ne voyait rien. Elle ralentit, n'étant même pas certaine qu'elle allait droit. Elle préférait ne pas avoir à rencontrer les bordures. Elle chercha des yeux la prochaine sortie : elle ne se sentait pas à sa place en plein typhon sur une bretelle surélevée. Même avec un tank. Elle aurait voulu avant tout rejoindre la terre ferme. Elle aperçut enfin ce qui lui sembla être une voie descendante. C'est alors qu'un éclair l'éblouit. La Nissan fit un bond. La flic alla cogner encore contre sa ceinture, son menton s'abattit sur sa poitrine. Son pied écrasa le frein, mais, lorsqu'un second choc enfonça l'arrière de la voiture, la conductrice accéléra à fond pour échapper à sa poursuivante. La Patrol plongea. À pleine vitesse sur cette rampe qui tombait sur la ville, c'était effrayant. Go sentait l'eau couler sous ses pneus comme un flot prêt à l'emporter. Le vent était de nouveau latéral. Le virage qui l'attendait en bas était serré. Il menait à un carrefour. Junko préféra continuer tout droit, traverser l'avenue en biais, monter sur le trottoir et rejoindre la perpendiculaire. La voiture encaissa bien, grâce aux quatre roues motrices, même si la conductrice faillit s'encastrer dans le plafond. Elle s'agrippa au volant et accéléra encore. Derrière elle, elle observa la manœuvre plus difficile de la Toyota qui dut ralentir, contourner le coin mais repartit tout de suite à sa poursuite. On y voyait beaucoup mieux, relativement bien même, sur cette avenue totalement dégagée et éclairée par des lampadaires. On aurait cru un rodéo. Quand elle était flic de base dans un commissariat de Washington, l'agent Junko Go avait eu parfois à intervenir sur ce genre de conneries. Des ados pas très futés qui faisaient la course avec la mort. C'était son tour. Il fallait aller tout droit, tout droit, tout droit, échapper à cette hyène. Cent kilomètres/heure. Cent dix. Cent vingt. Plus vite, c'était du suicide. À un moment ou à un autre, il allait falloir virer encore pour tenter de décrocher la tueuse. Pourtant, la flic avait envie de rester sur cette voie. On y voyait, au moins, elle pouvait contrôler la progression de l'autre. La poursuivante était plus légère, mais elle ne pouvait pas vraiment accélérer : sa légèreté, justement, réduisait son adhérence. Elles approchèrent une nouvelle section, plus sombre. L'avenue se divisa en deux. Junko prit la fourche à gauche sans savoir pourquoi. Trois secondes plus tard, elle dut freiner : la pluie s'intensifia brusquement, au point de devenir diluvienne. Le vent durcit encore. Il s'opposait à la Nissan. Les phares la suivaient toujours, toujours aussi menaçants, à une dizaine de mètres du coffre. La distance entre elles sembla se stabiliser. Cela rassura et inquiéta la flic. Elle ne savait pas pourquoi. Puis une détonation retentit dans la nuit.

— Non ! supplia Junko.

Elle se rendit compte qu'elle n'avait pas respiré depuis des minutes entières. Elle souffla à s'arracher les poumons puis aspira une bouffée d'air glacée en écrasant l'accélérateur. Une deuxième détonation se fit alors entendre. Et, brusquement, le typhon se rua sur Junko. Le pare-brise éclata, une pluie de verre et d'eau se répandit dans l'habitacle, des torrents scellèrent les paupières de la conductrice. Elle fonça à l'aveuglette, pressée par la peur et le désespoir, puis finalement réussit à rouvrir les yeux. Les phares se pressaient contre son pare-chocs. L'inspectrice Go tenta de contenir sa panique, la chaleur qui lui brûlait le visage, son cœur qui semblait vouloir sortir de sa poitrine. Soudain, une idée lui traversa l'esprit. Elle accéléra à nouveau, prit plusieurs mètres d'avance sur l'assassin, elle se cramponna au volant, serra les dents puis freina à fond.

Le choc fut violent. La Toyota fondit sur la Nissan dans un crissement de pneus strident, avant qu'un fracas terrible vînt transpercer les tympans de la policière. La ville se mit à tournoyer autour d'elle, le sol trembla sous ses roues, tangua, gronda. Un nouveau choc ébranla la machine. La ceinture de sécurité s'enfonça encore dans la chair de Junko. Son épaule explosa. La jeune femme perdit connaissance. Une seconde, peut-être cinq. Quand elle ouvrit les yeux, il était juste temps. Quelque chose bougeait dans l'autre voiture. Avant même de réfléchir, elle tourna la clef de contact. À son immense soulagement, le moteur se mit à ronronner. Elle enclencha la marche arrière : son capot avait heurté un panneau. Elle se dégagea, passa en première et redémarra en trombe. Une troisième détonation traversa le grondement continu du typhon. Junko rentra la tête dans les épaules puis s'éloigna rapidement. La RAV4 ne démarrait pas. Le cœur de la policière fit un bond. Elle était peut-être tirée d'affaire. Elle surveilla son rétro, vit la scène s'amenuiser. Elle vira à gauche dans une rue perpendiculaire, échappant au regard de sa poursuivante.

Pour autant, la peur resta vissée dans son ventre. Elle s'attendait à chaque instant à voir ressurgir la tueuse. Ses bras et ses mains tremblaient sur le volant. Ses yeux tremblaient aussi. Son souffle tremblait. En sentant le sang chaud couler de son oreille — la deuxième balle l'avait effleurée —, elle se découvrit vidée de toute énergie, faible à pleurer. Elle roulait dans un coin perdu, incapable de s'orienter. Elle ralentit pour tourner — par précaution, elle avait décidé de faire un trajet chaotique, imprévisible (après tout, la Toyota pouvait redémarrer). Elle s'engagea dans une nouvelle voie bordée d'immeubles de bureaux parfaitement vides. La peur se nourrissait de cette solitude effrayante. De cette nuit noire. De ces rues, de ces parkings plongés dans l'obscurité. Et puis, la Nissan cala. « Au secours ! » hurla Junko, mais sa voix fut emportée par le typhon. Elle bascula encore la clef de contact, joua avec l'embrayage et l'accélérateur. Après plusieurs tentatives, la voiture consentit à ronronner encore un peu. La conductrice devina qu'elle n'irait pas loin. Elle décida d'utiliser les dernières forces de ses batteries pour se mettre à couvert. Elle avisa l'entrée d'une cour, s'y engagea, contourna le bâtiment qui l'occupait et se planqua derrière. Puis elle coupa le moteur. À travers une rangée de sapins, on voyait une autre ruelle déserte.

Elle respira. Sans soulagement. Les vitres éclatées de la Patrol lui donnaient un sentiment de vulnérabilité décourageant. Puis brusquement, elle se souvint. Elle se pencha vers l'avant, tâtonna et faillit pousser un cri de joie en sentant le plastique sous ses doigts. Elle tira l'instrument vers elle et le plaça sous sa bouche. Elle appuya sur le bouton.

— Allô, central ? Allô, central, ceci est un appel urgent ! articula-t-elle d'une voix angoissée.

— Ici, central. Identifiez-vous, s'il vous plaît.

— Inspectrice Go. Je travaille sous les ordres directs de Honda san. J'ai besoin d'aide rapidement. Je viens d'être prise en chasse par le docteur Nakayama. Je lui ai échappé, mais ma caisse vient de rendre l'âme. Je ne sais pas où est passée

Nakayama. Je suis blessée, j'ai besoin de secours. Je vous en prie.

— Restez calme, Go san. Nous prévenons Honda san. Pouvez-vous nous indiquer où vous vous trouvez ?

— Je n'en ai pas l'ombre d'une idée.

Il y eut un silence.

— Bon. Go san, je suis l'agent Maekawa, dites-moi ce que vous voyez autour de vous.

Si Junko éprouva jamais de l'amour, ce fut, plus que pour toute autre personne, plus que pour sa mère ou pour l'une de ses amantes, pour cette voix. Cette voix était posée et attentive. Intelligente et rassurante. Cette voix voulait la survie de Junko.

— Je vois... Je suis derrière un bâtiment qui ressemble à une entreprise... Il y a une rangée de sapins. Des poubelles.

— Pouvez-vous lire quelque chose ?

— Non.

— Il n'y a rien d'écrit, sur ce bâtiment ?

— Non. Si. « Accueil des livraisons. »

— Rien d'autre ?

— Non.

— Et sur les poubelles ?

— Non. Je suis désolée, murmura Go.

— Attendez. Y a-t-il une bouche d'égout près de vous ? Une plaque ?

— Non. Si ! Là-bas, sur le parking.

— Pouvez-vous aller voir son numéro ?

— Oui. Attendez.

Junko libéra sa ceinture. Son épaule endolorie lui arracha un gémissement. Elle vérifia que le Smith & Wesson était bien à sa place. Il y avait d'autres balles dans son sac. Elle déverrouilla la portière et la poussa. En fait, elle dut se presser de toutes ses forces contre le battant : la tempête soufflait et le rabattait. Go se battit donc, puis se glissa dans l'interstice et laissa la portière se refermer. Dehors, ses poumons se bloquèrent : la pression était si forte qu'elle n'arrivait pas à respirer. Elle dut pencher la tête en avant pour dégager ses narines et sa bouche. Elle aspira par goulées l'air froid. Elle se demanda si elle réussirait à remonter le vent. Il la plaquait contre la carcasse, il l'écrasait. La pluie lui battait le visage, l'aveuglait. Ses cheveux dégoulinaient. Des bouts de verre se séparèrent de ses vêtements et rejoignirent le sol détrempé.

— Courage, murmura-t-elle pour elle-même.

Et elle entreprit de marcher contre le typhon. Marchait-elle ? Nageait-elle ? Elle se sentait repoussée par le courant. Il lui fallait lancer ses bras devant elle, tendre tout son corps dans le tumulte pour avancer. Ses pieds pesaient une tonne. Les soulever et les poser cinquante centimètres plus loin demandaient un effort considérable. Elle avança, cependant, tandis que l'eau submergeait ses chaussures. Enfin, elle put atteindre la plaque métallique. Mais alors le découragement la prit.

— Merde. Qu'est-ce que je vais faire ?

À cet endroit, le ruissellement convergeait. C'était une véritable mare qui recouvrait la plaque. Junko plongea les mains dans les tourbillons, tenta de dégager l'espace du numéro avant de se rendre compte que la manœuvre était ridicule : on ne retient pas un liquide. Un enfant sait ça. Elle se releva, jeta un coup d'œil circulaire aux environs pour vérifier qu'aucune Toyota verte ne montrait son nez. Elle secoua la tête, donna un coup de pied dans l'eau puis fit demi-tour. Le vent, cette fois, soufflait dans son dos. Il la portait, l'emportait, elle devait s'adosser à lui pour ne pas tomber en avant. Elle était un cerf-volant pris dans la tempête. Tout à coup, ses yeux accrochèrent quelque chose. Elle accéléra le pas, au risque de se retrouver à terre. Quand elle eut rejoint la Nissan, au lieu de s'escrimer à rouvrir la portière, elle décida d'entrer par l'espace du pare-brise cassé. Elle grimpa sur le capot et se glissa dans l'habitacle.

— Allô, central ?

— Go san ?

C'était la voix de Honda.

— Je n'ai pas pu relever le numéro de la plaque. En revanche, il y a là-bas une enseigne éteinte au sommet d'un immeuble. *Homma.*

— Attendez, Go.

Un silence suivit.

— Go ? Vous êtes à Tsukiji. Vous ne devez pas être loin de la mer.

— D'accord. Qu'est-ce que je fais ?

— Ne bougez pas. Restez planquée. Je vous envoie du renfort. Quand vous verrez les gyrophares, signalez-vous. Go ? Vous êtes certaine que c'était Nakayama ?

— C'est une question idiote, Honda san.

— Encore une autre question idiote. Vous l'avez fait exprès ?

— Je ne me prends pas pour Clint Eastwood, Honda san.

Brusquement, Junko sentit monter en elle plus d'angoisse qu'elle ne pouvait en contenir.

— Je vais vous dire, Honda. Je tiens à ma vie plus qu'à rien d'autre. Je m'en fous, d'attraper Nakayama moi-même.

— D'autant plus que pour l'instant... C'est plutôt vous le gibier, rigola Honda dans la radio. Go ?

Junko ne répondit pas et se figea sur le siège. Derrière la rangée de sapins, deux phares avançaient lentement. Malgré le rugissement du vent, elle entendit le grondement sourd du moteur. Une masse noire roulait au pas à moins de dix mètres de la Nissan. Les feux éclairèrent un à un les troncs vibrants des arbres et leurs branches affolées. Peut-être la pluie formait-elle un rideau suffisant pour dissimuler la carcasse de la 4 × 4. Impossible à savoir : la visibilité était tellement aléatoire. Le véhicule continua son chemin. L'inspectrice le suivit des yeux.

— Go ?

— Elle est là.

— Nakayama ?

— Elle vient de passer. Elle s'éloigne très lentement. Je ne sais pas si elle m'a vue.

— Vous êtes armée ?

— J'ai mon 9 mm.

— Ne bougez pas pour l'instant. Nos patrouilles seront sur zone d'ici trois minutes.

Les phares obliquèrent sur la droite, vers l'entrée du parking. Ils longèrent le trottoir avec une lenteur inquiétante mais égale. Go retint son souffle. Le véhicule se profila dans l'ouverture du parking et vira soudain, faisceaux braqués sur la cour. Les doigts de l'inspectrice se crispèrent sur la radio.

— Je suis repérée !

— On arrive, Go san.

— Trop tard.

Junko lâcha la radio, saisit encore une fois la clef de contact, la fit tourner, tira le démarreur, appuya sur l'accélérateur. La Nissan hoqueta. La conductrice releva la tête, aperçut la Toyota, tous feux allumés, qui rugissait. Des gouttes constellèrent son visage. Elle avait froid. Elle jura en regardant son tableau de bord. Tourna et retourna la clef. Le moteur sembla répondre un peu. Elle joua autant que possible avec les pédales jusqu'à ce que le véhicule paraisse un peu chauffé. Quand elle jeta un regard vers la RAV4, celle-ci avait avancé de plusieurs mètres, et elle avançait encore au pas. Le cœur battant, Go alluma ses phares. Son phare, fallait-il dire : celui de gauche était cassé depuis le choc sur la grande avenue. Avec ses deux pare-brise disparus et son œil borgne, le 4 × 4 n'était plus qu'une épave. Mais elle était encore prête à rouler. C'était le principal, la condition pour survivre encore un peu. L'Américaine attacha sa ceinture et observa son ennemie. Elle compta jusqu'à trois, passa la première et décolla. La vitesse de la voiture, alliée au souffle des bourrasques, lui fit quasiment fermer les yeux. Elle eut cependant le temps de constater l'accélération immédiate de l'automobile d'en face. Désormais, elles filaient chacune au maximum de leur régime. Junko avait déjà choisi sa tactique. Elle était basée sur une seule donnée : le poids de la Patrol. Et puis, elle avait sa ceinture. Les deux machines fonçaient donc l'une vers l'autre, et le choc approchait de dixième de seconde en dixième de seconde. Le cerveau de Go enregistrait les détails, comme pour garder copie des derniers instants de sa vie : ses mains se crispaient sur le volant, les articulations blanchies par la tension. Des éclats de verre y avaient gravé des idéogrammes rouges dénués de sens. Au niveau des poignets, la manche orange de son imperméable luisait sous les gouttes de pluie. Le tableau de bord dégoulinait : l'eau ruisselait dans l'habitacle et emportait avec elle de minuscules icebergs coupants. Le joint du pare-brise montrait ses dents hérissées : des triangles transparents qui brillaient de la lumière des phares adverses. Droit devant, il y avait un halo jaune, dont l'éclat avait deux foyers, deux soleils qui jetaient en pleine nuit de tempête leurs rayons éblouissants. À la périphérie de cette nébuleuse, le monde réel régnait, sombre et déchaîné. À gauche, les sapins oscillaient avec violence. Leurs branches se tordaient comme pour échapper à un feu invisible. Les fenêtres aveugles des immeubles alentour observaient d'un air morne le duel engagé. Les vitres étaient alignées, carrés noirs semblables aux milliards de carrés noirs qui hantaient les villes modernes. Les façades dégoulinantes pleuraient des larmes teintées de suie. Les portes, les trottoirs, la chaussée se rétractaient, faisaient le gros dos sous les assauts du typhon. La masse brune des nuages pesait sur eux. Elle semblait se tenir à cinquante mètres du sol, comme un monstre courant les rues. Une petite vis, grisâtre, était perdue, toute seule sur le parking. Elle disparut sous la roue droite de la Nissan. Il sembla à Junko qu'elle entendait des sirènes. Mais elle ne dévia pas d'un degré. La Toyota bondit sur elle. Go rentra les épaules et ferma les paupières. Le chemin resta lisse, sa vitesse inchangée. Cet instant parut une éternité à Go. Elle crut sentir son véhicule basculer puis tomber dans un infini précipice. Mais non. Elle roulait toujours. Nakayama avait cédé au dernier instant, mais elle ne lâcherait pas l'affaire avant d'avoir la peau de sa proie. Junko jeta un regard en arrière pour apercevoir la RAV4 qui pivotait sur elle-même. La flic repartit aussi vite que la Nissan y consentit.

Elle s'enfonça à nouveau dans la ville. Les carrefours disparaissaient un à un dans son sillage. Les passages piétons s'engouffraient sous le capot. Elle vit quelques humains à leur fenêtre, de loin en loin, mais ils ne lui étaient d'aucun secours. En revanche, les renforts envoyés par Honda restaient invisibles. Plus personne ne traînait dehors. Bientôt, dans le rétro, apparurent les phares jaunes de l'assassin. L'inspectrice écrasa encore l'accélérateur. Dès qu'une rampe d'accès à l'autoroute se présenta, elle bifurqua. Elle comptait encore sur le poids de sa machine. En hauteur, dans les rafales terribles du typhon, la Patrol serait plus contrôlable et plus résistante que la Toyota. Aussi gravit-elle d'une allure décidée la montée avant de déboucher sur la voie aérienne. Elle regretta presque aussitôt son choix. La perspective était terrifiante. Elle avait l'impression de voler au sommet des immeubles, la chaussée était traversée par des torrents qui tombaient en cascades sur les côtés, le vent la poussait latéralement et l'obligeait à donner des coups de volant pour se replacer. L'autoroute s'éleva puis plongea : dans le rétro de Junko, la RAV4 sauta et atterrit. Elle rebondit de travers, pencha avant de se redresser. Au lieu de ralentir, elle accéléra et talonna le pare-chocs de sa proie, qui serra les dents. La voie descendit rapidement. Les voitures perdirent de l'altitude. Un tunnel, avec sa bouche de céramique, les happa. Brusquement à l'abri des intempéries, éclairée par les lampes orange, la conductrice reprit ses esprits. Elle vérifia la jauge. Il restait la moitié du réservoir. Elle pouvait tenir encore plusieurs heures. Réjouissante perspective. Une détonation retentit dans le tunnel. Junko gémit. Elle donna un coup de volant à droite, un coup à gauche, un coup à droite, zigzaguant pour échapper aux balles. Ce devait déjà être difficile de tirer en conduisant ; si elle bougeait, elle minimisait les risques de se prendre le tir dans le réservoir. Ou dans la tête. La Toyota tentait de se porter à sa hauteur. Go lui rentra dedans avec l'aile de sa roue arrière. La tôle se froissa, des débris de verre se répandirent sur le bitume. La poursuivante se déporta sur la droite. Go lui coupa le chemin. Les deux voitures se frôlèrent encore. Puis la RAV4 rugit, elle partit cogner violemment dans le coffre de la Patrol. Celle-ci ne broncha pas. Le tunnel remontait vers le ciel. Les deux véhicules en surgirent comme deux projectiles. Ils traversèrent l'espace, se haussèrent jusqu'à la cime de la ville puis filèrent droit. La crête en béton se fondait dans les nuages. L'air n'était plus que liquide. La tempête dévorait l'autoroute. L'habitacle de la Nissan se remplissait comme une baignoire. La flic se demanda combien de temps elle pourrait encore rouler. Le moteur allait finir noyé.

— Allô, Junko ? Ici Honda. Si vous ne pouvez pas

répondre, ne répondez pas. On vous suit sur les caméras de surveillance de l'autoroute... Des patrouilles vous ont prises en chasse... En revanche, vous n'êtes pas sur la bonne voie. La partie la plus active du typhon est au sud. Vous foncez droit dedans.

Junko soupira. Elle se rabattit pour empêcher Nakayama de remonter à sa hauteur. L'angle de tir serait trop favorable. Mais une rafale la poussa vers la glissière qu'elle effleura, tandis que des étincelles jaillissaient au coin du capot. La conductrice voulut se replacer, mais la Toyota s'était glissée dans l'espace libre. Go braqua à gauche pour dégager l'ennemi à coups de carcasse. Le choc la fit basculer, elle sentit ses roues se soulever, la voiture glissa. La flic écarquilla les yeux et ne put croire ce qu'elle voyait. Elle venait d'apercevoir des vagues. Elle écrasa la pédale de frein. Dans un crissement de pneus strident, le 4 × 4 stoppa en dessinant un tête-à-queue. La conductrice lança un regard à la tueuse, qui tardait à freiner. Alors elle contempla le spectacle. Où se trouvaient-elles ? Elles avaient quitté la ville. Plusieurs voies, perchées sur des piliers immenses, dominaient la mer. Sous cet entrelacs de routes suspendues et d'échangeurs, l'océan hurlait. Les flots étaient déchaînés. Les vagues se soulevaient dans un tumulte assourdissant, l'écume s'arrachait à leur crête et s'envolait dans les airs. Des millions de petits blocs de mousse blanche tourbillonnaient et montaient jusqu'au ciel. Les déferlantes mugissaient sous la pluie. Elles se dressaient à des hauteurs vertigineuses puis s'effondraient dans un désordre et un fracas épouvantables, roulant sur des dizaines de mètres des paquets d'eau noire. Un bateau, dans cette tempête, eût été englouti en un instant. Aucun ordre ne semblait présider au déferlement général. Les rangs étaient rompus, les vagues fondaient les unes sur les autres, certaines s'affaissaient sur elles-mêmes, d'autres engouffraient leurs voisines. Toutes mouraient dans des gerbes de sang blanc. Les trombes qui s'abattaient depuis le ciel semblaient gonfler cette mer en furie. Soudain, Junko détourna la tête. La Toyota revenait à toute allure. Elle essaya de démarrer. Mais cette fois, la Nissan refusa de repartir. Il y avait au moins dix centimètres d'eau dans l'habitacle. Et pourtant, sans que les deux voitures se touchent, la Patrol bougea. Un sombre pressentiment s'empara de Go. Avant d'avoir pu comprendre ce qui se passait, Junko sentit son véhicule glisser, tout doucement d'abord, puis plus rapidement. Elle jeta un regard à l'extérieur et entrevit la raison de ce mouvement involontaire : le ruissellement des eaux formait maintenant un flux continu, puissant. Un fleuve était en cours de formation sur le pont lui-même. Il emportait sa Patrol. « Ne panique pas ! » murmura la conductrice pour elle-même. Elle entendait la mer qui appelait en contrebas, qui appelait son festin, les flots qui se soulevaient pour avaler leurs victimes. Mais elle hésitait à détacher sa ceinture. Elle n'eut d'ailleurs pas le temps de le faire. La RAV4 s'encastra bruyamment dans son flanc droit. La tempe de Junko cogna sur la portière et elle perdit conscience. Les deux machines s'accrochèrent l'une à l'autre et commencèrent à dériver ensemble, poussées par le courant. Combien de temps cela dura-t-il ? Elle ne le sut pas. Quelques secondes, sans doute. Quand elle revint à elle, sa voiture descendait rapidement le pont, de retour vers la ville, en marche arrière. Elle raclait la glissière qui les séparait du vide. Le vent poussait sur les deux masses et menaçait de les propulser par-dessus bord. C'est alors que la policière rencontra deux yeux, les yeux fous et incandescents de Nakayama. Dans la même fraction de seconde, elle aperçut le métal. Elle se recroquevilla juste à temps pour éviter la balle. Un, deux, trois, quatre coups de feu. Elle demeura un peu ainsi, le crâne réfugié dans les mains, puis elle chercha la crosse du Smith & Wesson. Elle n'avait pas encore tiré. Le chargeur était plein. Seize coups à lâcher. Elle le tint au creux de la main. Puis elle attendit. Pas la peine de tirer pour rien. La meurtrière était coincée dans son véhicule autant qu'elle-même. Elle ne pouvait pas l'atteindre pour le moment. Ce qui inquiétait le plus l'inspectrice Go était le sort de la Nissan. Elle continuait à reculer, semi-flottante, sur la voie descendante. Tout à coup, elle s'immobilisa. Junko risqua un œil. Les voitures venaient de se planter sur un pilier. Deux voies aériennes se rejoignaient à cet endroit. Le courant, lui, se séparait en deux, chaque bras dévalant les rampes jusqu'à la terre. Leurs véhicules étaient coincés là. Un bruit de moteur submergea le souffle assourdissant du vent. La jeune femme se prit à espérer. Étaient-ce les renforts attendus ? Elle essaya de vérifier. Elle déchanta à l'instant : la Toyota avait réussi à se dégager. Elle parvenait même à remonter le courant en marche arrière. Malgré un niveau d'eau qui atteignait facilement la moitié de ses roues, elle reculait sans trop de difficultés. Go se demanda quel était le sens de cette manœuvre, et, quand elle en vit l'explication, poussa un juron.

— Non, non, non, cria-t-elle en se penchant sur le verrouillage de la ceinture.

Évidemment, cette saloperie refusait de se dégager. Ses doigts mouillés s'escrimaient sur le clic. Rien à faire. Puis, brutalement, la pièce métallique se dégagea. Junko replaça rapidement son 9 mm dans le holster. La Toyota venait de s'arrêter. Go se jeta sur son capot. Cinquante mètres plus bas, la mer explosait contre les quais. Elle tenta d'attraper le rétroviseur. Ses genoux glissaient sur la tôle détrempée. Chaque regard vers le bas lui donnait le vertige. Finalement, elle réussit à saisir un bout d'essuie-glace, à tirer sur ses biceps, puis bondit vers la poignée de la portière. Au même instant, elle entendit la RAV4 démarrer en trombe. Junko roula sur elle-même et tomba. Aussitôt l'eau la submergea. Elle pénétra dans sa bouche, dans ses narines, dans ses poumons, dans ses yeux. Elle labourait son visage, aspirait ses membres, la réfrigérait. Pourtant, la policière se débattit et refit surface. Le courant l'emportait sur la bretelle de gauche. Le ruisseau sauvage n'était profond que de cinquante centimètres, mais sa force était considérable. Dans la confusion, Junko vit cependant la Nissan percutée passer au-dessus de la rambarde et basculer dans l'océan. La voiture de Nakayama s'encastra sur le béton mais tint bon. « Dommage », pensa sa proie. Elle essaya désespérément de se remettre sur ses pieds, mais l'action conjuguée du ruissellement et du vent rendait la tâche impossible. Elle ne pouvait que se laisser traîner, en tentant de surnager et de ne pas trop boire la tasse. Enfin, le bas du pont se rapprocha, la pente s'adoucit, la structure rejoignait la terre ferme. Dès qu'elle le put, c'est-à-dire après bien des tentatives manquées, la naufragée saisit une prise : un buisson épineux, qui enfonça ses pics profondément dans sa chair. Elle s'y jeta cependant, se couchant dessus pour retrouver ses appuis. Pleurant de douleur, elle parvint à se mettre à la verticale. Son corps pesait une tonne. Ses vêtements étaient gorgés d'eau. Ils retenaient ses gestes avec la force d'une camisole. Go se jeta de buisson en panneau de signalisation et de panneau en barrière. Enfin, elle se dégagea. Et partit au hasard.

Peu à peu, elle retrouva ses esprits. Elle avançait à grandes enjambées dans une rue. Elle avait gagné une zone de bureaux. Tous les bâtiments qu'elle pouvait apercevoir montraient des façades sombres, éteintes. Elle tomba sur une entrée. La porte était fermée. L'Interphone resta muet. Deux conteneurs se serraient dans la petite impasse qui suivait. Junko s'y glissa. Se cacha sous les bennes. À bout de souffle. Elle se demanda où étaient les autres flics. Jusqu'où les caméras avaient-elles enregistré sa course ? Où étaient les patrouilles ? Elle tendit l'oreille dans l'espoir d'entendre les sirènes. Elle les espérait tellement qu'il lui semblait sans arrêt les entendre. Le typhon soufflait, ses rugissements eux-mêmes ressemblaient à des ululements. Mais elle était seule. Recroquevillée derrière les poubelles, elle souffla, ferma les yeux. L'épuisement, le froid, la peur gagnaient son corps. L'immobilité aida leur progression. Ainsi que celle de la douleur. En réalité, Junko n'était plus que douleur et plaies. Elle était écorchée, le sang affleurait partout sur sa peau. Des coupures suintaient sur ses mains, elle devina que son visage était tuméfié. La chaleur du sang réchauffait son crâne glacé. Elle tremblait des pieds à la tête, ses lèvres s'entrechoquaient. Dans les ordures, elle se sentit bien. La puanteur même était rassurante. Elle lui donnait le sentiment de s'être transformée en chose. Et qui s'intéresse à une ordure ? Elle se sentait comme une orange pourrie, déchirée. C'était rassurant. Mais cette langueur, le fait même d'être rassurée était dangereux. Nakayama était sur ses traces. Si la policière restait ainsi sans bouger, elle allait se faire aligner : immobile, pétrifiée. Comme une chose, pour de vrai. Elle allait éclater comme une orange. Elle glissa ses doigts dans le holster, ressortit le Smith & Wesson. Toujours seize coups à tirer. L'arme déchargea sa force dans ses veines. L'adrénaline se répandit jusqu'à son cœur. La crosse lui parut tiède. Elle retira les sécurités. Elle avait besoin de pouvoir réagir à la seconde. Elle s'accroupit d'abord, puis se dressa, plaquée contre le mur.

Elle enleva son imperméable... orange : trop repérable dans l'obscurité. Elle le balança dans les détritus. Elle se posta au coin, observa pendant au moins trois minutes la disposition des lieux. Puis elle s'avança le long du mur. Au loin, l'enseigne éteinte d'un hôtel lui donna l'espoir de trouver un refuge plus sérieux. Elle marcha dans cette direction. Elle restait aux aguets. La pluie cachait le bruit de ses pas. Donc, ceux de la tueuse aussi. Elle surveillait les ombres.

Nulle silhouette ne se détacha sur le ciment. Nul craquement ne traversa la tempête. Nul assassin ne se profila dans le champ de vision de Junko. En revanche, elle déboucha au bout de cette rue sur un nouveau problème : un canal traversait le quartier et débordait, des paquets d'eau se jetaient sur la berge et éclaboussaient la chaussée. Le pont lui-même était partiellement submergé. Mais, pour la flic, le problème ne se situait pas là. Le problème était que sur cette portion de chemin elle se trouverait nécessairement à découvert, sans possibilité de retraite. Or, Nakayama transportait le Tanfoglio et le fusil M40. Elle pouvait se poster à distance et attendre que sa proie passe par là. Elle avait démontré à cet exercice une adresse redoutable. Junko fit un nouvel arrêt. Elle demeura sans bouger pendant une dizaine de minutes. En surveillant les alentours, elle fut prise d'étranges hallucinations. Elle aurait dû voir dans chaque forme le visage de Nakayama, imaginer l'éclat de ses pupilles brûlantes. Elle voyait Saori, très distinctement, à plusieurs endroits : derrière elle, à moins de dix mètres ; à droite, adossée au mur d'un bâtiment blanc ; assise sur le capot d'un camion garé dans un parking voisin ; à une fenêtre, elle mangeait une orange ; elle se tenait droite sur le pont, impassible, traversée par le vent et la rivière, semblant attendre. « J'ai de la fièvre », pensa Junko. Effectivement, elle crevait de chaud sous cette pluie froide, elle crevait de chaud alors que tout incitait à trembler de froid. Aurait-elle les ressources pour viser juste, pour se défendre, si besoin était ? Elle était près de sombrer, elle délirait déjà. Elle rangea à nouveau le Smith & Wesson. Elle aurait besoin de ses deux mains pour passer le pont — il ne fallait pas non plus perdre l'arme. « Je cours, je cours vite, avant, pendant, après la rivière. L'hôtel n'est pas si loin. » Par chance, le vent lui soufflerait dans le dos. Elle secoua la tête. Les figures de Saori disparurent. Et Junko se jeta dans le typhon. Aussitôt, il sembla à Go qu'elle allait mieux. Elle avait toujours adoré courir. Elle aimait la sensation de son corps en plein effort, de ses pieds battant le sol, de sa poitrine remplie d'un air neuf. Il n'y avait pas que cela : la douleur s'élançait de partout pour la ralentir, pour empêcher ses gestes. Mais elle la piétina. Susanoo[1] souffla sur ses pieds, sur ses cuisses et sur ses omoplates pour accélérer sa course, et le fait était qu'elle courait plus vite que jamais. C'était presque enivrant. La fièvre décuplait ses sensations. Elle dépassa comme une flèche le carrefour et sauta sur le pont sans ralentir. Ses chaussures firent jaillir des gerbes autour d'elles. La rivière tenta de prendre le dessus, d'aspirer ses chevilles, de les enserrer dans ses dents. Mais Junko les arrachait sans souci d'y laisser son sang, de perdre son équilibre. Le vent la portait toujours, lui permettant d'enjamber le courant comme l'aurait fait un oiseau. Et puis le coup partit, la balle fila droit sur elle, le corps de la coureuse bascula pardessus la rambarde et elle disparut dans les flots.

Elle eut beau crier, hurler, aucun son ne sortait de sa bouche. La mer entière s'insinua en elle. La noyée ne se débattit pas longtemps. La mort l'embrassa et lui vola son souffle. Les flots, dans un premier temps

1. Dieu du vent.

glacés, devenaient plus doux, et leurs remous se transformèrent en un courant puissant qui l'enlevait vers leur antre. Elle flottait entre deux eaux, la vie la quittait pour rejoindre la surface, tandis qu'elle-même filait vers le fond. Enfin, un choc la secoua et tout s'éteignit.

Le typhon régnait sur Tōkyō. Au royaume des humains, il faut au moins une tempête pour que la nature existe autrement qu'en pots. Mais, à cette heure, la ville était une forêt. La tempête animait la matière. Le béton, le plastique, le verre se trouvaient une âme nouvelle et s'agitaient. L'artificiel se dressait pour répondre au naturel. Les fenêtres tremblaient de peur et de rage, les murs se gonflaient d'humidité et s'opposaient au vent, les câbles se balançaient et parfois s'arrachaient, reprenant leur liberté. Les racines des poteaux souffraient, la chaussée se gorgeait d'eau, des buissons quittaient leur emplacement et partaient à l'aventure, entraînés par les rafales. La tôle se soulevait, des toits abandonnaient leur base, s'envolaient — c'étaient là des dangers des plus pressants pour les pompiers. Les rivières domestiquées de la capitale prenaient leur revanche. Elles refusaient leur cours, débordaient sur les berges, envahissaient la cité, elles investissaient les rues, attaquaient trottoirs, caniveaux et chaussées. Quelque part dans ce nouveau territoire de boue et d'acier, une femme hoquetait.

Junko toussait à s'arracher les poumons. Il lui semblait qu'elle allait vomir infiniment une source infinie de bave et de crachats. Son crâne résonnait d'interminables coups. Son épaule était en sang. Une plaie rouge, circulaire, transperçait sa peau. Elle ne souffrait pas particulièrement à cet endroit. Tout son corps était douloureux à hurler. Des hématomes la couvraient intégralement, ainsi que des écorchures. Pas un endroit de ses membres n'était exempt de taches noires ou écarlates. Des croûtes étaient déjà en formation. La policière tenta de se relever. Ses abdominaux lui arrachèrent un cri. Une côte devait être cassée ou fêlée. Peut-être plusieurs. Ses jambes étaient de la glace, du marbre. Ses bras également. Elle ramena doucement son coude sous son flanc et s'en servit comme levier. L'opération fut une torture. Elle bascula ensuite sur le ventre et ramena ses genoux sous elle. Elle demeura en position fœtale, le temps de calmer un cœur qui s'emballait et tentait de transpercer sa poitrine. Elle se laissa gémir puis tendit les bras devant elle, posa ses paumes sur le sol et poussa dessus. Lorsqu'elle oscilla sur ses pieds, debout, enfin, des étincelles dansèrent devant ses yeux, elle crut qu'elle allait tomber encore. Elle aspira l'air à pleins poumons, le vent la soutint. Elle se stabilisa. La brume qui voilait son regard se déchira : l'enseigne de l'hôtel n'était pas si loin. Elle partit au pas de course, d'une allure hésitante, le corps à moitié plié vers l'avant, son épaule l'élançant à chaque enjambée. Elle rasait les murs, craignant à chaque seconde qu'une seconde balle ne déboule vers sa tête. Mais peut-être Nakayama pensait-elle lui avoir réglé son compte. Elle buta sur un trou. Se tordit la cheville et s'effondra. Ses mains y perdirent un peu de la peau qu'elles avaient encore. Malgré quoi, la policière se redressa et repartit sans même une plainte. Sa langue elle-même était à bout de force. La façade de l'hôtel se profila enfin devant elle. Junko s'arrêta un instant. Si la tueuse l'attendait quelque part, c'était certainement ici. Il n'y avait rien à faire. Go se lança quand même vers la porte close de l'immeuble. Elle se jeta sur la vitre et tambourina en hurlant. Dix secondes plus tard, un homme apparut. Il portait un pantalon noir, une veste, une casquette. Il la regarda d'un air hébété et craintif. La pluie lessivait la vitre du sang et de boue que la femme y plaquait.

— Au secours ! cria Junko.

Le typhon étouffait ses mots. L'homme ne paraissait pas disposé à intervenir. Junko donna un coup de poing dans la porte.

— Tu vas m'ouvrir, connard !

Elle plongea la main dans son imperméable, fouilla dans sa poche. Ce mouvement sembla inquiéter son vis-à-vis, qui se précipita derrière le comptoir d'accueil. Go trouva son insigne et la brandit vers l'homme.

— Police ! Police ! articula-t-elle.

Enfin, le gardien consentit à venir vers elle. D'un geste hésitant, il glissa la clef dans la serrure et déverrouilla la porte. L'Américaine se précipita à l'intérieur.

— Refermez tout de suite ! Vite !

L'homme s'exécuta avec fébrilité.

— Où est le téléphone ?

Il désigna le comptoir. Junko s'y précipita et composa rapidement le numéro du Casque. Honda décrocha directement, comme s'il attendait l'appel.

— Go ?

— Oui, murmura-t-elle, sentant la voix lui manquer.

— Où êtes-vous ?

La policière attrapa une carte.

— Hôtel *Nara*. Shinagawa-ku.

— Les patrouilles ne sont pas loin. Je lance l'appel. Comment allez-vous ?

— Je suis blessée. J'ai pris une balle dans l'épaule.

— L'épaule ? Ce n'est pas grave. Vous ne pouviez pas espérer mieux.

— Honda, si je vous revois, je vous abats.

— Pas de risque. Les femmes ne tiennent jamais ce genre de promesse.

— Dites ça à Nakayama.

— Vous savez où elle est ?

— Sa voiture est toujours sur le pont. Elle doit être dans le secteur.

— Vous êtes à l'abri ?

— À moins qu'elle ne donne l'assaut.

— Planquez-vous dans l'hôtel. Y a-t-il des clients dans les murs ?

Junko répercuta la question.

— Le gardien dit qu'il n'y a que deux clients. Des hommes d'affaires qui sont de passage à Tōkyō. Ils sont dans leurs chambres.

— Faites en sorte qu'ils n'en sortent pas. Restez à couvert. On arrive.

— Vous m'avez déjà promis ça tout à l'heure...

— Je vous le redis.

— D'accord, je vous attends.

— Donnez-moi votre numéro de téléphone.

Ensuite, elle raccrocha. Le gardien la regardait toujours d'un air apeuré et intrigué. Junko l'attrapa par le bras et le tira derrière le comptoir.

— Ne restez pas en vue. Il y a une tueuse, dehors. Pouvez-vous éteindre la lumière du hall ?

Ainsi fut fait. Ils se retrouvèrent dans le noir. L'employé de l'hôtel appela les deux clients, leur demanda de fermer à clef leur porte et d'éteindre leur lampe de chevet. La flic et le gardien se calèrent derrière le meuble. La femme sortit son 9 mm.

— Quel est votre nom ? murmura-t-elle en même temps qu'elle inspectait l'arme.

— Makoto Tanizaki.

— Je suis Junko Go. Désolée, mes cartes de visite sont trempées. Tanizaki san, avez-vous une arme à feu ?

— Non, Go san.

Junko soupira.

— Vous avez raison. C'est dangereux, commenta-t-elle. Avez-vous un système d'alarme ou des caméras de surveillance ?

— Non.

— Bon. Alors on ne bouge pas d'ici. Et surtout, pas de bruit.

Leur respiration s'apaisa. Ils tendaient l'oreille en scrutant l'obscurité. Tanizaki ne savait pas exactement ce qu'il guettait. Go, elle, le savait trop bien. Le Smith & Wesson paraissait encore en état de marche, mais elle ne pourrait le vérifier qu'en l'utilisant. Autant rester dans l'ignorance. Dehors, la tempête ne faiblissait pas. La pluie crépitait sur la baie vitrée. Le vent rugissait dans la cage d'ascenseur.

— Vous entendez ce tintement, Tanizaki san ? Qu'est-ce que c'est ?

— Ce sont mes dents.

— Vous avez peur ?

— J'ai froid.

Une détonation se fit entendre au travers des grondements.

— Qu'est-ce que c'est ? demanda Tanizaki d'un ton paniqué.

— Un coup de feu.

— Ça vient d'où ?

— Pas de l'hôtel. Qu'est-ce qu'il y a, à côté ?

— Un petit musée océanographique.

— Il est vide ?

— Il y a un agent de sécurité.

— Le musée est protégé ? Caméra, alarme ?

— Non. L'agent est surtout là en cas d'accident, de feu, ce genre de chose.

— Il n'est pas armé ?

— Non.

Junko se prit la tête dans les mains. Elle n'entendait pas encore les sirènes. Nakayama était peut-être en train de massacrer le gardien du musée. Ou seulement de faire semblant pour l'attirer dans son piège. Mais cela ne changeait rien. Elle l'appelait. « Viens, ou je tue tout ce qui bouge. » L'inspectrice sentit les larmes lui monter aux yeux. Elle n'en pouvait plus. Elle n'avait aucune envie d'aller se faire tirer le coup de grâce dehors. Elle avait froid. Elle perdait son sang. Elle avait peur. Elle avait la fièvre. Elle soupira, frappa sur le sol.

— Oh, merde !

Elle se redressa. Tourna sur elle-même, essayant d'ordonner sa pensée.

— Tanizaki san, vous tenez à la vie ?

— Oui.

— Pourquoi ? Qu'est-ce qui vous y attache ?

— Je ne sais pas... Mes enfants.

— Ouais... Je vais sortir. Refermez derrière moi. Ensuite, vous allez appeler le policier que j'ai eu tout à l'heure au téléphone. Expliquez-lui la situation. Et l'emplacement du musée. Y a-t-il plusieurs entrées ?

Il lui exposa le plan des lieux. Il n'y avait qu'une porte, à l'opposé de l'hôtel.

— Makoto, vous me donneriez votre blouson ?

— Oui, bien sûr.

C'était une épaisse veste en cuir, doublée, avec de la fourrure synthétique au col. Junko l'enfila, y glissa un deuxième chargeur. Puis le gardien l'accompagna jusqu'à la porte. Le battant s'entrouvrit, l'inspectrice se faufila dehors. Sans un regard en arrière, elle partit au trot vers le musée. Elle le trouva tout de suite, derrière. Le bâtiment était circulaire, entièrement couvert de verre sans tain : sa façade ronde devait refléter, en temps normal, les lumières nocturnes, le ciel et les nuages, le jour. Le musée était bleu azur par beau temps, éblouissant le soir au coucher du soleil, sobre et changeant quand il pleuvait. Dans l'obscurité de cette nuit de tempête, il paraissait enduit de cendre et de suie. La paroi était cependant doublée d'une armature d'acier : des poutres verticales s'arquaient en montant jusqu'au toit, tandis que deux cerceaux horizontaux, l'un à mi-hauteur, l'autre encerclant le toit, indiquaient une séparation de l'immeuble en deux étages. En s'approchant, Junko observa, à leurs intersections, des gargouilles en forme de poissons, gueules ouvertes. Celles-ci crachaient, à jet continu, l'eau de pluie récoltée sur le toit. En contournant l'édifice, l'inspectrice trouva la porte, mais aussi une étrange excroissance architecturale, invisible des angles précédents. Face à la mer, le cylindre se gonflait d'une bulle géante, semblable aux bulles des combinaisons d'astronautes. Contrairement au reste du musée, ce bulbe était transparent. Comme un œil ouvert sur la mer. Soudain, un éclair zébra les cieux. Dix autres suivirent. La façade miroita de leur trace éclatante. À cette occasion, Go se vit : blanche, blême, cadavérique, du sang sur la figure, le flingue à la main. Elle détourna le regard et approcha de la porte. Elle était entrouverte. En bas, à droite des gonds, la vitre présentait un trou sombre, entouré de fissures concentriques. Junko s'avança à pas prudents, craignant le piège. Elle se plia en deux, courut, se recroquevilla contre l'encadrement de la porte : la manœuvre n'avait quasiment aucun sens, la vitre sans tain transformant tout élément extérieur en cible aveugle. Nakayama pouvait tirer au travers. La policière décida donc de ne pas traîner dehors. De la main gauche, elle écarta le battant, tandis que la plaie de son épaule continuait à saigner. Elle se jeta ensuite dans la pièce, cherchant un abri. Il n'y en avait aucun. Heureusement, aucune détonation ne sanctionna son assaut.

L'inspectrice Go évolua donc à découvert, le Smith & Wesson pour unique bouclier. Le grand hall, à vrai dire, était superbe et éclairé par des rampes organisées en rayon. La seule masse susceptible de cacher la meurtrière se trouvait sur la droite, aussi Junko la conserva toujours dans sa ligne de mire. Il s'agissait d'un cachalot de neuf mètres de long, une représentation réaliste du grand cétacé avec son nez en bosse. Largement assez grand pour cacher un assaillant, voire trois ou quatre. La flic s'éloigna par la gauche. Sans doute, à la faveur du silence, et à la faveur des lieux, Junko avait-elle vaguement relâché sa vigilance. Les poissons se chargèrent de la lui rappeler. Dans le premier aquarium (premier si l'on marchait dans le sens des aiguilles d'une montre) se lovaient des murènes, avec leur corps de serpents écrasés, leurs yeux louches et vicieux, leur petite bouche de prédateurs pervers. « La murène (latin *muranae,* poisson de l'ordre des anguilliformes) vit dans les mers tropicales ou tempérées chaudes, disait le panneau. Elle se dissimule dans les anfractuosités des fonds rocheux. Elle peut atteindre une longueur d'un mètre cinquante. Elle est très vorace. Sa morsure est très dangereuse. » Sur le sable du deuxième aquarium reposait un poisson dont la tête était une galette orange tachetée de cinq cercles turquoise tandis que sa partie antérieure était conique, ferme et musclée, munie de plusieurs nageoires. « La torpille ocellée (du latin *torpedo,* "engourdissement", appartenant à la famille des torpédinidés) est un poisson voisin de la raie. Elle présente, de part et d'autre du corps, des organes pouvant produire des décharges électriques. » L'occupant du troisième était une pauvre lotte de mer, à la gueule préhistorique, à la carcasse archaïque, animée de deux yeux suppliants et d'une série d'épines effrayantes dressées sur la colonne vertébrale. Longueur maximale : un mètre cinquante. Genre : *lophius.* Famille des lophiidés. La lotte, ou baudroie, ouvrit sa bouche édentée, la referma en fixant Junko, puis agita la queue pour échapper à la visiteuse. Mais tout ceci était du menu fretin. Car l'inspectrice Go, depuis qu'elle avait entrepris d'explorer la pièce, tournait autour d'un objet fascinant. L'engin mesurait facilement cinq mètres de diamètre : un aquarium géant, de forme sphérique, occupé par une eau bleue, diverses plantes aquatiques et un troupeau remarquable. Le piranha (famille des characidés) n'est pas hypocrite. Il a la sale gueule d'un carnassier veule et féroce, un œil vide et implacable, des dents menues et effilées. Son comportement grégaire n'indique cependant pas une cohabitation harmonieuse avec le mouton. Ils étaient bien une trentaine à observer la policière de leurs yeux fanatiques. Peut-être était-ce l'heure du dîner ? Une musique mêlée de chants de baleines se répandait dans le hall. Dans ces circonstances, elle paraissait ironique. Drôle. Surtout pour se faire descendre. Ou pour tuer quelqu'un. Junko ramena ses deux mains sur la crosse. Son index collait à la détente. Elle entreprit de revenir à pas lents vers le cachalot. Elle n'aimait pas cette situation : il était trop facile de se faire aligner. Elle avait chaud, maintenant, la sueur dégoulinait sur son visage. Un peu de sang, aussi. Brusquement, Go fut prise d'un doute. Elle s'accroupit. Le cachalot était surélevé. Un espace de cinq centimètres le séparait du plancher. Par là, elle aperçut deux pieds. Deux chaussures. Elle retint son souffle. Elle hésita : se lever, contourner la bête, attaquer bille en tête. C'était compter sur la chance. Junko préféra se donner plus d'atouts. Elle se mit à ramper, avançant en gardant les yeux sur les chaussures. Elle laissait derrière elle une traînée d'eau et de sang. Mais son ennemie pouvait difficilement l'apercevoir, à moins de se découvrir partiellement. Dans ce cas, la flic avait un petit temps d'avance : elle savait déjà où se trouvait l'autre. Du moins ses pieds. Trois mètres plus loin, elle eut un éblouissement, elle faillit s'évanouir. Et puis, elle trouvait étrange l'immobilité des deux pieds. Elle devina une ruse : deux chaussures abandonnées pour la tromper et la prendre à revers. Cependant, l'une d'elles bougea. La flic souffla. Puis se releva sans bruit. Elle atteignit la queue du cachalot. Elle contourna l'obstacle. Prit une inspiration et se jeta derrière, flingue tendu. Rien, elle contre-braqua. Rien. Elle pivota encore. Rien. Derrière. Rien. Un craquement retentit à l'autre bout du cétacé. Junko se contracta, son cœur battait très vite. Elle pensa à son chargeur. Quinze coups plus un. Si le flingue fonctionnait encore. Mais le Tanfoglio aussi pouvait être enrayé. Elle choisit sa tactique : assaut à partir du sol. Elle avancerait sur les talons, jambes pliées. Elle se recroquevilla, progressa jusqu'à la nageoire latérale. Risqua un regard vers la droite. Ne vit rien. Il lui sembla détecter un nouveau mouvement venu de la gauche. Elle compta un, deux, trois, puis bondit. La silhouette lui apparut tout de suite. Elle tentait de s'enfuir à travers le hall. Junko tira. À côté.

— Oh, merde, murmura-t-elle.

Le gardien, terrifié, n'arrivait plus à parler. La balle s'était logée à trente centimètres de sa tête, certes, mais surtout, elle avait percuté la sphère aux piranhas, qui maintenant se vidait doucement.

— Police. Je suis de la police. Vous êtes le gardien ?

C'était quasiment un adolescent. Il acquiesça d'un signe. Puis brusquement explosa :

— Qu'est-ce qui se passe, ici ?

— Une tueuse en fuite fout la pagaille. On vous a tiré dessus ?

Il bégaya un « oui ».

— Vous savez où elle est passée ?

— Je l'ai entendue monter à l'étage du dessus.

— Il fallait en profiter pour filer !

— Je vous ai entendue arriver. J'ai cru qu'il y en avait deux.

— Non, il n'y en a qu'une. Et c'est suffisant. Je vous raccompagne jusqu'à la porte. Ensuite, vous vous enfuyez. Quand vous serez dehors, courez le long des murs.

— Mais... L'aquarium des piranhas...

— Laissez-le se vider !

— Ils viennent d'Amazonie !

— Ils n'avaient qu'à y rester ! Écoutez, la meurtrière que vous avez croisée a massacré près d'une vingtaine de personnes. Alors vous pouvez vous amuser à boucher le trou de l'aquarium avec votre pouce. Mais vous risquez de vous prendre une balle perdue.

— Pour les piranhas, le pouce, ce n'est pas une bonne idée.

— Barrez-vous.

Ils s'avancèrent, retrouvèrent la sortie. Junko gardait un œil sur l'escalier.

— Allez-y.

Le gardien partit à toutes jambes. Go retraversa le hall. Sur le chemin, elle rencontra le bassin qui occupait le bulbe transparent. Elle eut la surprise d'y trouver un poulpe de grande taille. « Mebukuro-Kun », toujours selon le panneau, avait de beaux tentacules orange. Il était âgé de cinq ans et était là en convalescence. Il suivit la flic d'un grand œil humide et doux. Elle se planta au pied de l'escalier. Après tout, elle n'avait qu'à attendre les renforts, maintenant que Nakayama était prise au piège. Le canon du Smith & Wesson ne quittait pas les marches. C'est alors qu'elle entendit distinctement des pas. Junko ne se demanda pas longtemps ce qui motivait cette absence soudaine de précautions : Nakayama l'appelait. Pourquoi fut-elle attirée par cet appel ? Elle ne l'aurait pas été si elle n'avait pas eu précédemment l'occasion de vérifier le bon fonctionnement de son flingue.

Mais maintenant, les choses étaient différentes. Elle devinait que la tueuse ne l'attendrait pas pour l'abattre sur le palier. Elle voulait un duel. Un nouveau son traversa le silence. Un bruit de trappe. Un courant d'air froid descendit les marches. Le toit. L'inspectrice Go monta les degrés quatre à quatre et se présenta au premier. Comme elle s'y attendait, il n'y avait rien là que des poissons exotiques, dont un oursin qui lançait des nuages de liquide rosé. Elle pensa à son Desert Eagle, à la boule de feu qui se formait à la pointe du canon quand il crachait sa balle. Elle n'aurait pas ce genre d'effet avec le 9 mm, mais c'était une belle arme, et qui tirait juste. L'échelle qui menait au toit était humide. Une flaque s'était formée sur le sol. Go monta sans précaution. Elle savait maintenant que le Tanfoglio lui laisserait le temps de prendre ses marques. Elle grimpa, enjamba le rebord et déboucha en plein vent.

Le typhon n'avait rien perdu de son intensité. Sous ses pieds, tout le bâtiment pliait dans les bourrasques. La tôle tirait sur ses boulons. Junko dut s'accrocher à un tuyau : elle était happée par les rafales et le vide. Une fois de plus, son souffle fut coupé par la pression. Elle réalisa qu'elle ne pourrait évoluer sans se tenir, car lâcher prise entraînerait immanquablement sa chute. Elle se pencha en avant, ramena son nez vers son torse pour pouvoir à nouveau respirer. Sur ses épaules et le blouson, la pluie tombait avec lourdeur. Des tonnes d'eau s'abattaient sur elle. On n'entendait rien que le hurlement de la tempête. Aucune précaution n'était à prendre de ce côté, pas plus qu'on ne pouvait compter sur son oreille pour anticiper l'attaque à venir. En plissant les yeux, Go put compter les reliefs qui permettaient de se dissimuler : trois réservoirs, deux sorties de cheminée, l'entrée de l'aération et deux blocs métalliques qui devaient protéger des installations. Un éclair jeta sur la scène un flash blanc. Tōkyō apparut blême sous cette lumière. Mais la policière n'aperçut aucun indice de la cachette de Nakayama. Elle s'aida du tuyau qui courait sur le sol pour rejoindre l'un des blocs, contre lequel elle se dissimula. Derrière cette masse, la force du typhon était à peine moindre. De son côté, au coin est du bâtiment, se tenait un unique réservoir. Junko recula vers lui pour pouvoir être certaine de ses arrières avant de progresser. Elle s'arrangea pour rester derrière son premier abri. D'une main, elle tenait la canalisation, de l'autre, elle braquait le réservoir. Tout à coup, une bourrasque plus forte que les précédentes la cueillit. Elle tomba en avant, laissant le Smith & Wesson lui échapper. Aussitôt, un coup de feu retentit et la balle vint se ficher dans le réservoir. Junko fut soulagée que celui-ci ne contînt pas de produit inflammable. Elle rattrapa son arme, se jeta contre le vent et remonta vers la trappe. Une deuxième détonation suivit. La flic se planqua dans l'abri qu'elle venait de quitter, en entendant le troisième coup. Junko compta : elle était sûre que Nakayama avait rechargé le Tanfoglio avant de monter sur le toit. Elle avait donc dix balles dans le chargeur et une dans la culasse. Onze moins trois : huit. Huit, c'est beaucoup, surtout quand il suffit d'une pour tuer. Au moins, elle savait que la meurtrière était à l'ouest. Donc, pas dans son dos. Elle supposa que la légiste ne bougerait pas tant que Junko elle-même ne tenterait pas d'avancer. C'était à elle, la flic, de faire la chèvre pour obliger l'autre à se découvrir. À ça s'ajoutait le problème du sens du vent. Pour remonter vers Nakayama, Go l'aurait dans le nez. La meurtrière n'avait pas choisi sa place au hasard.

Go recommença à compter : un, deux... Elle se lança de toutes ses forces vers la bouche d'aération. Le typhon l'arrêta comme un uppercut. Elle ne put que se coucher par terre pour éviter d'être renversée. Elle saisit un barreau. La sanction ne se fit pas attendre. Une balle la frôla. L'impact libéra un jet de vapeur. Junko roula plusieurs fois sur elle-même et s'accrocha à un autre tuyau. Elle s'y agrippa comme à une corde. La puissance du vent était parfaitement comparable à celle de l'attraction terrestre. Évoluer vers l'ouest n'était pas plus facile que de gravir une falaise. Gravir une falaise sous une pluie diluvienne. Junko serra les dents, tira sur ses biceps, poussa sur ses pieds. Elle entendit des balles siffler à ses oreilles mais n'en tint pas compte. Poussée après traction, traction après poussée, dans un univers où les dimensions semblaient avoir roulé sur elles-mêmes, elle atteignit une cheminée. En s'accrochant à elle, Go se redressa. Elle étreignit le tube tout en observant les alentours. Brusquement, à la lueur d'un éclair, il lui sembla repérer une ombre, un mouvement. Derrière un réservoir. Elle fixa l'endroit sans trouver confirmation de l'indice. Quinze coups encore dans le Smith & Wesson. Mais il fallait débusquer Nakayama. Une minute, voire plus, était nécessaire pour parcourir les vingt mètres qui la séparaient de la cachette probable. Durant ce temps, elle serait aussi manœuvrante qu'un oiseau pris dans la tempête. Il lui serait impossible de répliquer tandis qu'elle constituerait une cible facile. L'inspectrice souffla, planquée derrière sa cheminée. Elle sentit le plancher qui vibrait anormalement. Le typhon le soulevait. Il bombait, ondulait sous ses semelles. Une fissure s'y dessina, deux plaques étaient en train de se désolidariser : l'eau coulait dans l'interstice. Junko se demanda combien de temps la séparait du moment où le toit allait s'envoler. Dans les ululements de la tempête, elle entendit, cette fois distinctement, des sirènes. Elle tourna la tête, prit de la pluie plein les yeux mais vit arriver les patrouilles. Enfin. Il y en avait des dizaines, avec leurs gyrophares. La cavalerie. Il y avait aussi des ambulances et les pompiers. Vu son état, et surtout ce qui allait suivre, ce ne serait pas du luxe. Car Junko venait de comprendre comment elle allait débusquer son ennemie. Elle reporta son attention sur le réservoir, ramena son bras droit vers lui, et tira. Deux détonations. Deux impacts. Un instant plus tard, la citerne explosa. Une boule de feu envahit l'espace et des pans de métal partirent en tous sens. L'un d'eux vint percuter la cheminée. Cela, Junko, agrippée à son refuge, ne le vit pas. Mais les flics qui débarquaient en prirent plein la vue. L'explosion se refléta sur leurs visages, sur leurs insignes et leurs armes. Go quitta sa cachette. Ses vêtements se gonflèrent comme une manche à air, le col se rabattit sur sa figure. Une rambarde entourait le toit, la policière progressa de barreau en barreau jusqu'aux alentours du réservoir détruit. Elle parvenait au niveau d'un des blocs métalliques quand elle reconnut, malgré le grondement du ciel et le fracas des éclairs, un clic, minuscule clic, parfaitement caractéristique. Elle fit volte-face, arme tendue. Devant elle se dressait le Tanfoglio.

— Une nuit à ne pas mettre un rat dehors ! cria quelqu'un.

De si près, le Tanfoglio P-25 avait quasiment l'air d'un jouet. L'unicité de sa couleur bleu sombre, la carcasse en polymère et la culasse bronzée mate lui donnaient un air de copie plastique. Il était tellement court qu'il rendait bien cinq centimètres de longueur au Smith & Wesson. Mais son profil aigu et son aspect compact avaient quelque chose d'énergique, de nerveux, qui foutait la trouille. Junko fixa l'anneau à la sortie du canon et le trou noir qui résidait au milieu. Ils avaient le sérieux, l'intensité, la profondeur de la mort. Trempée, dégoulinante même, l'arme se dressait dans la tempête. Le Target Champion semblait presque archaïque en comparaison, avec son long canon en acier inoxydable et sa carcasse carrée. Un char, pourtant maniable, avec une puissance de feu impressionnante. Intrinsèquement, ses performances étaient incomparablement meilleures que celles du Tanfoglio. Mais à un mètre, quelle importance ? Quelle importance aussi la capacité du chargeur, puisqu'il suffisait d'une balle pour éparpiller les mille morceaux d'un crâne ? En cet instant, les armes étaient jumelles. Le Tanfoglio était venu se loger contre le front de Go, et le Smith & Wesson contre celui de Nakayama. Junko n'avait pas peur. Ou plutôt, elle avait peur, mais son excitation, son exaltation le lui faisaient oublier. Elle sentait son sang circuler dans son bras, dans la crosse, dans son cœur. Dans son épaule blessée. Au bout de son arme, il y avait le cerveau de la tueuse. C'était comme le toucher, comme pénétrer dedans, le posséder. Et tant pis si la réciproque était vraie. Le vent n'exerçait plus sur elle la même pression et elle se tenait droite dans le typhon comme s'il se fût agi d'une brise. La pluie qui inondait Tōkyō ne faisait que couler à ses pieds. La haine et l'inquiétude l'avaient quittée. Il fallait être drôlement névrosée pour aimer un flingue à ce point, pour être prête à mourir pour le plaisir de s'en servir, pour pardonner à ses ennemis en son nom. Vraiment névrosée pour faire résider son amour des autres dans un chargeur et son regard dans un canon. Et alors ? L'inspectrice Go sourit, et la meurtrière sourit aussi. Elles avaient conscience de la drôlerie dans leur situation : leurs bras tendus qui se croisaient, leurs pistolets collés sur leurs fronts, leurs regards qui se défiaient.

— Vous êtes morte, Go.

Nakayama paraissait en pleine forme. Son chignon avait été défait par les intempéries. C'était la seule marque de désordre que le typhon avait pu arracher à la légiste. Pour le reste, protégée par une pèlerine noire qui courait jusqu'à ses chevilles, elle avait fière allure. Face à elle, Go, avec son visage tuméfié et ses yeux fiévreux, ressemblait à un cadavre.

— On verra, répondit-elle. Moi, je crois au hasard.

— Moi non. Vous pariez que je tire la première ?

— Si je perds, je ne pourrai pas vous payer.

— Si vous perdez, je suis payée.

— De toute façon, vous allez finir en prison.

— Vous n'allez pas tenter de me tuer ?

— Seulement si c'est nécessaire.

Leurs sourires s'allongèrent.

— Finalement, j'ai eu de la chance de tomber sur vous, ajouta Nakayama. Je ne pouvais pas espérer mieux.

Mais le fantôme de Saori se glissa entre la meurtrière et elle. Un petit visage souriant et grave qui l'observait avec douceur. Brutalement, Junko perdit tout humour. Sa main se mit à trembler. Son cœur s'arrêta.

— Vous avez tué beaucoup d'innocents, Nakayama.

— Tragique.

— Tragique, répéta Go en s'étranglant — et elle se sentit près de pleurer.

L'épaule de Junko lui faisait mal. Mais surtout, sa poitrine lui faisait mal, là où l'émotion se logeait. Le regard de Go traversa Saori et se planta dans celui de Nakayama. Alors cette dernière tira. Clic. Clic. Le P-25 était enrayé.

— Au nom de la loi, je vous arrête, enchaîna l'inspectrice. Levez les mains en l'air.

— Vous n'allez pas me tuer ?

— Seulement si c'est nécessaire... Mais on dirait que ça ne l'est pas.

Nakayama secoua la tête. Jeta le Tanfoglio à terre, fit mine de lever les bras mais se jeta sur Junko. Cette dernière tournait le dos au vide. Le vent soufflait dans le même sens. Pourtant l'assaillante, au lieu de renverser la policière, tomba brutalement sur le côté. Nakamura se tenait sur elle et l'allongea d'un coup dans la mâchoire. Puis il la retourna sur le ventre et lui passa les menottes dans le dos.

— Ça va ? demanda-t-il en se tournant vers l'inspectrice.

— Tout baigne.

11

Isobe et Honda avaient pris place devant l'aquarium. Derrière la vitre sans tain, ils observaient, sans mot dire ni regard échanger, la salle d'interrogatoire, ses trois chaises et sa table. C'est dans ce même cube de béton, éclairé par un néon tremblant, que Masuda avait été démasqué. C'est dans le même cube qu'entrait maintenant le docteur Nakayama, menottes aux poignets. Elle était suivie par Masayuki, qui tira une chaise et la glissa sous elle. Ensuite, il s'installa lui-même, jeta un coup d'œil au miroir puis se tourna vers l'assassin.

Nakayama croisa les jambes. Mais resta silencieuse.

— Docteur Nakayama, êtes-vous coupable des assassinats de Kazumi Otani, Maria Hatori, Naoko Ando, Sachiko Miyashita, Natsuki Miyamoto, Michiko Terada et Saori Yoshida ?

— Oui.

Le médecin ne regardait pas le policier. Ses yeux erraient dans l'air. Ce dernier était d'une pureté exceptionnelle. Nulle poussière en suspension, nulle odeur, nul mouvement. L'inspecteur s'était relevé, ses pas résonnaient sur le plancher.

— Pouvez-vous nous expliquer la raison de ces actes ?

— Non.

— Alors pouvez-vous nous raconter le premier crime ?

— C'est-à-dire ?

Nakamura tressaillit.

— Je parlais de Kazumi Otani. Y a-t-il eu d'autres crimes auparavant ?

Les yeux du docteur Nakayama fixaient le mur.

— Oui.

Masayuki Nakamura ferma les yeux un instant, soupira et reprit :

— Dans quelles circonstances ? Qui était la victime ?

— Je veux voir l'inspectrice Go.

— L'inspectrice Go est à l'hôpital. Vous l'avez blessée.

— Je l'ai trouvée en bonne forme. Si vous voulez, je peux lui signer un certificat médical.

— Elle n'est pas dans les murs.

— J'attendrai.

— C'est moi qui vous interroge.

— Vous attendrez. C'est mon dernier mot.

Puis elle s'en tint à un mutisme total.

Honda et Isobe se retrouvèrent à leur poste. Entre eux, l'hostilité diminuait, pour une raison qui leur échappait à l'un comme à l'autre. Peut-être Junko Go avait-elle quelque chose à voir dans ce processus, mais la question restait incertaine.

Le cube était à nouveau vide. Cependant, la porte s'ouvrit. Apparurent Nakamura, Nakayama, puis l'inspectrice Go. Honda trouvait la policière plus sexy avec ses hématomes et ses plaies suturées. Le bandage à l'épaule était invisible, sous ses vêtements. On n'avait toujours pas changé le tube à néon, ce qui agaça le nouveau chef de la police de Tōkyō. Il n'aimait pas que les choses traînent.

Les femmes s'assirent tandis que Masayuki restait debout. Et avant que celui-ci eût prononcé un mot, c'est l'assassin qui ouvrit la bouche :

— Je vous remercie, Go san, de vous être déplacée.

— De rien, répondit laconiquement l'inspectrice.

Puis elle décida de prendre l'initiative — elle devinait que Nakayama risquait de faire durer l'interrogatoire sans leur livrer d'informations décisives.

— Ainsi, vous avez des confidences à me faire sur les crimes dont nous n'avions pas connaissance ?

— C'est vous qui semblez tenir à faire les comptes.

L'impatience gagnait déjà Junko.

— Venons-en au fait.

— Bien. Nous parlions donc de ce premier crime. Nous habitions Osaka, mon père et moi. J'avais déjà commencé mes études de médecine. Nobuko était la fille de notre jardinier. Nous nous croisions lorsque nous étions petites. Il y avait une sorte de complicité lointaine entre elle et moi. Lorsque ça s'est passé, j'avais vingt-deux ou vingt-trois ans et je ne l'avais pas vue depuis plusieurs années. J'imagine qu'elle avait sa vie de son côté. Un après-midi, je rentrais chez moi. En passant près de la maison de ses parents, je l'ai trouvée inanimée derrière une palissade. Elle était tombée, je ne sais comment. Elle s'était assommée. Ça a été comme une révélation, un appel. J'y avais pensé mille fois, et tout à coup l'occasion se présentait, d'elle-même. Je me suis précipitée chez nous, je suis allée chercher un couteau à la cuisine puis je suis retournée sur place. Elle était toujours là. Je me suis agenouillée. J'ai écouté son cœur, elle vivait. Elle avait grandi, par rapport à la dernière fois que je l'avais vue, elle avait pris des formes. Elle avait des seins, cette vision m'a surprise, presque choquée. Je l'ai touchée. J'ai aussi soulevé ses paupières, mais dès que j'ai vu ses iris, je les ai laissé retomber. J'ai failli renoncer à cause de ses yeux. Mais comme ils étaient de nouveau clos, qu'elle avait l'air de dormir, ça m'a redonné du courage. Et je l'ai égorgée. J'avais déjà incisé de la chair, à l'école, mais le faire sur une chair vivante était totalement différent. Puis je me suis enfuie. J'ai nettoyé le couteau, je l'ai remis dans la cuisine, puis je me suis cachée dans ma chambre. J'ai eu peur longtemps, parce que tout à coup je me suis demandé si elle était vraiment morte. Et comme j'avais soulevé ses paupières, peut-être qu'elle se souviendrait de moi. Mais je m'inquiétais pour rien. Elle était morte, et le meurtre resta un mystère. Pendant des années, j'ai été hantée par ce jour-là.

Elle se tourna vers Junko.

— Pendant dix ans, je crois qu'il ne s'est pas passé une heure sans que j'y repense. C'était le moment le plus plein, le plus réel de mon existence. Pendant quelques minutes, je m'étais sentie... complète. La nostalgie de cet instant était terrible, mais son souvenir me remplissait. Comme si je n'avais vraiment vécu que ce moment.

La policière cligna des yeux sous son arcade ouverte :

— Et après dix ans ?

— Je travaillais comme anatomo-pathologiste. Plusieurs de mes collègues étaient devenus médecins légistes. J'ai bifurqué vers cette voie.

— Je ne parlais pas de votre plan de carrière mais de vos assassinats.

— C'est que j'ai beaucoup aimé ce travail. Il me rappelait Nobuko.

— Qui a été la victime suivante ?

— Elle vous ressemblait beaucoup.

— Mais encore ?

— Vous et moi, nous sommes un peu la même personne, vous ne trouvez pas, des doubles ? J'assume le côté négatif, bien sûr. Mais nous avons beaucoup de traits en commun : le goût de la chasse, par exemple.

— Je ne partage pas votre avis.

— Parce que vous n'avez pas envie de le reconnaître. Mais c'est une évidence. Je ne vous ai pas choisie au hasard.

— Ça, je l'avais compris.

Junko se mordit l'intérieur de la joue.

— Si on revenait à vos exploits ? Vous aviez bien commencé. Cette jeune femme...

— Je disais qu'elle vous ressemblait.

— C'était quelle année, dans quelle ville ?

— Loin d'ici, il y a longtemps. Elle vous ressemblait comme une sœur. Elle aurait pu être votre sœur comme j'aurais pu être la vôtre.

— Je suis la fille de Takako Go, qui n'aurait pas eu de fille à votre image, et je ne suis pas là pour vous faire la causette ! Le nom de la victime ?

— Il faut laisser la place à l'imagination. Si on raconte tout, l'image devient contrôlable, les sentiments aussi. Il vous reste beaucoup d'hypothèses que vous ne pourrez pas vérifier. Et donc un grand champ pour le fantasme.

— Quel intérêt ?

— C'est une manière d'occuper vos pensées.

— Donc, vous ne direz rien d'autre ?

— Non.

Junko détourna la tête et se regarda dans le miroir. Elle avait une sale gueule. Elle revint à Nakayama. Elle se préparait à parler mais referma la bouche. Inspecta ses chaussures. Puis se leva.

— Alors, je peux disposer ?

Elle se dirigea vers la porte, que Nakamura lui ouvrit.

— Restez !

L'inspectrice pivota. Elle pensait aux deux hommes derrière la vitre.

— Quoi ?

— J'ai encore deux-trois choses à vous dire.

— Si ce n'est pas des faits, ça ne m'intéresse pas.

— Je vais faire un effort pour vous appâter.

Nakamura repoussa la porte. Et Go reprit sa place sur la chaise. Elle posa ses deux coudes sur la table et son menton sur ses mains. Plantant ses yeux, même celui qui était presque fermé, dans ceux de la prisonnière.

— Je vous écoute.

— Je n'ai pas envie de parler du deuxième meurtre. Passons à autre chose.

— Bien. Expliquez-moi vos motivations.

— Certainement pas. J'ai toujours eu le plus grand mépris pour la psychologie.

Junko se tut. À nouveau, l'interrogatoire perdait son fil. Elle se demanda ce qui pourrait déstabiliser Nakayama, ce qui l'obligerait à sortir de ses retranchements. Elle se lança :

— Votre père était-il au courant de vos crimes ?

Le docteur se crispa immédiatement.

— Non, bien entendu.

— Pourquoi, « bien entendu » ?

— Il n'aurait pas apprécié... ni compris le sens de tout ça.

— C'était un criminel de guerre.

Nakayama serra les dents.

— Mon père a servi son pays, c'est tout.

— En torturant et en assassinant des milliers de gens. Le nombre de ses victimes est toujours plus grand que le vôtre.

— Je refuse de continuer sur cette question.

— À l'occasion de votre procès, il va beaucoup être question des crimes passés de votre père. On s'interrogera sur les conditions qui ont mené à l'éclosion d'un monstre, on reviendra sur votre enfance, sur la mort de votre mère, sur les convictions et les activités occultes du docteur Nakayama. On a rasé l'unité 731, mais vous allez être l'occasion de sa résurrection.

Le visage de la légiste fut en quelques instants ravagé par une grimace d'angoisse, de désespoir et de rage. Puis elle se durcit.

— Je ne vois pas de rapport entre le passé et le présent.

— Vous êtes la seule.

— Je ne crois pas. Toute notre nation aspire à oublier ce passé... De toute façon, vous vous trompez de coupable. Je suis l'unique responsable.

— C'est-à-dire ?

— Que vous n'avez pas à chercher de responsabilité du côté de mon père. Il était ma conscience. Il veillait sur moi, il était tout le temps là dans ma tête et il inspectait mes pensées. Il savait tout sur moi et il m'était extrêmement difficile de lui cacher quelque chose. J'étais un autre lui-même, sa prolongation, et en même temps, souvent, j'essayais de lui échapper. Il fallait que je le contienne dans une partie de mon cerveau pour qu'il ne puisse pas aller partout. Cela me demandait beaucoup d'effort, et c'est avec ce que j'avais gardé de liberté que je faisais le mal. Il y avait deux voix en moi : la mienne et celle de mon père. La mienne me murmurait des actes mauvais, la sienne me disait que je ne devais pas.

— Elle vous disait de ne pas tuer ?

— Non, je ne parle pas de ça.

— De quoi parlez-vous ?

— Vous avez compris.

— Je veux que vous le disiez.

— Non. C'est moi qui décide, pas vous.

— Bon, changeons de sujet. Votre deuxième victime ?

— Non, je ne vous en parlerai pas.

— Pourquoi ?

— Parce que c'est ainsi. Je ne vous parlerai pas des autres non plus. Je croyais que ça me plairait de vous en parler, mais c'était faux. Je n'aime pas la manière dont vous me regardez.

Go échangea un regard avec Nakamura. Peut-être était-ce à lui de prendre la relève. Mais Junko se ravisa.

— Et si on faisait un marché ?

— Lequel ?

— Le présent contre le passé. Nous nous arrangeons pour que rien ne soit dit sur l'unité 731 et sur votre père. Très peu de gens sont au courant de son implication dans ce programme et de l'organisation secrète à laquelle il participait. Alors, je propose que Mori san garde son dossier sous clef, et qu'en échange vous nous racontiez les meurtres que vous avez commis.

Nakayama resta longtemps sans parler. Elle regardait fixement la policière. Son expression, ses yeux noirs, son visage étaient figés.

— D'accord. Mais à une condition.

— Laquelle ?

— Que vous sortiez, que vous passiez derrière le miroir.

Junko ne répondit pas. Le revirement brutal de la tueuse avait quelque chose de logique. Nakayama avait un problème avec le regard. Sa manière de craindre les pupilles, pourtant vides, de sa première victime, cette attirance pour des corps morts, aux yeux clos... Elle s'était filmée, mais sans se montrer elle-même, puis finalement avait abandonné les cassettes à la policière pour qu'elle les visionne... Ses déclarations fonctionnaient de même : par dévoilements agressifs, puis par évitements et silences... Elle effleurait les vivants et ne supportait que les morts, elle s'exhibait mais ne se montrait pas, parlait de ses crimes mais ne nommait jamais son désir... Elle voulait raconter ses meurtres à Junko mais ne voulait pas voir ses yeux, et surtout elle ne voulait pas avoir la sensation du regard posé sur elle.

L'inspectrice se leva et rejoignit la porte, tandis que Nakamura venait prendre sa place en face de la tueuse.

L'Américaine se retrouva dans le couloir gris. Elle souffla, puis rejoignit l'aquarium et ses deux occupants. Ils se tinrent tout trois silencieux pendant les heures où le docteur Nakayama expliqua par le détail ses actes et leur enchaînement. Au bout d'un moment, ils eurent faim. L'inspectrice partit chez le Coréen acheter de quoi manger et rapporta les barquettes au sous-sol. Ils se distribuèrent les denrées. Lorsque Isobe attrapa la bière dans la main de sa fille, il eut un sourire gêné.

— Je ne suis pas sûr que les juges accepteront de passer sous silence ce que nous savons sur le docteur Nakayama père et son passé.

— Ouais, ajouta Honda. Les psys vont débouler et foutre leur nez partout. Les histoires comme ça, ils adorent. Une fois qu'ils auront les crocs dedans, ça va être dur de les en faire démordre.

— De toute façon, ajouta l'inspectrice, c'était du bluff. Uniquement pour qu'elle parle.

Isobe continuait son raisonnement :

— À moins que le consensus ne se fasse pour occulter l'affaire... Les politiques n'ont jamais eu envie de faire ressurgir les crimes de l'unité 731. Au contraire. Les crânes du parc Toyama en sont la preuve.

Junko ne suivait plus :

— Quels crânes ?

— Des crânes retrouvés dans le parc de Toyama, tout près d'ici, au cours de travaux de terrassement. En...

— 89, je crois, compléta Honda san.

— Certains pensent qu'il s'agit des restes de prisonniers chinois sur lesquels on aurait pratiqué des expériences médicales, des crimes équivalents à ceux de l'unité 731, commis en plein cœur de Tōkyō. Au moment de la découverte, le gouvernement avait commandité un rapport. Les informations, rassurantes, qu'il contenait (les crânes auraient été japonais) ont été démenties ensuite par des contre-expertises. Maintenant, personne ne veut enquêter et le ministère de la Santé semble très pressé d'incinérer les ossements.

— Pour effacer toute trace, murmura Junko.

— Et les esprits des Chinois trucidés vont continuer à errer dans les rues de Shinjuku, murmura Honda d'une voix sombre.

Ils se turent. Go réalisa qu'elle avait oublié de s'acheter une orange. Elle ressortit du commissariat et se retrouva à l'air libre. Il faisait presque nuit, il pleuvait. La rue était déjà obscure, tandis qu'un ciel nuageux, percé de quelques pans azur, accrochait les dernières lueurs du jour. Au bout de l'impasse, les toits étaient dorés par un soleil invisible. Les grands poteaux électriques penchaient. Le réseau des fils semblait anarchique. Ils se croisaient, se suivaient, se séparaient, en travers, en long, en biais au-dessus des maisons. Des moineaux piaillaient, posés dessus. Tout à coup, les réverbères s'allumèrent. De pâles halos entourèrent leur tête. Junko traversa la rue vers l'épicerie. Les gouttes qui battaient son visage étaient chaudes. Elle se dirigea vers les cageots de fruits : des pommes, des mandarines, des tranches de pastèque. Un tas de radis d'hiver menaçait de s'effondrer. Un verre abandonné sur un bord de fenêtre se remplissait peu à peu d'eau de pluie. Une paire de bottes en plastique attendait, seule, stoïque, devant une porte close. Un bruit étrange se fit entendre dans la rue, une sorte de bruissement. Go payait son orange. Juste quand elle sortit, le son devint plus fort et une forme passa sous son nez. Elle recula brusquement. La chose continua son chemin. On aurait cru un esprit aux abois. Lorsqu'elle passa sous un réverbère, Junko la reconnut : c'était un oiseau mécanique. Elle souffla. La machine continua son chemin puis, clac, se planta, violemment, contre un mur. Les moineaux s'envolèrent.

"Mortelle contamination"

Le 8e fléau

Cédric Bannel

Londres, 2001. Une terrible nouvelle vient de tomber : l'épidémie de la maladie de Creutzfeld-Jacob s'est répandue en Europe et menace de décimer tout le continent. Pire encore, la formule du vaccin qui permettrait de mettre fin à la contamination, a été dérobée. Une équipe de choc est alors montée pour la retrouver. Menée par Francis Forster, prix Nobel de médecine et psychiatre de génie, le sort de l'Europe est désormais entre ses mains.

(Pocket n° 11041)

Achevé d'imprimer sur les presses de

BUSSIÈRE
GROUPE CPI

à Saint-Amand-Montrond (Cher)
en mars 2002

POCKET - 12, avenue d'Italie - 75627 Paris Cedex 13
Tél. : 01-44-16-05-00

— N° d'imp. : 21424. —
Dépôt légal : avril 2002.

Imprimé en France

Anne Rambach

Anne Rambach est née en 1970 à Saint-Brieuc. Après avoir passé un baccalauréat littéraire, elle poursuit des études de Lettres. Dès 1991, elle adhère à l'association activiste de lutte contre le sida, Act Up-Paris, dont elle devient la vice-présidente en 1994. Elle y sera aussi responsable de l'action publique pendant trois ans, et participera à la rédaction du livre d'Act Up sur le sida (Dagorno). En 1994, elle se rend au Japon pour la conférence mondiale sur le sida à Yokohama. Deux autres voyages suivront. Elle quitte Act Up en 1996, et devient responsable de la lutte contre le sida au centre gai et lesbien de Paris. Elle s'engage également dans le mouvement pour les sans-papiers. Puis, en 1997, elle crée avec sa compagne, Marine Rambach, les éditions gaies et lesbiennes. À quatre mains, elles écrivent la première parodie de roman sentimental de la collection " Le bonheur est à tout le monde ". Au printemps 2000, Anne Rambach sort son premier roman policier, *Tokyo chaos*. Le second, *Tokyo Atomic*, suit en 2001. On y retrouve son héroïne nippo-américaine Junko Go, qui connaîtra d'autres aventures dans le troisième volet de cette série, à paraître en 2002.

Dans le même temps, Anne publie avec Marine Rambach un livre sur les " intellos précaires ", la génération des jeunes intellectuels.

